KATHARINA DÖBLER

DEIN
IST DAS
REICH

Roman

claassen

Dein ist das Reich wurde durch das Grenzgänger-Programm
der Robert Bosch Stiftung und des Literarischen Colloquiums
Berlin sowie durch ein Aufenthaltsstipendium im Künstlerhaus
Lukas, Ahrenshoop, gefördert.

Quellennachweis
Imre Kertész, *Galeerentagebuch*, übersetzt von Kristin
Schwamm © 1993, Rowohlt.Berlin Verlag GmbH

Claassen ist ein Verlag der Ullstein Buchverlage GmbH
www.ullstein.de

ISBN 978-3-546-10009-0

Karte: © mapz.com – Map Data: OpenStreetMap ODbL
Lektorat: Claudia Marquardt
Gesetzt aus Granjon LT Std
Satz: LVD GmbH, Berlin
Druck und Bindearbeiten: GGP Media GmbH, Pößneck

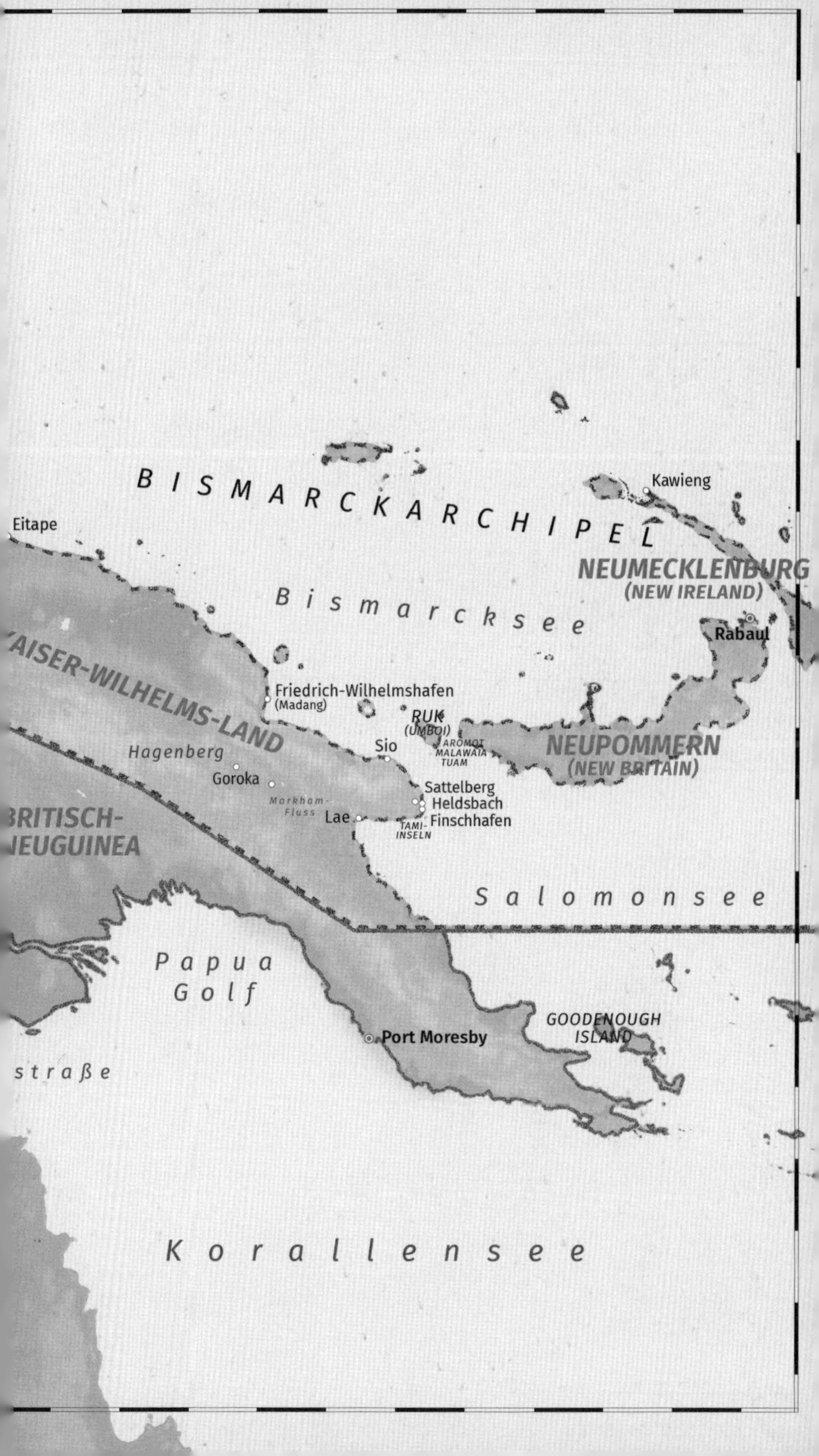
BISMARCKARCHIPEL
Kawieng
Eitape
NEUMECKLENBURG
(NEW IRELAND)
Bismarcksee
Rabaul
KAISER-WILHELMS-LAND
Friedrich-Wilhelmshafen
(Madang)
RUK
(UMBOI)
AROMOT
MALAWAIA
TUAM
NEUPOMMERN
(NEW BRITAIN)
Sio
Hagenberg
Goroka
Sattelberg
Heldsbach
Finschhafen
Markham-Fluss
Lae
TAMI-INSELN
BRITISCH-NEUGUINEA
Salomonsee
Papua Golf
GOODENOUGH ISLAND
Port Moresby
straße
Korallensee

Katharina Döbler

Dein ist das Reich

Alle Erfahrungen sind vergeblich.
Doch insgeheim, im Verborgenen,
müssen diese Erfahrungen trotzdem
irgendwo leben.

Imre Kertész, *Galeerentagebuch*

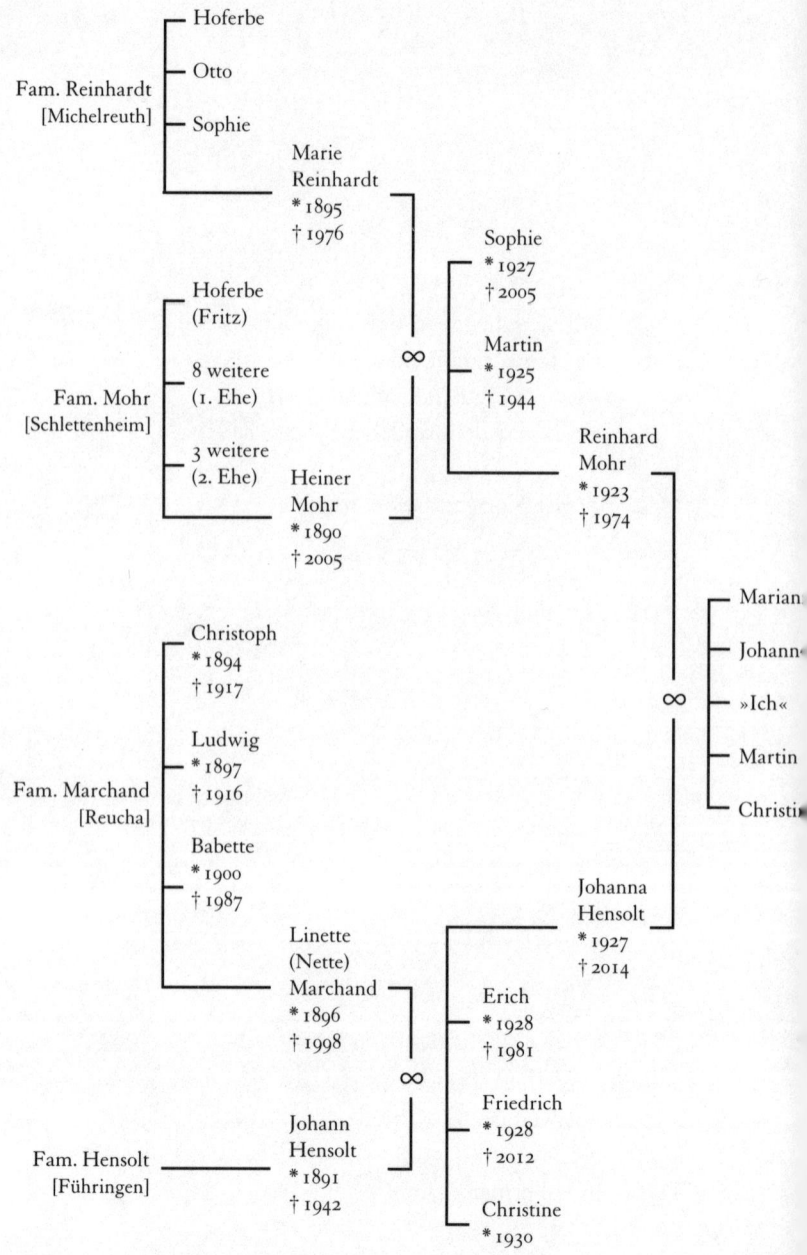

Fam. Reinhardt
[Michelreuth]

Hoferbe

Otto

Sophie

Marie
Reinhardt
* 1895
† 1976

Fam. Mohr
[Schlettenheim]

Hoferbe
(Fritz)

8 weitere
(1. Ehe)

3 weitere
(2. Ehe)

Heiner
Mohr
* 1890
† 2005

∞

Sophie
* 1927
† 2005

Martin
* 1925
† 1944

Reinhard
Mohr
* 1923
† 1974

Fam. Marchand
[Reucha]

Christoph
* 1894
† 1917

Ludwig
* 1897
† 1916

Babette
* 1900
† 1987

Linette
(Nette)
Marchand
* 1896
† 1998

∞

Johanna
Hensolt
* 1927
† 2014

∞

Marian

Johann

»Ich«

Martin

Christi

Fam. Hensolt
[Führingen]

Johann
Hensolt
* 1891
† 1942

Erich
* 1928
† 1981

Friedrich
* 1928
† 2012

Christine
* 1930

Prolog

Es war Sommer, als ich zum letzten Mal mit meiner Großmutter allein war.

Sie hieß Linette, aber genannt wurde sie immer nur Nette. Die späten, sesshaften Jahre ihres Lebens verbrachte sie in einem süddeutschen Städtchen mit Rokokoschloss, Kopfsteinpflaster, Kirchen und einer amerikanischen Garnison. Hier fühlte sie sich sicher. Ob sie sich auch zu Hause fühlte, weiß ich nicht.

In den heißen Tagen damals erzählte sie mir zum letzten Mal von ihren Schiffen und Heiden, ihren Dämonen und Soldaten.

Die Weltgeschichte, Kind, wird nicht von den Frauen gemacht, sagte sie am Ende, aber sie müssen halt darin leben.

Ihr alter Seufzer.

Meine junge Ungeduld gegenüber solchen Sätzen und Seufzern.

Wir saßen im Garten zwischen Bohnen, Beeren, Gartenzwergen und Phlox. Das Holzbänkchen roch in der Hitze nach altem Lack.

Ich trug eine zweifarbige Stachelfrisur, die sie missbilligte, große Ohrringe, die sie ebenfalls missbilligte, und Flickenjeans, die sie am allermeisten missbilligte, nur meine Lederjacke fand sie vernünftig. Und ich fragte mich zum ersten Mal

in meinem Leben, was die Weltgeschichte mit meiner Großmutter zu tun hatte.

Bis dahin war ich nie auf den Gedanken gekommen, ihre
Erzählungen an irgendeiner Art von Wirklichkeit zu messen.
Sie waren die Märchen meiner Kindheit, die auf dem langsamen Fluss ihrer hohen, leisen Stimme dahinzogen, unerklärlich, schrecklich und schön. In meiner Vorstellung spie-
gelten sie sich als unklare schwarz-weiße Bilder, ähnlich den
Fotografien, auf denen meine weißen Verwandten in weißen
Kleidern und schwarze, mit weißen Streifen bemalte Papua
unter Palmen zu sehen sind.

Ich war ein Kind. Ich hielt einen Wollstrang um die Hände
gespannt, meine Großmutter wickelte das Knäuel, der Faden
zuckte zwischen uns beiden hin und her.

Dann kamen die Soldaten, und wir mussten weg. Der
Krieg –

Sie machte eine Pause. Ich kannte das schon. Nach dem
Krieg kam immer eine Pause. Einen tiefen Atemzug lang
sagte sie dann nichts und tat nichts.

Die Offiziere im Lager waren ganz scharf auf Muskatnüsse, fuhr sie schließlich fort, während ihr Handgelenk wieder rasend schnell um das Wollknäuel kreiste. Die konnten
nicht genug davon kriegen. Wir haben ihnen immer welche
gesammelt.

Ich stellte mir meine zierliche Großmutter vor, mit ihrem
Haarknoten und ihrer ewigen Schürze, wie sie sich unter
Nussbäumen bückte, umringt von Männern mit Reitstiefeln
und Peitschen. Dieses Bild ist in meinem Gedächtnis so lebendig, als hätte ich das alles selbst gesehen, als wäre es tatsächlich
so gewesen. Aber welche Wirklichkeit verbarg sich dahinter?
Was für Offiziere waren das? Für wen und gegen wen haben
sie gekämpft? Wer außer ihr war in diesem Lager? Und wo
wachsen überhaupt Muskatnüsse?

Meine Großmutter hat immer nur nebenbei erzählt. Was ihr gerade so einfiel, während sie Wolle wickelte, Äpfel schälte oder sonst etwas tat, sie tat immer etwas. Vielleicht hat sie mich dabei manchmal einfach vergessen, denn sie redete ganz selbstverständlich über Grausamkeiten und Gefahren, die man Kindern gewöhnlich verschweigt. Ich erinnere mich an ihre Geschichte über eine Frau, die am Ende vom Teufel geholt wurde und mit schreckensstarren Augen starb. An die Existenz von Teufel und Dämonen glaubte sie fest.

Meine Großmutter war anders als alle anderen Menschen meiner Welt.

Sie kochte bizarre, bunte Gerichte. Sie hatte immer eine Schürze um, außer in der Kirche, manchmal sogar zwei. Sie trug so viele Kleider übereinander, dass sie bei Einbruch der Dämmerung mit dem Ausziehen begann und erst bei Sonnenuntergang damit fertig war.

Sie weinte im Schlaf.

Sie war regelmäßig wie der Tag und die Nacht. Sie war da, wenn ich aufwachte, und ging zusammen mit mir zu Bett.

Sie rupfte Hühner und zeigte mir beim Ausnehmen die Eierstöcke im Bauch. Sie strickte Strumpfhosen aus fürchterlicher, kratziger brauner Wolle. Sie glättete die Wellen des Fiebers mit eisigen Wickeln. Sie erfand ein Märchen, in dem ein Huhn mit einer Schere den Fuchs erledigte.

Jeden Morgen flocht sie ihr dünn gewordenes Haar zu einem Zopf, den sie als Knoten aufsteckte. Der winzige Dutt hielt nie lange, herausgefallene Haarnadeln markierten die Spur meiner Großmutter durch Haus und Garten. Niemals hätte sie ihr Haar abgeschnitten. Sie glaubte, dass Frauen bestimmte Dinge nicht tun durften, wenn sie nicht hässlich und unanständig werden wollten.

Als ich trotz ihrer Missbilligung in das von Russen umzingelte Berlin zog – die Frauen dort, wusste sie, rauchten und führten auch sonst ein liederliches Leben –, schickte sie mir jeden Monat fünfzig Mark. Sie schrieb dazu, ich solle davon Fleisch und keinesfalls Zigaretten kaufen, mich im Übrigen vor den Roten in Acht nehmen und vor Männern, die trinken und spielen und keine ernsten Absichten haben.

Sie schrieb viele, viele Briefe, nicht nur an mich, und sie schrieb auch, wenn sie keine Antwort bekam.

Lange Zeit hatte sie kein Telefon, sie lebte im spärlichen Komfort der 1930er-Jahre. Die Woche über sammelte sie Kleingeld, das sie am Samstagnachmittag zum Telefonhäuschen trug. Sie führte eine Liste, in der sie vermerkte, wonach sie sich erkundigen musste: ob das Paket angekommen oder die Krankheit überwunden war, ob das Geld reichte, ob eine Prüfung, eine Hochzeit, ein Kind bevorstand. Sie sprach in kurzen, knappen Sätzen, während die Münzen durchs Telefon ratterten. Ihr Gesprächsstil änderte sich auch nicht, als sie später ein eigenes Telefon hatte. Sie plauderte nicht, sie fragte, sammelte Informationen wie eine Spionin.

Sie brauchte alle Fakten, die sie in Erfahrung bringen konnte, für ihre Gebete. Jeden Tag zählte sie ihrem Gott die Namen derer auf, die sie ihm ans Herz legen wollte. Sie glaubte, dass er ein Herz hatte. Ihre Gebete waren lang, es kamen ständig Namen hinzu, die von Urenkeln und von Opfern immer neuer Katastrophen. Die Toten wurden nicht vergessen. Sie war froh, dass ihr Gedächtnis nicht nachließ und sie all die deutschen, amerikanischen, holländischen, papuanischen und chinesischen Namen behielt, samt den zugehörigen Geschichten und Familien und dem, was sie *Anfechtungen* nannte. Sie glaubte, dass ihr Gott sie nicht sterben ließ, weil es ihre Aufgabe war, für diese Menschen zu beten. Und wie immer erfüllte sie ihre Aufgabe gewissenhaft.

Ein Laster aber hatte auch sie, und sie kämpfte mit der ganzen Weisheit ihrer protestantischen Seele dagegen an: Sie las. Sie las nicht einfach nur gern. Sie las gierig wie ein hungriges Krokodil. Sie las und versank in ihrer Lektüre wie in einem weichen Bett (das sie nie hatte), wie in Wolken und Träumen, während die Zeit verging, die Nacht verging, die Kinder wieder einen Millimeter wuchsen und es so viel anderes zu tun gab. Sie wusste, dass es Sünde war. Das ausgedachte Zeug, aus dem Romane bestehen, die unerfüllbaren Sehnsüchte einer falschen Wirklichkeit, die weder göttlich noch wahrhaft menschlich ist: Das war Gift für die Seele, Spekulation, vertane Zeit.

Sie sah, dass ich diesem süßen Gift ebenso verfallen war wie sie, und sie war mit ihren Geschichten nicht unschuldig daran. Deshalb brachte sie mir bei, worin der Unterschied zwischen wertvollen und zu missbilligenden Büchern bestand. Wertvoll waren solche, die aus reiner Wahrheit bestanden und deshalb ein bisschen langweilig waren. Noch wertvoller solche, in denen man außerdem etwas lernen konnte, zum Beispiel wie sich selbst unter widrigen Umständen ein gottgefälliges Leben führen ließ.

Die widrigen Umstände waren oft recht unterhaltsam.

Irgendwann beschloss sie, nur noch wertvolle Bücher zu lesen. Biografien wurden zu ihrer bevorzugten Lektüre, am liebsten solche von Frauen, die in der Fremde echte Not erlebt hatten. Und meistens waren die Heldinnen ihrer Bücher Heidenmissionarinnen, so wie sie.

Ihre eigenen Erzählungen waren von großer Lakonie, was sie noch fantastischer machte, als sie ohnehin waren.

Die Männer haben unter unserm Haus gesessen und gemurmelt, sagte sie etwa. Sie waren bemalt. Die wollten nichts Gutes. Die ganze Nacht ging das. Die waren direkt unter mir, da war nur der dünne Bambusboden dazwischen, ich hab sie hören können. Und ich war mit den Kindern allein. Am nächsten Morgen waren sie weg. Ich glaube, sie haben gezaubert.

Ich habe ihre Geschichten, wie die Geschichten all meiner Verwandten, hingenommen wie Ereignisse, die in einem

Buch stattfinden: Geschichten von eigener, fremdartiger Logik. Es war allerdings so, als würden aus diesem dicken Buch immer nur ein paar Abschnitte gelesen. Die Lücken waren groß, die Zusammenhänge unklar.

Überlieferungen, das weiß ich heute, bestehen zum großen Teil aus Verschwiegenem. Ich habe lange geglaubt, es wäre alles gesagt, habe sehr wenig gefragt. Es interessierte mich nicht mehr, als ich dem Märchenalter entwachsen und mit meinem eigenen Leben beschäftigt war. Und ich hatte genug von der Düsterkeit dieser Familiensaga.

Die Schätze unserer Vergangenheit lagerten in einer schwarzen geschnitzten Truhe aus China. Ein Messer aus Knochen, gerötet von Betelsaft. Eine struppige Paradiesvogelfeder, ausgeblichen, in Seidenpapier. Ein Nasenspeer, ebenfalls aus Knochen. Perlmuttringe mit geometrischen Gravuren. Ein Halsschmuck aus mehreren Reihen zusammengeknüpfter winziger Muscheln. Ketten aus grauen Grasperlen. Eine fast verweste Kinderhaarlocke in einer winzigen, mit goldenen Fäden bestickten Schachtel. Ein großes und ein kleines Netz aus Pflanzenfasern. Ein kleiner ausgehöhlter Kürbis, in dem eine knöcherne Klinge steckt. Serviettenringe aus Schildpatt. Drei verschieden große Riesenmuscheln mit Löchern, in die man hineinblasen kann, um einen Ton zu erzeugen. Ein paar Teller aus gehämmertem Weißblech mit der Prägung *Pure Coffee packed in Australia*.

Diese Dinge waren zu nichts zu gebrauchen, aber sie kamen in Geschichten vor, die wieder und wieder erzählt wurden, bis sie abgeschliffen waren wie Bachkiesel und keiner mehr zuhörte. Was nicht weiter störte, es reichte, dass sie irgendwo auf dem Grund lagen, unter der Oberfläche, auf der die Familie dahintrieb. Die Geschichte »Wie der Opa das Schwarzwasserfieber überlebt hat« war eine der am häufigsten erzählten – und, wie sich später herausstellte, eine der falschesten.

Stumpfe, staubige Dinge aus jener anderen Welt, die es nicht mehr gab. Neuguinea. Vor dem Krieg.

Und genauso war meine Familie: gezaust und irgendwie davongekommen, die Erwachsenen erfüllt von einer tropischen Müdigkeit, die aus der Vergangenheit stammte. Sie versicherten einander, wie froh sie waren, es überstanden zu haben: die Krankheiten, die Soldaten, die Meere. Nicht alle hatten es geschafft. Tatendurst und Optimismus waren ihnen fremd, sie hüllten sich in ihre Melancholie wie in einen schweren Mantel. Darunter sehnten sie sich nach dem gefährlichen Paradies, dem sie entronnen und dessen letzte Spuren in jener Truhe zu finden waren. Gleichzeitig verfluchten sie es, sehr leise und tief drinnen, damit ihr Gott es nicht hörte.

Das war mein Erbe: Spinnweben, geschnitzte Knochen und Melancholie.

Es dauerte lange, bis ich den Archipel der Geschichten im Meer des familiären Schweigens zu erforschen begann. Ich wollte wissen, was meine Großmutter mit der Weltgeschichte zu tun hatte. Meine Großmutter Linette, die inmitten der Gartenzwerge und der Biederkeit ihres Häuschens bis zuletzt den Urwald in sich trug, die Häfen, die Abschiede, das Gewicht ihres großen Auftrags.

Sie sagte, dass sie die Stimmen der Papua noch höre, wie sie das Vaterunser sprachen, und die Hilfeschreie der Chinesen in einer nächtlichen Stadt.

Sie schenkte mir einen Ring aus rotem Gold, Gold aus Niederländisch-Indien, vielleicht aus einem Fluss in Neuguinea. Vielleicht auch nicht.

Sie schenkte mir ihre Geschichten und die Lücken darin.

Sie starb mit hundertzwei Jahren, allein und im Schlaf.

TEIL I
1913–1914

AUFBRUCH

1

Linette

Wahrscheinlich war es einer der Brüder, der sie fotografiert hat.

Sie steht auf einer Holzbrücke und lächelt unter einem Hut hervor, ein großes und ein klein wenig freches Lächeln, fast ein Grinsen. Ihr Mund ist weich und breit, ihre Augen liegen im Schatten. Mit einer Hand stützt sie sich auf das Geländer, mit der anderen hält sie ihren Hut fest. Sie trägt ein helles, locker fallendes Kleid, obwohl es noch die Zeit der Korsetts ist: Sommer 1913. Sie ist siebzehn.

Es ist der Sommer ihres Triumphs. Angefangen hat es damit, dass ihre beiden Brüder im Jahr zuvor eine neue Sportart entdeckt haben: mit Faltbooten Gebirgsflüsse hinunterpaddeln. Linette macht mit. Dass man davon Schwielen an den Händen kriegt und vor aller Augen nass wird, stört sie nicht. Sie kommt sogar in die Zeitung: ein junges Mädchen, furchtlos im Wildwasser. Die Firma Klepper, die solche Faltboote herstellt, macht mit ihr Reklame: So sicher sind unsere Boote! Als die drei Geschwister auch noch eine Regatta gewinnen, ist die Sensation komplett.

Linettes Mutter ist das nicht recht, dergleichen schickt sich nicht für eine fast heiratsfähige junge Frau. Im Dorf redet man darüber. Und wenn in Dörfern wie Reucha das Gerede anfängt, weiß keiner, was am Ende daraus entsteht. Nichts Gutes meistens.

Reucha ist ein Dorf wie viele in Franken: Es liegt zwischen weichen Hügeln, vier Straßen treffen am Platz um die Linde aufeinander, am Dorfrand befindet sich der Löschteich, den man dem dünnen Flüsschen abgezapft hat. Der Kirchturm steht hoch gegen den Himmel. Die Glocken läuten am Morgen, am Mittag, am Abend, am Sonntag zum Gottesdienst, zu Hochzeiten, Taufen und Beerdigungen. Und sie läuten, wenn es brennt.

Man hört sie bis hin zu den Einödhöfen. Die Kinder laufen wie die Gänse barfuß in Herden herum, wenn sie keiner aufs Feld, in die Schule oder in die Kirche schickt. Auf der Straße liegen Kuhfladen, vor jedem Haus steht ein Reisigbesen, drinnen sterben die Fliegen in Massen auf geleimten Papierstreifen unter der Decke. Es riecht nach saurer Milch, nach Mist und manchmal nach Regen. Im Herbst und vor allem im Frühjahr, mit der Schneeschmelze, zerfließen Straßen und Höfe zu Matsch. Baaz, sagen sie hier.

Es passiert nicht viel in so einem Ort: Ein Blitz schlägt in eine Scheune ein, der Hagel vernichtet die Ernte, ein Mädel bekommt ein Kind.

Wenn es Glück hat, heiratet es einer. Zu Weihnachten, Ostern, Kaisers Geburtstag und zur Kirchweih spielt die Blaskapelle, und auch am Tag des Sieges über die Franzosen. Die Männer gehen abends und sonntags nach der Kirche in die Dorfwirtschaft. Die Frauen nicht. Für andere Laster als das Schnapstrinken und das Kartenspielen gibt es die Feldscheunen. In der Nacht krakeelt manchmal ein Säufer. Sonst ist es still, selten einmal ruft ein Kauz, dann weiß man, dass bald einer sterben wird. Linettes Vater ist auch gestorben. Ihre Mutter trägt seither Schwarz, wie alle älteren Frauen im Dorf.

Der Vater war Zollbeamter, deshalb haben die Marchands – genau wie der Lehrer und der Pfarrer natürlich – keinen Misthaufen vor der Haustür. Die Familie steht im Verdacht, sich für etwas Besonderes zu halten. Dass die ältere Tochter sich ohne jeden Anstand nass in der Öffentlichkeit zeigt, macht es nicht besser. Noch dazu in einem Boot, für das sich jeder Fischer schämen würde. Als Linette klein war, hat die Familie auf einer Zollstation in den Bergen gelebt, gleich unterhalb des Grats, der die Grenze markiert. Dort waren alle Leute Schmuggler, das Leben ist hart da oben. Die Mutter hat den Frauen extra tiefe Taschen in die Unterröcke genäht, damit der Vater den Schnaps und das andere Zeug nicht fand, mit dem sie über den Pass gingen. Das Nähen liegt in der Familie, die Frauen verdienen seit Generationen Geld mit der Schneiderei.

Aber Linette hat in diesem Sommer, in dem sie mit ihren Brüdern und ihrem Klepperboot berühmt wird, andere Pläne. Sie hat das Dorf und sein Gerede verlassen, ist in die Hauptstadt gezogen, wo auch der große Bruder Christoph wohnt, und lernt in einem Internat frommer Schwestern. Ihr gefällt es in der Großstadt, ihr gefällt es im Internat, und ihr gefällt ein guter Freund der Brüder, der ebenfalls ein Klepperboot hat.

Ihr Traum aber ist Amerika.

Christoph und sie, die beiden Älteren, haben beschlossen, zusammen zu gehen. Die Eltern haben ihn für die Laufbahn eines königlich bayrischen Zollbeamten vorgesehen, doch er will Ingenieur werden und Erfinder. Das kann man nirgends so gut wie in Amerika.

In der Gegend, aus der sie stammte, dieser Gegend fern aller Meere, voller Flüsschen und Wäldchen und Hügel und Burgen, blühte vor Jahrhunderten ein sehr spezielles Handwerk: die Herstellung von Weltkugeln. Noch bevor Kolumbus den

Europäern von Amerika erzählen konnte, hatten die Tüftler und Händler von Nürnberg ihr eigenes Abbild der Erde geschaffen, das sie Erdapfel nannten, ehe die ersten essbaren Erdäpfel ins Land kamen.

Sie bemalten ihren Apfel mit hellblauen Ozeanen und mit Kontinenten und Inseln in erdigem Braun. Anschließend beschrifteten sie ihn mit Hinweisen, was es wo zu kaufen gab: Gewürze, Seide, Spezereien. In einem Gestell ließ sich das Ganze drehen, wie sich die Erde um sich selbst dreht. Anders als die Reichsäpfel der Kaiser und Könige waren die Erdäpfel nützlich: Sie zeigten, wie man an die Schätze der Welt kam. Für die Leute in Dörfern wie Reucha aber galt ein Händler seit jeher als Betrüger, egal ob er seine Geschäfte mit Vieh oder mit Eisen machte, ob er ein Jude oder ein Zigeuner war oder einer aus der Stadt. Mit Fernweh hatten sie nichts am Hut, diese Bauern: Sie hatten nur ihren Grund und Boden mit zu vielen Kindern darauf. Ihre sesshafte Armut kannte genau zwei Gründe, die Heimat zu verlassen: die Not und die Bildung. Abgesehen davon hielten sie Reisen für Geldverschwendung, Tagediebere oder Schlimmeres. Auch Linettes Fernweh war praktischer Art: Sie wollte in Amerika Geld verdienen.

Der Kutschenverkehr am Times Square war fürchterlich, sagte sie, noch schlimmer als in München auf dem Stachus. Es war einer dieser Abende, an denen sie mir erzählte, was ihr gerade so einfiel. Jedenfalls dachte ich das, aber vielleicht gab es doch ein System, vielleicht folgte sie ihren Erinnerungen auf logischen Pfaden, die sie mit mir abschritt und stets mühelos wiederfand, Dschungelwege, auf denen sie damals und damals und damals unterwegs gewesen war. Damals nach dem Krieg, damals vor dem Krieg, damals im Krieg.

Ich hörte ihr zu, schon müde, im Bann ihres immer gleichen Entkleidungsrituals. Zuerst kam die Schürze an die Reihe, dann die Jacke, das Kleid, das Unterkleid, der Unterrock, die Strümpfe, der Hüfthalter. Es dauerte lange. Am Ende wickelte sie die elastischen Binden ab, die sie um die Beine trug. Ich schlief jedes Mal ein, bevor sie damit fertig war. Nie habe ich ihre bloßen Beine gesehen. Unter dem Klang ihrer Stimme wurde es dunkel, und ihre Geschichten zerflossen zu Träumen. Bis heute weiß ich nicht genau, wo die Grenze verläuft.

Als sie zum ersten Mal von Christoph sprach, war die Dunkelheit schon da. Es muss Winter gewesen sein. Die Lampe war mit einem Tuch umhüllt, um das Licht zu dämpfen, wir waren umringt vom fließenden Geflecht der Schatten. Bis dahin hatte ich von keinem Bruder gewusst, kannte nur Tante Babette, ihre jüngere Schwester. Und auf einmal war die Rede von gleich zwei Brüdern, Christoph und Ludwig, der eine älter, der andere jünger als sie. Von deren Faltboot. Und von München, wo Nette sich anfangs nicht allein auf die Straße getraut hatte.

Der Christoph hat mich mitgenommen und mir die Stadt gezeigt. Wir sind mit der Eisenbahn gefahren, hinaus in die Berge, zu den Flüssen. Ihre Stimme wurde immer dünner, als sie sagte: Der Christoph ist gefallen, in Frankreich ist er gefallen. Der Krieg. Und dann hörte ich Laute wie von einem Küken, einem frisch geschlüpften nackten Küken, das friert. Es dauerte eine Weile, bis ich verstand, dass meine Großmutter weinte. Wie konnte sie nur über etwas weinen, das so lange her war?

Inzwischen ist er ein ganzes Jahrhundert her, dieser Krieg. Inzwischen weiß ich, dass die Zeit die Toten konserviert wie ewiges Eis: Sie schauen einen aus jungen Augen an, und man vergisst für einen Moment, dass sie nicht mehr da sind und dass man selbst schon so lange ohne sie lebt.

Die Verlustlisten des Ersten Weltkriegs, endlose Namensreihen in gotischen Lettern, besagen, dass Christoph Marchand aus Reucha im Mai 1917 in Frankreich gefallen ist. Er hatte sich gleich im August 1914 freiwillig an die Front gemeldet. Nettes zweiter Bruder Ludwig tat es nur wenige Monate später, sobald er alt genug war. Er wurde noch vor seinem großen Bruder getötet, kurz vor Weihnachten 1916.

Dass es außerdem einen Freund der Brüder gegeben hatte, der ebenfalls ein Klepperboot besaß, erzählte mir meine Großmutter erst viel später, als ich schon erwachsen war. Sie war nicht offiziell mit ihm verlobt gewesen, es gab keine Fotografie von ihm, in unserer Familie hatte er keinen Namen. Er fiel, als er gerade Leutnant geworden war. *Offissier*, sagte meine Großmutter in ihrem, wenn es um das Vokabular des Krieges ging, holländisch unterwanderten Deutsch.

Von Liebe hat sie nie gesprochen. Sie benutzte das Wort nicht. Auch nicht, wenn sie über ihre Brüder, ihren Mann, ihre Kinder sprach. Nie. Nur unterm Weihnachtsbaum sang sie: *In seine Lieb' versenken will ich mich ganz hinab, mein Herz will ich ihm schenken und alles, was ich hab.* Ihre Stimme flirrte und zitterte dabei. Ich mochte das nicht. Es ging um das Jesuskind, das in der Krippe lag und zum Himmel starrte. Es hatte blaue Augen und war feist wie ein Ferkel.

In jenem fernen Sommer aber, als sie in die Welt aufbrach, jung und kühn und ein bisschen berühmt, und mit ihren Brüdern und einem künftigen Offizier auf wilden Voralpenflüssen paddelte, waren die Liebe und das Leben für sie noch sehr irdisch. Dieses Lächeln unter dem Hutschatten, gerichtet an die Brüder mit den schicken Strohhüten und jemanden, der neben ihnen stand. Ihr breiter, vergnügter Mund.

Das Jahr 1913. Das Jahr der Aufbrüche. Da hat die ganze Geschichte mit den Kolonien und meiner Familie angefangen: Mit der Sehnsucht von vier jungen Leuten, den Baaz ihrer Dörfer hinter sich zu lassen. Mit einer Mischung aus Fernweh, Not und Gottvertrauen. Eine junge Frau zog in die Stadt, und eine andere verlobte sich. Zwei junge Männer brachen in die Südsee auf. Sie kamen alle aus der Gegend von Reucha und hatten nie zuvor das Meer gesehen. Sie hatten immer zwischen ihren Kirchen, Hügeln und Flüssen gelebt, nicht einmal den Bodensee kannten sie. Sie waren alle vier voller Hoffnung auf ein besseres Leben. Niemand rechnete mit einem Krieg. Der Erste, der ging, war Heiner Mohr.

2

Heiner

Als Linette Marchand in die Kamera und in die Welt lächelte, war Heiner Mohr schon unterwegs zur deutschen Kolonie in der Südsee.

Der Heiner Mohr, an den ich mich erinnere, war ein alter Mann mit weißem Spitzbart. Seine Hände waren sehr groß. Wenn er nichts mit ihnen tat, sahen sie aus wie beiseitegelegtes Werkzeug, sonst bewegten sie sich langsam und sehr genau. Brotscheiben fielen gleichmäßig und in sanften Bögen von seinem Messer. Karton, Papier, Leim und Schnüre ordneten sich unter seinen Griffen zu rechten Winkeln und exakten Quadern. Er hatte eine kleine Werkstatt, in der er für die Mission Traktate, Kreuze, Zeitschriften und dergleichen verpackte. Die kleineren Sachen trug er persönlich zur Post. Er benutzte dafür einen braunen Rucksack aus Segeltuch. Es war derselbe Rucksack, mit dem er im Jahr 1948 nach Deutschland zurückgekommen war. Seine Frau schämte sich dafür: für den Rucksack und für seine Arbeit.

Er war für mich ein Wesen, das vor langer Zeit einmal aus dem Boden gewachsen war, eine Art Baum, der mit leisem, freundlichem Ächzen hinnahm, dass man auf ihm herumkletterte. An seiner Hand zu gehen war das sicherste Gefühl, das ich je kannte. Er tat immer dieselben Dinge und sprach meistens dieselben Sätze, aber niemals gleichzeitig. Wenn er etwas zu sagen hatte, unterbrach er seine Arbeit.

Aber das geschah nicht oft. Gewöhnlich brummte er nur und gab ab und an den Namen einer Gemüsesorte oder ein anderes Faktum wie die Uhrzeit preis. Er selber war ein Faktum: verlässlich und jeder Überprüfung standhaltend. Und er roch auch so, nach Wirklichkeit, nicht wie andere alte Leute nach Kampfer und Maiglöckchen. Morgens, wenn er sich kalt gewaschen hatte, war er bitter und frisch wie Seife; im Lauf des Tages wurden seine Ausdünstungen nahrhafter und fleischiger, am Abend roch er nach Suppe.

Seine Hemden hatten keinen Kragen. Seine Hosen waren zu weit und hingen mit riesigen Trägern an ihm. Er war dünn und groß und krumm. Er war mein Großvater.

Schön war er schon als junger Mann nicht gewesen. Man sieht es auf der einzigen Fotografie, die ich von ihm aus der Zeit vor 1913 habe finden können.

Es ist ein Gruppenbild, irgendeine Familienfeier, aber offenbar keine Hochzeit, denn man sieht kein Brautpaar. Heiner steht ganz rechts am Rand, einen halben Kopf größer als der unbekannte junge Mann neben ihm, der Wind hat sein schwarzes Haar über der Kopfmitte zu einem Büschel geweht, sein Gesicht wirkt schmal zwischen den großen Segelohren. Seine linke Hand hängt aus dem zu kurzen Jackenärmel, der rechte Arm ist verdeckt von einer schmalen jungen Frau mit weißem Kragen.

Heiner ist das Kind des Einödbauern Kaspar Mohr. Der Hof, auf dem er aufwächst, liegt weit von der Dorfmitte entfernt und tief in einer Senke.

Die Glocken hört man hier nur leise. Wenn der Wind von Süden kommt, hört man sie gar nicht. An solchen stillen Tagen achtet Heiner mehr als sonst auf den Sonnenstand. Er besitzt keine Uhr, wo hätte der Vater für acht Söhne acht Uhren hernehmen sollen? Die Uhr bekommt der Älteste, der auch den Hof übernimmt. Heiner und die anderen Brüder hoffen, vom Paten eine zur Konfirmation zu bekommen, auch wenn die Eltern sagen, dass ein Leben in Gottesfurcht und eine anständig geführte Wirtschaft mehr wert sind als Geld und Gut. Als Heiner zusammen mit zwei Schwestern konfirmiert wird, sind seine Geschenke: ein Messer und ein Gesangbuch.

Der Bauer Mohr hat neun Kinder von seiner ersten Frau, die an der Auszehrung gestorben ist, und mit der zweiten noch einmal vier. Heiner ist das elfte. Er macht seine Arbeit auf dem Hof, wie alle, und redet wenig. Das Gerede der anderen lässt er an sich vorüberziehen wie das Wetter, wie alles Unvermeidliche.

Die Tiere haben Zutrauen zu ihm, vielleicht, weil er so ruhig ist, er kann schon früh ein Gespann führen und den Kühen beim Kalben helfen. Aber am liebsten repariert er Sachen: das Pferdegeschirr, die Hacken und die Beile, was eben so kaputtgeht. Einmal baut er eine Leiter für die Obstwiese, die drei Scharniere mit Riegeln hat. Man kann sie auf viele verschiedene Arten aufstellen und damit ohne große Gefahr pflücken, was am Ende der höchsten Äste hängt. Die Nachbarn machen Witze über das närrische Gerät, aber alle sagen über Heiner, er habe wirklich geschickte Hände.

Niemand in seiner Familie und im Dorf kann sich vorstellen, dass er eine Erbtochter heiraten wird. Ein Handwerk, das wäre etwas für ihn, aber die Eltern können nicht für alle Söhne das Lehrgeld aufbringen, da sind die älteren Brüder zuerst an der Reihe. Als Knecht auf einen anderen Hof in der Gegend gehen, das will er nicht.

Der Horizont hinter dem Tal, jenseits der großen Landstraße, zieht ihn an. Jeden Sonntag geht die Familie mit dem Gesinde hinauf zum Dorf, eine kleine Prozession, die Männer mit Hut, die Frauen mit Kopftuch, alle im Sonntagsgewand, das Gesangbuch in der Hand, ein frisches Taschentuch im Ärmel. Vom Schlettenheimer Kirchhügel aus kann man den Fluss sehen, der in die Ferne verschwindet, hin zum Meer. Es heißt Schwarzes Meer. Wenn die Gemeinde in der Kirche betet, dass Gott sie dereinst aus diesem Jammertal erlösen möge, versteht jeder in der Familie Mohr, was damit gemeint ist.

Eines Sonntags im Sommer kündigt der Pfarrer an, dass bald ein wichtiger Mann aus den Kolonien zu ihnen kommen wird: ein Heidenmissionar aus dem Kaiser-Wilhelms-Land. Von da an wird überall von diesem Mann und von der Südseekolonie geredet, in Schlettenheim, Michelreuth, Steinbach und Reucha und natürlich auch auf den Einödhöfen. Wie gefährlich die Menschenfresser dort sind, wie lange es dauert, dorthin zu reisen, und ob die Feder am Hut der Frau Landrat wirklich von einem Paradiesvogel des deutschen Urwalds stammt.

Der Missionar ist auf einer Rundreise durch ganz Bayern, heißt es, er besucht alle Orte, wo eben Evangelische wohnen. Er stammt aus einem Dorf wie dem ihren, er ist einer der ihren, ein Bauernsohn, selbst wenn er schon seit mehr als zwanzig Jahren unter den Wilden lebt. Er heißt Leopold Wangerl und gehört, das wissen alle, zur Mission von Neuendettelsau.

Früher, lange vor Heiners Geburt, war Neuendettelsau noch ein Dorf wie die anderen, mit den üblichen Lastern, dem Schmutz, den zu kleinen Höfen und zu vielen Kindern. Aber dann ist ein Pfarrer aus der Stadt dorthin strafversetzt worden, weil er für Unruhe gesorgt hatte, ein Eifriger, ein Erweckter, dem die anderen Pfarrer nicht fromm genug waren. Er veränderte dieses Neuendettelsau gründlich. Bauernsöhne werden seither Prediger, Bauerntöchter lernen etwas. Das Dorf ist sauber, es riecht nach Milch, Heu und Kerzen. Die nach Übersee ausgewanderten überzähligen Kinder der Armen haben ihren Glauben mitgenommen nach Amerika oder Australien und versucht, ihn den Indianern und schwarzen Ureinwohnern beizubringen. Seit Deutschland endlich seine eigenen Kolonien hat, gibt es viel zu tun für die Leute aus Neuendettelsau. Zumal auf der fernen Insel Neuguinea, im Kaiser-Wilhelms-Land.

Immer mehr junge Leute stellen sich inzwischen in den Dienst an Gott dem Herrn. Sogar die Mädchen. Vor allem die Mädchen. Aus Schlettenheim ist eine auf die Neuendettelsauer Schwesternschule gegangen, aus Reucha sind es sogar zwei, die sind jetzt Lehrerinnen. Die eine ist Diakonisse geworden, hat Keuschheit gelobt und trägt jetzt die weiße Haube und das schwarze Gewand.

Heiner Mohr liest das Missionsheft, das jeden Monat aus Neuendettelsau kommt, schon seit er in der ersten Klasse anfing, Buchstaben zu unterscheiden. Erst schaute er sich nur die Bilder an, Zeichnungen von Hütten auf Pfählen, von Menschen mit dicken Lippen, von Kreuzen unter Palmbäumen. Später las er dann das ganze Heft, von vorn bis hinten, es war spannender als die Schulfibel, auch wenn er längst nicht alles verstand. Meistens schlief er darüber ein, abends, an seinem Platz am Ofen, den ihm die großen Schwestern als einem der Kleinsten zugestanden.

Jeder kennt das Heft, sogar die Cousine aus der Stadt. Fritz, der Älteste, der Hoferbe, liest es meistens als Letzter, wenn die Seiten schon nicht mehr richtig zusammenhalten und manche Wörter in Fettflecken verschwimmen. Die Mission ist verschuldet, hört Heiner ihn sagen, hunderttausend Reichsmark, so viel Geld! Und das auch noch in der Südsee! In der Familie Mohr gelten Leute mit Schulden als gefährlich. Deshalb will Fritz unbedingt in die Kirche gehen, wenn der Missionar Wangerl nach Schlettenheim kommt. Und fast die ganze Familie begleitet ihn. Es ist ein feuchtwarmer Sonntag im Spätsommer, zwischen Getreide- und Kartoffelernte.

Es hat am Morgen geregnet, und die Kirche riecht nach nassen Kleidern. Heiners Schwestern, die noch nicht verheiratet und auch nicht in Stellung sind, drängen sich in die

Frauenbänke zu den anderen Mädchen aus dem Nähkreis der Frau Pfarrer, wo sie Kleider für die nackten Heiden schneidern. Der Vater und Fritz halten das für Zeitverschwendung, Kleidung könnten sie selber gut gebrauchen. Aber sie sind natürlich stolz darauf, dass die Mädchen bei der Pfarrerin ein und aus gehen – genauso wie sie stolz sind auf die Kolonien und das Deutsche Reich, obwohl sie den preußischen Kaiser nicht mögen.

Die Kirche ist voll an diesem Tag. Vielleicht nicht ganz so voll wie zu Weihnachten bei der Christmette, aber doch so, dass die jungen Männer stehen müssen und den Kirchraum bis an die Tür füllen. Unter ihnen, breitbeinig, die Hüte in der Hand, stehen Heiner und seine Brüder.

Der Missionar trägt einen weißen Anzug. Auch sein Bart ist weiß und so lang, dass er sich auf der Brust teilt wie bei Gottvater auf dem Altarbild. Das Haar auf seinem Kopf ist dicht und kurz wie ein Fell, die Haut dunkel gebräunt, seine Augen sind klein und scharf. Vor den in sonntägliches Schwarz gekleideten Bauern leuchtet er wie der Engel, der das Paradies bewacht.

Er räuspert sich, hebt den Blick zum Himmel und spricht mit gefalteten Händen ein stummes Gebet. Die Versammelten warten geduldig.

Als er schließlich zu reden beginnt, verstummt nach und nach das Schaben und Räuspern und leise Rotzen, das gewöhnlich jede Predigt begleitet. Hier geht es um etwas anderes als sonst, etwas, das ihnen noch ferner ist als das Himmelreich, in das schließlich jeder einmal eingehen kann, es geht um etwas, das auf der Rückseite der Welt liegt.

Ich habe die lange Reise über viele Ozeane hierher gemacht, um eine Botschaft zu überbringen. Deshalb bin ich hier. Hört also gut zu, damit ich diese Reise nicht umsonst unternommen habe.

Vor mehr als zwanzig Jahren bin ich übers Meer zur Insel

Neuguinea gesegelt, einer großen Insel, größer als Deutschland, mit Bergen so hoch wie die Alpen und noch höher, die ganz mit Urwald bewachsen sind. Dort bin ich, wie Gott der Herr mich geheißen hat, in einer Bucht an Land gegangen, wo Palmen wuchsen und die deutsche Fahne wehte.

Die Kinder sitzen mit offenem Mund und beobachten die Gesten des weißbärtigen Mannes. Er breitet die Arme aus, um zu zeigen, wie die Boote der Eingeborenen dort beschaffen sind, die waren nämlich das Erste, was er von der deutschen Kolonie zu Gesicht bekam. Dann hebt er die Hände, um zu zeigen, wie der erste Häuptling aussah, der ihm im Land seiner Bestimmung entgegenkam, mit einem hohen Kopfputz aus Lehm und einem Knochen durch die Nase.

Die Bauern von Schlettenheim und Michelreuth fuchteln nicht herum beim Reden, jedenfalls nicht, wenn sie nüchtern sind. Was sie zu sagen haben, sagen sie eben, dazu braucht es die Hände nicht. Aber sie haben ja auch noch nie mit Leuten zu tun gehabt, die Knochen durch die Nase tragen. Sie haben noch nie einen schwarzen Menschen gesehen. Und auch keinen Ozean.

Finschhafen, sagt der Missionar, so heißt eine deutsche Siedlung auf der Insel, nach dem tapferen Otto Finsch, der dort im Jahre des Herrn 1885 zum ersten Mal unsere Fahne gehisst hat. Und ebenda hat mich Seine Exzellenz, der deutsche Landeshauptmann, freundlich empfangen und beherbergt – in einem Haus mit Wänden aus Bambus. Ich habe mich gleich am nächsten Tage aufgemacht, um die Schwarzen, die man Papua nennt, in ihren Dörfern zu besuchen. Ich sage euch, so ein Schwarzendörflein im Kokospalmenhain ist ein schöner Anblick.

Er macht eine Pause, damit die Gemeinde Zeit hat, sich ein Schwarzendörflein vorzustellen.

Nach langen Überlegungen, fährt er dann fort, was wohl der günstigste Ort für eine Station sei mit gutem Boden, hier nickt der ein oder andere in der Gemeinde, habe ich mich in einem kleinen Dorf am Küstenpfad niedergelassen, das Simbang heißt, nahe an der Mündung eines Flusses, den die Eingeborenen Bubui nennen.

Ein paar Kinder kichern und wiederholen flüsternd: Papua, Bubui, Simbang, bis ein paar Schläge auf den Kopf für Ruhe sorgen. Der Missionar spricht weiter, und sie gewöhnen sich an das Gefuchtel, mit dem er die eigenartigen Verzierungen der Urwaldhäuser nachmalt und die Formen der Waffen und Gefäße, die es dort gibt.

Wenn er eine Pause macht, ist es ganz still.

Er erzählt, dass er den Schwarzen oft Tücher schenkt, da sie keinen Stoff kennen, und dass sie am liebsten die roten mögen. Dass die Dorfobersten Taschenmesser von ihm bekommen, und, wenn sie sich der christlichen Botschaft gegenüber offen zeigen, auch richtiges Werkzeug, denn sie haben dort nur Gerät aus Holz und Stein. Aber das größte Geschenk für sie sei das Wort Gottes.

Für Heiner sind diese Geschichten nicht neu, in den Missionsheften stehen sie auch, manchmal erkennt er sogar ganze Sätze wieder. Aber es ist etwas anderes, diesen Mann sprechen zu hören, der selbst den Urwald gerodet und Äcker bestellt, der mit eigenen Händen Häuser aus Bambus und Palmgras gebaut hat. Er, Heiner, hat noch nie daran gedacht, dass man im ewigen Sommer der Südsee immerzu säen und ernten kann, dass die Bauern dort Kokosnüsse und Bananen und süße Kartoffeln haben statt Weizen und Zuckerrüben, dass alles dort das ganze Jahr über wächst. Kein Pflügen in der Kälte an einem Frühjahrsmorgen, kein Schnee, kein fallendes Laub.

Zum Segen der Natur, sagt der Missionar, ist nun auch der Segen des Evangeliums gekommen. Und die Erlösung der Papua von Aberglauben und Finsternis.

Die Schlettenheimer sitzen stumm in den Kirchenbänken.

Die Altarkerzen flackern im Luftzug, als die Tür der Sakristei aufgeht und ein junger Mann einen Koffer hereinträgt. Es ist ein sehr großer Koffer aus brauner Vulkanfiber. Nach und nach nimmt er Gegenstände heraus und hält sie in die Höhe, sodass alle sie sehen können.

Das hier, erklärt der Missionar, ist eine Axt aus Neuguinea, sie ist aus Stein. Die Papua kennen kein Metall, kein Eisen, keinen Draht, keine Pflugschar. Könnt ihr euch vorstellen, wie schwer es ist, mit einer Steinaxt einen Baum zu fällen? Und ein Haus zu bauen ohne Nägel?

Der junge Mann holt immer neue Seltsamkeiten hervor: Messer mit Klingen aus Knochen, Löffel, bunte Taschen, ausgehöhlte Kürbisse, die aussehen wie Flaschen, und riesige Muscheln mit einem Loch an der Seite. Auf denen erzeugen die Schwarzen Töne, sagt der Missionar, auf jeder Muschel nur einen oder zwei, sodass man für ein Kirchenlied einen ganzen Chor braucht, in dem jeder seinen Ton bläst.

Heiner wundert sich über das primitive Werkzeug, das nun von Hand zu Hand geht. Die Sachen sind unpraktisch, aber auf eine ungewohnte Weise schön, sie sind verziert mit winzigen Schneckenhäusern, bunten Fäden, Schnitzereien. Bei ihnen auf dem Hof ist noch nie einer auf die Idee gekommen, die Hacke zu bemalen. Zeitverschwendung.

Während der Gehilfe die Sachen wieder einpackt und in die Sakristei zurückträgt, stellt sich der Missionar vor die Gemeinde hin und schaut sie gründlich an, jeden einzeln mit seinen kleinen scharfen Augen. So, als suchte er nach jemandem.

Ihr Gläubigen von Schlettenheim, sagt er schließlich, und seine Stimme ist wie eine Glocke. Heiner spürt den ganzen Rücken herunter, dass er gemeint ist.

Wenn ich den Schwarzen in Neuguinea vom Deutschen Reich erzähle, in dem jedes Dorf eine Kirche hat und alle Menschen Kleider tragen, Gott fürchten und friedlich miteinander leben, dann leuchten die Augen in den dunklen Gesichtern wie Kinderaugen zur Weihnacht. Die armen Papua leben in immerwährender Angst vor Dämonen und bösem Zauber und vor ihren Nachbarn, mit denen sie andauernd im Krieg liegen. Sie haben nicht einmal einen Sonntag gekannt, bis wir ihnen das göttliche Gebot verkündet haben, am siebten Tage zu ruhen.

Heiner hat sein Leben nie beneidenswert gefunden. Er tut seine Arbeit, er kümmert sich um den Hof und die Familie. Und er versucht, den Versuchungen zu widerstehen. Diese seltsame Predigt aber wärmt ihm plötzlich das Herz für sein Tal und sein Dorf.

Die Leute in Neuguinea, die Stimme des Missionars wird jetzt tiefer und ein bisschen lauter, sind uns von Gott dem Herrn anvertraut. Er hat uns Deutschen dieses Land in die Hände gelegt und uns die Aufgabe gegeben, uns um die Bewohner zu kümmern. Dafür braucht Er auch euch. Er wird jede Opfergabe segnen, sei sie noch so bescheiden. Aber – es folgt eine Pause – Er braucht nicht nur eure Gaben, Er braucht auch Menschen, die ganz in Seinen Dienst treten und Sein Werk tun wollen. Denn Christus spricht: Ich will euch zu Menschenfischern machen.

In der Kirche beginnt das leise Kramen nach Münzen. Sie wissen alle, dass nach solchen Appellen gleich das Amen kommt und danach der Klingelbeutel herumgeht.

Aber der Missionar erhebt noch einmal die Stimme, lauter als zuvor: Wir besitzen dort Land, viel Land. Erst letztes Jahr haben wir 800 Hektar gekauft. Die Leute hören auf zu kramen und halten den Atem an, der Missionar bestätigt die ungeheure Zahl mit einem feierlichen Nicken. Durch die Kirchenbänke zieht Gemurmel. So viel Grund besitzt niemand hier und auch niemand, den sie kennen. Heiner sieht, wie Fritz neben ihm die Stirn kraust.

Als sich alle wieder beruhigt haben, fährt der Missionar

fort. Die Papua haben das Wort Gottes empfangen, und diese Saat ist aufgegangen in ihren kindlichen Herzen. Nun müssen sie fest werden im Glauben, in der Hinwendung zu einem Leben in christlicher Ordnung und in der Freude am Herrn. Das Lesen und Schreiben wollen sie lernen und den Umgang mit vernünftigem Werkzeug. Gott der Herr braucht Männer, die sein Wort unter den Heiden verkünden. Und er braucht Männer, die sich als rechte Bauern auf das Pflanzen und die Viehzucht verstehen und fest im Glauben sind.

Heiner weiß, er ist so ein Mann.

Die Stimme des Missionars schwillt an und ab wie eine Orgel, oder eher wie Meereswellen, sie trägt Heiner mit sich, weit über das Dorf und den Landkreis hinaus, in die Welt hinter dem Horizont, die fern und groß ist. Jetzt ist sie ihm nah gekommen.

Das rechte Christenleben soll die Schwarzen gelehrt werden, nicht nur durch die Predigt, sondern auch durch Tat und Beispiel. Durch gläubige, standhafte Männer und – der Missionar hält inne – Frauen. Denn auch die schwarzen Frauen brauchen Führung und Anleitung. Um die große Aufgabe der Mission zu erfüllen, müssen Häuser, Straßen, Schulen und Werkstätten gebaut werden, denn das Werk Gottes, das Er – nun dröhnt seine Stimme mächtig – durch seinen Heiligen Geist an den Papua tun will, ist groß, und – da fällt sie wieder ab – die Gaben aus der Heimat sind klein. Der Mensch lebt nicht vom Brot allein, aber eben auch vom Brote! Lasst uns dort also mit vereinten Kräften eine große Gemeinde bauen, getragen von Fleiß und Gebet. Wir brauchen Pflanzer, wir brauchen Missionare und Lehrer, und wir brauchen Frauen, Gehilfinnen, die diesen Männern zur Seite stehen.

In der Pause, die nun folgt, scheinen alle gleichzeitig einzuatmen, als hätten sie zuvor die Luft angehalten.

Gott ruft euch, Ihm zu dienen. Und wer Seinen Ruf hört,

der folge ihm nach. Der Missionar senkt den Kopf, sein Haar hebt sich als dunkle Insel über dem Weiß seines Anzugs ab. Und dann sagt er es doch noch, das Amen.

Heiner ist keiner von denen, die dem Missionar in die Sakristei folgen und den Schmuck aus Tierzähnen und ziselierten Knochen befingern. Er geht hinaus auf den Kirchhof, die Sonne ist wieder herausgekommen. Und er fängt an nachzudenken. Er überlegt, ob seine Leiter mit den Scharnieren für die Bäume in der Kolonie taugen würde.

Eine ganze Woche denkt er nach, während er das Rad des großen Leiterwagens repariert, während er die sechs Ferkel zum Viehhändler nach Michelreuth fährt, während er die Kartoffelsäcke zählt und morgens sein Brot in die Milch schneidet. Er betet, und er grübelt.

Er fühlt sich unwürdig.

Genau so schreibt er es, hoffnungsvoll und reumütig, in seinen Lebenslauf, der zugleich eine Bewerbung ist.

Ich habe den Anfechtungen nicht widerstanden. Ich habe gesündigt. Trotz meiner Verfehlungen möchte ich, mit dem Wissen um die Gnade Gottes, in den Dienst der Mission treten.

Am nächsten Samstag spricht er mit den Eltern und bekommt vom Vater einen Segen und von der Mutter einen Seufzer. Beide sind froh, dass einer untergebracht ist, noch dazu ohne Lehrgeld. Und in einer angesehenen, gottgefälligen Stellung. Am Sonntag bringt Heiner seinen Brief zum Pfarrer.

Er hat ihn mehrmals abgeschrieben in seiner steilen Schrift, bis er makellos war.

Die Neuendettelsauer ziehen gleich Erkundigungen ein, befragen den Schlettenheimer Pfarrer und die Mitglieder des Missionsvereins. Ein paar Wochen später kommt abends ein Reiter auf den Mohr-Hof. Es ist derselbe Mann, der an jenem Sonntag den Koffer in die Kirche getragen hat, er stellt sich als Missionar Blech vor und will Heiner sprechen. Die Kartoffeln sind schon eingebracht und die Nächte kalt geworden. Man bittet den Mann in die Stube, wo er sich wärmen kann. Heiner wäscht sich das Gesicht, bevor er sich zu ihm an den Tisch setzt.

3

Marie

Bis mein Großvater seine erste Kokospalme zu Gesicht bekam, dauerte es noch eine ganze Weile. Einer Schwester starb der Mann, und er kümmerte sich um ihren Hof, bis ein neuer Mann gefunden war. Das dauerte ein Jahr und ein halbes. Dann musste er zum Militär. Es verging ein weiteres Jahr. Ich vermute, dass er ein guter Soldat war: gewohnt, zu gehorchen und der Obrigkeit untertan zu sein, wie es der Apostel Paulus verlangt. Aber er hatte sicher mehr Freude daran, sein Gewehr auseinanderzunehmen und zu reinigen, als damit zu schießen.

Erst nach dem Militärdienst wurde er in die Neuendettelsauer Anstalt aufgenommen und lernte, was er als Laienmissionar wissen musste: Glaubenslehre, Buchführung, Verwaltung, Sprachen und die spezielle Anthropologie der Missionare. Die lässt sich nach den Schriften dieser Zeit ungefähr so zusammenfassen: Die Papua stehen auf einer etwas höheren Kulturstufe als die, die man *Australneger* nennt. Ihre handwerklichen und landwirtschaftlichen Leistungen sind für Steinzeitmenschen ganz erstaunlich. Ihr Gemüt ist kindlich und impulsiv, weshalb sie zu Diebstahl, Unzucht und Faulheit neigen. Sie sind Animisten und fürchten böse Geister und Zauberer, die Krankheit, Tod und alles Unglück verursachen. Darin liegt der Grund für ihre brutalen Stammeskriege, die ihre kulturelle Entwicklung sehr behindern. Dabei ist ihre Auffassungsgabe beachtlich, vor allem bei den etwas hellhäutigeren Melanesiern an der Küste. Aber auch die Bergvölker lernen schnell. Ihr Benehmen ist, wenn sie sich an den

Umgang mit Weißen gewöhnt haben, meistens freundlich und bescheiden.

Mein Großvater äußerte nie irgendwelche Zweifel an diesen Lehren und auch nicht daran, dass die Mission gut für die Neuguineer war: Dank ihrer weißen Lehrer verloren sie ihre abergläubische Angst, ließen einander am Leben, bekamen vernünftiges Werkzeug und starben nicht mehr an Durchfall und harmlosen Wunden. Und sie waren erlöst zum ewigen Leben, daran glaubte er.

Dass sie zu Tausenden durch Grippe und Masern umkamen, die sie sich von den Weißen geholt hatten, erwähnte er nie – keiner in der Familie verlor je ein Wort darüber. Und auch sonst niemand in der Horde aus Missionaren und Pfarrern, von denen wir bis zum Tod meines Großvaters umgeben waren, lauter Tanten und Onkel, mit denen wir nicht verwandt waren. Es waren viele, und ich konnte sie kaum auseinanderhalten. Ihre Namen gehörten zur Klangwolke ferner Erwachsenengespräche, die mich nicht im Geringsten interessierten. Bei unseren Besuchen in Neuendettelsau materialisierten sie sich als ununterscheidbare Gestalten, Männer mit gestrickten Westen, Frauen in formlosen Kleidern mit Dutt, die sich über mich beugten. Und du? Wem g'hörst'n du? Wenn herauskam, dass ich die kleine Mohr war, kniffen sie mich herzhaft in die Wange.

Nur Onkel Blech materialisierte sich nie, dabei fiel sein Name ziemlich oft. Gerhard Blech. Meine Mutter sprach seinen Namen in einem Ton aus, den ich an ihr überhaupt nicht mochte. Er ist ganz elend gestorben, erzählte sie mir. Allein im Schnee erfroren. Die Leiche haben sie erst im Frühling gefunden. Die Genugtuung in ihrer Stimme.

Sie erzählte es mir, als sie bereits eine alte Frau und die Horde längst zu fernen Schatten verblasst war. Ich hatte gerade begonnen, den Archipel der familiären Überlieferung zu kartografieren, und war überall auf die Spuren von Gerhard

Blech gestoßen. Er war wie ein Springteufel, wenn man das von einem Missionar sagen kann.

Das Foto ist postkartengroß und auf festem Karton abgezogen, eine Ecke ist geknickt. Es zeigt lauter barhäuptige Männer in dunklen Anzügen und weißen Hemden mit hohen Kragen. Sie posieren vor dem Eingang eines lang gezogenen Gebäudes. Insgesamt sind es dreiundzwanzig. Sieben stehen auf den Stufen, die zum Eingang führen, der Zweite von rechts, ganz oben, ist Heiner Mohr. Sein Gesicht ist zwar nur halb zu sehen, aber seine Ohren sind deutlich zu erkennen. Zehn Männer stehen aufgereiht im Vorgarten zwischen blühenden Forsythien, sechs weitere sitzen vorn auf Hockern, sie wirken älter als die übrigen. Keiner lächelt. Links unten hält sich ein schmaler Mann mit Eierkopf und Mittelscheitel sehr aufrecht – es ist Gerhard Blech. Schräg hinter ihm steht ein auffällig dunkelhaariger Mann mit tief liegenden Augen: Johann Hensolt.

Auf die Rückseite des Fotos hat jemand mit Bleistift geschrieben: Abschied der Missionszöglinge, Neuendettelsau 1913. Wer das war, weiß ich nicht, ich kenne die Schrift nicht.

Die Missionszöglinge sind zwischen achtzehn und fünfundzwanzig Jahre alt und haben sehr unterschiedliche Vorstellungen vom Kaiser-Wilhelms-Land. Der künftige Prediger Johann Hensolt, zum Beispiel, malt den anderen gern das große Abenteuer aus: einsame Inseln, Korallenriffe, Urwald, unbekannte Tiere, Kannibalen und bemalte Krieger, Blumen in allen Farben. Alles bunter und gefährlicher als daheim, wilder und schöner. Georg Hugl dagegen spricht düster von den Anfechtungen, die auf sie warten, und man weiß nicht, ob er die tropischen Krankheiten meint oder das, was manchmal in der *Deutschen Kolonialzeitung* abgebildet ist: samoanische Frauen mit blanken Brüsten und großen weichen Augen.

Heiner Mohr sieht eine endlose Pflanzung vor sich, mit Bäumen in Reih und Glied. Das ist seine Zukunft.

Am Sonntag vor Ostern werden sie nacheinander ins Büro von Bruder Blech gerufen. Der hätte eigentlich im Jahr zuvor nach Neuguinea ausreisen sollen, wo seine Braut Erna als Lehrerin arbeitet, aber dann hat sich herausgestellt, dass er nicht tropentauglich war. Blutarmut, heißt es. Nun sitzt er in Neuendettelsau und neigt zum Trübsinn, was vielleicht vom mangelnden Blut kommt, vielleicht auch von der abwesenden Erna. Er ist für die Missionszöglinge zuständig, obwohl er nur wenig älter ist als sie.

Sein Büro liegt direkt neben dem Speisesaal. Hier riecht es noch mehr als in den anderen Räumen nach längst vergangenen Mahlzeiten. Heiner ist der Letzte, der an die Reihe kommt. Die Hausschwester gießt Saft in zwei Gläser auf dem Schreibtisch und schließt sehr leise die Tür hinter sich. Blech räuspert sich und sagt, das Examen sei ja nun bestanden.

Das weiß Heiner schon. Und Blech weiß, dass Heiner es weiß.

Im Kaiser-Wilhelms-Land wirst du die Leitung der Plantage von Heldsbach übernehmen – Bruder Wangerl kann sich um landwirtschaftliche Belange nicht mehr kümmern. So ist es von der Leitung beschlossen.

Auch das weiß Heiner schon, und Blech weiß, dass er es weiß.

Eigentlich hat Heiner von der Pflanzung Salankaua geträumt, von den 800 Hektar mit 27 000 Palmen, aber das kann Gerhard Blech nicht wissen, denn Heiner hat es nie jemandem gesagt.

Es ist eine gute und große Aufgabe für dich, Bruder Mohr.

Ich werde sie mit Gottes Hilfe in Angriff nehmen, sagt Heiner und denkt, das war jetzt alles.

Aber der andere räuspert sich ein weiteres Mal und sagt: Noch etwas. Setz dich, bitte.

Heiner lässt sich also auf dem gepolsterten Hocker vor dem Schreibtisch nieder, breitbeinig, wie er immer sitzt, die Hände auf den Knien. Bruder Blech bleibt stehen. Von unten betrachtet sieht er noch schmächtiger aus als sonst. Über seinem Mittelscheitel hängt das Kreuz, ein wenig schief. Er nimmt einen Schluck Saft.

Aus Höflichkeit greift Heiner ebenfalls nach seinem Glas. Blech holt tief Luft.

Reisen nach Neuguinea sind sehr, sehr teuer für die Mission, das weißt du. Und das Klima dort … Die Malaria … Wir müssen uns genau überlegen, wen wir aufs Missionsfeld schicken. Das betrifft … eben auch … vor allem … in diesem Fall die … Ehefrauen.

Dieses Thema hat Heiner nicht erwartet, ausgerechnet von Bruder Blech. Die künftigen Missionare reden manchmal darüber: Ob man mit oder ohne Frau besser dran ist, dort, wo sie hingehen. Sie dürfen in den Jahren ihrer Ausbildung eigentlich keinen Kontakt zu Frauen unterhalten, manche tun es trotzdem. Johann Hensolt zum Beispiel.

Aber, sagt Bruder Blech, hält inne und betrachtet seine Hand, die das Glas hält, als wäre sie ein ganz und gar unbekanntes Tier. Dann reißt er den Blick los und setzt sich hin, Heiner gegenüber.

Nicht jeder ist ja zur Enthaltsamkeit geschaffen. Wie der Apostel Paulus sagt: Es ist gut für die Ledigen, wenn sie auch bleiben wie ich. So sie sich aber nicht mögen enthalten, so lass sie freien; es ist besser freien, denn Brunst leiden.

Sie sehen einander an. Sie wissen beide noch sehr wohl, was sie gesprochen haben, damals in der Schlettenheimer Stube. Warum Heiner glaubte, dass er unwürdig sei.

Es ist bald sieben Jahre her. Heiner hat es so oft bereut. Und sich so oft gewünscht, es würde wieder geschehen. Er hat all die Sünder beneidet, die Gottes Gebote nicht kennen. Er will nicht an diese zerzausten Zöpfe denken, dieses atemlose Lachen an seinem Ohr, den biegsamen Rücken, all das hat ihn so lange gequält. Er denkt aber doch daran. Vor allem, wenn er die Worte des Apostels Paulus hört, aber nicht nur dann. Und gerade jetzt, während Bruder Blech sein Saftglas dreht und wendet und ihn dabei so ansieht, erinnert er sich genau, an diesen Sommer vor sieben Jahren, als sie in der Erntezeit ausgeholfen hat, seine Cousine, sie war gerade konfirmiert, alle haben sie Lissi genannt, sie hieß Elisabeth, sie heißt immer noch Elisabeth, sie wohnt immer noch in der Kreisstadt, hat einen Mann und bekommt bald ihr zweites Kind.

Sie war ganz anders als seine Schwestern, so schmal und groß, ihre Hände, ihr Rücken nicht an Bauernarbeit gewöhnt, nicht einmal einen Heuballen hat sie heben können. Lissi, ihr Lachen schnell und leicht, ihre Augen, ihr Spott. Heiner, Heiner, lieber der als keiner! Das hat sie ihm über den Weidezaun zugerufen, in Tönen wie ein Kuckuck. Heiner, Heiner. Sie hat ihm zugewinkt und ist weggelaufen, den Schwestern hinterdrein.

Die Bewegung ihres Rückens. Er hat immerzu hinsehen müssen. Er hat auf ihr Erscheinen gewartet, im Hof, beim Einspannen. Plötzlich hat sie dagestanden, in der Haustür und ihm stumm zugeschaut. Später hat sie das Brot und den Most aufs Feld gebracht, und er hat wieder ihren Rücken gesehen. Ihre Augen auch, jeden Tag, jeden einzelnen Tag. Am Sonntag zur Kirche ist er hinter ihr gegangen, den Hügel hinauf. Die begehrlichen Gedanken haben ihn bis in den Gottesdienst verfolgt. Und dann hat sie an dem einen Abend im Heuschuppen gestanden, es war eine Sünde. Er hat es bereut, bereut es immer noch, auch wenn sie gesagt hat, es ist doch nichts passiert. Er denkt aber daran, wieder und wieder, ihr Rücken und wie es gerochen hat im Schuppen, ihr Mund. Es hat geregnet. Er weiß, dass selbst die Erinnerung eine Versuchung ist. Nein, er kann sich nicht enthalten.

Also nickt er, stumm.

Bruder Blech sieht es nicht einmal. Eingedenk der Worte des Apostels Paulus und weil es auf der Pflanzung noch keine Hausfrau gibt, fährt er fort, legen wir dir nahe, dich umgehend zu verloben. Nach ungefähr zwei Jahren wird deine Braut dir aufs Missionsfeld folgen können. Das ist eine angemessene Zeit. Sie wird eine Ausbildung bekommen als Hebamme und Krankenpflegerin, so wird auch sie der Mission dienen können. Wir werden dir helfen, die rechte Frau dafür zu finden.

Lissi wäre gewiss nicht die rechte gewesen. Kuckuck, Kuckuck. Ihr langer Rücken, so schmal. Einer oder keiner.

Heiner überlegt, ob es jetzt angemessen ist, sich zu bedanken. Bruder Blech scheint keinen Dank zu erwarten. Er neigt den Kopf und faltet die Hände. Heiner tut es ihm nach.

Herr unser Gott, führe diesem Deinem Knecht Heiner Mohr eine Gefährtin zu nach Deinem Willen, auf dass er den Heiden ein Vorbild werde als Oberhaupt einer christlichen Familie, zu Deinem Ruhme, o Herr. Amen.

Amen, sagt Heiner.

Sie schütteln einander feierlich die Hand.

Von diesem Tag an hat Heiner sehr viel zu tun. Ihm bleiben nur zwei Monate bis zur Abreise. Er muss sich eine Überseekiste machen lassen, einen weißen Tropenanzug oder zwei, wenn das Geld dafür reicht, und Hemden. Er hat lange Listen für seine Ausrüstung erhalten, soll Werkzeug mitnehmen und Ersatzteile für Maschinen. Bücher braucht er, Papier, Strümpfe. Was die Frau betrifft, da verlässt er sich ganz auf den Herrn und die Brüder der Mission.

Mein Großvater Heiner vertraute auf Gott, unbedingt und sein Leben lang, über zwei Kriege hinweg. Er schloss nicht einmal eine Krankenversicherung ab. Auf seiner Nase saß eine Narbe wie der Abdruck eines Sterns, ein Meteoriteneinschlag bis in den Knochen. Da hatte er sich in Neuguinea einmal einen Hautkrebs mit einem glühenden Messer weggebrannt. Er tat eben, was er konnte, alles andere war Gottes Wille.

Von seiner Brautschau erzählte er nie etwas. Seine Tochter Sophie sagte, Heiner und Marie hätten sich über die Mission kennengelernt. Ich stellte mir darunter immer eine Art Kaffeekränzchen vor, wie ich es von den Neuendettelsauer Sonntagen meiner Kindheit kannte, das größte Vergnügen der Horde, bei dem Lieder gesungen, Erinnerungen an Neuguinea ausgetauscht und Unmengen Kuchen vertilgt wurden. Aus diesen Sonntagen folgerte ich, dass das Leben erwachsener Menschen ziemlich öde war.

Meine ältere Schwester Marianne allerdings besaß die Gabe, Erwachsenen zuzuhören, ohne sich zu langweilen. Sie wusste daher sehr viel mehr über das geheime Leben der Familie als ich und gab an mich weiter, was sie für geeignet hielt. Sie hielt nicht alles für geeignet. Schon als Kind war sie diskret und blieb es auch später. Vielleicht deshalb vertraute ihr Marie das Heft an, ein Schulheft für zwanzig Pfennige. Auf dem Etikett stand: Marie Mohr. Als Überschrift in der ersten Zeile: Kurze Erinnerungen.

Sie waren wirklich kurz, diese Erinnerungen, Marie brachte ihr ganzes Leben auf vierzig Seiten unter, im Ton eines Tatsachenberichts (wobei sie Entscheidendes wegließ). Nur die Buchstaben hielten sich nicht ganz an ihre dürren Worte. Sie sprangen immer wieder aus den Zeilen, und das lag nicht daran, dass Maries Augen nicht mehr gut waren. Es war die Empörung darüber, dass es nichts Besseres zu schreiben gab. Ich spürte ihre bebende Wut in jedem Satz. Das Kunststück hatte Marie schon immer beherrscht: Sie sagte »Ich näh dir den Kopf an«, und es klang so, als hätte der Besitzer des Knopfs ein Verbrechen begangen, für das sie, Marie, nun ungerechterweise büßen musste.

Wir Kinder hatten Angst vor ihr. Sie bekam Wutanfälle, die sich wie ferne Gewitter rasend schnell näherten und immer lauter und heftiger wurden. Sie stampfte und schimpfte und grollte in jener Sprache, in der die Pflanzungsarbeiter der deutschen Südsee geflucht hatten. Wir verstanden kein Wort. Erst wenn sie erschöpft und mit vorgeschobenem Kinn wieder stumm in der Küche fuhrwerkte und nur noch die Töpfe scheppern ließ, kamen wir hinter Heiners Rücken hervor. Der blieb wie gewöhnlich die ganze Zeit ungerührt bei seiner Beschäftigung, leimte ein Vogelhaus oder nahm den Wecker auseinander, bis Punkt zwölf Uhr das Mittagessen auf dem Tisch stand. Marie war eine ausgezeichnete Köchin.

Das muss man ihr lassen, sagte meine Mutter. Und ärgerte sich, dass Marie ihr nie ein Rezept verriet.

Zu jener Zeit, als Heiner ausreiste, und noch lange danach war es üblich, dass ein Missionar, der für *drüben* eine Frau brauchte, von der Horde mit einer versorgt wurde. Kaffeekränzchen mögen auch eine Rolle gespielt haben, wenn gesunde, gottesfürchtige Mädchen gesichtet wurden, die wussten, was Arbeiten heißt, und nicht zimperlich waren. Für meinen Großvater eine Kandidatin zu finden, war nicht so einfach, er war ja nur ein Laie, kein richtiger Missionar – der so gut wie ein Pfarrer war, nur eben in den Kolonien. Aber ein Missionsbauer bedeutete kaum einen Aufstieg.

Zufällig – oder, wie es bei der Mission hieß, durch den Willen Gottes – war eine entfernte Cousine von Gerhard Blech Dienstmädchen in einem Pfarrershaushalt. In der Gegend waren die Bauernsippen vielfach untereinander verschwägert, meine Mutter behauptete, deshalb gebe es dort so viele Idioten.

Das Bild wurde beim Fotografen Ruckdeschel in der Kreisstadt Führingen aufgenommen. Eine üppige junge

Frau mit rundem Gesicht schaut an der Kamera vorbei. Ihre Augen sind ein wenig zusammengekniffen, sie geben nichts preis. Ihre Mundwinkel heben sich zu einem unfertigen Lächeln mit geschlossenen Lippen. In den Händen hält sie ein Buch, man kann nicht erkennen, was für eines, aber es ist größer als ein Gesangbuch. An ihrer linken Hand sieht man den dünnen Streifen eines Rings. Es ist ihr einziger Schmuck. Ihr dunkles Kleid, oben weit geschnitten und an der Taille eng geschnürt, lässt nur den kurzen Hals frei. Schräg hinter ihr, halb verdeckt von ihrer Hüfte, steht auf einer gedrechselten Säule ein Gebinde künstlicher Blumen.

Die Marie vom Bauern Reinhardt, sagt man in Michelreuth, hat Rosinen im Kopf. Der Vater verwöhnt sie. Er hat ein ganzes Regal voller Bücher in der Stube und spielt Schach. Man sieht es ihm nach im Dorf, denn er hat ein lahmes Bein und muss am Stock gehen. Fünf Kinder hat er trotzdem zustande gebracht.

Marie ist die mittlere Tochter, sie spielt mit dem Vater Schach, was keine Beschäftigung für ein Mädchen ist. Sie ist sein Liebling, sie und nicht ihre Schwester, die süße kleine Sophie. Marie ist nicht süß, sie lacht selten. Wenn sie aber lacht, prustet und brüllt sie wie ein Mann. Und sie liest viel, sie versteht auch viel von der Wirtschaft auf dem Hof. Wer dich einmal kriegt, der hat ein Glück, sagte der Vater.

Er stirbt, als Marie vierzehn ist. Sie hat gerade die Volksschule zu Ende gebracht. Von da an besteht ihr Leben vor allem aus Arbeit, schwerer Männerarbeit auf dem Feld, bis der älteste Bruder die Landwirtschaftsschule abgeschlossen hat und den Hof übernimmt. Der jüngere Bruder, Otto, ist in die Stadt geschickt worden und lernt auf Lehrer. Marie beneidet ihn. Sooft sie kann, geht sie zu den Pfarrersleuten von Michelreuth, denn bei denen darf sie sich Bücher ausleihen.

Sie schmeichelt sich bei ihnen ein, indem sie der Frau Pfarrer mal ein Huhn, mal eine frische Wurst vorbeibringt und dem Hausherrn kluge Fragen stellt. Ab und zu erwähnt sie, dass sie Kinder liebt und ihnen gern etwas beibringt. Eines Tages eröffnet ihr der Herr Pfarrer, dass er eine Stellung für sie hat: als Hausmädchen beim Pfarrer in einem weit entfernten Dorf. Das ist zwar nicht, was sie gewollt hat, aber sie ist froh, von der harten Arbeit zu Hause wegzukommen. Sie geht also in Dienst, sie versorgt Kinder und Haushalt, sie kocht und geht in die Kirche, sie liest sämtliche Bücher, die der Herr Pfarrer für geeignet hält, heimlich auch noch ein paar andere, und wünscht, sie wäre als Mann geboren.

Zu Ostern fährt sie heim nach Michelreuth, die Pfarrersleute haben ihr eine Woche freigegeben. Am Sonntagnachmittag, kurz vor dem Kaffeetrinken, kommen zwei Reiter auf den Hof. Der eine ist ihr Vetter Gerhard Blech aus Steinbach, der in Neuendettelsau bei der Mission arbeitet, den anderen kennt sie nicht. Er ist groß und hager und hat Segelohren. Die meisten Menschen gleichen irgendeinem Tier, und dieser Mann hat etwas von einem unterernährten Pferd. Vetter Gerhard stellt ihn vor als Heiner Mohr aus Schlettenheim, der bald aufs Missionsfeld gehen wird. Der Mohr sagt höflich Grüß Gott und gibt allen die Hand. Als man sich in der Stube um die Kaffeetafel versammelt, tut er den Mund nicht auf. Kein interessanter Gast. Erst als die Mutter anfängt, ihn auszufragen, wie viele Geschwister er hat und wie die verheiratet sind, wie viel Land zum Mohr-Hof gehört, eigenes und Pachtland, und wie viel Stück Vieh und wie es um die Gesundheit der Eltern bestellt ist, da beantwortet er alle Fragen gründlich. Sie haben viel Obst, verkaufen davon in die Stadt, und sumpfig sind die Wiesen bei ihnen im Tal, gutes Futter für das Vieh. Bald geht es um die späte Aussaat dieses Jahr und um das Wetter und schließlich um die Mission. Maries Bruder will wissen, wie das mit den Kannibalen ist, dort im Kaiser-Wilhelms-Land, und Gerhard sagt: Es ist ja doch ganz anders, als man denkt. Die Papua sind Krieger und Kannibalen aus reinem Aberglauben. Manche verspeisen nicht nur ihre Feinde, sondern auch ihre eigenen Toten, übrigens.

Die Tischrunde erstarrt über ihrem Streuselkuchen.

Hat das Evangelium erst bei ihnen Wurzeln geschlagen, hört das auf, schiebt Gerhard hinterher. Erleichtert essen alle weiter. Nur noch der Vetter redet. Marie hört ihm aufmerksam zu. Wenn er eine Pause macht, sinkt Stille über den Tisch, und man hört die Fliegen.

Ja, sagt Vetter Gerhard, ein Volk, das in religiösen Irrungen befangen ist, kann kulturell natürlich nicht hochkommen. Aber jetzt ist Kaiser-Wilhelms-Land deutsch, da haben sie Glück gehabt. Wenn die Engländer ihre Herren geworden wären oder, schlimmer, die Franzosen!

Marie legt ihm ein frisches Stück Streuselkuchen auf den Teller.

Wir Missionare müssen verderbliche Einflüsse von ihnen fernhalten. Leider gibt es viele schlechte Vorbilder unter den Weißen in den Südseekolonien, vor allem eben bei den Engländern und Franzosen, die oft ein lasterhaftes Leben führen.

Er redet voller Eifer, der Vetter Gerhard.

Aber auch unsere Leute! Die kaiserliche Kolonialverwaltung, meistens Preußen. Da will man den Eingeborenen Glauben und Frieden bringen, aber die Kolonialverwaltung unterstützt uns nicht.

Er beugt sich zu Maries Bruder, der ihm gegenübersitzt: Der deutsche Gouverneur in Rabaul hat sogar ein Kind mit seiner schwarzen Konkubine! Möge Gott der Herr ihm Einsicht und Reue schenken … Die Aufgabe von uns deutschen Christenmenschen ist es doch, die Papua auf eine höhere Kulturstufe zu heben, und das ist unmöglich, wenn die weiße Rasse dort degeneriert!

Die Familie Reinhardt murmelt Zustimmendes.

Wir wollen jetzt eine deutsche Schule aufbauen, die Eingeborenen sprechen ja ein primitives Englisch, das sich mit ihrer Sprache vermischt hat, ein Kauderwelsch, das taugt nicht für eine höhere Bildung. Deutsch sollen sie lernen, die Sprache Luthers.

Und Goethes und Schillers, wirft Marie ein. Vetter Gerhard hält verwirrt in seinem Redeschwall inne. Man hört, wie eine Fliege auf dem Leimstreifen an der Decke laut mit dem Tod kämpft. Maries Bruder sagt: Geh, Marie, unterbrich doch den Vetter nicht.

Der Mann aus Schlettenheim nimmt einen Schluck Kaffee und betrachtet sie aufmerksam. Die Mutter kneift die Lippen zusammen.

Was lernen sie denn sonst noch so, die Eingeborenen?, fragt Marie. Und Vetter Gerhard kehrt in sein Fahrwasser zurück, erzählt, dass das Vaterunser und das Lutherische Glaubensbekenntnis in mehrere Eingeborenensprachen übersetzt sind, auch Teile der Bibel. Mohr sagt zu alledem gar nichts.

Der Mann hat ein Gespür für Anstand, sagt Maries Bruder später, und von der Landwirtschaft versteht er auch was.

Die beiden Missionare lassen sich noch den Hof zeigen, bleiben aber nicht zum Abendbrot, sie wissen, was sich gehört. Heiner Mohr will vor Einbruch der Dunkelheit zurück in Schlettenheim sein.

Marie hat diesen langweiligen Mann schnell vergessen. Ein paar Tage später, sie ist schon wieder bei ihrer Pfarrherrschaft, bekommt sie einen Brief. Sie ist gerade beim Kochen und liest ihn gleich in der Küche. Der Brief ist von dem mundfaulen Heiner Mohr.

Er werde im Juni über Genua und Suez nach Kaiser-Wilhelms-Land ausreisen, schreibt er. Und er bitte sie, eine tüchtige Frau, die ihm »bei unserer kurzen Begegnung den besten Eindruck« gemacht habe, ihm nach gebotener Vorbereitungszeit dorthin zu folgen, um »gemeinsam, als Eheleute, den Dienst in der Mission zu tun«. Er schreibt, dass er sich seiner Berufung gewiss sei. Er schreibt auch, wie viel er verdient, es ist wenig, weniger als wenig. »Gott der Herr möge unseren Bund segnen.« Er hoffe auf ihr Einverständnis.

Sie glaubt nicht, was sie da liest. Ein großes Missverständnis, sie hat mit dem Mann nur ein paar höfliche Worte gewechselt und ihm den Gewürzgarten gezeigt, den sie vor Jahren angelegt hat, das ist alles. Und in diesem Brief – da steht kein Wort von Liebe, nicht einmal von Zuneigung. Kein Kompliment. So ein komischer, unschöner Mann, der nichts zu sagen hat, der vielleicht und allerhöchstens etwas von der Wirtschaft auf einem Hof versteht, macht ihr, Marie, einen Heiratsantrag. Was denkt der sich bloß, dieses klapprige Pferd von einem Mann?

Sie rührt in der Suppe, sie darf den Liebstöckel nicht vergessen. Deshalb also hat Vetter Gerhard so viel von diesem Neuguinea geredet.

Weil einer, der keinen eigenen Hof hat und keine Bildung, ein völlig Fremder, will, dass sie dorthin geht, um ihn zu heiraten. Der Gedanke ist so – verrückt. Es ist so – demütigend. Sie steckt den Brief in den Umschlag zurück. Die Suppe kocht nicht mehr, kein Wunder, das Feuer ist heruntergebrannt, wo hat sie nur ihren Kopf, sie bückt sich mechanisch zum Holzkorb und greift zwei Scheite. Einen Heiratsantrag hat sie sich anders vorgestellt, ganz anders. Und den Mann dazu erst! Es muss einer sein, der sie liebt, auch wenn sie nicht schön ist, aber sie ist auch nicht hässlich, und sie kann etwas. Es muss einer sein, der sagt, dieser Hof ist jetzt auch deiner. Oder sagt, in dieser Stadt werden wir zusammenleben. Einer, der klug ist wie ihr Vater, der die Darlehenskasse im Dorf verwaltet und ihr das Rechnen mit Zins und Zinseszins beigebracht hat, den sie beim Schach besiegt hat, als sie zwölf war. Wenn ihr Vater noch leben würde. Sie könnte etwas lernen. Frauen können nicht Arzt werden, aber sie könnte Krankenschwester werden. Oder Lehrerin. Und einen klugen Mann heiraten, das kann sie außerdem, einen Arzt, einen Lehrer oder einen Pfarrer.

Sie wirft das Holz in die Brennkammer, das Feuer springt auf, der Impuls, den Brief gleich hinterherzuwerfen, ist stark, soll er doch die Suppe wärmen. Aber sie steckt ihn in die Schürzentasche, sie muss ihn der Frau Pfarrer zeigen, die es immer gut mit ihr gemeint hat. Sie schließt die Herdklappe, rückt den Topf zurecht und rührt heftig um. Die Knochen darin rappeln, das Fett zerfällt in schillernde Augen.

Ich danke Gott, Marie, für eine Person wie dich in meinem Haus, sagt die Frau Pfarrer, als sie den Brief gelesen hat. Aber wenn der Herr dich in die Mission ruft, stehe ich nicht im Wege.

So hat Marie das noch gar nicht betrachtet. Für sie ist es nur ein Bauer aus Schlettenheim, der da gerufen hat, und nicht Gott. Ich will diesen Mann nicht, sagt sie. Ich werde ihm schreiben und sagen, dass ich ihn nicht heiraten kann. Sie sagt nicht, dass er ihr nicht gefällt, dass ihr die Liebe fehlt, dass er keine Größe hat und auch sonst nichts. Dass er sie an einen kranken Gaul erinnert. Sie wagt es nicht.

Manchmal ist es schwer, den Willen des Herrn zu erkennen, sagt die Pfarrfrau.

Am Sonntag nach Ostern kommt Vetter Gerhard vorbei. Er kommt wieder aus seinem Dorf, es war ein Ritt von mehreren Stunden, er hat also einiges auf sich genommen.

Der Herr Pfarrer hat mir geschrieben, dass du nicht willst.

Wieder wird Kaffee getrunken und wieder ein Kuchen gegessen, den Marie gebacken hat. Sie isst nichts davon. Hätte sie ihn nur im Ofen verbrennen lassen.

So kann man die Sache nicht abtun, sagt der Herr Pfarrer zu Marie. Und Vetter Gerhard: Der Bruder Mohr ist ein guter

Mann. Und die Pfarrfrau: Du musst auf den Ruf Gottes hören, Marie.

Alle drei sagen ihr, was sie Heiner Mohr schreiben soll: dass er sie zu Pfingsten im Haus ihrer Pfarrersleute besuchen darf und dass sie ihm dann ihre Antwort geben wird. Das ist noch kein Jawort, Marie.

Und Marie schreibt den Brief.

Von da an wird bei jeder Abendandacht im Pfarrhaus gebetet, dass der Herr Marie den rechten Weg weisen möge. Sie singen *So nimm denn meine Hände und führe mich*, die Kinder können das Lied schon auswendig, als es am Samstagabend vor Pfingsten an der Tür läutet und Heiner Mohr dasteht, zusammen mit Gerhard Blech.

Am Sonntag gibt der Herr Pfarrer im Gottesdienst die Verlobung der Marie Reinhardt mit dem Laienmissionar Heiner Mohr bekannt. Am Montag fahren sie nach Schlettenheim zu Heiners Familie, Vetter Gerhard hat das junge Paar angekündigt. Die Mohrs müssen zusehen, dass sie noch schnell etwas Anständiges für die Verlobungsfeier auf den Tisch bringen. Am Dienstag reist Marie zurück zu den Pfarrersleuten. Der Bräutigam muss packen.

Gäbe es ein Bild vom Pfingstmontag 1913, dann wäre außer dem Paar auf jeden Fall Gerhard Blech darauf zu sehen, mit Heiners Eltern und Maries Bruder. Im Hintergrund sähe man vielleicht eine Obstwiese und eine Scheune.

Aber eine Fotografie von der Verlobung der beiden gibt es nicht. Auch keine Anzeige, keine Karte, nichts. Niemand hat diese Angelegenheit wichtig genug gefunden, um sie für die Nachwelt festzuhalten. Dass zwei Bauernkinder in Übersee heiraten wollten, dafür holten die Eltern nicht gleich einen Fotografen. Geblieben ist von dem Ereignis nur Maries Heft und darin ein Satz, nein zwei: Samstagabend kam er mit

Blech zu uns, und am Sonntag verlobten wir uns. Es ging sehr wenig romantisch zu.

Maries nüchterner Ton. Ich verstand zum ersten Mal ihre Wut.

Die Verlobten hatten noch ein Wochenende, das sie im Haus von Maries Pfarrersleuten verbrachten. Verbringen durften, wie Marie in zorniger Demut schrieb. Sie machten einen Ausflug, für ein paar Stunden, einen kleinen Berg hinauf. Da waren sie dann allein.

Drei Wochen nach Pfingsten ging der Bräutigam an Bord. Seine Habseligkeiten passten in eine geteerte Reisetruhe, beschlagen mit Holz. Das Messer, das man ihm zur Konfirmation geschenkt hatte, nahm er mit.

Marie hätte zwei Jahre später nachkommen sollen. Aber der Krieg.

In meiner Familie gab es die Gepflogenheit, Geschichten, die vom Krieg handelten, unvollendet zu lassen. Das klang dann so: »Die Lissi hat ja unbedingt wieder nach Führingen zurückgewollt. Obwohl es immer mehr Bombenangriffe gegeben hat.« Oder: »Er hat Künstler werden wollen, so gut hat er zeichnen können! Sie haben ihn noch '45 eingezogen.«

So ging das. Wir Kinder verstanden sofort, dass Lissi eine dieser Bomben abbekommen hatte und dass einer kein Künstler geworden war. Gesagt wurde es nicht.

Der Krieg war eine märchenhaft böse Welt, in der sehr viel kaputtging. Die Erwachsenen sprachen davon in Wörtern, die für mich keine Bedeutung hatten. Bomben, Tiefflieger, Luftschutzkeller, Torpedo, U-Boot. Mit der mir bekannten Wirklichkeit hatte das nicht das Geringste zu tun: nichts mit den schweren Vorhängen im Wohnzimmer, den Binsen in der Bodenvase, den Deckchen, dem Kreuz an der Wand. Nichts mit uns, unserer Familie, mit unseren Mahlzeiten, Spaziergängen, Regeln.

Krieg war ganz anders. Im Krieg *fielen* Männer und blieben als efeuumrankte Bilder tot an der Wand zurück, Onkel in Uniformen mit Kindergesichtern. In unserer Realität dagegen bekam man, wenn man fiel – zum Beispiel vom Fahrrad –, Jod und ein Pflaster, schlimmstenfalls einen Gips, und dann war alles wieder in Ordnung.

Und es war wichtig, dass alles in Ordnung war. Ständig wurde irgendetwas geradegerückt, geflickt, geklebt, repariert, gestrichen, gesäubert und gebügelt. Dass es zwischen dem andauernden Kampf für »alles in Ordnung« und den unvollendeten Geschichten aus dem Krieg einen Zusammenhang gab, begriff ich lange nicht. Ich fand diesen ameisenhaften Zwang zur Idylle einfach nur anstrengend, er ermüdete uns alle. Irgendwann gaben wir auf, machten uns davon, jede und jeder anders, Eltern und Kinder, alle insgeheim auf der Flucht, während wir weiterhin gemeinsam am Esstisch saßen. So sorgten wir mit vereinten Kräften dafür, dass unsere windschiefe Nachkriegshütte zusammenbrach. Und über den Trümmern schwebte die Fata Morgana der schönen fernen Kolonie Neuguinea.

4

Johann

Für meine Mutter, die viel Zeit in einem Nebel von Beruhigungsmitteln und Erinnerungen verbrachte, gab es einen Ort, wo es immer warm war und voller Farben, wo der Boden unter den nackten Füßen weich war und immer an irgendeinem Baum etwas zu essen hing. Das war Neuguinea.

Sie musste sich jeden Tag aufraffen, das Leben auf hochhackigen Schuhen, mit Sonderangeboten im Supermarkt und der Kälte einer deutschen Großstadt zu bestehen. Die Welt, in der wir lebten, mochte sie nicht besonders.

Bananen zum Beispiel: Sie aß nie welche. So was haben wir in Neuguinea an die Schweine verfüttert, sagte sie voller Verachtung. Ohnehin aß sie manchmal wochenlang so gut wie nichts, jedenfalls solange es hell war. In solchen Phasen zog sie sich, sobald es dunkel wurde, in ihren Nebel zurück. Dort war die Welt in Ordnung, ihr Vater, der weiße Tuan, gebot über alles, sie aß, und sie schlief. Sie vergaß uns dann einfach. Allein im dunklen Schlafzimmer, die Decke über den Kopf gezogen, wühlte sie in ihren erhitzten Laken nach dem verlorenen Wunderland.

Neuguinea war für mich ein mythologischer Ort im Bett meiner Mutter. Es war das Paradies, das bekanntlich im Jenseits liegt, der Garten Eden, den man nicht mehr betreten konnte, weil ein bewaffneter Engel davorstand. Aber meine Mutter stahl sich heimlich hinein, im Nebel und mit schlechtem Gewissen. Niemand außerhalb der Familie durfte davon erfahren. Wenn sie abtauchte in ihr Neuguinea, mussten wir Kinder sagen, sie ist krank, sie ist gerade nicht bei Kräften, sie braucht Schonung, sie ruht sich aus. Besuch war in diesen Phasen nicht willkommen und wäre uns auch peinlich gewesen: Wie sollten wir unseren Freunden erklären, dass dieses magere, bleiche Wesen, das in einem viel zu großen Bademantel abwesend durch die Wohnung streifte, in Wahrheit in Neuguinea war, vermutlich gerade in einem Dorf namens Genyem barfuß unter riesigen Bäumen herumlief oder auf dem Pferd seines Vaters saß, der verlässlich dafür sorgte, dass nichts und niemand einen Schatten ins Paradies warf.

Ich las als Kind alle möglichen Südseegeschichten, hatte aber keine Vorstellung, dass Neuguinea genau dort lag. Denn die Südsee war abenteuerlich und bunt, Neuguinea hingegen, unser Neuguinea, war schwarz-weiß: die Fotos und die Menschen darauf, die Kleidung und die Religion. Unser Neuguinea war Himmel und war Hölle, jedenfalls nicht von dieser Welt.

Nicht ein einziges Mal haben uns die Eltern Neuguinea auf der Weltkarte gezeigt. Wir lernten in der Schule Länder und Hauptstädte auswendig, aber Neuguinea war nicht dabei. Es hieß inzwischen schon Papua Niugini und war ein eigener Staat, zumindest der östliche Teil, aber ich hatte davon keine Ahnung. Papua Niugini! Was für ein Name: zusammengeklebt aus lauter kolonialen Einzelteilen, *Papua* von den Portugiesen, *Guinea* von den westafrikanischen Tuareg. Verpflanzt von einer Kolonialsprache in die nächste, Nouvelle Guinée, New Guinea, Neuguinea. Niugini in der melanesisch-deutsch-englisch geprägten Kreolsprache Tok Pisin. Pidschin, wie meine Großmutter Marie verächtlich sagte, dieses Kauderwelsch.

Ich wusste nichts über das wirkliche Neuguinea, nichts über seine Geografie, seine Geschichte. Als Erwachsene zog ich durch verschiedene Länder und Städte, von denen ich einmal geträumt hatte, aber Neuguinea blieb eine Leerstelle in meinem Atlas. Ich begann zu schreiben, schrieb Dinge, die gedruckt wurden. Meine Mutter war stolz darauf und versuchte sofort, mich für ihre neuguineischen Zwecke einzuspannen. Ich sollte das alles festhalten, ihren Vater auf dem Pferd, den Urwald, das Paradies. Die Welt sollte wissen, zumindest ihre Kinder und Kindeskinder sollten wissen: dass es das Paradies gegeben hatte und dass es verloren gegangen war. Aber ich ergriff die Flucht, sobald sie davon anfing: Wärme, Bananen, Urwald – und Johann Hensolt, ihr unübertrefflicher Vater.

In der schwarz-weißen Familienlegende war Johann Hensolt die allerweißeste Figur. Er war gewissermaßen überbelichtet, das Ideal von einem Missionar, das Evangelium auf zwei Beinen. Natürlich wurde von seinen Beinen nicht gesprochen, niemals, so wenig wie vom Rest seines Körpers. Dafür aber von seinem Pferd, mit dem er unermüdlich den Urwald durchstreifte auf der Suche nach neuen Heiden. Dieser heilige Ritter beherrschte, wie meine Mutter behauptete, elf Sprachen und war ausnehmend musikalisch. Sie sagte, dass er viel lachte und sang und Geschichten erzählte. Ich glaubte ihr das nicht so richtig, denn auf der Fotografie, die sowohl auf der Kommode meiner Großmutter als auch auf dem Frisiertisch meiner Mutter stand, schaute mich Großvater Hensolt mit durchdringendem Blick aus tief liegenden schwarzen Augen an, ohne die Spur eines Lächelns. Er sah überhaupt nicht aus wie ein Vater. Er sah aus wie etwas aus dem Museum, wie Bilder aus einem Geschichtslehrbuch, eine Mischung aus Rasputin und dem jungen Gandhi.

Erst viel später, als meine Mutter sich für eine Weile in ihre Nebel verabschiedet hatte, stieß ich in ihrer verlassenen Wohnung auf Spuren aus Neuguinea, die meine Neugier weckten, Fundstücke ohne Heiligenschein. Eines davon war eine Ausgabe von *Die letzten Tage von Pompeji*, bearbeitet für die Jugend, mit einer Widmung: Von d. Dich lb. Mina, Weihnachten 1912. Darunter, in anderer Schrift: Johann Hensolt.

Mina. So hieß die Frau, mit der der Missionsschüler Johann

Hensolt verbotenen Umgang gepflegt hatte. Eine Frau, die das Wort *liebende* mit lb. abkürzte.

Das Foto, das mein Großvater Hensolt von seiner ersten Reise nach Neuguinea nach Hause schickte, war vermutlich vor allem für sie bestimmt. Auf der Rückseite des Abzugs ist zu lesen: Singapur, März 1914. Vermutlich wurde es von einem Straßenfotografen aufgenommen, einem von denen, die im Hafen ihre Dienste anboten und Abzüge noch am selben Tag lieferten, gegen Aufpreis versteht sich, rechtzeitig für die nächste Schiffspost nach Hause, wo auch immer das sein mochte.

Das Bild zeigt einen jungen Mann unter einer Fächerpalme auf einem gepflasterten Platz. Seine linke Hand steckt in der Hosentasche, das tropenweiße Jackett ist unten zurückgeschlagen. In der Rechten hält er einen Panamahut und zwischen zwei Fingern eine brennende Zigarette. Er steht ein wenig steif da, das Gewicht auf einem Bein. Sein dunkles Haar ist an den Seiten sehr kurz geschnitten und bauscht sich oben auf dem Kopf wie ein Kissen. Seine Augen verschwinden fast unter den dicken schwarzen Brauen. Sein Schnurrbart verdeckt einen großen Teil der Wangen. Die dunkle Fliege, die er um den Hals trägt, wirkt dagegen zierlich. Ansonsten ist seine Gestalt komplett weiß, einschließlich der Schuhe. Sein Mund, so viel davon zu sehen ist, zeigt ein großes, freundliches Grinsen. Er könnte ein Inder sein oder ein Verwandter von Groucho Marx. Er sieht aus wie einer, der in der Kolonie sein Glück machen will.

Er hat es gerade noch geschafft, seine Briefe und Fotos abzuschicken, bevor er an Bord der *Manila* gegangen ist. Die drei Tage in Singapur waren viel zu kurz, es gab so viel zu sehen, zu entdecken. Jetzt ist er wieder auf See, die letzte Etappe seiner Reise beginnt, und es wird Abend. Fast ist er froh, dass der endlose Sonnenglanz bald nachlassen und auch das Blau, das tiefe, unirdische Blau dieses Ozeans, blasser werden wird. Er ist schon seit vielen Wochen unterwegs, aber jetzt fühlt er sich wirklich in der Fremde. Seit Singapur.

Zuvor, auf der *Derfflinger*, hat ihn immer noch ein bisschen Heimat begleitet, der Kapitän, das Essen, auch die Sitten waren noch deutsch, trotz der vielen Ausländer an Bord. Ein vergnügtes Reisen war das. Ein großer Ozeandampfer ist ein stählernes Dorf, und auch wenn die Mitreisenden aus mancher Herren Länder stammen, findet sich alles zu einer Ordnung zusammen. Man kann auf den großen Decks herumlaufen wie auf einem Marktplatz, man lernt einander kennen, man geht sonntags in den Gottesdienst. Er hat die Kabine mit einem lustigen Engländer und einem rheinischen Missionar geteilt und sich wohlgefühlt, das Wiegen des Meeres hat ihm gefallen, er hat bei den Wettspielen an Bord mitgemacht, beim Tauziehen waren die Engländer unschlagbar. Sein Englisch ist mittlerweile recht geläufig, er kann inzwischen sogar den Londoner vom Dubliner Tonfall unterscheiden. Anfangs hat er nicht einmal seinen Bettnachbarn verstanden, weil der so durch die Nase sprach … Dabei lag es nicht an der Nase, sondern gehörte zum Dialekt.

Nun ist die *Derfflinger* abgedampft Richtung Tsingtau, wo, wie ihm alle versichern, das beste Bier Chinas und überhaupt des gesamten Ostens gebraut wird. Eines Tages will er da auch hin, China muss man gesehen haben. Aber es herrscht immer noch große Unruhe dort, hat er gehört, seit der Kaiser abgesetzt ist. Im Hotel in Singapur ist viel von China die Rede gewesen.

Nobel war es übrigens, das Hotel, nobel und fremdartig, voller Wohlgerüche, und alles blitzsauber. Auf Rahmen gespannte Tücher wehten kühl durch die großzügigen Räume. Er hat erst gedacht, es sei irgendeine Maschinenkonstruktion, aber dann hat er die kleinen Kinder gesehen, am Ende der langen Schnüre. Still und klein haben sie dagehockt und gezogen, gezogen und wieder losgelassen, Stunde um Stunde. Man ist hier umgeben von dienstbaren, schattenhaften Asiaten, auch auf dem Schiff, man braucht kaum den Blick zu heben, schon kommen sie und fragen nach Wünschen, bringen Tee, Bier, Cocktails. Sie sind billig, diese Cocktails, kosten nur 85 Reichspfennig, aber ihm schmecken sie nicht. Nie wieder Cocktails, hat er sich nach dem schlimmen Kater in Singapur geschworen, und dabei ist er geblieben, er hält sich an Bier oder einen guten Whisky.

Ein seltsamer Ort, dieses Singapur. Engländer in kurzen Hosen, höflich huschende Malaien und im Chinesenviertel Unmengen von Menschen in hausflurschmalen Gassen, winzige offene Holzhäuser, die als Läden dienen, starke Gerüche von allen Seiten, angenehme und oft auch unangenehme, sehr unangenehme sogar, und immer ein endloses Gewimmel und Geschrei. Seither wird er den Gedanken an die Gelbe Gefahr, von der alle reden, nicht mehr so recht los.

Aber hier auf dem Schiff ist es ruhig, der einzige Chinese an Bord befindet sich in der Küche und schält friedlich die Kartoffeln, die es für das gute Dutzend Passagiere der ersten und zweiten Klasse zum Abendessen geben wird. Die Sonne macht sich jetzt zum Untergang bereit und schart ein paar rote Streifen um sich. Er sucht nach einem Lied, das genau zu dieser Stimmung passt. Er findet aber keins. Zu fremd, das alles. Noch, sagt er sich.

Beim Lloyd in Singapur hat er keinen Brief von Mina vorgefunden, dafür einen von Gerhard Blech, der Johann »schon bald draußen auf dem Felde« vermutet, wo er »den Samen von Gottes Wort in die Erde unseres fernen deutschen Landes legen« wird. Kein sehr interessanter Brief, ein paar Neuigkeiten von der Missionsschule, Gerhard hofft, in die Leitung aufzusteigen. Gerhard, sein kluger Freund. Wie schnell er sich damit abgefunden hat, nicht nach Neuguinea ausreisen zu können – er, Johann, wäre völlig verzweifelt. Aber nicht Gerhard. Der hat sich nur um eines gesorgt: seine Verlobte, die schon als Lehrerin im Kaiser-Wilhelms-Land ist. Erna. Es gibt viele Menschen bei der Mission, mit denen Johann gut Freund ist, sie sind sowieso alle Brüder und Schwestern im Herrn, aber Erna, die ist etwas Besonderes. Da hat Gerhard eine gute Wahl getroffen.

Einmal, als sie zusammen gewandert sind, hat Gerhard nachts in der Hütte nicht schlafen können vor lauter Bangen, ob ihn seine Erna auch erhören wird. Und Johann hat ihm gesagt, er soll das Fenster öffnen, frische Luft hilft doch immer. Gerhard hat es getan, ohne ein Licht anzumachen. Am nächsten Morgen war das Fenster noch zu, aber die Schranktür offen. Und Gerhard hat prächtig geschlafen. Was haben sie gelacht.

Jetzt teilt er sich die Kabine zweiter Klasse mit einem Ingenieur, katholisch, aber ein netter Kerl. Sie sind die Einzigen, die zweiter Klasse reisen, und außer Johann ist kein anderer Missionar an Bord, sonst hätte man ihn sicher mit dem zusammengesteckt. Missionare gelten als Spaßverderber, das hat er schon gemerkt, so mancher koloniale Gentleman, den er unterwegs getroffen hat, meidet seinesgleichen wie das lebendige Gewissen. Es ist die Art von Gentlemen, die ungute Geschäfte machen und in den Häfen gewisse Häuser aufsuchen, wie der Klüngel junger Hamburger auf der *Derfflinger*. Er hat sie in Aden auf der Gasse gesehen, da sind sie gerade aus so einem Haus gekommen, am helllichten Tag, und haben getan, als sähen sie ihn nicht. Es war widerwärtig. Johann sagt sich wieder und wieder, dass der Herr Jesus Christus die Sünde hasst, aber nicht die Sünder, mit denen hat Er zu Tisch gesessen, hat mit ihnen geredet und getrunken. Daran hält er, Johann, sich auch und wird es weiter tun, in Singapur und in Neuguinea und wohin auch immer der Herr ihn schickt.

Die Sonne schwimmt jetzt in Flammen am Meeresrand wie beim Jüngsten Gericht. Er ist fast allein auf dem Achterdeck. Sicher haben Jesus und seine Jünger oft gemeinsam die Sonne im See Genezareth untergehen sehen. Er fühlt sich ihnen nah, er ist einer von ihnen, ein Sünder und einfacher Mann, ein Schuster, den der Herr gerufen hat, ihm nachzufolgen.

Denn genau so war es. An einem Abend im Februar vor sechs Jahren ist er, ein ewig hungriger Junge, dem der Meister jedes Stück Brot und jede Kartoffel vorzählte, vom Burschenabend im Christlichen Verein Junger Männer nach Hause gegangen, noch ganz erfüllt vom Singen und der Gemeinschaft mit den Freunden. Er hat einen leichten Wind vom Fluss her gespürt, als er die Gerbergasse hinunterging. Und im Wind hat er die Stimme des Herrn gehört, sie war laut und ganz klar, nicht rau wie die Rufe der Schiffer: Johann, lass das alles hier hinter dir und folge mir nach.

Und das hat er getan. Er war siebzehn.

Es war bitter für die Mutter, die immer von einer großen Werkstatt mit mehreren Angestellten geträumt hat, was der Vater ihr nicht bieten konnte, weil er gestorben ist, als Johann gerade acht war. Starr und weiß hat er auf dem Bett gelegen wie etwas Geschnitztes, gar nicht mehr wie der Vater mit seinem Husten und seinen Witzen und seiner heiseren Stimme. Johann sieht aus wie er, das dunkle Haar, die Augen.

In Führingen haben sie gesagt, der Hensolt sei ein Zigeuner, in der Schule haben es die Kinder auch Johann nachgerufen, Zigeunerbub, dabei sind die Hensolts von der Mutterseite her alteingesessene Leute, Bauern und Winzer aus einem nahen Dorf, aber die Vaterfamilie, das waren Zugezogene. Und weil Johann schon früh im Posaunenchor die Trompete geblasen und im Kirchenchor Solo gesungen hat, da hat es gleich geheißen, das Singen und Musizieren liegt den Zigeunern halt im Blut.

Heute sagt Johann, wenn ihn jemand fragt: Es gab in der

Familie einmal einen italienischen Kapellmeister. Der Vater hat das manchmal behauptet. Führingen ist ja immerhin eine Stadt, wenn auch eine kleine, sie hat einen Flusshafen, und da kommen manchmal Fremde hin, sie hat ein bisschen Weltläufigkeit, da kann sich ein Italiener schon mal niederlassen. In Führingen wird auch regelmäßig Markt gehalten, und zum Kirchweihfest stehen auf dem Marktplatz immer eine Schießbude und ein Karussell.

Als Johann klein war, hat er stundenlang das Karussell beobachtet. Mitfahren durfte er nicht, die Mutter hat es nicht erlaubt. Aber der Zigeuner vom Karussell hat ihn irgendwann einfach auf ein Pferdchen gesetzt, ohne Geld, hielt ihn wohl auch für ein Zigeunerkind. Es war herrlich, die Musik und das Drehen, wie alles unter ihm vorbeiflog. Was für ein schlechtes Gewissen er hatte! Aber dann hat er sich gesagt, dass schließlich der Zigeuner schuld war.

Wie weit weg dieses Führingen ist. Und Neuendettelsau, die Missionsanstalt. Die Freunde, Gerhard. Mina. Warum hat sie nicht geschrieben?

Der Sonnenuntergang blüht jetzt in allen Farben, und für solche Farben gibt es keine Worte und keine deutschen Lieder. Vielleicht haben die Papua auf Neuguinea Lieder dafür.

In ihm steigt jäh ein Jubel auf, er wird bald da sein, nach so vielen Jahren Warten und Studium, er hat den Marschbefehl des Herrn in der Tasche, und nichts wird ihn mehr aufhalten.

Als er sich damals bei der Mission beworben hat, seine Lehrzeit war noch nicht einmal zu Ende, hat der Führinger Pfarrer seinem Brief eine Empfehlung beigelegt, er erinnert sich noch genau an die Worte: Johann Hensolt hat gute Anlagen, ist christlich gesinnt und möchte in den Missionsdienst treten. Ob seine geistigen Fähigkeiten dafür ausreichen, wird sich zeigen. Seinem Charakter nach kann er zur Aufnahme in die Missionsanstalt empfohlen werden.

Der Herr Pfarrer hat nicht so recht glauben wollen, dass

Johann, der Schusterjunge, der kleine Zigeuner, geistige Fähigkeiten hätte und selbst ein Pfarrer werden könnte.

Wie oft es ihm begegnet ist, dieses Misstrauen. Sogar in Singapur, wo Menschen aller Farben herumlaufen, hat ihn der Mann von der Neuguinea-Compagnie als Allererstes gefragt: Hensolt? Ist das jüdisch? Nichts für ungut, Sie sehen halt so aus.

Johann hat ihm versichert, dass er ganz und gar kein Jude ist, sondern ein Christ. Der Compagnie-Mann hat gelacht und ihm auf die Schulter geklopft. Nichts gegen die Juden, junger Freund, gute Kaufleute sind das, tüchtig. Er hat sich vorgestellt, Lehdemann, Direktor Lehdemann, mit einem D, notabene, und einem H. Haha! Der Mann war ein richtiger Preuße, aber auf seine schroffe Art doch freundlich, er hat gleich einen Whisky für Johann bestellt – geht auf die Compagnie, mein Junge! – und weitergeredet: Wie der Jude Simon Arzt, zum Beispiel, das Geschäft in Port Said aufgezogen hat, alle Achtung, da können sich die deutschen Koofmichs doch 'ne Scheibe abschneiden, das ist nicht einfach ein Laden, das ist ein wahrer Pfeiler der Zivilisation mitten in Arabien.

Johann hat zugestimmt, ja, bei Simon Arzt war er auch, während die *Derfflinger* auf die Einfahrt in den Suezkanal gewartet hat. Das war ein riesiges Warenhaus, in dem es wirklich alles gab. Er hat einen Tropenhelm gekauft und die Reiseschreibmaschine, auf die er so lange gespart hat. Aber der Weg dorthin! Kaum kam er endlich vom Schiff hinunter, war er von arabischen Männern in langen Hemden und mit Kopftüchern umgeben, die Postkarten schwenkten. Dazu riefen sie immer wieder ein und dasselbe Wort. Er hat erst gar nicht geglaubt, was er da hörte. Es war ein deutsches Wort: *Schweinerei*.

Ein Araber ist neben ihm hergelaufen und hat ihm eine Karte nach der anderen unter die Nase gehalten, nackte Frauen waren darauf zu sehen und noch schlimmere Sachen, irgendwann gelang es ihm, den Kerl abzuschütteln. Aber die schmutzigen Bilder waren überall, im Postamt wurden sie angeboten, und in den Schaufenstern lagen sie. Das war noch übler als die gepuderten und geschminkten Weiber in den nächtlichen Gassen von Genua – in Genua, wo er zum ersten Mal eine Palme, zum ersten Mal das Meer gesehen hat! Er war so glücklich, denn das war doch die Welt, von der er immer geträumt hat, aber die verkommenen Gassen voller Laster haben ihm das schöne Gefühl zunichtegemacht.

Die Anfechtungen, von denen die Brüder in Neuendettelsau gesprochen haben – da waren sie. Und seither sind sie überall, wohin er auch schaut.

Andererseits ist er in Aden dem wahren Orient begegnet: Menschen, die um einen Märchenerzähler standen. Und wie der Mann erzählt hat! Als sänge er eine Liturgie, ging seine Stimme auf und nieder, Johann war ganz gefangen und verstand doch kein Wort. Die Leute haben gelacht und geseufzt und gelauscht, viel aufmerksamer, als er je es in einer Kirche erlebt hat. So muss Jesus gesprochen haben, als er auf Erden war.

Die Farben im Westen sind nun überirdisch scharf und glühend, die Sonne liegt halb im Meer, als wäre sie vor seinen Augen hineingefallen. In Neuguinea ist es schon Nacht.

Er versucht sich vorzustellen, wie er selbst zu den Heiden Neuguineas sprechen wird, von denen er bisher nur Zeichnungen und Fotografien gesehen hat. Von ihrer Sprache, den vielen verschiedenen Sprachen, die sie dort haben, kennt er nur das, was ein Missionar auf Urlaub ihnen vorgesprochen hat. Es hat geklungen wie der vertraute fränkische Dialekt, nur mit den falschen Wörtern.

Plötzlich ist alles grau über dem Wasser.

Vom Zwischendeck her nimmt er das Gemurmel der malaiischen Passagiere wahr, es sind malaiische Mohammedaner, die aus Mekka kommen, an die hundert Leute, dicht gedrängt auf engem Raum, sie verpesten das ganze Schiff. Die holländischen Kolonialherren geben sich anscheinend nicht groß damit ab, dieses Volk zu missionieren, der alte Händler in Singapur hat nur gelacht, als Johann ihn danach fragte. Die beten zu ihrem Allah und arbeiten für uns, Mijnheer, da soll mal keiner etwas durcheinanderbringen.

Es ist jetzt vollkommen dunkel. Gleich wird die Glocke zum Essen läuten. Auf dem Weg zur Kabine spürt er die Bewegung der Maschinen im Schiffsbauch, die den Dampfer mit blinder Kraft antreiben, immer weiter nach Südosten.

In der Kabine herrscht drückende Hitze. Der Ingenieur sitzt noch immer mit seiner Pfeife über den Brief gebeugt, den er anscheinend seit Singapur liest.

Von der Familie?, fragt Johann höflich.

Der Ingenieur schüttelt den Kopf und sagt nichts weiter, Johann versteht: von einer Frau.

Seltsam, dass ihm Mina nicht nach Singapur geschrieben hat. Das Meer prallt in kurzen, heftigen Wellen gegen die Bordwand, es klingt wie lauter kleine Schläge.

Beim Abendessen sitzen er und der Ingenieur an einem eigenen Tisch, die Passagiere der ersten Klasse an einem andern. Die *Manila* hat nicht viel Platz für Personen, sie befördert vor allem Waren und Post von und nach Deutsch-Neuguinea, nimmt Fracht von den Gewürzinseln und Batavia auf. Vielleicht kommt man sich deshalb hier schnell näher, erste Klasse hin, zweite Klasse her: Nach dem üppigen Essen, von dem, zum Glück, nur die gelbe Fruchtsoße zum Huhn fremdartig schmeckt, finden sich alle Weißen an Deck beim Rauchsalon ein.

Direktor Lehdemann von der Neuguinea-Compagnie und seine Kollegen sind dabei, außerdem zwei Holländer, die Johann schon in Singapur kennengelernt hat: der alte Händler, der gegen die Mission ist, und ein dicklicher junger Kolonialbeamter aus Batavia. Die Übrigen scheinen auch zumeist

Beamte zu sein, bis auf einen Herrn Siebenkorn aus Breslau, der erklärt, sich auf Vergnügungsreise zu befinden.

Die ganze Runde lacht darüber, Siebenkorn, ein schmaler Mensch ohne Bart, nimmt es niemandem übel.

Es ist immer noch sehr warm. Die Lampen schaukeln unter dem Vordach, die *Manila* ist ein gemütlicher Lichtfleck in der schwarzen See.

Johann stellt sich als Missionar vor.

Ach. Und ich habe Sie für einen lustjen Glücksritter gehalten, sagt Lehdemann in seinem befremdlichen Preußendialekt. Wieder wird gelacht. Wo soll's denn hingehen?

Johann sagt, dass er nach Finschhafen will. Es entsteht eine kurze Pause.

Schlechtes Klima da, sagt einer der Beamtenartigen schließlich, Kaiser-Wilhelms-Land, viel zu schöner Name! Wenn Seine Majestät wüsste, was das für ein dreckiges Fieberloch ist, würde er auf Namensänderung bestehen! Wir halten uns da inzwischen fern.

War mal der Hauptsitz der Compagnie, Finschhafen, sagt Lehdemann, Verwaltung von Deutsch-Neuguinea, als die Compagnie hier noch das alleinje Sagen hatte. War aber nicht auszuhalten, Malaria und sonstje fiese Krankheiten, nischt wie weg. Aber dennoch – er hebt sein Glas –, auf Professor Otto Finsch, den Gründer unsrer Kolonie!

Alle heben ihre Gläser, sofern sie welche haben.

Finschhafen, sagt ein anderer Beamtenartiger mit weißblondem Haar, dann sind Sie also ein Neuendettelsauer?

Johann bejaht.

Prost!, ruft Lehdemann. Auf den Neuendettelsauer Gottesstaat!

Die ganze Runde wiehert, bis auf die Holländer, die mit ihren holländischen Angelegenheiten in Gestalt einer allein reisenden jungen Dame beschäftigt sind.

Nichts für ungut, junger Missionar, wendet sich Lehdemann an Johann, die sind auf Zack, Ihre Herren Brüder aus Neuendettelsau. Halten ihre Schwarzen gut auf Trab! Zucht und Ordnung. Überall 'ne Kirche, überall Gesetze. Gottesstaat eben. Können Sie sich 'ne Scheibe von abschneiden, sagt er zu dem ersten Beamtenartigen, der ein höheres Tier zu sein scheint.

Sagen Sie bloß, Sie haben an der Reichskolonialverwaltung etwas auszusetzen, gibt der zurück. Wenn ich an den Saustall denke, den Ihre Compagnie angerichtet hat, bevor wir die Sache achtzehnneunundneunzig in die Hand genommen haben! Das hat man davon, wenn man Geschäftemachern ein kaiserliches Schutzgebiet überlässt.

Lehdemann blinzelt in die Ferne, als dächte er gerade an etwas völlig anderes.

Und dann war Ihr Laden so pleite, dass Sie die größte Pflanzung auf dem Festland an Missionare verscherbelt haben, sagt der Weißblonde.

Das, antwortet Lehdemann gefasst, war alles vor meiner Zeit. Großer Fehler, wäre mir nicht passiert. Zu kurzfristig gedacht von meinem Vorgänger. Aber ehrlich gesagt, das Festland kann mir gestohlen bleiben. Auf den Inseln lebt man länger!

Johann muss sich an diesem ersten Abend an Bord noch eine ganze Menge wenig erfreulicher Dinge über das Kaiser-Wilhelms-Land anhören. Die Beamten und die von der Compagnie scheinen einen alten Streit auszufechten, aber wenn der Vergnügungsreisende Siebenkorn sich einmischt, fallen sie gemeinsam über ihn her. Keine Ahnung habe er. Nicht wissen könne er. Sie reden alle durcheinander. Wie unberechenbar die Papua seien. Steinzeitmenschen und Kannibalen, mal freundlich, *kai-kai* und *sing-sing*, und dann ziehen sie einem 'ne Keule über den Kopf, man weiß nie, was grade dran ist, wen sie als Nächstes fressen, bringen sich auch andauernd gegenseitig um. Alle nicken. So ist das hier.

Siebenkorn schweigt beeindruckt, und Johann schweigt sowieso.

Und faul sind die, sagt ein Pflanzer von der Compagnie nach einer Pause, da waren die Chinesen als Arbeiter viel besser, aber die haben jetzt eigene Plantagen. Als Arbeiter halten die das Klima nicht aus, und ein paar anständige Prügel auch nicht, sterben wie die Fliegen, da muss man dann doch die Schwarzen anwerben, von anderen Inseln natürlich, sonst hauen die gleich wieder ab.

Das haben wir ja geregelt, Arbeitsverträge über drei Jahre, Lohn, alles festgelegt, wirft der Beamte ein.

Lehdemann seufzt auf: Arbeitsverträge! Von denen arbeitet doch keiner freiwillig länger als 'ne Woche! Ohne Prügel und Zwang geht da gar nichts. Die brauchen 'ne feste Hand, keine Humanitätsduselei. Und an Siebenkorn gewandt: Machen Sie mal 'nen Vertrag mit 'nem Schwarzen!

Die Missionare machen einem die Sache zusätzlich schwer, fügt der Pflanzer giftig hinzu, bringen den Schwarzen allen möglichen Blödsinn bei, können nicht mal fünfe grade sein lassen und verbieten denen ihre Lieblingsbeschäftigungen: Tanzen und Saufen und Ballern und Hokuspokus.

Wenigstens lassen sie sich ihre Weiber nicht verbieten, ruft Lehdemann. Und wieder wiehert die Runde.

Aber Sie wissen doch, sagt der Oberbeamte, als er sich wieder beruhigt hat, was passiert, wenn man den Eingeborenen Waffen und Alkohol erlaubt: Rebellion! Da sind die Reichskolonialgesetze zum Glück streng und eindeutig.

Auch wenn sich leider nicht alle dran halten, murmelt der Weißblonde mit einem Seitenblick auf Lehdemann.

Da können Sie ja mit Ihrer dollen Polizei für Ordnung sorgen, lacht der und erklärt Johann: niedliche Truppe, schwarze Boys mit 'nem roten Lendenschurz und 'ner Uniformkappe aufm Koppe. Die müssen Sie mal exerzieren sehen!

Die Polizeitruppe hat anständige Uniformen, ich bitte Sie.

Aber die ziehen sie nur zu Kaisers Geburtstag an!

Alle lachen, selbst die Beamten, wenn auch etwas zurückhaltend.

Die Kollegen Holländer, fährt Lehdemann fort, die machen das richtig: Polizei, Soldaten, der ganze Apparat, alles Malaien. Zwischenrasse. Unterchefs. Und wieder hebt er das Glas. Auf Batavia!

Worauf der Beamte seinerseits ein Prosit auf Rabaul und Deutsch-Neuguinea ausbringt und auf Seine Majestät, den Kaiser. Man ruft Hurra, auch die Holländer, die sich jetzt ins Gespräch mischen, und plötzlich sind alle guter Laune, die allein reisende Dame hat sich zurückgezogen, man trinkt und versteht einander nur zur Hälfte, aber das macht nichts.

Johann lauscht stumm und fühlt sich sehr fremd. Er sitzt mit den Zöllnern und Sündern am Tisch.

Auf den Inseln, Lehdemann schüttelt betrunken den Kopf, auf den Inseln lebt man länger! Auf Neupommern, sagt er zu Johann, da ist alles tipptopp. Da gibt es so viel Zivilisation, wie eine Kolonie braucht. Der Gouverneur sitzt oben auf den Hügeln, anständiger Mann, bisschen zu anständig vielleicht, ich sage nur: Arbeitsverträge! Bisschen zu nachgiebig mit den Eingeborenen. Aaaber, die Queen Emma hätten Sie mal kennenlernen sollen! Unsre braune Königin! Lehdemann kippt beinahe sein halb volles Glas über den Pflanzer, so sehr reißt ihn die Erinnerung mit sich fort, die hatte auch ihr Haus da oben, was sag ich Haus, ein Palast war das, die reichste Frau in der ganzen Südsee war das, Plantagen, Schiffe, Handelsstationen, ein Imperium war das. Wer in den Tennisclub reinkam – bestimmte sie. Wer ein Gentleman war – bestimmte sie. Was für eine Frau! Samoanische Häuptlingsfamilie, Vater Amerikaner, Temperament und Pioniergeist. Die hat gewusst, wie man die Eingeborenen zum Arbeiten kriegt. Und Bankette hat die Dame veranstaltet, da war alles geboten. Drei Ehemänner hat sie gehabt, und ich rede nur von den offiziellen! Die hatte mehr Savoir-vivre als alle weißen Weiber in Deutsch-Neuguinea zusammen. Ist leider weggegangen, an die Côte d'Azur, bisschen schicker dort als Neupommern. Er legt Johann den Arm um die Schultern und pustet ihm seinen Alkoholatem ins Gesicht. Überlegen Sie sichs, junger Mann, kommen Sie zu mir nach Neupommern. Bei mir gibts immer einen Posten für schlaue junge Männer wie Sie. Denken Sie dran. Auf den Inseln lebt man länger!

Da hält es Johann nicht länger in der Runde.

Er wacht früh auf, die Mohammedaner unten murmeln ihre Gebete. Er stellt sich mit seiner Trompete aufs Vorderdeck und bläst in das frühe Sonnenlicht einen schönen christlichen Choral: *Morgenglanz der Ewigkeit* ... Tröstlich tönt die Trompete übers Meer. Keiner der Passagiere kommt zu spät zum Frühstück.

Am Abend wird er aufgefordert, etwas zu spielen, sogar das holländische Fräulein bittet eigens darum, und er spielt *Der Mond ist aufgegangen.* Die Stimmung wird sanft und ein bisschen melancholisch, alle singen mit und schauen zu den riesigen Sternen hinauf. Dann stimmt der Weißblonde ein neues Lied an, *Kein schöner Land zu dieser Zeit,* und manchem wird es schwer ums Herz. Die Holländer singen dann auch etwas, das weniger melancholisch klingt, und es stellt sich heraus, dass das Fräulein eine sehr schöne Stimme hat. Johann trägt schließlich das heitere Lied vom Vogelbeerbaum vor, und wer kann, singt es mit: *Hei jo, hei jo, der Vogelbeerbaum, schön wie ein Traum* ... Es ist ein Lied, das zu diesem Teil der Welt passt, findet er. Und als sie in den Hafen von Pulau Laut einlaufen, können es alle mitsingen.

Johann und der Ingenieur erkunden mit ihren Gewehren die Gegend, vielleicht gibt es etwas zu schießen. Aber sie sehen nur eine Kohlenhalde und kleine malaiische Frauen, die mühsam Kohlebrocken zerkleinern. Die kaum weniger zierlichen

Männer schleppen Lasten zum Hafen hinunter, die schwerer aussehen als die Träger selbst. Johann kommt mit einem holländischen Aufseher ins Gespräch und ist empört. Für die über tausend malaiischen Arbeiter in dem Bergwerk gibt es keinen einzigen Missionar! Er kann sich kaum darüber beruhigen.

Der nächste Halt ist erfreulicher: Makassar. In der Heimat kann sich keiner vorstellen, was für schöne Städte es hier im Fernen Osten gibt. Erstaunlich aber, dass so viele Bastarde hier leben, Mischlinge von Malaien, Chinesen und Weißen. Als hätte die Hitze alle durcheinander ausgebrütet.

Und wieder dehnt sich endlos der urblaue Ozean. In diesem irrsinnigen Blau lauern tückische Strömungen, Korallenriffe, hohe Winde, das sagen alle, die es kennen. Johann weiß, wie schrecklich Wasser sein kann, er weiß es, seit der Fluss in Führingen ihn einmal beim Baden plötzlich mit sich gerissen hat. Wie schwer das Wasser um ihn war. Sie haben ihn dann gerade noch herausgeholt, da war er schon fast tot, er erinnert sich, wie er aufgewacht ist, über ihm das Gesicht seiner Mutter. Noch lange danach schmerzte ihn die Brust von innen.

Am 19. Juni erreichen sie einen deutschen Hafen. Johann begegnet zum ersten Mal Neuguineern, Männern in fast normalen Kleidern mit ordentlich geschnittenem Haar, die gerade von einer Schweinejagd zurückkehren, gut gelaunt, aber ohne Schweine. Keiner hat einen Spieß in der Nase oder einen Knochen in der Frisur. Er ist ein wenig enttäuscht. Das Schiff trödelt weiter die Küste entlang. Es ist dunstig und heiß. Und grün, unglaublich und endlos grün, bis hinauf in die Wolken, die sich träge um die Berge schlingen. In der Nacht erwacht Johann von einem tropischen Regenguss, der Morgen danach ist strahlend.

Um sieben Uhr sieht er, hoch über dem Ufer liegend, den Ort Heldsbach, und dahinter im Nebel den Sattelberg. Dann öffnet sich die Bucht von Finschhafen. Ein Wellblechdach glänzt vom Regen, das fedrige Grün einer Plantage zieht sich bergauf. Am Pier macht er fünf weiße Tropenhüte aus. Beim Näherkommen erkennt er unter einem davon eine vertraute Gestalt. Der lange Heiner Mohr, im hellen Anzug und noch knochiger als damals in Neuendettelsau, steht da wie ein weißer Pfahl inmitten einer Schar brauner Männer mit bloßer Brust.

5

Gottesstaat

Mein Großvater Heiner erwähnte das Wiedersehen mit Johann Hensolt nie, er sprach nicht gern über andere Leute. Und außerdem geschahen in diesem Jahr 1914 Dinge, die sehr viel wichtiger waren. Über die er aber auch nicht sprach.

Dagegen erklärte er mir eines Nachmittags in allen Einzelheiten, wie aus Kokosnüssen Kopra gewonnen wird. Es war das längste Gespräch, das wir je geführt haben, aber was heißt Gespräch – ich war ein Kind, das seinem Großvater zuhörte. Heiner erzählte von Dingen aus einer fernen Welt, und es klang wie die Gebrauchsanweisung für Geräte in seinem Gartenschuppen. Wahrscheinlich hat er mit Johann Hensolt sehr oft über genau diese Dinge geredet: Wie die Erträge der Plantagen zu steigern waren, wie Schwund vermieden und der Transport billiger werden konnte. Kopra sicherte das materielle Überleben der Neuendettelsauer Mission. Das Predigen, Taufen und Umerziehen der Kai und Sio, der Jabim und Wareo wurde mit riesigen Haufen getrockneten weißen Nussmarks bezahlt, die in Säcken von Finschhafen übers Meer gingen.

Angeblich war es die legendäre Queen Emma, Besitzerin ganzer Inseln und riesiger Plantagen, die als Erste in der deutschen Südsee auf die Idee kam, nicht das fertige Kokosöl zu verschiffen, das auf dem langen Weg übers Meer ranzig wurde, sondern das getrocknete Fruchtfleisch, die Kopra. Die Fabriken in Europa und Amerika machten daraus Seife, Cremes und Margarine. Auch davon erzählte mein Großvater, aber es interessierte mich weniger als die Palmen. Die

74

waren so hoch, dass nur ein Neuguineer hinaufklettern konnte, und leider unordentlich gepflanzt. Sechs Jahre braucht eine Kokospalme, bis sie trägt, sagte Heiner, dreißig, bis sie stirbt. Ich selbst war vielleicht zehn Jahre alt und konnte mir unter seinen Worten nicht viel vorstellen. Das Wort Darre zum Beispiel hatte ich nie zuvor gehört, aber es spielte in seinem Bericht eine wichtige Rolle. Es hatte mit dem großen Feind zu tun, dem Regen.

In Neuguinea regnet es oft, und manchmal fällt in der Regenzeit das Wasser vom Himmel, bis, wie Marie sagte, einem der Schimmel in den Schuhen wächst. Die Nüsse mussten, wenn sie geerntet waren, von ihrer Faserschicht befreit, gespalten und sofort getrocknet werden, damit sie nicht verdarben – eine schwierige Sache in den nassen Wochen, wenn einem der Schimmel in den Schuhen wuchs. Heiner versuchte also eine Darre zu konstruieren, die große Mengen Kokoskerne aufnahm und dem stärksten Regen gewachsen war. Er tat es, indem er sich der traditionellen Hausmodelle der Kai-Leute bediente und sie zu verbessern versuchte – so wie er zu Hause die gelenkige Leiter gebaut hatte, die alle so närrisch fanden.

So hat er es mir erklärt, während er immer wieder seine großen Hände hob, sie anschaute und wieder beiseitelegte, als wunderte er sich, was er früher alles mit ihnen gemacht hatte. Ich stellte mir unter einer Darre eine knarrende Maschine vor, etwas mit Rädern und Zacken, aber mein Großvater formte mit den Händen etwas Eckiges, ein Gestell mit einem Dach.

Die Nüsse brauchen Luft, sagte er. Einen kleinen Wind, immerzu, der die Nässe nimmt. Also hab ich ein Gebläse in die Darre eingebaut.

Der Blick auf seine Hände.

Gebläse?

Einen Motor, aus dem trockene Luft kommt.

Und dann ist uns die Darre abgebrannt, warf Marie plötzlich von der Seite ein. Die ganzen Nüsse, nur noch Kohlen.

Ihr brüllendes Lachen. Heiners Schweigen.

Es war nach dem Krieg, sagte er schließlich. Wir hatten kein Material, ich musste nehmen, was eben da war. Meine Leute und ich, wir haben die Darre in drei Tagen wieder aufgebaut.

Dass er im Namen Gottes und der Kopra nicht nur ein paar, sondern mehr als hundert Arbeiter befehligte, wurde mir erst Jahrzehnte später klar, als ich seine Geschäftsberichte las.

Pflanzungsjungen, sagte Marie.

Faul waren sie, ihr zufolge, ungehorsam und faul, sie stahlen und schliefen mitten am Tag und behielten diese heidnischen Gewohnheiten auch nach der Taufe bei.

Ich dachte immer, sie rede von Kindern, aber dann sah ich auf den Fotos, dass es Männer waren. Warum sie Jungen hießen, obwohl sie offenkundig erwachsen waren, verstand ich nicht. Die Erklärungen zu den Fotos gingen so: Der Mann mit dem bemalten Gesicht, Speer in der Hand und Schmuck auf dem Kopf: ein Krieger. Der Mann im Urwald mit Pfeil und Bogen und Lendenschurz: ein Jäger. Aber der, der Hosen trug und ein Gewehr: Das war ein Junge.

Schießjunge, sagte Marie.

Offensichtlich gehörte das zu den unlogischen Bestandteilen der Erwachsenenwelt, die man einfach hinzunehmen hatte.

Es gab übrigens auch Mädchen, Marie hatte selbst welche gehabt, Hausmädchen: Frauen in sackartigen Kleidern. Die waren, behauptete sie, sehr dankbar für ihre Unterweisung in Sachen Sauberkeit, Pünktlichkeit, Kochen und Handarbeiten. Ich stellte mir mit Schaudern vor, wie es war, bei meiner cholerischen und gelegentlich gewalttätigen Großmutter das Stricken erlernen zu müssen.

In ihrem Element war Marie, wenn sie bei den sonntäglichen Treffen der Neuendettelsauer Missionshorde ihre kleinen Geschichten erzählen konnte. Dann saß ich eingeklemmt zwischen einer streng riechenden Tante Hugl und der grollend lachenden Marie oder zwischen einem schwermütigen Onkel Domsack und meiner Mutter, die sich aus dem Missionskinderheim kannten.

Und du? Gehst auch nach Neuguinea, wennst groß bist? Kalte Finger, die mich in die Wange kniffen.

Ich schüttelte stumm den Kopf.

Der Tisch bog sich unter den verschiedensten Kuchen, alle süß wie das Jenseits und genauso schwer. Es war wie auf den Familienfesten in unserem Dorf, nur ohne den ganzen lustigen Teil. Und natürlich ohne Alkohol. Man musste still sitzen, die ganze Zeit.

Die Zimmerdecke schien sich im Lauf des Nachmittags vor lauter Müdigkeit immer tiefer zu senken. Im endlos tropfenden Gerede der Onkel und Tanten wurden meine Füße zunehmend unruhig: Schimmel begann in meinen Schnürschuhen zu wachsen. Auch auf den schwarzgrauen Schultern und Schnurrbärten um mich herum schien Schimmel zu liegen. Unerbittlich redete es hernieder: Der Bruder Henff und seine Taubheit, vom Chinin, hat draußen im Missionsfeld so viele Jahre arbeiten dürfen, eine Gnade … Und ach ja, die Sammlung für Andachtskalender auf Kâte, und die Leute sind dankbar, so dankbar! … Ja, die arme Tante Blech, furchtbar, so plötzlich, so alt war er doch noch gar nicht, jetzt im Frieden Gottes … das Werk, das Werk … Muckenbacher, der junge, ganz der Vater, sehr tüchtig, und seine Frau, eine geborene Wangerl, nein eine Kuhnert, nein, woher war die noch mal, danke, gern noch ein Stück … die Station wieder hochgebracht, die ja im Krieg … Im Krieg. Im Krieg. … Onkel dies, Tante das.

Stunden, Tage. Jahre, ganze Leben lang.

In Abständen von ein, zwei, drei Ewigkeiten entfuhr der Wanduhr ein Friedhofsglockenton, der kein Ende und keine

Erlösung verkündete. Ich saß und saß und versuchte mich unter der niedrigen Decke woandershin zu träumen, wo Jungen auf Palmen große haarige Nüsse pflückten und Mädchen meiner brüllenden Großmutter in die Bäume hinauf entwischten.

Das Foto ist sehr vergilbt, fleckig und an den Rändern aufgebogen, das Bild sitzt ein wenig schief auf dem Papier. Es ist von einem leicht erhöhten Standpunkt aus aufgenommen und zeigt eine dunkelgraue Ebene, die Tausende von Palmwipfeln bedecken. Im Vordergrund sind drei einzelne Bäume deutlich als Kokospalmen zu erkennen. Rechts davon befindet sich eine Lichtung und an deren Rand das helle Dach eines niedrigen Gebäudes; darüber zieht sich ein weißer Fleck bis zum Bildrand. Es könnte eine Rauchwolke sein, vielleicht ist es auch nur eine Verunreinigung der Fotoplatte. Links vorn bilden die Palmwedel gerade Linien, sonst lässt sich kein geometrisches Muster ausmachen; es sieht eher aus, als drängten sich die Bäume wie eine Tierherde zum Ufer hin. Die helle Fläche im Hintergrund ist vermutlich das Meer. Der Horizont ist unscharf, die Schattierungen so verblasst, dass nur der wolkenverhangene Himmel erkennbar ist und etwas Ungewisses, Spiegelndes darunter.

Auf der Rückseite steht in der akkuraten Handschrift meines Großvaters Heiner Mohr: Pflanzung Heldsbach mit Koprapalmen – Blick von unserer Veranda.

Der Gottesdienst geht an diesem Sonntag in der Hitze der Heldsbacher Kirche zu Ende wie immer: mit dem Segensspruch. Der Friede Gottes, welcher höher ist denn alle Vernunft, stärke eure Herzen und Sinne in Christus Jesus, Amen.

Heiner Mohr empfängt ihn wie jeden Sonntag mit der Gewissheit, dass auf seiner Arbeit nun Gottes Segen ruht, und verlässt die heiße Dschungelkirche hinter den Prediger-Missionaren, zusammen mit den anderen Laien. Die Leute aus dem Dorf treten zuletzt ins Freie, unter ihnen sein Vorarbeiter Baluna mit zufriedenem Gesicht, weil er, wie er Heiner erklärt, den sonntäglichen Zauber nun mit nach Hause nimmt.

Der Anutu-Spruch für Stärke im Bauch und Frieden mit den Nachbarn ist sehr gut, Moa.

Er hat das vom Bruder Kuhnert von Sattelberg, der Baluna unterwiesen und getauft hat – und ihm alle möglichen abergläubischen Vorstellungen hat durchgehen lassen. Für Baluna ist Gottes Segen Anutus Zauber. Und niemand ist so stark wie Anutu. Kuhnert hat seltsame Missionsmethoden. Er kennt den Geisterglauben und die Sprache der Kai wie kein Zweiter, auch ihre Sitten, und er macht sie sich zunutze. Dem alten Wangerl, dem Oberhaupt der Heldsbach-Station, gefällt diese Vermischerei von Christenglauben und Heidentum ganz und gar nicht. Es gibt viel Streit darum in der Mission, und auch Heiner findet, man sollte den Papua nicht erlauben, den Segen Gottes mit Zauberei in Verbindung zu bringen. Das eine ist göttliche Macht, das andere Aberglaube. Aber er, Heiner Mohr, ist nur ein Laienmissionar, der sich nicht in die Arbeit der geistlichen Brüder einzumischen hat, das ist ihm völlig klar.

Nach der Kirche zerstreut sich die Gemeinde schnell, die Frauen müssen sich um das Mittagessen kümmern, es ist wie zu Hause. Nur dass in Schlettenheim die Männer jetzt ins Wirtshaus gehen würden, hier sitzen die schwarzen in Gruppen vor den Häusern zusammen, die weißen auf ihren Veranden.

Heiner Mohr trägt seinen von den Hausmädchen nur nachlässig gebügelten weißen Tropenanzug, den er sich von einem Chinesen in Rabaul hat machen lassen. Ihm ist festtäglich zumute, vielleicht, weil es den ganzen Tag noch nicht geregnet hat. Über der festgetretenen Erde des Heldsbacher Dorfplatzes liegt Sonne und sonntäglicher Friede, man sieht weit über Pola, Salankaua und Finschhafen hinweg, die Lagune leuchtet blau. Die Wolken um den Sattelberg sind heute nur dünne Nebelschwaden.

Ohne ein weiteres Wort zu verlieren, gehen Heiner und Baluna hinunter zur Plantage. Heiner tut das oft. Am Sonntag beschaut er das Werk der Woche und notiert sich leise murmelnd im Kopf, wo etwas zwischengepflanzt oder wo etwas ausgebrannt werden muss. Nicht, dass er arbeiten würde am heiligen Sonntag, sie drehen nur eine Runde. Er will nach den Jungbäumen sehen, die sie letzte Woche in einem neuen Block gesetzt haben. Baluna begleitet ihn, weil er inzwischen weiß, dass das Umrunden der Kokospalmen am Sonntag ihrem Gedeihen dient – kann sein, dass er Moas Gemurmel für einen Erntezauber der Weißen hält, für ein spezielles *kokonas*-Gebet zu Anutu, dem Allmächtigen.

Das hier, sagt Heiner laut und zeigt auf vorkriechendes Geflecht, das muss raus, gleich morgen. Raus mit ihm.

Rausim!, bestätigt Baluna. Das Wort kennt jeder auf der Plantage.

Sie gehen im Schatten der hohen Bäume. Es ist schon bald Mittag. Baluna erzählt, dass wieder jemand von der *kampani* im Dorf seiner Verwandten war und Männer mitnehmen wollte. Sie haben viel Geld und Dinge versprochen, mehr, als die Missionare ihnen geben. Aber er, Baluna, hat den Leuten gesagt, dass die *bongbong* von der *kampani* keine guten Menschen sind. *Bongbong*: Das ist das Wort für weiße Männer. Männer mit Gewehren. Männer, die schießen.

Heiner kennt die schlimmen Geschichten über die Zustände auf den Plantagen der Neuguinea-Compagnie und anderer Pflanzer: Alkohol, Hurerei, Glücksspiele, Grausamkeiten. Am Ende ist der ganze Lohn verpfändet, die Leute sind verdorben, verroht und krank. Die Lösung, sie das Geld, das sie ja wegen der Kopfsteuer verdienen müssen, bei der Mission erarbeiten zu lassen, ist da wirklich die beste. Hier bekommen sie, wenn ihre Tagesarbeit als Ruderer, Hirten, Hausjungen oder in den Pflanzungen erledigt ist, auch noch Unterricht in biblischer Geschichte. Und wer geistige Neigungen zeigt, lernt auch Lesen und Schreiben, sogar die Mädchen.

Der alte Wangerl hat ihm erzählt, dass die Leute von der Neuguinea-Compagnie den Missionaren anfangs recht feindselig gegenüberstanden: Die Pfaffen sollten ihnen bloß wegbleiben, die verdürben nur die Schwarzen, sodass sie als Arbeiter nicht mehr zu gebrauchen seien. Inzwischen lebt man zwar in gutem Einvernehmen mit der Compagnie, die ja nicht mehr so viel Einfluss hat wie früher. Aber die Anwerber ziehen durch die Dörfer, immer auf der Suche nach Arbeitern, und locken Männer mit schönen Versprechungen weg auf ferne Plantagen und auf die Inseln im Archipel. Man kann nur beten, dass die jungen Christen sich dort nicht vom rechten Weg abbringen lassen.

Wangerl hat Heiner ermahnt, ein strenges Auge auf seine Leute zu haben, und wie es so seine Art ist, einen Satz aus dem Evangelium hinzugefügt. Jesus Christus spricht: Lasset die Kindlein zu mir kommen, denn ihrer ist das Reich Gottes. Und das gilt, Bruder Mohr, genauso für unsere kindlichen Papua. Gib also gut acht auf deine Jungen, die so sehr einer Lenkung im guten Geist bedürfen. Und lass keinen zu den Chinesen nach Neupommern gehen, wenn du es verhindern kannst.

Heiner gibt sich große Mühe. Über ein Jahr ist er nun hier, seit ein paar Monaten als verantwortlicher Verwalter der Heldsbach-Plantage, und kümmert sich um alles: die Palmen, die vom Schimmel bedrohten Rechnungsbücher, die Jungen, denen er das Arbeiten erst beibringen muss. Er nimmt die Fieberanfälle hin, die Rieseninsekten und die Blutegel und versucht sich an die fremden, hemmungslos wuchernden

Pflanzen zu gewöhnen. Alles hier auf dieser feuchten Tropeninsel wuchert rasend, Parasitengewächse überziehen in kürzester Zeit riesige Bäume, Winden wachsen über Nacht ins Fenster, immer ist irgendetwas reif oder verfault schon wieder, etwas zerfällt, ausgehöhlt von Ameisen, und am nächsten Tag schon sind Pflanzen darüber gewachsen. Die einheimischen Tiere sind klein und heimtückisch, bis auf die schwarzen Schweine, die einen hohen Wert für die Eingeborenen besitzen. Eigentlich gehört Neuguinea den Insekten und Pflanzen. Und die Menschen belassen alles, wie es ist, leben von einem Tag zum andern, pflanzen nur, was sie selber zum Essen brauchen, konservieren nichts, legen keine Vorräte an. Sie leben, wie ihre Urahnen gelebt haben.

Dass die ordnende Hand des Bauern dem Hunger wehrt und Ertrag und Erlös steigert – er sagt es ihnen wieder und wieder. Manchmal möchte er sie schütteln, dass sie aufwachen aus ihrem uralten Schlendrian. Macht euch die Erde untertan, hat Gott Adam und Eva befohlen.

Der alte Wangerl sagt, hab Geduld. Sie können nicht in zwanzig Jahren lernen, wozu wir zweitausend Jahre Christentum gebraucht haben.

Heiner hat Geduld, sehr viel Geduld, findet er. Mit seinen Arbeitern und seinen Bäumen. Am Ende wird das hier eine Musterpflanzung sein, mit einem ordentlichen Ertrag.

Er macht halt bei den jungen Bäumchen, sie sehen aus, als hätten sie ein paar Zentimeter zugelegt. In Meterschritten schreitet er die Reihe ab, prüft die Abstände, und Baluna, hinter ihm, tut es ihm nach. Er lacht dabei, Heiner hat keine Ahnung, worüber. Exakt steht die Reihe nicht, die Abstände sind mal größer, mal kleiner, aber es ist bei Weitem besser als in den älteren Teilen der Pflanzung, wo nach Neuguinea-Art alles durcheinanderwächst.

Baluna ist neben ihn getreten und strahlt ihm ins Gesicht, offenbar freut er sich über irgendetwas. Heiner versteht meistens nicht, warum er bestimmte Dinge tut oder nicht tut. Dabei ist Baluna ein guter Mann, er hat eine rasche Auffassungsgabe, ist geschickt mit dem Werkzeug und kann die Leute gut anleiten, er stiftet sogar Ruhe, wenn zwischen den Jabim und den Kai Streitereien aufflammen.

Aber er versteht so wenig wie die anderen den Zusammenhang zwischen dem Ertrag der Pflanzung und den begehrten Dingen der Weißen: Dass auch Weiße die Stoffe, die Messer, das Salz, die Medikamente und die Bibeln kaufen und bezahlen müssen und dass sie das mit dem Erlös aus den Plantagen tun. Nur kann Heiner das auf Pidgin, diesem verhunzten Englisch mit den deutschen Brocken, das er zudem nicht gut spricht, schlecht erklären. Und Kâte, die Sprache der Kai, spricht er noch weniger. Wie soll Heiner Baluna klarmachen, dass der Baumwollstoff für ihre Tücher anderen Weißen für teures Geld abgekauft wurde, Weißen, die ihrerseits Plantagen besitzen, solche mit Baumwolle, auf denen wiederum andere Schwarze arbeiten? Welthandel, Baluna.

Baluna glaubt anscheinend, soweit Heiner ihn verstanden hat, dass Weiße immer Messer und Stoffe haben. Es gibt keine Weißen ohne Kleider, Moa.

Er sieht nicht ein, dass die *kokonas*-Bäume wegen der Kleider in Blöcken und Reihen gepflanzt werden müssen. Geld bekommen die Weißen von ihrem Gott. Und wer sich, wie er, Baluna, mit den Weißen und ihrem Anutu verbindet, bekommt etwas ab von alledem, vom Geld und vom Sonntagszauber und von der Macht des Holzpfahls mit dem toten Mann Jesus.

Heiner Mohr muss zugeben, dass es irgendwie stimmt. Weiße laufen niemals nackt herum, weiße Männer tragen immer ein Messer bei sich, er selbst hat das Messer, das er zur Konfirmation bekommen hat, immer dabei. Sogar weiße Frauen haben im Haushalt ihre Messer und Scheren. Und es stimmt auch, dass die Arbeiter ihren Anteil an den Schätzen der Weißen zugeteilt kriegen. Bei der Anwerbung bekommen sie schon Hosen, Tabak und ein bisschen Geld, nach einem Jahr zwei Beile, zwei Buschmesser, zwei Hobeleisen, ein Gemüsemesser, Tücher, Streichhölzer, Glasperlen und Salz. Und genug Geld, um ihre Steuer zu bezahlen.

Geld kommt nicht von Anutu, Baluna, Geld kommt von Arbeit.

Anutu hat das Geld gemacht. Er hat alles gemacht, die ganze Welt, sagt Baluna.

Heiner hat oft versucht, ihm zu erklären, wie die Zivilisation und ihre Errungenschaften mit Gottes Hilfe aus Fleiß und Ordnung hervorgegangen sind. Aber es gibt nicht die richtigen Worte dafür in diesem elenden Pidgin. Fleiß kann man vielleicht mit *wok strong* übersetzen, harte Arbeit, aber es ist nicht dasselbe. Fleiß ist eine innere Haltung, eine christliche Tugend, Voraussetzung jeder ernsthaften Arbeit … Er kann das in keiner anderen Sprache als Deutsch sagen.

Dann hat er es mit Beispielen versucht.

Baluna, schau her, wie fest diese Kirche ist, gebaut mit Hammer und Nägeln.

Nicken.

Und das Wellblechdach. Kein Regen darunter. Nie nass.

Nicken.

Eure Dächer gehen kaputt.

Nicken.

Unser Dach geht nicht kaputt.

Nicken.

Ein neues Dach zu bauen ist schwer.

Moa, sagt Baluna beruhigend und nickend, nicht für uns. Wir können das.

Auch das stimmt, er hat gesehen, wie die Arbeiterhütten hier in Heldsbach gebaut werden, alle helfen mit, es geht unglaublich schnell. Und sie haben bestimmte Lieder, die sie dabei singen, zum Beispiel gibt es ein extra Lied zum Bauholzfällen. Bruder Muckenbacher wollte es verbieten, weil auch das eine Form von Zauberei sei. Aber Bruder Kuhnert meint, das ist einfach völkisches Liedgut, wie unsere deutschen Seemannslieder und Bergmannslieder. Heiner Mohr verbietet seinen Leuten das Singen nur dann, wenn sie zu langsam arbeiten.

Jedenfalls denken diese Leute, mit oder ohne Gesang, nie darüber nach, wie man etwas verbessern kann. Deshalb sind sie nicht vorangekommen, kennen nicht einmal den Hebel oder das Rad. Eggen, tiefer pflügen? Düngen? Drainagen anlegen? Bäume veredeln?

Sie suchen sich einfach eine alte Sagopalme kurz vor der Blüte aus, fällen und schälen sie. Aus der Baumrinde klauben sie die fetten Maden und rösten und essen sie, sobald sie außen knusprig sind und innen noch weich. Dann bauen sie Rinnen aus der Rinde, und die Frauen zerklopfen mit primitiven Holzgeräten stundenlang das Mark, waschen es in den Rinnen aus, bis das reine Sagomehl sich darin absetzt, das sie dann klumpenweise in ihren Tragenetzen nach Hause schleppen. Im Urwald bleibt von dieser Arbeit und der improvisierten Mühle keine Spur zurück, nur das tote Holz, in dem noch ein paar Madenmahlzeiten nachwachsen. Ein Sagobaum kann, je nach Größe, ein mittleres Dorf mit Mehl für einen Monat versorgen. Heiner hat sich überlegt, wie man einfacher und schneller Sago gewinnen kann, vielleicht mit einer Art Mühlrad, großen Auffangbecken und Sieben. Aber für derlei hat er einfach keine Zeit, seine Aufgabe ist die *kokonas*, auf Kâte: *hamu*.

Immer wieder hat er mit einfachen Worten versucht, den Leuten eine Vorstellung von vernünftiger Landwirtschaft zu geben.

Unsere Sachen, die so nützlich sind, Baluna, haben wir mit *wok strong* geschaffen! Verstehst du: mehr Ernte, mehr Geld. Mehr Ordnung, gutes Werkzeug, Fleiß: mehr Ernte. So wird das was. Gute Ernte, gute Messer! Ich sage dir: Gerade Reihen! Gleiche Abstände. Neue *hamu* immer in Reihen und Blöcken setzen!

Baluna lacht, richtig laut. Er schüttelt sich vor Lachen. Nein, Moa. Schau, in Salankaua stehen die *hamu* eine hinter der anderen, aber auf ihnen wachsen keine Messer.

Also beginnt Heiner von vorn. Man muss die Kokosnüsse von den Bäumen holen, Kopra daraus machen und *ver*kaufen, damit man von dem Geld etwas anderes *ein*kaufen kann. *So* werden aus den *hamu* Messer und alle anderen Sachen.

Alle?

Ja.

Gewehre auch?

Die auch.

Gut, sagt Baluna. Er sagt es auf Deutsch. Wir arbeiten, wie du sagst, wir bekommen Gewehre.

Nein, sagt Heiner. Gewehre nicht. Nur Schießjungen dürfen Gewehre haben.

Baluna ärgert sich. Heiner ist ratlos. So läuft es immer. Es ist einfacher, wenn er Befehle gibt, die Baluna weitergibt. *Rausim!* Das funktioniert.

Mit den neuen Bäumen hat er sich durchgesetzt, hat Gehorsam verlangt, hat Gehorsam erzwungen. Die Reihen werden ohne lange Reden einigermaßen gerade, die Blöcke sauber abgeteilt. Die neu gepflanzten Palmen stehen gut. Heiner betrachtet sie mit Stolz. Baluna betrachtet sie nachdenklich.

Gut, sagt er.

Gut, sagt Heiner.

Und denkt, dass der Segen Gottes nicht umsonst höher ist als alle Vernunft, denn Vernunft bringt einen hier nicht weiter.

Gehen wir, sagt er in seinem fränkischen Dialekt zu Baluna.

Gemma, sagt Baluna, sein Echo.

Sie wenden sich dem Dorf zu.

Auf der Veranda sitzend, schreibt er, wie jeden Sonntag, einen Brief.

Zuerst spitzt er den Zimmermannsbleistift mit seinem Messer scharf an. Dann macht er einen Entwurf auf der Rückseite eines beschriebenen Blattes. Den korrigiert er, streicht Überflüssiges, fügt Fehlendes ein. Wenn er mit dem Ergebnis zufrieden ist, nimmt er ein frisches weißes Blatt aus der Lade und rührt die Tinte an.

Heldsbach, den 28. Juni 1914. Liebe Eltern!

Er teilt ihnen mit, dass es ihm gut geht und die Arbeit zur Zufriedenheit seiner Vorgesetzten gut voranschreitet: Die Erträge der Plantage steigen, wenn auch langsam, da ihr Zustand recht verwahrlost war. Zum Glück steigen die Kopra-Preise mit der weltweiten Nachfrage. Das Verhältnis zu den Briten ist besser denn je, die alte Rivalität hat einem guten geschäftlichen Einvernehmen Platz gemacht, was auch an den Transportkosten spürbar ist. Deutsche und Briten haben hier doch viele gemeinsame Interessen. Großes hat sich seit meinem letzten Bericht nicht ereignet. Das neue Pflanzungshaus ist endlich fertig. Es ist dem hiesigen Brauch entsprechend, aber doch solide gebaut und hat drei Zimmer. Unter dem Wellblech wird es zwar recht heiß, aber das Dach ist regendicht, was viel wert ist in diesem nassen Klima. Auf der großen Veranda lässt sich Kühlung finden. Wenn Marie nächstes Jahr kommt, wird sie alles einrichten, wie sie es für einen Haushalt braucht. Ich habe bei unserem Sägewerk in Butaweng Holz für die Möbel bestellt.

Er schaut hinaus auf die Lichtung, den festgetretenen Weg hügelabwärts, der sich beim nächsten Regenguss in einen Schlammstreifen verwandeln wird. Morgen müssen die vollen Säcke im Lagerhaus geprüft, verschlossen und durchgezählt werden. Soll er schreiben, wie mühsam es ist, sich mit den Schwarzen zu verständigen? Dass er nach einem Jahr immer noch nicht weiß, was sie denken? Aber was interessiert das die Eltern. Sie haben ihre eigenen Sorgen.

Die nächsten Sätze sind für seinen ältesten Bruder bestimmt: Der Mission geht es recht gut. Wir wissen zu wirtschaften, und mit Gottes Hilfe wächst das Werk im Kaiser-Wilhelms-Land. Der Kaiser hat uns eine Nationalspende von 150 000 Mark zukommen lassen, denn in Berlin weiß man, was hier für das himmlische und für das Deutsche Reich geleistet wird.

Heiner ist froh, dass er das jetzt nicht Baluna erklären muss: *Kaisa Willim*, der von Anutu eingesetzte Herr über das Reich der Missionare, hat ihnen Geld gegeben. Weil sie so fleißig sind. *Wok strong*.

Zum Schluss schreibt er, dass er sich für seinen jüngsten Bruder, der unbedingt Lehrer werden will, bei der Mission verwenden wird. Und dass er alle Geschwister und die Verwandten in Schlettenheim grüßen lässt, auch die in der Kreisstadt. Lissis Namen schreibt er nicht eigens hin.

Das Papier wellt sich von der Feuchtigkeit. Er verschließt den Umschlag mit ein paar Tupfern selbst gemachtem Leim und klebt die Briefmarken der Deutschen Südsee darauf. Seine Neffen sammeln sie fleißig.

Gleich wird er hinauf zur Station zu Bruder Muckenbacher gehen, dort gibt es wie jeden Sonntag um drei Uhr Kaffee und Kuchen. Ein bisschen Zeit bleibt ihm noch.

Er nimmt den Bleistift wieder in die Hand: Liebe Marie, wie sehr erwarte ich den Tag, an dem Du als meine Braut hier eintreffen wirst. Man ist hier sehr allein ohne Familie.

Er greift nach dem Radiergummi. Er kann ihr das nicht schreiben. Lissi hätte er vielleicht so etwas geschrieben. Ihre Stimme, er hat sie immer noch im Ohr, Heiner, Heiner. Ihr Rücken, ihr Gang. Er weiß nicht einmal mehr, wie Marie aussieht, er hält sich an die Fotografie und erinnert sich, dass sie am Kinn ein Grübchen hat, das auf dem Bild nicht zu sehen ist, dass ihre Schultern erstaunlich fest und schwer waren, so ganz anders als Lissis biegsame Flügel.

Morgen muss er sich in aller Frühe um die Säcke kümmern, das Missionsschiff, die *Bavaria*, muss vor Mittag beladen sein, es fährt über Sio nach Rabaul und wird auch den Brief an die Eltern mitnehmen. Und den an Marie, den er letzten Sonntag geschrieben hat.

Eines Tages wird er ein reifer Mann sein mit Frau und Kindern und, so Gott will, nach Deutschland zurückkehren. Und dann wird er Lissi begegnen, und die Sehnsucht nach ihr, dieser Fluss in ihm, der zu seinem Schwarzen Meer will, wird getrocknet sein.

Ein Vogel ruft schrill, dann noch einmal und noch einmal. Die Vögel in Neuguinea sind Schreihälse und keine melodischen Sänger. Sie schreien oft dreifach, wie der Hahn, der dreimal krähte, als Petrus Jesus Christus verleugnete. Danach wieder diese feuchte Stille, in der nur die Pflanzen leise knarren und keuchen. Er muss dafür sorgen, dass Baluna den vordringenden Bewuchs am Westrand der Plantage beseitigt. *Rausim*. Für einen Papua ist Baluna wirklich ein guter Mann.

Das Thermometer zeigt 32 Grad. Ein angenehmer Tag. Zu den Muckenbachers geht er, nach kurzem Nachdenken, in Hemdsärmeln. Der Regenguss erreicht ihn auf halbem Weg.

Er wundert sich nicht, als er an Muckenbachers Kaffeetafel Johann Hensolt vorfindet, den er als lebhaften Geschichtenerzähler aus der Missionsanstalt kennt. Der alte Wangerl hat frisch eingetroffene Jungmissionare gern eine Weile um sich, deshalb wohnt der Neue jetzt auf der Heldsbach-Station.

Es ist eine größere Runde als sonst am Sonntag, Bruder Kuhnert ist vom Sattelberg heruntergekommen, zusammen mit seinem engsten Mitarbeiter. Das Gespräch dreht sich um den Neuankömmling und dessen Zukunft hier. Heute Morgen, während Heiner mit Baluna in der Pflanzung nach dem Rechten geschaut hat, haben die Brüder dem jungen Hensolt eröffnet, dass er auf die Insel Ruk geschickt wird.

Das heißt, die Station dort wird nicht aufgegeben, der altgediente Bruder Gorm macht weiter, trotz aller Schwierigkeiten.

Heiner hat Gorm und seine Frau noch vor zwei Wochen gesehen, sie sind auf Erholungsurlaub gekommen, und Heiner hat ihnen für die Weiterreise auf den Sattelberg drei Pferde und zwei Jungen nach Finschhafen gebracht. Gelbgesichtig und müde hat Bruder Gorm ausgesehen und seine Frau nicht viel besser, zwei dünne Gestalten mit der Malaria in allen Gliedern. Jeder hat gedacht, sie würden Ruk aufgeben.

Man hört nichts Gutes von dort. Jetzt, bei Kaffee und Kuchen, werden die schlechten Nachrichten des letzten Jahres vor dem Neuling ausgebreitet. Die letzten weißen Pflanzer, die dort ihr Glück versucht haben, zwei deutsche Brüder aus Magdeburg, sind vor ein paar Monaten umgebracht worden, mit Steinäxten hat man ihnen den Schädel eingeschlagen. Der malaiische Hausjunge, der rechtzeitig fliehen konnte, hat die Leichen gefunden. Zum *Glück*, sagt Bruder Muckenbacher aufgeregt, die Bergstämme auf Ruk sind *sehr* wahrscheinlich Kanni*bal*en.

Bruder Muckenbacher klingt immer aufgeregt, egal ob er sich einen Jungen ausleihen will oder das Evangelium predigt, das liegt an seiner hellen Stimme und seiner seltsamen Art, die Wörter zu betonen. Anfangs hat Heiner immer das Gefühl gehabt, er müsste den Mann beruhigen, und hat ihm besonders aufmerksam zugehört, aber mittlerweile hat er sich daran gewöhnt.

Diesen *Jan*uar war das, sagt Bruder Muckenbacher. Seitdem hat *kein Weißer* mehr versucht, sich dort niederzulassen, *nicht* einmal die Compagnie! Dabei hat die sich doch seit Jahren, seit *Jahren!* die *best*en und *sicherst*en 300 Hektar an der Südspitze von Ruk reserviert.

Seine Frau wirft ein: Die einzigen Weißen auf der Insel sind Bruder und Schwester Gorm – und der Engländer da … Wie heißt der noch mal? Schwester Muckenbacher hat im Gegensatz zu ihrem Mann eine angenehm tiefe Stimme und spricht den Dialekt aus der Gegend von Reucha: Wie haaßtn der noch amol?

Money!, ruft Bruder Muckenbacher, die Leute dort nennen ihn *Mister* Money.

Bruder Hensolt lacht. Er sitzt vor seinem Bananenkuchen, so vergnügt und neugierig wie früher in Neuendettelsau, wenn er den anderen ihre abenteuerliche Zukunft ausgemalt hat. Er scheint sich auf das zu freuen, was vor ihm liegt und wovon er im Missionsseminar so viel geredet hat: Gefahren und Anfechtungen. Er lauscht und vergisst fast zu essen, dabei ist Schwester Muckenbachers Bananenkuchen im ganzen Missionsfeld berühmt.

Der kommt ja *viel* herum auf den Inseln, der Mister Money, ist gut Freund mit *allen* Schwarzen und betrügt sie na*tür*lich! Nach *Strich* und *Fa*den. Er gibt ihnen Geld und Äxte, *was* sie wollen. *Schnaps* auch! Und an ihren Para*dies*vogelbälgen verdient er ein Vermögen, ein Ver*mögen*!

Dann sind die Leute dort ja nicht auf uns angewiesen, wenn es um diese Sachen geht, sagt der Neue.

Nein. *Lei*der, sagt Bruder Muckenbacher.

Der Neue versteht nicht. Es ist doch viel besser, wenn man mit den Leuten, denen man das Evangelium verkündet, keine Geschäfte macht, sagt er.

Er ist eben frisch vom Seminar.

Muckenbacher schnaubt.

Bruder Kuhnert mischt sich ein, das war zu erwarten. Der Umgang mit den Eingeborenen ist seine Domäne.

Sie kennen die Leute hier noch nicht, sagt er milde, aber

Sie werden sehen, dass sie anders sind, als man sich das im Missionsseminar in Neuendettelsau vorstellt. Die Papua sind nicht wie die Schwarzen in Afrika.

Sein junger Helfer fällt ein: Geben und Nehmen, so denken die Leute. Sie werden es bald erleben, wie sehr der Erfolg der Verkündigung hier von einem guten Tauschgeschäft abhängen kann!

Der Neue ist offenbar verwirrt.

Ja, das mag Ihren Ideen widersprechen und dem, was man Ihnen beigebracht hat, sagt Bruder Kuhnert lebhaft. Vielleicht ist das in unseren afrikanischen Missionen auch anders. Aber hier, sehen Sie: Mit dem Melanesier muss man zuerst über das reden, was er kennt. Ihm zeigen, dass man es gut mit ihm meint. Dass man auch ein Mensch ist. Ein Bruder im Herrn.

Bruder Kuhnert ist in seinem Element. So sehr, dass er beinahe Hochdeutsch spricht. Heiner sind Kuhnerts Behauptungen immer ein wenig verdächtig. Dieser Bruder steht und hockt und spuckt selber wie ein Kai. Er kennt ihre heidnischen Gebräuche allzu gut, und Bruder Wangerl behauptet, er macht sogar dabei mit. Außerdem ist Kuhnert mit einem unberechenbaren Kai-Häuptling befreundet, der ihm Leute und Land zuschustert.

Wenn Sie einem Papua gleich zu Anfang etwas geben, erklärt Kuhnert dem Neuen, sollte es etwas sein, das ihm ganz besonders erscheint, dann haben Sie nämlich sein Interesse. Dann begreift er mit seinem heidnischen Verstand, dass wir etwas Größeres zu bieten haben als alles, was er bisher gekannt hat. Wenn er aber von einem betrügerischen Engländer schon alles Mögliche bekommen hat, dann glaubt er, er besitze bereits, was die Weißen zu geben haben. Verstehen Sie? Und die Botschaft der Erlösung von aller Schuld, von Zauberei und Blutvergießen, die wir ihm bringen, hört er nicht. Er wird sich seiner Sündhaftigkeit nicht bewusst. Er ist der Gnade bedürftig, aber er weiß es nicht. Er glaubt, es reicht, wenn er ein paar

Messer und Äxte hat. Und dazu kommt: Wenn er nur solche englischen Händler kennenlernt, wird er glauben, dass alle Weißen so ein verkommenes Pack sind.

Es ist *so*, Bruder *Hensolt,* fällt ihm Muckenbacher ins Wort. Diese Leute sind wie Kinder, und ent*sprech*end muss man sie behandeln. Sie wollen *Geschenke*, und sie mögen Geschichten, am liebsten beides.

Ganz so einfach ist das nicht, sagt Bruder Kuhnert scharf und vermeidet es, Bruder Muckenbacher dabei anzusehen, es gibt da große Unterschiede, es gibt intelligente Führer und einfache Gefolgsleute. Sie müssen wissen, Bruder Hensolt, die Eingeborenen sind unterentwickelt, aber nicht dumm. Und sie merken sehr wohl, wer auf ihrer Seite steht.

Heiner denkt an seine Gespräche mit Baluna, er würde den Brüdern gern davon erzählen, bisher hat er noch mit keinem darüber gesprochen. Vor Wangerl hat er zu viel Respekt, Kuhnert misstraut er, und Muckenbacher … Er glaubt nicht, dass Muckenbacher ihn verstehen würde. Aber hier an der Kaffeetafel das Wort zu ergreifen, wäre ganz und gar unpassend: Es geht hier nicht um ihn und die Probleme in der Pflanzung. Außerdem reden alle auf Hensolt ein.

Muckenbacher ignoriert Kuhnert und erzählt weiter von der Insel Ruk, welche Ablehnung Gorm entgegenschlug, als er drei Jahre zuvor dort anfing. Und die Station ist *immer* noch gefährdet, zwischendurch mussten die Gorms sich sogar in *Sich*erheit bringen.

Kuhnerts Helfer erklärt Hensolt, dass die Leute auf Tuam, die zu den Siasi zählen, Verbindungen zu den Tami haben, einem Stamm, der von Insel zu Insel Tauschhandel betreibt, melanesische Händler gewissermaßen, von denen manche schon getauft sind, weshalb die Tuam …

Bruder Hensolt will wissen, wie diese kleinen Vorinseln heißen.

Malawaia, Tuam, Aromot und noch ein paar andere.

Wo sie genau liegen.

Zum Teil ganz nah, zum Teil mehrere Kanu-Tagesreisen von der Hauptinsel Ruk entfernt.

Dann braucht man zuerst einmal ein Motorboot, sagt Johann Hensolt. Alle lachen.

Sie sind ein praktischer Mensch, meint Kuhnert schließlich. Aber fangen Sie lieber damit an, die Sprache zu lernen. Ich sage Ihnen, das ist das Wichtigste.

Welche Sprache das denn sei.

Siasi. Ein paar Hundert Leute sprechen es. Es ist noch kaum erfasst.

Heiner sieht, wie Hensolts Augen leuchten, er strahlt richtig, wie Baluna, als er zum ersten Mal das Sägewerk gesehen hat.

6

Anutu

Der Sonntagnachmittagskaffee mit bestickter Tischdecke war die einzige Mahlzeit, vor der nicht gebetet wurde, in meiner Familie nicht und auch nicht bei der Neuendettelsauer Horde. Warum das so war und vermutlich immer noch so ist, weiß ich nicht. Vielleicht, weil es sich nicht um eine notwendige Nahrungsaufnahme handelt, sondern um eine rituelle Zeremonie nach dem dritten Gebot: *Du sollst den Feiertag heiligen*. Das Kaffeetrinken am Sonntag war in meiner Kindheit so zwingend wie der Gottesdienst, wie die steif gebügelte Kleidung und die Langeweile. Vor allem die Großeltern hielten sich an die alte dörfliche Ordnung, die sich auch in der Südsee und in der großen Verwirrung zweier Kriege bewährt hatte.

Für meinen Großvater Mohr stand fest, wie eine Familie und ein Dorf gut funktionierten: indem man sich an die Zehn Gebote und die Lehren Luthers hielt. Dasselbe galt natürlich auch für Neuguinea. Dass er und die anderen Weißen dort Gäste waren, kam ihm gar nicht in den Sinn. Wie die meisten Missionare hatte er kaum einen Begriff von den Sitten, gegen die sie andauernd verstießen. Sie hielten sich an die göttlichen Gebote, da konnte nichts falsch sein.

Ich fragte mich irgendwann, als ich die Geschichten meiner Großeltern schon ein paarmal gehört hatte, wie die Bewohner von Pola, Dobeo, Simbang oder Heldsbach sie wohl erzählt hätten. Anfangs glaubte ich noch, dass die Papua sich freuten und dankbar waren für die tollen Sachen, die die Weißen ihnen brachten, dass sie ihnen nacheiferten und gerne lernten.

Was die Neuguineer davon hielten, dass die Weißen sich auf ihrem Land breitmachten, darüber sprach in meiner Familie niemand. Und auch sonst keiner von der Horde.

Als der Missionar Wangerl an der Küste Neuguineas auftauchte, hielt man ihn zunächst für einen Flüchtling, um den man sich nach den Gesetzen der Gastfreundschaft kümmern musste. Aber es kamen immer mehr Weiße, und schnell war klar, dass sie nicht Schutz suchten, sondern etwas anderes wollten. In Windeseile hatten sie sich im ganzen Bismarck-Archipel angesiedelt, mit ihren Äxten, Töpfen, Messern, Zündhölzern und Spiegeln. Und ihren Gewehren.

Sie beanspruchten immer mehr: mehr Land und mehr Leute, die für sie arbeiten sollten. Sie tauchten in den Dörfern auf und verlangten von den Bewohnern, dass sie ihnen Straßen und Brücken bauten und ihre Besitztümer von der Küste hinauf in die Berge trugen, immer tiefer ins Land hinein. Man sah zu, möglichst viel von ihren nützlichen Dingen zu ergattern, kümmerte sich nicht weiter um ihr Gerede und hinderte sie nach Möglichkeit daran, sich überall niederzulassen.

Eine Weile ging das ganz gut, im Finschhafener Gebiet. Es ging so lange, bis die Kinder, die bei der Ankunft der Weißen gerade geboren waren, groß wurden. Für sie waren die Weißen keine Gäste mehr, sie waren eben da, verhasst und bewundert. Und sie hatten so vieles, was diese Jungen auch haben wollten. Außerdem steckte in dem gekreuzten Pfahl, den die Weißen verehrten, offenbar eine starke Geisterkraft. Die Weißen übertraten alle Tabus, sie trampelten auf heiligen Plätzen herum, scheuchten die Erdbebengeister auf – und nichts passierte ihnen. Sie konnten sogar mit der Kraft ihres Gottes und ihrer Zaubermittel – scharfe Säfte, Pulver, Salben – den Tod aufhalten. Ihr Gott sei allmächtig, behaupteten sie, und allen anderen Geistern weit überlegen. Und sie fügten hinzu, er könne sehr zornig werden, wenn man sich nicht an seine Gebote hielt.

Die Ersten, die um die Aufnahme in den Anutu-Clan durch eine *Taufe* baten, waren zwei junge Männer. Die Alten wüteten. Plötzlich sollte alles schlecht sein, ihre Geisterplätze und Tänze und überhaupt ihr ganzes Leben, während die Weißen sich das Land nahmen und überall ihre gekreuzten Pfähle aufstellten und den Kindern beibrachten, ihre Eltern und Ahnen zu verachten.

Aber der Aufbruch der nächsten Generation ließ sich nicht aufhalten. Viele junge Männer träumten davon, Schießjungen zu werden, und gingen gern zu den Weißen. Viele Mädchen arbeiteten lieber für die Weißen, als einen Mann zu heiraten, der ihnen nicht passte, und fanden es schön, Kleider zu tragen, die ihnen die weiße *Mama* gab.

Als meine beiden Großväter ins Kaiser-Wilhelms-Land kamen, war ein großer Teil der Bevölkerung an der Küste und um den Sattelberg herum bereits christianisiert worden.

Die Fotografie zeigt ein niedriges, lang gezogenes Gebäude mit einem Satteldach aus Wellblech. Die Außenwände bestehen aus dünnem Fachwerk in exakten Rechtecken, ausgefüllt mit Brettern oder einem Holzgeflecht. Sechs Fensteröffnungen mit Sonnenblenden darüber, je zwei nebeneinander, befinden sich an der Längsseite. Im Giebel der Frontseite bildet das Fachwerk eine spitze Raute, in die ein Kreuz eingelassen ist. Die Anordnung erinnert an einen Sargdeckel. Oberhalb des Kreuzes, auf dem Dach, sitzt ein niedriges quadratisches Türmchen mit Öffnungen nach allen Seiten. Das Haus sieht aus wie eine Baracke, auf die man den oberen Teil eines Wachturms gesetzt hat.

Auf der Rückseite steht in gotischer Schrift: Bildserie der Neuendettelsauer Mission in Neuguinea. Neue Eingeborenenkirche. Solche Bauten konnten die Eingeborenen ehedem nicht herstellen. Das lernten sie erst durch unseren europäischen Missionsbaumeister. In neuerer Zeit haben sie nun schon ganz nette Kirchen gebaut, selbst auf den Bergen.

Heldsbach ist grün und braun, die Dächer sind grau. Am Tage riecht es nach Hitze und Sumpf. Bei Nacht nach Kokosfeuer und Sumpf.

Die Frau Missionar Muckenbacher hätte gern einen richtigen Blumengarten. Aber vieles wird hier einfach nichts, sagt sie und zählt auf, was alles nicht wächst im Küstentiefland: Rosen, Astern, Dahlien zum Beispiel. Sonnenblumen. Und Pfingstrosen, die schon gar nicht. Johann steht neben ihr auf der Veranda und interessiert sich nicht für deutsche Zierpflanzen.

Auf dem Sattelberg, da ist das Klima besser, da wächst viel mehr, plaudert die Muckenbacherin weiter, meine Große geht da oben in die Schule. Johann war bisher noch nicht auf dem Sattelberg, er kennt nur Heldsbach, den unteren Teil mit der Plantage und den oberen mit der Missionsstation. Hier ist auch die Gehilfenschule, wo die einheimischen Evangelisten und Lehrer ausgebildet werden, »die besten von unseren Jungen«, wie der alte Wangerl auf ihrem Rundgang gesagt hat. Ein Sprechchor drang aus den Fensteröffnungen zu ihnen und zerfloss in der Hitze zu einer trägen Litanei. Johann hat die Kirche gesehen und auch die Kinderschule besucht, wo die Kleinen bei seinem Eintritt artig aufstanden und im Chor riefen: Guten Morgen, Herr Missionar! Und stolz lasen sie auf Deutsch von der Tafel ab: Ich gehe nach Pola, du gehst nach Pola, er geht nach Pola …

Die erste deutsche Eingeborenenschule in Neuguinea.

Von Muckenbachers Veranda sieht man Nutzgärten sich bis zum Dschungelrand hinaufziehen, einer neben dem andern, wie die Schrebergärten zu Hause, nur größer und nicht so ordentlich.

Die gehören unseren Gehilfenschülern, erklärt Schwester Muckenbacher, die versorgen sich nämlich selber, wir können die ja nicht alle durchfüttern.

Ihr fränkischer Tonfall klingt ihm so vertraut, sie könnte eine seiner Tanten sein.

Wir sind hier alle recht fleißig, mit der Zeit färbt das dann halt auf die Papua ab.

Sie sagt *flaaisich* und *Babua*.

Vieles hier ist vertraut. In den Häusern der Missionare mit Dürers *Betenden Händen* an der Wohnzimmerwand vergisst er manchmal, dass er in der Südsee ist, vor allem am Sonntag. Der Gottesdienst, die Tischgespräche, das bestickte Leinen: Es ist wie in Neuendettelsau, nur dass die Mädchen, die den Braten auftragen, dunkle Haut haben und barfuß sind. Und dass sie lächeln.

Die weißen Frauen lächeln so gut wie nie, sie sind die Unteroffiziere der Mission, immer im Dienst an Männern, Kindern, Gästen und Kranken, auch das wie in Neuendettelsau. Die Schwester Muckenbacher hat sogar einen Schwachsinnigen in ihren Haushalt aufgenommen, dem sie das Schuheputzen beigebracht hat.

Die Missionsbrüder sind selten zu Hause. Gerade ist Wangerl wieder zu einem entfernten Dorf geritten, Muckenbacher hat in der Gehilfenschule zu tun und der lange Heiner Mohr mit der Pflanzung. Jeder hat seinen Platz. Nur er hat keine Aufgabe, außer zu warten, bis er mit Bruder Gorm endlich zur Insel Ruk fahren wird.

So unternimmt er kleine Streifzüge, während alle anderen in Heldsbach mit großer Regelmäßigkeit arbeiten, predigen, lehren, beten und Kaffee trinken.

Der Dschungel im Kaiser-Wilhelms-Land ist anders als die bunten Wälder der ostindischen Inseln, die er auf seiner Reise gesehen hat. Er ist vor allem nass. Jeden Tag. Alles hier ist feucht, sumpfig, üppig. Man muss hohe Stiefel tragen, wegen der Schlangen und der Blutegel, und Johann wundert sich immer noch, dass es hier keine Affen gibt: Affen und Urwald, das hat für ihn stets zusammengehört.

Jetzt schaukelt er auf dem kleinen Missionspferd dahin, ohne ein anderes Ziel, als dem Weg zu folgen, solange er breit und hoch genug ist für das Pferd. Die dumpfe Feuchtigkeit umwickelt einen wie ein klebriger Schleier, im Wald riecht es faulig und schwer. Nur oben auf dem Sattelberg ist es kühler gewesen, als er vor ein paar Tagen endlich dort war, es ging ein zarter Wind, und man atmete tiefer. Er hat Gerhards Braut Erna dort besucht und sich umgesehen, wie schon auf einigen anderen Missionsstationen und im Gebiet der Jabim und in Wareo.

Sultan geht geduldig und ruhig in der schwülen Hitze. Im Dschungel trabt man nicht, jedenfalls nicht im Dschungel von Kaiser-Wilhelms-Land, es ist viel zu heiß und der Boden voller Wurzeln, Sumpflöcher und umgefallener Bäume. Immer wieder hält Johann das Pferd an und taucht mit den Augen in das dichte Geschling, das ihn umgibt. Er versucht, einzelne Pflanzen zu erkennen und ihrem Wuchs bis ans Ende zu folgen, es gelingt ihm nicht. Nur kleinere Sagopalmen kann er ausmachen und die gigantischen Farne, hoch über seinem Kopf. Manche Bäume sind so groß, dass die Wipfel im Himmel verschwinden, Schmarotzerpflanzen mit glänzenden, gelochten Blättern umklammern sie. Was hält hier was? Alles wächst ineinander ohne Anfang und Ende, und jede Pflanze ist anders grün.

Johann läuft der Schweiß über die Stirn. Er schiebt den Tropenhut in den Nacken. Und da entdeckt er den Vogel über sich: einen strahlend weißen Vogel mit großen blauen Augen, der ihn gleichmütig aus seiner Höhe betrachtet. Wenn der Schnabel anders wäre, könnte er der Heilige Geist auf einem Altarbild sein. Der Schnabel ist aber krumm wie bei einem Papagei.

Der Vogel gibt kein Geräusch von sich. Er ist reglos und weiß und schaut herunter. Auf seinem Kopf beginnt sich goldenes Gefieder zu einer Krone aufzustellen. Ein Heiligenschein. Johann muss lachen und ist doch ganz ergriffen. Der Heilige Geist von Neuguinea ist ihm erschienen. Er nimmt es als Verheißung: Gott wird sich den Menschen hier zeigen, wie er sich zu Pfingsten den ersten Christen offenbart hat.

Der Vogel fliegt auf, und Johann reitet weiter durch den Sumpf, aufmerksamer als zuvor. Eine Verbundenheit zu diesem Teil der Erde ist in ihm erwacht, die, das weiß er sicher, für immer halten wird. Hier ist sein Platz, hier, wo die Natur mit ihrem Wuchs winterlos und unablässig ihren Schöpfer lobt und jederzeit Wunder geschehen können. In ihm steigt ein Lied auf, er ist voller Glück und voller Dank, dass der Vater im Himmel ihn an diesen Ort geführt hat: *Geh aus, mein Herz, und su-huche-he Freud, in diese-her schönen So-ho-mme-herszeit an deines Go-hotte-hes Gaaben* … Natürlich ist ein deutscher Sommer nichts gegen diese Explosion in Grün und Grün und noch mehr Grün, diese Vielfalt, von Gott geschaffen aus einem stinkenden Sumpf. Ein nächstes Lied platzt aus ihm heraus und noch eines.

Du meine Seele, singe, wohlauf und singe schön …

Niemand außer Gott hört ihn.

Bis er schließlich singend in ein Dorf reitet. Pfahlbauten umstehen einen breiten Weg, der sich zu einem Platz öffnet, eine Hütte mit Kreuz darauf steht für sich, zum Hang hin ziehen sich Beete und kleine Äcker. Kinder laufen ihm entgegen, nicht anders, als es die Kinder zu Hause tun würden, wenn einer mit einem Lied auf den Lippen ins Dorf geritten käme. Die Leute begrüßen ihn freundlich und ohne Zurückhaltung. Er bringt ein paar Worte auf Pidgin heraus, die sie anscheinend verstehen.

Er hat keine Geschenke dabei.

Da schneidet er mit dem Taschenmesser seine Hemdknöpfe ab und verteilt sie unter die Leute. Ich hab nichts anderes für euch, aber das hier ist gutes Perlmutt. Er sagt es auf Deutsch und sucht nach dem Pidgin-Wort für Muschel.

Sel.

Sie lachen. Sie lachen ihn aus, aber das macht überhaupt nichts.

Als er zur Heldsbach-Station zurückkommt, fällt ihm auf, was hier anders ist: die geraden Linien. In den Kai-Dörfern ist alles schief und rund und vieles mit bunten Schnitzereien verziert.

Am Abend lernt er in seiner Kammer die Sprache der Siasi nach Gorms Aufzeichnungen, ohne sie je gehört zu haben, und er schreibt Briefe. Er schwitzt im Dunkeln unter dem Blechdach noch mehr als draußen am Tage und hört die Stimmen aus dem Mädchen- und dem Jungenhaus. Fenster gibt es nicht, nur Öffnungen mit Lamellen und Mückendraht, durch die nie der erhoffte kühlende Wind weht. Ihm fehlen die lebhaften Gespräche mit den Freunden, vor allem mit Gerhard. Ihm fehlen überhaupt Gespräche.

Den langen Heiner Mohr hat er neulich auf dem Packplatz vor der Darre wiedergetroffen. Er hat versucht, eine Unterhaltung in Gang zu bringen, aber der Lange war ja schon immer maulfaul, auf seine höflichen Fragen nach dem Ertrag der Pflanzung, dem Regen, der Größe und dem Alter der Bäume hat er nur sehr knapp geantwortet, meistens mit irgendeiner Zahl. Dann hat er etwas von Arbeit gesagt, ich hab zu tun, und schon war sein breiter Rücken zwischen den Kokospalmen verschwunden.

Bei den Besprechungen der Brüder, ihren Versammlungen und heimlichen Streitereien bleibt Johann ausgeschlossen, er darf nicht mitreden bei der Frage, ob das Lagerhaus in Finschhafen einen Anbau braucht und wie viel von dem frisch eingetroffenen Papier an die Schulen oder in die Druckerei von

Logaweng gehen soll. Und was von den Methoden des Bruders Kuhnert zu halten ist, hat er schon gar nicht zu beurteilen. Heldsbach bringt ihn langsam zur Verzweiflung.

Er streift weiter über die Dörfer. Der Bruder Hensolt ist ja ein ganz Neugieriger, sagt Schwester Muckenbacher.

Er weiß nicht, ob es anerkennend gemeint ist oder als Tadel.

Jede Woche besucht er auf dem Sattelberg den kranken Bruder Gorm und natürlich Erna. Erna, die früher immer so heiter und gelassen war, hat sich verändert, dünn wie ein Strich ist sie geworden und mehr wie die anderen Frauen auf den Stationen. Sie lächelt nicht, obwohl sie sich doch bestimmt freut, ihn zu sehen. Sie hat eben viel mit ihren Schülern zu tun, sechs- bis achtjährigen Missionarskindern voller Heimweh, die auf dem Sattelberg im Internat sind. Weil hier das Klima gesünder ist, sagt Erna, weniger Malaria, weniger Sumpf, weniger Hitze.

Trotz des viel gelobten Bergklimas geht es dem Bruder Gorm nicht gut, bei jedem Besuch vertröstet er Johann: in zwei Monaten, in vier Wochen, das Postschiff noch abwarten.

Johann kehrt zurück nach Heldsbach, zu den Abendandachten mit Wangerl und den Ermahnungen, sich durch das, was er sieht und hört – all die fremdartigen neuen Eindrücke, Bruder Hensolt! –, nicht, auch nicht ein Jota, von der klaren Lehre Martin Luthers abbringen zu lassen.

Johann weiß, das kann nur auf Kuhnert gemünzt sein, so viel immerhin hat er von den internen Auseinandersetzungen mitbekommen. Seit seinem ersten Sonntag hat er den Mann nicht wiedergesehen, auf dem Sattelberg trifft er ihn nie an, er ist immer gerade anderswo. Beschäftigt, beschäftigt, beschäftigt. Wie alle.

Er versucht sich zu gedulden, versucht zu lernen, so viel er kann. Eine seiner besten Quellen für Auskünfte ist Basanu, eines der Hausmädchen bei der Muckenbacherin. Sie hat ihm

gleich bei seiner Ankunft die ersten Wörter auf Pidgin beigebracht, *meri* für Frau, *boy* für Mann, *kaikai* für Essen, *lim-
limbur* für Pause. Sie bügelt seine Sachen und hat neue Knöpfe
an sein geplündertes Hemd genäht. Und sie lächelt, wenn sie
den sonntäglichen Obstkuchen in säuberliche Zwölftel schneidet. *Gutpela kaikai*, sagt er. *Tenkyu*. Sie lacht mit den Augen
und geschlossenen Lippen. Die Frau Missionar schaut sie
scharf an und wirft dann ihrem Mann einen Blick zu.

Dieser Kuchen ist von mir gebacken, es freut mich, dass er
schmeckt, sagt sie auf Pidgin mit fränkischem Akzent. Und
fügt auf Deutsch hinzu: Machen Sie mir das Mädchen nicht
bockig, Bruder Hensolt.

Er liebt es, wenn Basanu von ihren Verwandten und von
ihrem Dorf erzählt. Von ihr lernt er mehr über die Gebräuche
der Kai als von irgendwem sonst. Wenn die Frau Missionar
auftaucht, verstummt Basanu und schlägt die Augen nieder.
Einmal, als sie hinter dem Haus die Wäsche aufhängt, fragt
er, ob sie gern tanzt. Er hat von Muckenbacher oft genug gehört, dass die Tänze der Papua der Anfang allen Übels seien,
Unzucht und Götzendienst in einem, und ist neugierig, was
Basanu als Christin dazu sagt. Sie begreift nicht, was er meint,
er macht es ihr vor, und sie schaut ihn vollkommen verständ-
nislos an.

Mipela, sagt sie und zeigt auf sich, nicht mit dem Zeigefinger auf die Brust, sondern mit beiden Händen auf ihren
ganzen Körper und auf mehrere imaginäre Personen neben
sich. *Mipela meri!* Und dann bricht sie in Lachen aus, über die
Dummheit seiner Frage. Wir Frauen tanzen nicht. Niemals.
Ausgeschlossen.

An diesem Abend, als die Frau Missionar und ihre Mädchen in der Küche sind, erkundigt sich Johann bei Bruder
Muckenbacher.

Stimmt es, dass die Frauen bei den Kai nicht tanzen?

Die *Weiber* hier tanzen *nie*, antwortet Muckenbacher hinter seiner Pfeife. Tanzen ist *ganz klar* Männersache.

Aber … Johann zögert und platzt dann heraus: Die Unzucht? Beim Tanz? Wenn doch die Frauen gar nicht …

Er merkt, dass er rot wird. Muckenbacher zieht sorgfältig an seiner Pfeife und räuspert sich gleichzeitig. Kein Wunder, dass er sich am Rauch verschluckt.

Das sind *wilde Heiden*, Bruder Hensolt, stößt er schließlich hervor. Bei denen ist das wie – er kommt langsam zu Atem – in der *Tier*welt. Die Männer zeigen den Weibern, was sie so können. *Hüpfen* und drehen und springen *und* rufen *und* trommeln, alles gleich*zeitig*. Wie die Viecher zur *Paarungs*zeit. Er beugt sich vor: Du kannst dir *vor*stellen, was die Weiber *dabei* so im Kopfe haben. Und das geht *nächt*elang. Er schüttelt den Kopf und stößt mit den nächsten Worten ein Rauchwölkchen aus. Wenn ein Dorf *christlich* werden will, sind als Erstes *alle Tanz*masken und alle *Kult*gegenstände zu *verbrennen*, die für solche, ähm … *und* dämonische *Prak*tiken *Verwendung* gefunden haben, grund*sätz*lich. Die *Männer*häuser sollten ebenfalls immer *vollständig nieder*gebrannt werden.

Das hab ich schon gehört, sagt Johann.

Muckenbacher nickt und vertieft sich in die sechs Wochen alte *Deutsche Kolonialzeitung*. Johann macht sich auf den Weg zu Wangerls Abendandacht.

Nach vier untätigen Wochen in Heldsbach steigert sich seine Ungeduld bis zur Verzweiflung. Er ist nutzlos, er ist überflüssig.

Er sitzt bei den Arbeitsjungen und erzählt ihnen Geschichten über Jesus und seine Jünger, am Tag danach herrscht ihn Muckenbacher an, er habe sich nicht in seine, Muckenbachers, Arbeit einzumischen. Und er habe sich auch nicht mit den *Haus*mädchen zu befassen. Basanu geht ihm nun aus dem Weg.

Eines Tages reitet er Bruder Kuhnert entgegen, der aus der Gegend von Wareo zurückerwartet wird. Am Busim-Fluss macht er Rast und lässt das Pferd grasen, irgendwann wird der Mann vom Sattelberg schon auftauchen.

Hier, wo die Sonne zwischen den Bäumen durchscheint, leuchten ein paar bunte Blüten, keine Blumen, die aus der Erde kommen, sondern hängende Farbflecke, wie festgewachsene Schmetterlinge.

Gegen Mittag taucht Bruder Kuhnert tatsächlich auf, zu Fuß, begleitet nur von zwei Jungen. Falls er erstaunt ist, dass er hier erwartet wird, zeigt er es nicht. Johann Hensolt stellt sich vor und sagt, dass er ihm das Pferd bringen wollte, woraufhin Kuhnert ohne Dank und weitere Umstände Sultan besteigt. Er sagt etwas zu seinen Jungen und reitet los. Johann geht neben dem Pferd her, zum Glück ist der Weg breit genug, sonst müsste er, wie die Jungen, hinter dem Missionar herlaufen.

Wie es ihm hier gefalle, fragt Kuhnert nach einer Weile höflich von oben herunter, ob er sich schon eingelebt habe?

Man fühlt sich ja doch schnell zu Hause hier, sagt Johann. Die Missionsgeschwister sind … Ihm fällt kein Wort ein. Und in Heldsbach sieht es ja fast aus wie daheim.

Finden Sie?

Ich habe es mir anders vorgestellt, gibt Johann zu. Fremdländischer irgendwie. Die Verzierung an der Sattelberger Kirche ist genau wie die am Missionshaus in Neuendettelsau.

Bruder Kuhnert gibt ein Geräusch von sich, das ebenso ein unterdrücktes Lachen wie ein Ausdruck des Missfallens sein kann, aber sein vom Tropenhelm beschattetes Gesicht gibt nichts preis.

Die Brüder wollen das so. Sie wollen es hier so bayrisch haben wie daheim.

Und die Papua?, fragt Johann.

Ja, die Papua. Das ist die Frage.

Johann schweigt respektvoll.

Sagen wir es einmal so, setzt Kuhnert an, und es ist ihm anzumerken, wie sehr er sich konzentriert, um einen unklaren Gedanken einzufangen: Die Papua können in Wahrheit bayrisch und göttlich gar nicht unterscheiden.

Das glaube ich nicht, platzt Johann heraus.

Sie können es nicht unterscheiden, weil ihnen beides so beigebracht wird, als ob es dasselbe wäre, verstehen Sie? Das Bayrische oder von mir aus das Deutsche – und das Evangelium, das *miti*. Wenn wir *miti* sagen, meinen wir die Botschaft von der Erlösung durch Christus. Für die Kai bedeutet *miti* die Lebensweise der Weißen, ihr Besitz, alles.

Aber der Glaube? Die Erlösung? Kommt doch von Gott.

Eben, sagt der Mann auf dem Pferd. Und wir, wir kommen aus dem Deutschen Reich.

Wir sind die Diener Gottes, beharrt Johann. Wir arbeiten für das Reich Gottes.

Und für die bayrische Landeskirche, sagt die Stimme von oben.

Johann verstummt. Sie trotten dahin. Ab und zu duckt sich Kuhnert unter einer Pflanze. Die Hitze wird drückend. Sultan geht träge. Die beiden Jungen zuckeln weit hinter ihnen her, in ihr eigenes Gespräch vertieft.

Schließlich rafft Johann sich auf und sagt laut und entschieden: Aber Christus spricht, mein Reich ist nicht von dieser Welt.

Regen beginnt warm und schwer zu fallen. Das Geräusch der Tropfen ist laut, Kuhnerts Predigerstimme übertönt es nur mit Mühe.

Sie müssen noch viel lernen, Bruder Hensolt. Sehen Sie, für die Kai war unser Gott anfangs nur irgendein *bikpela*, ein *big fellow*, bis ich ihnen verständlich machen konnte, dass Er nicht ein Mann aus Fleisch und Blut ist, sondern der Gott im Himmel, für dieses Naturvolk eben ein Geist, und zwar der mächtigste Geist von allen. Und da es in ihrer heidnischen Welt einen Geist namens Anutu gibt, der stärker und geheimnisvoller ist als die anderen Geister, habe ich ihnen gesagt: Ebendieser Anutu, über den ihr so wenig wisst, zeigt sich euch jetzt durch uns Missionare in seiner ganzen Macht und Herrlichkeit. So müssen wir arbeiten, verstehen Sie?

Johann fragt nichts mehr.

Als der Pfad sich bei Heldsbach gabelt, bleiben sie stehen. Johann wartet darauf, dass der andere vom Pferd steigt.

Kommen Sie bald herauf auf meine Station, sagt Kuhnert, ohne sich zu rühren. Ich werde Ihnen ein paar Dinge erklären.

Und Bruder Gorm?

Der soll sich erholen. Der wird froh sein, wenn ich mich um Sie kümmere. Muckenbacher wird sich ärgern, macht nichts. Wangerl auch. Aber es ist wichtig, dass Sie ein paar Grundsätze verstehen, bevor Sie nach Ruk gehen.

Johann schaut zu ihm auf. Der Regen läuft ihm übers Gesicht und wäscht den Schweiß weg. Der Mann auf dem Pferd – seinem, Johanns Pferd! – lächelt. Es ist eher ein Grinsen. Johann muss plötzlich an Direktor Lehdemann denken.

Auf den Inseln lebt man länger.

Der Sattelberger beugt sich herunter und streckt ihm die Hand entgegen. Johann ergreift sie und hat einen Moment lang das Gefühl, Kuhnert wolle ihn zu sich aufs Pferd ziehen.

Das hier ist ein ganz, ganz anderes Land. Ein ganz anderes Volk, sagt Kuhnert eindringlich. Das wollen viele nicht begreifen.

Er schüttelt Johanns Hand, fest. Abrupt lässt er sie dann los und wendet das Pferd. Über die Schulter hinweg ruft er noch: Kommen Sie unbedingt zu mir, bevor Sie nach Ruk gehen! Dort ist es, das kann ich Ihnen versichern, ganz und gar nicht wie in Bayern! Das Letzte, was Johann hört, ist: Den Sultan bringt euch morgen ein Junge runter!

Johann steht da, ohne Pferd. Die Jungen stehen da, schauen Johann an, Johann schaut sie an. Warten sie auf einen Befehl? Er zögert.

Die beiden beratschlagen, Johann versteht kein Wort.

Kuna?, fragt ihn der eine schließlich.

Sie meinen wahrscheinlich Kuhnert. Er deutet auf den Weg, auf dem sein Pferd entschwunden ist.

Go!, sagt er.

Er ist der Weiße. Ihm obliegt es, Befehle zu geben.

Nach dieser seltsamen Begegnung will er herausfinden, ob Kuhnert recht hat. Die Verständigung mit den Einheimischen klappt immer besser, aber je mehr er versteht, desto mehr hat er das Gefühl, dass sie mit ihm sprechen, als hätten sie etwas Fertiges im Kopf, etwas, das sie extra zum Sprechen mit Weißen benutzen. Er hat das Gefühl, dass es nicht die Wahrheit ist, nicht ihre Wahrheit jedenfalls.

Er versucht, ihnen auf Gebieten zu begegnen, mit denen die Weißen sonst wenig zu tun haben, die Jagd zum Beispiel. Ihn überrascht, dass es ihnen bei der Jagd nur um Fleisch geht. Sie sehen keinen Ruhm darin, ein besonders schönes Tier zu erwischen. Sie stellen eine tote Wildtaube mithilfe von Stöckchen auf und ahmen ihren Ruf nach. So machen sie auf recht tückische Art Beute, das gefällt Johann nicht.

Er erzählt ihnen von der Jagd zu Hause. Sie lachen sich kaputt, als er ihnen einen Hirsch zu beschreiben versucht, einen Achtender, einen Zwölfender. Als er das Geweih mit den Armen darstellt, lachen sie noch mehr. Einer sagt: Weiße können nicht tanzen. Es klingt mitleidig.

Und er hört zu, wie sie singen. Ihre Lieder sind endlos, die Melodien monoton, aber bald erkennt er, wie kompliziert die Rhythmen manchmal sind, wie sie wechseln und wie die Themen variieren. Bestimmte Lieder gehören zu bestimmten Tätigkeiten, Gesang ist wie der Herzschlag dabei, langsam oder schnell, wie etwas, das schon immer da gewesen ist und nicht endet, sie nehmen es auf und lassen es wieder ziehen, als käme ihr Lied aus der Luft oder aus dem Boden unter ihren Füßen und ergriffe für eine Weile Besitz von ihnen, Laute des Körpers, wiegende, gleichmäßige Laute, die den Zuhörer in Bewegung versetzen oder still werden lassen. Muckenbacher behauptet, dieser Gesang sei eine Form der Zauberei, aber Johann glaubt das nicht. Es sind die alten, heidnischen Lieder der Papua, nur dem irdischen Sein zugewandt, ohne höhere Absicht, wie ihre Jagd. Der Körper und seine Bedürfnisse. Der Körper und sein Gesang, mehr nicht. Der Körper ist ein Madensack, sagt Martin Luther. Aber Johann liebt es, diesen Liedern zu lauschen, vor allem nachts.

Als der Brief ankommt, singt niemand.

Die *Manila* hat am frühen Morgen in Finschhafen angelegt, und er hat den langen Heiner mit einem ganzen Wagenzug voller Säcke dorthin begleitet. Während geladen wird, bietet er sich an, die eingetroffene Post zu sortieren, und erkennt ihre Schrift sofort. Das Kuvert ist leicht, es kann nicht mehr als ein einzelner Bogen Papier darin sein. Er wartet bis nach der Abendandacht, die schneller vorbei ist als sonst, er ist nicht der Einzige, der seine Briefe lesen will. In seiner Kammer riecht er Kokosrauch und hört die Stimmen der Hausmädchen von draußen.

Er weiß es eigentlich schon, bevor er den dünnen Brief öffnet. Er weiß es, seit er ihn am Morgen in der Hand gespürt hat.

Ich bin nicht so tapfer wie Du, schreibt Mina.

Ich habe Dir mein Jawort gegeben.

Wir waren zu jung.

Ich kann Dir nicht die Frau sein, die Du brauchst.

Ich werde Dich immer lieben.

Meine Eltern werden älter und brauchen mich im Laden.

Es ist ein Gefühl, als ob sein Kopf mitten durch den plötzlich leer gewordenen Körper fiele.

Wir waren zu jung.

Sein Kopf zerschellt.

Meine Eltern brauchen mich im Laden.

Draußen lacht jemand, es klingt nach Basanu.

Der Tag, an dem Johann Hensolt nach Ruk aufbrach, war der 7. August. Er begann für die deutschen Missionare wie ein ganz normaler Tag. Die Morgengebete waren routiniert inbrünstig, wie immer. Heiner Mohr ließ im ersten Morgenlicht einen Wagen mit Johanns Ausstattung beladen, dazu kamen Konserven, Papier, Medikamente, Munition, Stoff und Werkzeug aus dem Lagerhaus von Finschhafen für die Station Ruk.

Niemand wusste, dass in Europa und Afrika gerade ein Krieg begonnen hatte. Zwar hatte am späten Abend des 5. August ein Telegramm aus Berlin die Funkstation Bita Paka auf Neupommern erreicht, doch das lag weit weg von Finschhafen. Am Morgen des 6. August war für das Schutzgebiet Deutsch-Neuguinea der Kriegszustand verkündet worden. Aber das Kaiser-Wilhelms-Land, das im Süden an feindliches, an britisches Gebiet grenzte, war noch ahnungslos. Ahnungslos waren auch die Briten in Port Moresby, und zwar noch tagelang. Ahnungslos waren die Einwohner Neuguineas, die Anutu für den allmächtigen Herrn des Friedens hielten.

Und ahnungslos überwachte Heiner Mohr an der Landebrücke von Finschhafen die Beladung der *Bavaria*, während die Kriegsnachricht auf dem Schiff des Gouverneurs mit einer Geschwindigkeit von 13 Knoten die Küste entlangreiste. Am Abend traf sie in Finschhafen ein, sie verpasste die *Bavaria* um wenige Stunden.

Eine ruhige, weite Bucht, in deren Mitte ein weißes Schiff mit zwei Masten und langem Bug liegt. Im Vordergrund erkennt man unscharf das Laub hoher Bäume, im Hintergrund einen schmalen Streifen Strand vor einer gleichmäßigen Wand aus Palmen. In der Ferne erheben sich Berge.

Auf der Rückseite des Fotokärtchens ist zu lesen: Da liegt der schöne Finschhafen, von Kokospalmen umsäumt. Von hier aus wurde die Mission begonnen, die sich nun nach Nord und Süd ausgebreitet hat.

An der Landebrücke steht der lange Heiner Mohr und ist zu Johanns Überraschung kein bisschen mundfaul. Er ruft Befehle, hierhin und dorthin, dirigiert die Jungen und die Maultiere in einer Mischung aus Pidgin und Kâte. Als alles verstaut ist, schüttelt er dem Kapitän und den Gorms die Hand und wendet sich zum Gehen. Dann bleibt er plötzlich stehen, dreht sich um und kommt mit ausgestreckter Hand auf Johann zu: Gottes Segen, Bruder Hensolt, sagt er.

Sie haben in all den Wochen kaum ein Wort miteinander gewechselt. Und jetzt das. Vielleicht glaubt der Lange, sie sehen sich nie wieder.

Ich danke dir, sagt Johann und ergreift die Hand, die Hand eines Bruders. Der Lange mag recht haben, vielleicht kommt er, Johann, nicht wieder, es liegt alles in Gottes Hand. Er ist frei und bereit für seinen gefährlichen Auftrag, niemand wartet mehr auf ihn. Und vielleicht, denkt er zum ersten Mal, ist das am besten so.

Am frühen Nachmittag legen sie ab. Die *Bavaria* ist zuverlässig, aber langsam, bis zur Insel Ruk wird sie die ganze Nacht brauchen. Und bis nach Rabaul noch einmal einen Tag. Groß ist das Schiff auch nicht: Es sind gut zwanzig Leute an Bord, allesamt Weiße, dazu eine größere Ladung, und es ist fürchterlich eng. Johann macht das nichts aus. Während unten die Frauen und die Kinder schlafen und auf Deck die Männer dicht nebeneinandersitzen oder -liegen, steht er an der Reling und bewundert die Sterne. Sie leuchten hell, sie malen ihre Bilder an den Himmel, sie wandern, sie schwärmen dort oben herum, Spuren des Einen Gottes. Hier zeigt Er sich, majestätisch und unbegreiflich, hier in der Südsee nicht minder gegenwärtig als auf den Alpengipfeln.

Es ist wie am Anfang der Welt, die Menschheit noch jung, wild und unerlöst, voller Sehnsucht nach dem Heil. In einer Nacht wie dieser kann er sie spüren, diese Sehnsucht, sie steigt aus dem dunklen Wasser auf wie aus seiner eigenen Seele. Er spricht das Vaterunser stumm in sich hinein, Dein ist das Reich und die Kraft, der Motor blubbert, ein Mann schnarcht, achtern schimmert ein Streifen Meeresleuchten auf dem schwarzen Wasser. Und die Sterne, so nah wie Gott selbst in diesem Augenblick. Die Kraft und die Herrlichkeit. Er singt stumm in sich hinein, er will die anderen nicht stören, die sich wie Säcke im Halbschlaf aneinanderlehnen.

ANKUNFT

7
Neue Welt

Alle drei Ringe sind aus Gold. Einer davon ist hell, leicht gerundet und ohne Verzierungen, in der Mitte sitzt ein ovaler Smaragd, zu beiden Seiten sind zwei so winzige Brillanten eingelassen, dass niemand sie erkennen kann. Wahrscheinlich existieren sie nur in meiner Vorstellung. Ich wollte es nie so genau wissen. Der Ring gehörte meiner Mutter. Nach ihrem Tod fanden wir ihn in der Nachttischschublade, und meine Schwestern behaupteten, er sei immer für mich bestimmt gewesen. Ich wusste davon nichts.

Die beiden anderen Ringe sind aus rötlichem, weichem Gold, wie es chinesische Goldschmiede der 1930er-Jahre zwischen Batavia und Hongkong verarbeiteten. Der eine ist schmal und trägt in einer blütenartigen, leicht erhabenen Fassung einen Rubin. In zwei Blütenblättern scheinen früher ebenfalls kleine Steine gesessen zu haben, aber sie sind leer. Mein Großvater Heiner Mohr hat den Ring für seine Frau gekauft, vermutlich in Hongkong. Marie trug keinen Schmuck, ich glaube mich aber zu erinnern, einmal eine Perlenkette um ihren Hals gesehen zu haben, wenn das auch unwahrscheinlich ist, denn ihre Blusen waren immer ganz und gar zugeknöpft. Ihr Ring erreichte mich lange nach ihrem

Tod und nach dem Tod ihrer einzigen Tochter Sophie, er befand sich in einem an mich adressierten Brief einer mir unbekannten Freundin Sophies. Weder Marie noch Sophie hatten jemals diesen Ring erwähnt. Er war mir zu weit.

Der dritte Ring ist breiter, er liegt um meinen Mittelfinger wie ein Band. Ein kleiner Brillant krönt streng und schön eine kegelförmige Fassung mit geometrischen Gravuren. Meine Großmutter Nette hat ihn mir gegeben, als ich achtzehn war. Er lag in einem mit roten, schwarzen und goldenen Fäden bestickten Schächtelchen zwischen gepresster Watte. Warum soll ich damit warten, bis ich sterbe, sagte sie mit derselben Nüchternheit, mit der sie meine Frisuren kommentierte. Am Ende gibt's noch Streit darum.

Neben einer bemalten Holzkiste und einigen Büchern ist er das einzige Besitztum, das ich immer bei mir hatte, seit ich mein Zuhause verließ. Er hat sogar die zeitweise Ächtung des Privateigentums in meiner Zeit als Hausbesetzerin überstanden.

Jeder einzelne dieser Ringe kam mir vor wie eine Botschaft, die ich nicht erwartet hatte und nicht entziffern konnte. Warum habe ich, ausgerechnet ich, sie bekommen – die Ausreißerin, die das Koordinatensystem der Familie, der Horde und der Kirche verließ?

Wollten sie mich damit doch wieder an das alles binden? War es ein Liebesbeweis? Oder war es ein Auftrag, ihre Geschichten nicht zu vergessen?

Ich habe sie nicht vergessen: Johanna Mohr, geborene Hensolt, meine Mutter. Marie Gertraude Mohr, geborene Reinhardt, und Linette Katharina Hensolt, geborene Marchand. Meine Vorfahrinnen, Ozeanfahrerinnen alle drei.

Das Foto zeigt eine junge Frau an einer Reling. Hinter ihr sieht man Wellenschaum. Wahrscheinlich steht sie auf einer Seebrücke. Sie trägt ein elegantes helles, wadenlanges Kleid mit kurzen weiten Ärmeln und tief sitzender Taille im Stil der 1920er-Jahre, weiße Strümpfe und hochhackige Spangenschuhe. Keinen Schmuck. Eine Hand liegt auf dem Geländer, die andere drückt einen dunklen Gegenstand zusammen. Ihre Augen sind von der Krempe eines Topfhuts verschattet. Sie hält den Kopf leicht zur Seite geneigt und lächelt nicht.

Wer das Foto aufgenommen hat, weiß keiner mehr. Nette hat es aus Amerika nach Hause geschickt in einem ihrer ersten Briefe.

Sie hat alles hinter sich gelassen: Reucha und seine geschwätzigen Nachbarn. Das Paddelboot. Das starre Gesicht ihrer Mutter. Das hilflose Babettchen. Die gerahmten Fotografien von Christoph und Ludwig mit den schwarzen Bändern an der Wohnzimmerwand. Das Foto ihres Offiziers hat sie zerrissen, als der Brief kam, damit sie nie, nie in Versuchung käme, ihn tot an die Wand zu hängen. Er fiel im Juni 1918 an der Westfront, sie hat gedacht, er würde bestimmt zurückkommen, Gott würde nicht zulassen, dass alle. Alle drei.

Im letzten Brief an ihn hat sie geschrieben, dass sie zusammen nach Amerika fahren könnten: Sobald der Krieg vorbei ist. Er hat nicht mehr geantwortet.

Es war wie nach einem großen Knall, die Stille danach. Die keine Stille war, sondern eine Art Taubheit, man will den Kopf schütteln, die Ohren wecken, aber es bleibt still und still, der Regen fällt stumm wie Asche. Für Kaiser und Vaterland. Asche, die Augen ihrer Mutter. Der Sommer 1918 hatte keine Farbe. Sie wird nie wieder paddeln.

Sie hat ihre Lehre zu Ende gebracht, Herrenschneiderin, und Hunderte von feldgrauen Uniformjacken fürs Zivilleben geändert, bei manchen hat sie einen Ärmel zugenäht und an die Seitentasche geheftet, mal rechte Ärmel, mal linke. Linke waren seltener. Und sie hat gespart für die Schiffspassage.

Das alles ist jetzt vorbei. Die Zukunft ist Amerika, wie sie es immer gewollt hat, nun ohne Christoph und ohne ihren Offizier, dessen Namen sie nie wieder aussprechen und auch nicht mehr denken will. Man kann seinen Gedanken Befehle erteilen, und sie gehorchen. Wie Soldaten. *Stillgestanden!* Sie will nicht mehr an die Nachmittage in den Bergen denken, mit dem Boot. *Stillgestanden! Liiiiinksum,* wie oft hat sie das Gebrüll gehört von der Kaserne her. *Im Glaaaaaichschritt, marsch!* Sie wird nie wieder vor einer Kaserne warten. Sie hat das Boot verkauft und mit dem Geld und ihrem Ersparten ihr Schiffsticket bezahlt.

Jetzt ist sie hier, steht an Deck eines Ozeandampfers, und die Sonne scheint. Vor ihr liegt Amerika, der nächste Hafen ist Portsmouth, dann kommt Cherbourg. Alles Feindesland, aber was geht sie das noch an. Sie wird drüben Dollars verdienen. Für deine Mitgift, hat die Mutter gesagt, als ob Nette jemals vorhätte zu heiraten.

Die *Mount Carroll* hat die Elbmündung schon passiert, vor ihr öffnet sich endlos das Meer. Nette könnte hinübergehen, nach Backbord, und einen letzten Blick auf Deutschland werfen. Sie tut es nicht. Sie wird sich nicht umdrehen. Soll Deutschland auf der anderen Seite des Schiffs verschwinden, dieses Reich der Toten, wo ihre Mutter mit versunkenen Augen ungewaschen und reglos im Sessel sitzt, als wäre sie nicht mehr am Leben.

Nette hat ihre Trauerkleider nicht eingepackt, Babette wird sie auftragen. Sie aber, das Fräulein Linette Marchand, Herrenschneiderin, ledig, ist auf dem Weg nach Amerika. Sie ist frei. Das Kleid, das sie sich selbst genäht hat, ist hell und weit und ziemlich kurz. Der Seewind weht über ihre nackten Unterarme.

Die Reise dauert zwölf Tage.

Sie verlassen Cherbourg bei Regen, danach wird das Wetter schön. Tagelang sieht sie nur Sonne und Meer, ab und zu ein paar Wolken dazwischen. Und dann die lange, lange Dämmerung, in der das Meer sich grau und ewig dehnt. All die Bergflüsse, die sie hinuntergepaddelt ist, sind da hineingeflossen und werden es tun bis ans Ende der Welt. Sie wird nicht mehr auf Flüssen paddeln, aber sie wird schwimmen, und zwar im Meer. Dem Meer sind die Toten egal. Die Lebenden auch. Es war vor den Menschen da, es war immer da, bevor es überhaupt Licht gab. *Am Anfang schuf Gott Himmel und Erde, und die Erde war wüst und leer, und es war finster auf der Tiefe.*

Die Tage auf dem Schiff sind tatsächlich länger als normale Tage, denn man reist mit der Sonne, wie ihr der Mitreisende Herr Ruhlich erklärt hat. Das mache fast eine halbe Stunde aus. Deshalb die lange Dämmerung. Die Uhr im Speisesaal wird regelmäßig vor dem Frühstück neu gestellt, damit man nicht am Ende völlig durcheinander in Amerika ankommt.

Sie wird bald New York sehen mit seinen Wolkenkratzern und riesigen Brücken. Weltwunder, hat Onkel Metcalf geschrieben, die Brooklyn Bridge, die Manhattan Bridge, er hat Fotos mitgeschickt. Christoph wäre begeistert. Christoph, Ludwig. Keine Tränen. *Stillgestanden! Linksum!* Das ist ein anderes Leben jetzt, Nette. DAS IST NEU.

Sie wird sich eine Anstellung suchen, ihr Onkel wird ihr dabei helfen. Er ist Professor für deutsche Sprache und besitzt gedrucktes Briefpapier: Theodore Metcalf, PhD. 352 East 89th Street, Manhattan, New York. In Reucha hat er Theo Kalbskopf geheißen, das war, bevor seine Eltern mit ihm ausgewandert sind, Nette war noch nicht geboren. Die habens drüben zu was gebracht, sagt man zu Hause über die Kalbskopfs. Onkel Metcalf also wird sie erwarten, wenn die *Mount Carroll* im Hafen einläuft. Das ist wirklich sehr nett von ihm, aber sie wäre eigentlich lieber allein in Amerika angekommen, wie eine Entdeckerin.

Für alleinstehende Frauen soll New York gefährlich sein, heißt es, sogar Herr Ruhlich hat sich besorgt erkundigt, was denn ihre Pläne seien. Dabei ist New York sicher nicht schlimmer als München, wo es viele Verbrecher, Revolutionäre und Gesindel gibt. Ihr hat München gefallen. Die Bilder wollen wieder aufsteigen, Gesichter, sprühende Wassertropfen, ein Tisch unter einer Kastanie – aber hinter dem Horizont liegt New York. Es soll im Sommer heiß sein und eisig im Winter, dort gibt es Menschen von überallher und keine Revolutionen, keinen Krieg, keinen Hunger. Das ist ihre Zukunft, und sie schaut in die Richtung, wo sie die Stadt vermutet.

Herr Ruhlich erklärt ihr später, nach einem Blick auf den Schiffskompass, dass sie in Wahrheit nach Südwesten geschaut hat. Und New York liege bei ihrem derzeitigen Kurs ziemlich genau im Nordwesten. Herr Ruhlich gesellt sich manchmal zu ihr, wenn sie an Deck spazieren geht. Er ist mittelgroß und hat ein hübsches Gesicht, ist auch immer recht gut angezogen. Liebes Fräulein Marchand, als Landsmann kann ich doch eine allein reisende Dame nicht schutzlos umherwandern lassen.

Er erzählt ihr, dass er früher in New York für ein deutsches Unternehmen gearbeitet habe, das es jetzt nach dem Krieg wieder aufzubauen gilt.

Ach ja?, sagt sie. Wie interessant.

Er ist ein etwas steifer Mensch, aber es ist schön, dass sie auf der Reise nicht völlig allein ist. Und weil er sie so herzlich darum bittet, gibt sie ihm beim Abschied, bevor sie von Bord geht, die Adresse von Onkel Metcalf.

Ah, sagt Herr Ruhlich, das ist an der East Side, Little Germany. Dort ist es fast wie zu Hause.

Er stammt aus Hamburg.

Aber New York ist nicht wie zu Hause, vielleicht ist es wie Hamburg, aber ganz bestimmt nicht wie Reucha. Und auch nicht wie München – nicht nur, weil Alkohol ganz und gar verboten ist, während sie in München sogar im Mädchenpensionat Bier zum Essen bekommen haben. München war schön, jedenfalls vor dem Krieg, alles war rund und voller Verzierungen, wie überhaupt in Oberbayern, New York ist dagegen eine eckige, praktische Stadt. Die Häuser sind entlang der Straßen hingestellt, als wäre es völlig egal, wie sie nebeneinander aussehen: hohe und niedrige, schmale und protzige. Holzhäuser in einer Straße, Steinhäuser in der nächsten, darüber Wolkenkratzer. Und an den Geschäften hängen manchmal Schilder, die sie nicht entziffern kann, mit hebräischen, russischen und noch fremderen Buchstaben. Armenisch, sagt Onkel Metcalf, er kennt sich aus. Die Kirchen sind manchmal kleine Kathedralen, manchmal hölzerne Baracken mit Aufschriften wie bei Geschäften. Die German Evangelical Lutheran Church allerdings, wo sie mit den Metcalfs hingeht, ist eine richtige Kirche, feierlich und schlicht. Noch kann sie bei den Metcalfs wohnen, aber auf die Dauer wird das nicht gehen. Die Vorstellung, allein in diesen Massen von Menschen zu leben, ganz auf sich gestellt, ist ein wenig unheimlich.

Und es sind wirklich Massen, die sich auf den Gehsteigen drängen. Unzählige Menschen, die sich an den Kreuzungen knäueln, bis der Schutzmann den Weg über die Straße freigibt, und dann loslaufen wie nicht gescheit. Wenigstens kann man sich nicht verlaufen in New York, nicht in der Gegend, wo sie wohnt. Es geht immer geradeaus, von Ecke zu Ecke, irgendwann endet alles am östlichen Fluss oder am zentralen Park. Und es gibt keine verborgenen Winkel, alle Straßen sind schnurgerade und übersichtlich.

Niemand hier hält sich groß mit dem Vergangenen auf, Denkmäler gibt es kaum, anders als zu Hause, wo überall ein berühmter Mann auf einem Sockel steht. Nichts hier scheint alt zu sein, als hätten die Leute ihr früheres Leben hinter sich gelassen, ihre Toten, ihre Kriege, ihre Dörfer. Und alle sind sehr beschäftigt, immerzu, so kommt es ihr vor.

In den ersten Tagen ist sie ständig außer Atem.

Nach zwei Wochen bekommt sie eine Arbeit im Herren-bekleidungsgeschäft von Mr Kramer, der ebenfalls zur lutherischen Kirchengemeinde gehört. Onkel Metcalf hat die Sache eingefädelt, er genießt einiges Ansehen unter den hiesigen Deutschen. Sie hat Glück gehabt, denn es ist nicht leicht, als eine von vielen Einwanderern hier eine Anstellung zu finden. In den Schneidereien, wo sie sich vorgestellt hat, arbeitet man für noch weniger Lohn, als Mr Kramer bezahlt. Dass sie gelernte Schneiderin ist, interessiert hier niemanden.

Von dem, was sie verdient, gibt sie einen Teil an Tante Metcalf ab, als Kostgeld, einen weiteren Teil schickt sie der Mutter, die von ihren paar Mark Witwenpension nicht leben kann. Alles ist so teuer geworden, schreibt Babettchen aus Reucha, das liegt daran, dass der Franzose und der Engländer uns alles wegnehmen. Man hat Geld und kriegt kaum etwas dafür. Der Bäcker Karl verlangt jetzt schon 80 Mark für ein kleines Brot.

Inflation, heißt es in der Zeitung. Auch das hat Nette hinter sich gelassen: die Sorge ums Essen und das in Reucha übliche Geschimpfe auf die Franzosen. Dabei stammt ihre Familie ursprünglich aus der Normandie. Sie könnte mit ihren Dollars französisches Brot kaufen, wenn sie wollte. Sie will aber nicht, sie spart ihr bisschen Geld lieber, nicht nur für die Mutter, auch für sich. Eines Tages, vielleicht, wird sie ihr eigenes Schneideratelier eröffnen. So macht man das in Amerika. Alle machen Geschäfte mit irgendetwas.

Da ist es kein Wunder, dass es hier so vieles zu kaufen gibt. Feines französisches Gebäck und jüdische Kringel, Seidenstrümpfe und Perücken, russische Schnitzereien und chinesische Schirme, englische Stoffe und Garne aus Gummi, tausend Dinge, die sie noch nie gesehen hat. Es ist, als wäre nie Krieg gewesen. Ihre Kolleginnen haben ihre Männer und Verlobten und Söhne noch.

Sie schreibt nach Hause, dass es ihr gut geht.

Die Stadt nimmt ihr immer noch den Atem. Es gibt so viel zu sehen, Reklamen überall, aber die Leute gehen daran vorbei, schnell, auch die Frauen. Viele sind geschminkt, sodass man kaum sagen kann, welche anständig ist und welche nicht. Und dann ist es seit Tagen so heiß.

Meine Großmutter mochte Amerika. Im Sommer 1924 reichte sie beim District Court von New York einen Antrag ein, in dem sie erklärte, sie verzichte künftig auf jede Loyalität und Treue zum Deutschen Reich. Nein, sie sei keine Anarchistin. Sie unterstütze auch nicht die Praxis der Polygamie. Ja, sie habe in *good faith* die Absicht, Bürgerin der Vereinigten Staaten zu werden. *So help me God*.

Sie wollte nie, nie wieder zurück nach Reucha.

Was hätte ich denn zurückgehen sollen, sagte sie, Haarnadeln im Mund, an einem unserer Abende, während sie sich mit dem Sonnenuntergang zum Schlafen fertig machte. Ich habs gut gehabt in Amerika, wir sind oft in die Berge gefahren oder an den Strand, man hat nicht hungern müssen, es hat alles gegeben.

Ihre nüchterne Art, über Vergangenes zu sprechen. Nie habe ich aus ihrem Mund das Wort Heimat gehört. Sie erzählte ihre Geschichten meistens so, als wäre sie nur zufällig dabei gewesen. Was sie in meinen Augen umso gültiger machten – wie etwas, das man im Radio hört oder in Büchern liest: So war es. So ist es. So und nicht anders.

Als wir in der Schule lernen sollten, wie man Berichte schreibt, fiel mir das leicht: Ich musste nur den Stil meiner Großmutter Nette imitieren.

Es ist ein rundes Foto mit einem dicken Rand aus Pappmaché, vielleicht ein Souvenir von einem Urlaub oder einem Wochenendausflug. Auf einem weiten Sandstrand sitzt die junge Nette in einem dunklen Hemdchen, das ihre Schultern und den halben Rücken frei lässt, vermutlich das Oberteil eines Badeanzugs. Um die Hüften und um den Bauch hat sie ein ebenfalls dunkles Tuch gewickelt, aus dem weiß ihre angewinkelten Beine hervorschauen. Sie stützt sich mit beiden Händen in den Sand und dreht sich über die Schulter der Kamera zu. Das Foto ist unscharf, aber es sieht aus, als ob sie lächeln würde. Auf dem Kopf trägt sie ein helles Häubchen mit einer weißen Ziernaht in der Mitte und weißen Rüschen am Rand. Im Hintergrund sieht man verschwommen das Meer. Schräg hinter ihr bewegt sich ein Kind, das gerade noch als ein solches zu erkennen ist. Es könnte eins der Metcalf-Kinder sein, vielleicht ist es auch ein fremdes, das nur zufällig gerade vorbeirennt.

Am Sonntag nach der Kirche nimmt Tante Metcalf sie und die Kinder mit an einen Strand. Sie spazieren in der Hitze am Wasser entlang. Überall sind Menschen in Badekostümen, auch viele Frauen und Kinder. Der Sand und die Wellen sehen wundervoll aus, und ihr ist heiß, trotz ihres leichten Sommerkleids.

Gleich am nächsten Tag geht sie in der Mittagspause in das riesige Warenhaus am Herald Place und sieht sich Damenbadeanzüge an, achtet genau auf die Schnitte und kauft gleich einen passenden Stoff, dazu ein Badekäppchen, das furchtbar viel Geld kostet.

Am nächsten Sonntag fährt sie mit Greta und Traude, zwei jungen Frauen aus der Kirchengemeinde, wieder hinaus an den Strand. Und läuft dort ohne Kleid und ganz leicht in ihrem selbst genähten neuen Badekostüm über den heißen Sand, vor aller Augen. Was ihre Mutter wohl dazu sagen würde. Sie erinnert sich an das Gezeter und das Gerede der Leute im Dorf, weil sie mit den Brüdern zum Paddeln fuhr. Und jetzt? Sie lächelt in ihrem kurzen Anzug: Niemand kümmert sich um sie. Die Wellen des Meeres fühlen sich anders an als die der Flüsse, sie sind groß und schwer und tragen sie. Sie schwimmt tatsächlich im Atlantischen Ozean. Das Salzwasser brennt in ihren Augen.

Am Abend steht sie, müde und benommen von der vielen Sonne, auf der hinteren Plattform des vollgestopften Streetcar und versucht ein bisschen Fahrtwind zu erhaschen. Aber der Wind ist auch nicht kühler als die übrige brütende Stadt.

Die Strände werden in diesem ersten New Yorker Sommer zu ihrem liebsten Aufenthaltsort. Manchmal lassen Greta, Traude und sie sogar den Gottesdienst dafür ausfallen.

Das sind die Sonntage.

Die Montage hat sie fürchten gelernt.

Nette hat ihren Beruf immer gemocht. Im Geschäft von Mr Kramer arbeitet sie auch noch mit wertvollen Anzugstoffen, die nur so durch die Finger fließen – nicht wie die Uniformstoffe, mit denen sie es daheim zu tun hatte. Nur lässt Mr Kramer sie bald kaum noch nähen, sondern schickt sie nach vorn in den Laden, wo sie den Herren Krawatten und Krägen verkaufen muss. Dabei kann sie so wenig Englisch! Aber sie ist die jüngste seiner Angestellten, und die Kunden mögen sie anscheinend. Manche betreten das Geschäft, und gleich heißt es: Miss Martschänd! Sie bekommt Komplimente zu hören, die sie nicht versteht und für schmierig hält. Noch schlimmer ist es, wenn die Männer Deutsch sprechen und sie nicht mehr überhören kann, dass sie so schöne Augen hat, der Herr ein eignes Automobil besitzt und mit ihr einen Ausflug machen möchte.

Sie sagt ihrem Chef, dass ihr das unangenehm ist. Ich würde lieber nähen, Mr Kramer. Aber der sagt nur, sie soll sich nicht so anstellen, die Kunden mögen sie eben. Und sie soll dankbar sein, dass sie diese Stellung bei ihm hat, das verdanke sie allein seiner Großzügigkeit gegen ihren Onkel.

Jeden Morgen beißt sie die Zähne zusammen, wenn sie zur Arbeit geht. Sie will nicht undankbar sein.

Eines Tages bringt die Post einen Brief von Herrn Ruhlich. Er schreibt, dass er sich nun endgültig in New York niederlassen wird, er habe nun eine feste Stellung in der Stadt und würde sich glücklich schätzen, wenn sie ihn am Sonntag zu einem Spaziergang begleitete.

Schweren Herzens verzichtet sie für diesmal auf den Strand: Herr Ruhlich war auf dem Schiff so freundlich zu ihr, da ist sie ihm wohl einen Spaziergang schuldig. Leider kommt er auf den Gedanken, mit ihr nach Brighton Beach hinauszufahren. Und da marschieren sie dann auf dem Boardwalk inmitten der Menschenmassen. Das Meer leuchtet verlockend, aber an Baden ist nicht zu denken.

Herr Ruhlich reicht ihr seinen Arm, den sie erst gar nicht nehmen will, aber das Gewühl ist so dicht, dass ihr nichts anderes übrig bleibt, wenn sie einander nicht verlieren wollen. Liebes Fräulein Marchand, sagt Herr Ruhlich andauernd. Er bringt es in fast jedem Satz unter. Die Firma läuft hervorragend, erzählt er, Export/Import, liebes Fräulein Marchand. Er ist Manager, zuständig für Steuern und Zölle und Buchhaltung oder so ähnlich, sie hört nicht richtig zu. Neue Geschäftszweige eröffnen sich nun, liebes Fräulein Marchand, da habe ich eine sichere Stellung allemal.

Wie schön, sagt sie.

Nicht wahr, liebes Fräulein Marchand.

Kreischende Orgeln und Möwen und Kinderstimmen übertönen die genaue Beschreibung eines vielversprechenden Grundstücks, das er in Brooklyn zu kaufen gedenkt. Sie malt sich aus, wie es wäre, jetzt im Meer zu baden. Nie würde sie sich im Badeanzug vor Herrn Ruhlich zeigen. Und sie will auch nicht wissen, wie er im Badeanzug aussieht. Bestimmt kann er nicht schwimmen.

Sie wünscht ihn weit fort und sich auch. Schließlich setzen

sie sich in ein Teehaus, wo Japanerinnen oder Chinesinnen auf sehr komplizierte Weise Tee servieren.

Gefällt Ihnen New York, liebes Fräulein Marchand?

Ja, doch. Es ist sehr interessant hier. Aber ich bin ja nicht zum Vergnügen hier.

Er beugt sich vor und schaut ihr ins Gesicht.

Sie nehmen das Leben nicht leicht, wie ich sehe. Das ist mir schon bei der Überfahrt an Ihnen aufgefallen. Sie haben so etwas Ernsthaftes.

Wenn Sie in Deutschland den Krieg miterlebt haben, dann wissen Sie vielleicht, dass man da recht ernsthaft hat sein müssen.

Sie sagt es mit einem halben Lächeln. Auf keinen Fall will sie mit diesem fremden Menschen über den Krieg sprechen.

Sie sind sehr tapfer, liebes Fräulein Marchand. Ich will Ihnen da gerne zur Seite stehen.

Herr Ruhlich wirkt ein wenig nervös. Er hat Schweißtropfen auf der Lippe, es ist aber auch warm im Teehaus.

Besten Dank, sagt sie, aber ich wüsste nicht, wie.

In der Bahn zurück nach Manhattan plappert zum Glück eine italienische Familie die ganze Zeit lautstark durcheinander, und sie können schweigen. Sie besteht darauf, allein nach Hause zu gehen.

Aber Herr Ruhlich schreibt ihr nun regelmäßig Briefe, die sie selten beantwortet.

Ihre Zeit in Kramers Herrenbekleidungsgeschäft endet eines Tages sehr plötzlich. Ein Kunde kommt in den Laden, den sie schon kennt: Er ist jung und schneidig wie ein deutscher Offizier, seine Anzüge sind schlimm gemustert, und er lässt sich von ihr stundenlang Halsbinden und Krawatten zeigen; dabei kann man zu dem, was er anhat, nur Einfarbiges tragen. Dauernd sucht er eine Gelegenheit, ihre Hände zu fassen und sogar ihren Körper zu streifen. Kaum ist er diesmal eingetreten, verlangt er mit Nachdruck nach Miss Martschänd. Sie zieht sich hastig nach hinten in die Schneiderei zurück, aber drei Sekunden später steht Mr Kramer vor ihr und beordert sie nach vorn. Sie gehorcht, was bleibt ihr übrig. Als sie vor dem Mann steht, der heute ein grünlich kariertes Sommerjackett trägt, klopft ihr das Herz vor Widerwillen.

Er will sich Stoff für ein Hutband und ein dazu passendes Halstuch aussuchen. Sie trägt ihm die Muster herbei, und schon geht es wieder los: Er erzählt etwas über sein Weekend, das sie zum Glück nicht ganz versteht, während er ihre Hand auf die bunten Stoffmuster drückt.

I love paddling!, sagt er auf einmal. *You know paddling?* Das versteht sie leider.

Sie reißt ihre Hand los und schlägt das Mustermäppchen zu. Der Holzdeckel fällt auf seine Finger. Sie würde am liebsten losschreien, aber dafür ist sie zu gut erzogen, außerdem ist er schneller. Er spuckt ihr böse, verächtliche Worte ins Gesicht, sie kann sich denken, welcher Art sie sind. Alle Gesichter wenden sich ihnen zu. Ihr schießen die Tränen in die Augen, aber sie reißt sich zusammen. Während er lauthals weiterschimpft, trägt sie das Mustermäppchen an seinen Platz zurück. Mr Kramer reißt es ihr aus der Hand.

Sie geht nie wieder in das Geschäft zurück.

Wie genau sie dann zu den Oppermanns kam, habe ich nicht herausfinden können, es ist auch unwichtig. Das waren gute Leute, die Oppermanns, erzählte Nette nur. Bleib hier in Amerika, haben sie gesagt, Deutschland hat keine Zukunft mehr. Das hat man damals gedacht. Und sie haben recht gehabt.

Erst aus Nettes Antrag für die amerikanische Staatsbürgerschaft erfuhr ich, dass sie blond und blauäugig gewesen war. Auf den alten Fotos sah ja alles grau aus, alles, was nicht weiß wie ein Missionarsanzug und schwarz wie Papuahaar war. Meine Großmutter, wie ich sie kannte, war klein, zart – und eben grau: ihr Haar, ihre Jacke, ihre Hüte. Sie war wie ein sanfter Regen im Sommer, ihre Lippen blass und ihre Augen hinter der Schmetterlingsbrille farblos. Bunt waren nur ihre Schürzen und ihre Energie, die bei Sonnenaufgang erwachte und glühte, bis es dunkel wurde.

Meine Großeltern Mohr waren auch grau, aber auf andere Weise: nicht wie sanfter Regen jedenfalls. Ich kann mich nicht erinnern, dass je irgendetwas Rotes an ihnen geleuchtet hätte, etwas Orangefarbenes, Gelbes. Nicht einmal etwas Hellgrünes. Heiner hatte weißes Haar und einen weißen Spitzbart, nichts Farbiges war an ihm. Oder doch, seine Taschentücher: Sie waren kariert, mit braunen und blauen Streifen. Bei der Neuendettelsauer Horde waren Farben ganz offensichtlich Kindern, Tieren, Pflanzen und Papua vorbehalten.

Unsere Familie war dunkel. Haar, Augen, Gemüt. Meine beste Freundin in der Grundschule erklärte mir, das sei so, weil meine Eltern *bei den Negern* aufgewachsen waren. Ich weiß nicht mehr, ob ich das glaubte. Wir waren eben die Fremden im Dorf, die nicht dazugehörten. Dass *Neger* etwas damit zu tun hatten, klang falsch und dumm, aber es war immerhin eine Erklärung. Ich fragte meine Mutter, ob es stimmte. Es heißt nicht Neger, es heißt Papua, sagte sie empört. Mehr sagte sie dazu nicht. Es war immer schwer, von meiner Mutter klare Auskünfte zu bekommen.

In unserem unklaren Gebilde von einem Elternhaus tauchte in regelmäßigen Abständen Nette auf und etablierte ihren Rhythmus der Sonne und der Gebete. Ich war ihr dankbarer Planet. Um fünf Uhr morgens stand sie auf, murmelte lange mit gefalteten Händen und ging dann ihrem Tagwerk nach. Wahrscheinlich hat sie es auch in New York, Neuguinea und Tsingtau so gehalten. Die von ihr zubereiteten Mahlzeiten standen dreimal am Tag auf dem Tisch, pünktlich wie das Glockenläuten von Reucha. Gleich nach ihrer Abendandacht begann sie sich für die Nacht umzuziehen, und für mich kam die Zeit der Geschichten. Sie schlief mit mir in dem Zimmer, das ich sonst mit meiner kleinen Schwester teilte. Der einzige Nachteil daran war, dass sie im Schlaf so still war. Ich hatte manchmal Angst, sie würde nicht mehr atmen.

Der Onkel Metcalf in Amerika, begann sie eines Abends beim Ablegen der Schürze, der ist Professor gewesen, der hat studiert gehabt, die Kalbskopfs waren immer gebildete Leute. Die Frau Oppermann, bei der ich gearbeitet habe, die hat ihn sehr bewundert.

Er ist oft abends gekommen, da waren viele Deutsche bei den Oppermanns, vor allem Juden, man hat gemeinsam deutsche Bücher gelesen. Gute Bücher. Aber heimlich hat die Mrs Oppermann auch solche Frauenromane gehabt, die hab ich mir ausgeliehen und nachts im Bett verschlungen, das waren dumme Romane, aber ich war halt ein junges Mädel. Sie war recht gescheit, die Oppermann, gescheiter als ihr Mann.

Sie nestelte ihren Haarknoten auf und hielt die Haarnadeln zwischen den Lippen fest. Ich wusste, jetzt würde sie eine Pause machen, bis sie mit den Nadeln fertig war, und ihre Gedanken würden dabei weiterwandern.

Wir haben uns unterhalten, die Mrs Oppermann und ich, wenn wir zusammen Handarbeiten gemacht haben, sie hat viel gestrickt, und ich habe gestopft, auch genäht. Einmal hat sie mich gefragt, warum ich so traurig sei, *why so sad, Linett*. So hat sie mich genannt, Linett, englisch, sie hat meistens Englisch gesprochen, die Oppermanns waren ganz überzeugte Amerikaner, die Kinder haben kaum noch Deutsch verstanden.

Ich habe ihr erzählt, dass meine Brüder und mein … dass sie im Krieg geblieben sind. Dass ich nicht begreifen kann, wie Gott das hat zulassen können. Diese vielen Toten.

Ihre Stimme verrutschte in die dünne Höhe ihres Kummers, aber sie fing sich wieder. Und ich wusste, jetzt würde etwas Neues kommen, das ich noch nicht kannte. Ich war ungefähr elf Jahre alt, und Nettes Geschichten waren mit mir gewachsen: Sie wurden komplizierter und streiften die großen, ewigen Fragen. Wahrscheinlich war es meine Großmutter, die den Boden für meine spätere Begeisterung für den Existenzialismus bereitete, obwohl sie das, hätte sie je von Sartres Ideen gehört, zu verhindern versucht hätte.

Die Mrs Oppermann war ja jüdisch, sagte sie, und ich hab mir gedacht, die wird nicht mit mir reden wie die Pfarrer immer. Und die Oppermann hat ihr Strickzeug auf den Schoß gelegt und den Kopf geschüttelt. *Poor child*, hat sie gesagt. Und dann: Das sind die Sünden der Männer.

Nette begann ihr Haar zu bürsten.

Die Juden, sagte sie, wissen besser als alle anderen Völker, wie furchtbar Gott die Reuelosen straft.

Ich verstand sie nicht ganz, aber ich wusste aus den biblischen Geschichten, dass Gott sich furchtbar und unberechenbar und ziemlich grausam benehmen konnte. Er befahl zum Beispiel, dass seine Feinde mitsamt ihren Kindern und sogar den Tieren umgebracht werden sollten. Und die Sache mit der Kreuzigung seines Sohnes hatte Er auch lange vorher geplant. Man erzählte uns, das hätte Er aus Liebe getan, aber das machte Ihn nicht vertrauenswürdiger. Ich betete und machte alles mit, was zu den Ritualen einer protestantischen Familie gehörte, aber Ihm, dem Herrn im Himmel, misstraute ich grundsätzlich.

Welche Sünden begingen denn Männer, dass die Folgen so fürchterlich waren? Männer wie mein Vater mit seinen Wutanfällen und seinem stummen Brüten und seinem seltenen, herrlichen Lachen.

Meine Großmutter setzte sich an mein Bett. Ihr Haar floss in einem grauen Rinnsal über ihre Schulter, früher war es noch ein kitzelnder Bach mit kleinen Wellen gewesen. Ihr schmaler Umriss im Dämmerlicht.

Die Sünden der Männer.

Es klang schrecklich und unausweichlich und so, als könnte es alles erklären, was im Leben verkehrt war: dass uns eine Atombombe jederzeit vernichten konnte. Dass Mädchen nicht allein in den Park gehen durften. Und sowieso, der Krieg ... Aber Nette gab nie Erklärungen, sie erzählte nur.

Schlaf jetzt, sagte sie.

Irgendwann, nach Jahren, kamen mir diese Worte wieder in den Sinn. *Die Sünden der Männer.* Sie enthielten die Frage, die ich – wie wohl meine ganze misstrauische Generation – mit mir herumtrug. Was hatten sie getan, diese Männer in ihren Kriegen? Und davor? Mein unausgeglichener Vater, mein verlässlicher Großvater Mohr und mein heiliger Großvater Hensolt?

Warum hatte Nette mir diese Geschichte erzählt?

8

Engländer

Ungefähr zu derselben Zeit, als Nette auf einen Brief von ihrem Offizier wartete, im Sommer 1918, hatte Marie das Warten satt. Während ihr Verlobter in Neuguinea sich mit den Begleiterscheinungen des Krieges herumschlug und seinen Arbeitern zu erklären versuchte, warum das Lagerhaus in Finschhafen immer leerer wurde und die Besitztümer der Weißen trotz Anutus unendlicher Gnade dahinschwanden, beendete sie ihre Ausbildung zur Hebamme und Krankenschwester am Tropeninstitut für Ärztliche Mission in Tübingen. Sie hatte wie besessen gelernt und bestand alle Prüfungen spielend.

Tübingen war anders als Neuendettelsau, von Michelreuth ganz zu schweigen. Sie machte die Bekanntschaft einer Frau, die tatsächlich Arzt war. Ein Fräulein Doktor!, schrieb sie aufgeregt nach Hause. Und dann traf sie diesen Mann. Er soll Arzt oder Pfarrer gewesen sein, in der Familienchronik besaß er so wenig einen Namen wie der Offizier, auf dessen Brief Nette vergeblich gewartet hatte. Mein Vater wusste nur, dass er Patient im Erholungsheim für deutsche Tropenrückkehrer gewesen war. Marie hätte lieber diesen Namenlosen geheiratet als den, den sie unter dem Gelächter ihrer Mitschwestern »meinen Mohr in der Südsee« nannte.

Sobald der Postverkehr mit Neuguinea nach Kriegsende wieder funktionierte und plötzlich Briefe mit jahrealten Mitteilungen und Glückwünschen überbracht wurden, schrieb Marie Reinhardt an Heiner Mohr, sie wolle die Verlobung lösen.

Seine Antwort kam postwendend. Das heißt: dreieinhalb Monate später.

Das komme ganz und gar nicht infrage. Sie sei vor Gott seine Braut. Wie es in der Schöpfungsgeschichte heiße: *Es ist nicht gut, dass der Mensch allein sei.* Deshalb habe Gott dem Mann eine Gefährtin zugedacht. Er habe sie aus der Rippe des Mannes geschaffen, damit sie um ihn sei. Und sie, Marie, sei ihm, Heiner, wie sie sehr wohl wisse, zur Frau bestimmt. Schlimm genug, dass er auf dem Missionsfeld in Neuguinea durch den Krieg nun schon sechs Jahre von der Heimat abgeschnitten sei. Er habe diese sechs Jahre treu auf sie gewartet. Und die Mission habe ihre Ausbildung bezahlt. Nein, er gebe sie nicht frei, das sei gegen das vor Gott gegebene Versprechen.

Was er nicht schrieb: Er konnte doch nicht fern der Heimat auf einer Tropeninsel leben, wo es keine ledigen weißen Frauen gab. Jedenfalls keine, die für ihn infrage gekommen wären.

Marie wusste natürlich seit frühester Kindheit, dass eine Frau nur ein zum Menschen beförderter Knochen ist. Aber ihr unchristlicher Hochmut flüsterte ihr ein, dass auch sie ein Fräulein Doktor hätte werden können und dass sie wenigstens beim Heiraten ihren Ambitionen folgen sollte.

Die Missionsleitung erfuhr umgehend von ihrem Irrweg, dafür sorgte Heiner. Und prompt trat Gerhard Blech wieder in Erscheinung, der Springteufel, als hätte er nur darauf gewartet. Er rückte ihr und ihrem neuen Bräutigam den Kopf zurecht: Ihr Platz sei in Neuguinea, bei Heiner Mohr, das habe Gott bestimmt. Sie habe nun einmal Heiner Mohr vor dem Herrn ihr Jawort gegeben, die lange Trennung sei nicht leicht, es gebe Versuchungen, sicher, aber der Herr verlange Geduld, Gehorsam und Demut von seinen Dienern. Und so weiter. Es war wie damals, sechs Jahre zuvor: Vetter Gerhard hatte die Argumente, die Mission und vor allem Gott auf seiner Seite.

Der Mann, der Marie hatte heiraten wollen, sah es ein:

Diese Verbindung war nicht Gottes Wille. Er zog sich zurück. Und Marie wurde zu den Laienschwestern nach Neuendettelsau beordert. Gerhard Blech schrieb nach Heldsbach, dass der Herr alles zum Rechten gefügt habe.

In Maries blauem Schulheft steht von alledem nichts. Mein Vater erzählte meiner Mutter davon, und die verbreitete die Geschichte als kleine Rache an Marie, die offen zeigte, wie wenig sie ihre Schwiegertochter schätzte. Marie schrieb nur etwas von einer schweren Krankheit und dass sie für die Operation – sie sagt nicht, was für eine – extra nach Nürnberg gebracht wurde. *Ich wäre beinahe gestorben.* Danach galt sie als nicht tropentauglich. Sie aß nicht, schlief schlecht, wurde immer dünner. Die Mission schickte sie zur Kur ins Allgäu, danach ging es ihr besser. Sie arbeitete wieder in Neuendettelsau.

Die deutschen Kolonien waren inzwischen Geschichte. Kein Mensch wusste, was aus den Missionaren in der Südsee werden würde. Marie und die anderen Schwestern waren angehalten, bei jeder Andacht und jedem Gottesdienst dafür zu beten, dass das Missionsfeld erhalten bleiben möge und man die Brüder nicht auswies wie die anderen Deutschen.

Im nächsten Winter wurde Marie wieder krank: Etwas steckte ihr im Hals, nahm ihr die Luft, bereitete ihr Schwindel, ließ sie in Ohnmacht fallen. Der Frauenarzt erklärte nach einer gründlichen Untersuchung, der jungen Frau fehle die Erfüllung in Ehe und Mutterschaft. Sie sei tropentauglich und solle so schnell wie möglich ihren Platz an der Seite ihres Mannes einnehmen.

Marie ergab sich. Sie nahm Veronal und wartete. Sie wurde fest im Glauben. Sie wurde nicht jünger.

Das Foto ist aus einer Zeitung ausgeschnitten und zeigt sechs junge Frauen in hochgeschlossenen Musselinkleidern. Sie stehen jeweils zu zweit nebeneinander auf einer

Schiffsleiter. Im Hintergrund rechts sieht man einen Verladekran, darunter eine Mole und das Meer. Die Frauen blinzeln in die Sonne. Obwohl sie sehr unterschiedlich groß sind, sehen sie einander ähnlich. Ganz unten steht eine kleine zierliche neben einer rundlichen mit einer Blume am Kleid. In der Mitte links steht Marie. Alle sechs tragen die gleichen Panamahüte. Bei denen, die zur Seite schauen, sieht man den Dutt im Nacken. In den Händen, die in weißen Handschuhen stecken, halten sie Veilchensträuße.

Marie kommentierte das Bild in ihren Reiseaufzeichnungen: Man hat uns fotografiert – für das *Missionsblatt*. Als die ersten Frühlingsboten der deutschen Mission in Neuguinea sind wir Missionsbräute interessant.

Und fügte in Klammern hinzu: Man kann auf allerlei Weise interessant sein.

Der D-Zug nach Wuppertal geht um 11 Uhr 25 von Hohburg ab. Vier junge Frauen stehen aufgeregt am Bahnsteig, eine von ihnen ist Marie. Sie verlassen Süddeutschland zum ersten Mal in ihrem Leben. Die australischen Behörden haben vor zwei Monaten die Erlaubnis erteilt, dass deutsche Vorkriegsbräute von Missionaren in ihr Mandatsgebiet einreisen dürfen. Gepriesen sei der Herr, hat Vetter Gerhard zu Marie gesagt, als er ihr die Nachricht überbrachte. Das ist ein gutes Zeichen, vielleicht können wir unser Gebiet behalten. Möge deine Ehe gesegnet sein. Der Herr wird Deutschland und die Mission nicht zerschanden werden lassen.

*Zu*schanden, hat Marie gedacht, *zu*schanden muss es heißen! Aber natürlich hat sie sich gehütet, Vetter Gerhard zu verbessern. Das jahrelange Warten und Zweifeln war jedenfalls vorbei, und sie war froh darüber: Ein furchtbarer Gedanke, dass Heiner Mohr zurückkehren würde, als Bauer ohne Hof, ein weiterer gedemütigter Deutscher.

Sie musste von da an nicht mehr arbeiten, weil sie sich um

ihre Aussteuer zu kümmern hatte. Auf einer langen Liste war aufgeführt, was sie alles mitzunehmen hatte, denn sie kann als persönliche Habe manches einführen, was sonst nicht erlaubt ist. Jetzt, auf dem rußigen Bahnsteig, macht sie sich Sorgen um ihre Kisten und Kabinenkoffer, die im Gepäckwagen mitreisen, besonders um das Porzellan. Die Sorge lässt sie in den ersten Tagen ihrer großen Reise nicht los, obwohl der Aufenthalt in Wuppertal überaus interessant ist und viel Ablenkung bietet: Sie fahren mit der Schwebebahn und einem Flussdampfer, sie sehen den Loreley-Felsen und das ganze schöne Rheintal. Dass sie das alles jetzt erst entdeckt, wo sie die Heimat verlassen muss, das ist schon bitter.

Zwei weitere Fräulein von der Rheinischen Mission gesellen sich zu ihrer Gruppe, und dann geht es ins Ausland. Zum Glück haben sie ausländisches Geld bekommen, denn eine Tasse Kaffee kostet im Speisewagen umgerechnet 100 Mark! So schlecht ist es inzwischen um die Reichsmark bestellt, so schlecht um das arme Deutschland.

Die sechs Fräulein werden mitsamt ihren sechs kompletten Aussteuern von einem Missionshaus zum andern weitergereicht, bis Liverpool. Zum Glück herrscht auch im englischen Feindesland brüderlicher Friede unter Gottes Kindern. Sie werden versorgt mit Geld und Mahlzeiten und Anstandsdamen. Nett sind sie, diese Miss Wilsons und Miss Jenkins und wie sie alle heißen, aber trotzdem: Miss Jenkins besitzt die Geschmacklosigkeit, ihnen die Houses of Parliament in London zu zeigen, wo der Verrat an Deutschland ausgeheckt wurde.

Marie findet es seltsam, dass sie alle während des Krieges zu demselben Gott für den Sieg gebetet haben. Wenn sie Gott wäre, würde sie das zum Lachen finden. Aber Gott lacht nicht, und sie ist nicht Gott, und sie sollte solche Dinge nicht denken. Andererseits, Gott hat ihr einen logischen Verstand gegeben, damit sie ihn gebraucht. Also: Auf welcher Seite stand Er im Krieg? Er ist gerecht. Er kann unmöglich gegen Deutschland, das Land Martin Luthers, gewesen sein.

Auf der *Runic,* die am 28. April von Liverpool in See sticht, sind die sechs Bräute dann auf sich gestellt, die einzigen Deutschen an Bord. Marie streicht jeden Tag im Kalender ab. Jedem Tag seinen Namen und seine Zahl, eine Ordnung, die sich nie ändert. Und das ist gut, weil es auf diesem englischen Schiff sehr vieles gibt, das unerfreulich anders ist als in der Heimat. Befremdlich ist schon der kühle Umgangston, aber am schlimmsten ist der Gottesdienst. Er ist ohne wahren Ernst, und er wird nicht nur unter der Fuchtel der englischen Staatskirche, sondern auch noch vom Purser abgehalten! Es ist derselbe Mann, der abends das Grammofon bedient und den Eintänzer gibt. Und um das Grauen vollzumachen, singt die Gemeinde am Ende nach dem Segen auch noch *Rule Britannia* und weitere patriotische Gesänge. Sie geht nicht mehr zum Gottesdienst. Es sind die ersten Sonntage in ihrem Leben ohne Predigt und Segen.

Während die Engländer ihre zweifelhafte Andacht mit dem verkommenen Eintänzer absolvieren, sitzen die Bräute im Schreibzimmer und singen deutsche Choräle. Die anderen Passagiere, die sich dort aufhalten, wahrscheinlich Juden oder weltlich Gesinnte, äußern keine Einwände, aber Marie glaubt die Ablehnung hinter den höflichen Worten und den unverständlichen Scherzen deutlich zu spüren. Sie, die deutschen Frauen, sind anders als die englischen Damen an Bord, das schätzt man hier nicht. Die Engländerinnen zeigen abends nacktes Fleisch, tragen Schminke im Gesicht, einige rauchen sogar Zigaretten. Und so manche angebliche Dame hat man schon betrunken gesehen.

Marie spielt lieber Schach, sogar mit Engländern, und gewinnt fast immer. Die übrige Zeit vertreibt sie sich, wie die anderen künftigen Missionarsgattinnen, mit Lesen und Handarbeiten. Manchmal lesen sie einander vor und singen ihre Lieblingslieder, zwei- oder sogar dreistimmig. In *Kein schöner Land zu dieser Zeit* übernimmt Marie den Tenor. Man bekommt Heimweh bei so einem Lied, noch dazu auf einem britischen Schiff, das Unbehagen lässt sich nie ganz vertreiben. Sie sind als Deutsche hier nur geduldet und werden auch dort, wo sie hinreisen, nur geduldet sein – im deutschen Kaiser-Wilhelms-Land, das man ihnen geraubt hat. Aber was soll man klagen, es trifft ja alle, selbst der Kaiser muss im Ausland leben, und in Deutschland regiert Gottlosigkeit. Marie singt das Ende der dritten Strophe mit der inbrünstigen Hoffnung, dass diese Zustände bald ein Ende haben mögen.

Gott mag es sche-henken, Gott mag es le-henken, Er hat die Gnad'.

Wenn die Stimmen sich bei der *Gnad'* harmonisch zum Akkord vereinen, fühlt sie sich gestärkt.

Die Kameradinnen machen sich anscheinend nicht so viele Gedanken wie sie. Vor allem die neugierige, städtische Gerda Eisele aus Augsburg benimmt sich, als wäre diese Reise ein Spiel mit dem denkbar besten Ausgang: ihrer Hochzeit. Sie freut sich tatsächlich auf ihren Mann, obwohl sie ihn ebenso lange nicht gesehen hat wie Marie den ihren. Gerda unterhält sich in ihrem holprigen Englisch mit allen möglichen Leuten, auch mit Männern, sie lacht und amüsiert sich und lässt sich sogar von einem erschreckend sonnverbrannten Kerl, offensichtlich einem Abenteurer, zu dem an Bord üblichen Zeitvertreib einladen, einem seltsamen englischen Wurfspiel. Allerdings traut sie sich das nicht allein und will, dass Marie mitmacht. Marie lehnt das ab.

Sie hält sich abseits vom Treiben an Bord und beobachtet lieber die fliegenden Fische, die ein bis zwei Meter hoch aus dem Wasser springen, in nur hundert Metern Entfernung. Wie langsam die Zeit auf so einem Schiff vergeht. Nachts in der Kabine hört sie die Tanzmusik und das englische Gelächter aus dem Salon. Es wird von Tag zu Tag heißer.

In der Nacht des 11. Mai ist es unter Deck so warm, dass sie kein Auge zutut. Es ist der Tag, an dem sie vor neun Jahren Ja gesagt hat. Ja, mit Gottes Hilfe. Pfingstsonntag. Sie erinnert sich an den Schmuck vor den Häusern in Michelreuth und in Neuendettelsau und wie sie ihre Hand in Mohrs Hand gelegt hat und ihr ganz kalt war dabei.

Jetzt ist es heiß, unerträglich heiß. Sie hat sich aufgedeckt, aber die Hitze ist überall. Oben auf Deck schrillt das Lachen einer Frau, haltlos und schmutzig. Marie weiß, dass sie auf der richtigen Seite steht, der Seite des Glaubens und des Gehorsams, aber sie muss immer wieder Zweifel niederkämpfen. *Befiehl du deine Wege,* beginnt sie stumm vor sich hin zu sprechen, die alten Lieder beruhigen sie fast immer. Sie schläft ein, die nächste Lachsalve holt sie wieder aus dem Schlaf, ein zweistimmiges Gelächter diesmal, Mann und Frau. Die Hitze ist nicht zu ertragen. Sie hat nicht gelacht, damals vor neun Jahren. Da gab es nichts zu lachen.

Warum kann sie nicht so glücklich sein wie Gerda?

Weil es, sagt die Stimme des Zweifels in ihr, ein Handel war, ein Handel zwischen Vetter Gerhard und ihrem Bewerber, der dringend eine Frau gebraucht hat, irgendeine. Sie erinnert sich an ihren Vater, wie er mit dem Viehhändler feilschte, wie sie die Kuh beklopften und untersuchten, und am Ende: Hand drauf und gespuckt. Abgemacht.

So war das auch an Pfingsten 1913 und das Stück Vieh war sie, Marie. Oben lachen sie schon wieder, und sie möchte am liebsten hinaufgehen und diesem lachenden versoffenen Paar die Meinung geigen. Aber dazu müsste sie sich erst ordentlich anziehen. Es ist schon nach Mitternacht. Der 11. Mai ist vorbei.

Sowieso ist alles schon lange vorbei, es gibt kein Zurück, nicht neun Jahre danach mitten auf dem Meer, aber auch vor drei Jahren in Tübingen gab es kein Zurück. Es gab nie eine andere Wahl. *Befiehl du deine Wege.*

Sie kann trotzdem nicht schlafen.

Ihr Hals wird eng, und sie muss sich wieder aufsetzen. Das Frauenzimmer oben kreischt vor Lachen. Unterdessen schläft Gerda im Bett über ihr ruhig, träumt wahrscheinlich von ihrer Zukunft, von ihrem Haus in Neuguinea. Das wird wunderbar, Marie, stell dir vor, wir werden Musikabende veranstalten, Bach in einer tropischen Nacht, und du kommst natürlich auch und dein Mann. Gerdas Bräutigam spielt Violine. Sie hat Noten im Gepäck und Violinsaiten und 12 Meter Gardinenstoff mit echter Spitze.

Marie steht auf und zieht sich den Morgenmantel über. Soll sie jetzt wirklich an Deck gehen? Von oben her dringt nur noch Murmeln zu ihr.

Warum freut sie sich nicht wie Gerda? Wenn Gott ihr diesen Weg weist, warum schenkt er ihr keine Freude dazu? *Freuet euch,* schreibt der Apostel Paulus, *Freuet euch in dem HERRN allewege!* Das ist ein Gebot.

Sie sieht ihren Bräutigam vor sich, wie sie ihn in Erinnerung hat, den langen, hageren Kerl mit seinen abstehenden Ohren und den Schultern eines Bauern. Mageres Pferd. Das Beste an ihm war der Schnurrbart. Auf dem letzten Foto, das er geschickt hat, sieht er allerdings anders aus: Würdevoller irgendwie, streng, mit Vollbart, wie einer, der Befehle gibt, die Haare militärisch kurz geschoren. Der weiße Anzug steht ihm, obwohl er schlecht gebügelt ist.

Sie wird seine Gefährtin sein. So ist es beschlossen. Sie wird an seiner Seite die Herrin der Plantage sein, eine gute Herrin. Die Eingeborenen werden ihr vertrauen und mit ihren Nöten und Krankheiten zu ihr kommen, und sie wird ihnen helfen und sie erziehen. Und wenn Deutschland seine Kolonie zurückbekommt, werden die Deutschen, die unter feindlicher Besatzung so tapfer standgehalten haben, triumphieren. Und sie mit ihnen. Das ist der Weg, den Gott der Herr, ihr weist. *Er hat die Gnad'.*

Gegen Morgen kommt Sturm auf und legt sich nicht bis

Kapstadt. Marie wird seekrank. Der Speisesaal ist leer, und der Purser zieht das Grammofon vergeblich auf, den liederlichen englischen Damen vergeht das Lachen. Aber das ist Marie auch schon einerlei.

Kaum laufen sie in ruhige Gewässer ein, ist alles vorbei: Keine Übelkeit mehr, das Gelächter lauter denn je, und die Sonne scheint im südafrikanischen Winter. Eine Kaufmannsfamilie aus Deutsch-Südwest lädt zum Abendessen in ihr herrschaftliches Haus ein. Ein Gefühl von Heimat umgibt Marie, wie sie dort so zusammensitzen: Sie sind zwölf Deutsche – unter sich, was für ein unbeschreibliches Glück! Das Gespräch kommt, es ist unvermeidlich, auf das Schicksal der Kolonien: Kamerun, Deutsch-Südwest, Tanganjika – alles unter fremder Herrschaft.

Wenigstens hat man uns hier nicht enteignet.

Sie versichern einander, dass man auf Gott vertrauen müsse.

Am nächsten Tag fahren sie mit einem Automobil hinauf in die Berge, und es ist wie im Märchenland: unbekannte Blumen und fantastische Felsformationen, Sonnenschein, herrlicher Ausblick. Auf dem Markt in einer ordentlichen kleinen Burenstadt kosten vier Körbchen Veilchen nur 50 Pfennig Friedensgeld. Auf der Rückfahrt zum Schiff stimmt der Gastgeber das Lied *Ich walle in der Fremde* an. Marie kennt es natürlich, alle kennen es und singen laut und fröhlich mit. Dann versucht er es mit *Deutschland, Deutschland*, aber das bleibt ihnen im Hals stecken.

Drei Wochen später erreicht die *Runic* Australien.

Im Hafen von Adelaide gibt es wieder Veilchen. Frühlingsboten, sagt der Herr, der die sechs Bräute offiziell begrüßt und sich als Mitarbeiter des *Deutschen Missionsblatts* vorstellt. So wie Sie, meine lieben Damen, für die Mission einen neuen Frühling bringen.

Der erste Teil der Reise ist nun zu Ende. Zwei Missionare,

Grölfinger und Hugl, sind aus Neuguinea gekommen, um ihre Bräute abzuholen. Bei der Begrüßung reichen sie ihren zukünftigen Ehefrauen die Hand. Marie hat etwas anderes befürchtet und ist froh, dass man sich nach neun Jahren Trennung nicht inniger begrüßen muss.

Auf der langen Fahrt haben die sechs Bräute von ihren Verlobten erzählt, einander die Fotografien gezeigt. Marie hat oft überlegt, welche wohl den besten erwischt hat. Natürlich haben alle versucht, immer etwas Nettes über den Herrn auf dem Bild zu sagen, nichts, was Äußerlichkeiten betraf, nein, sie haben auf den Charakter geachtet, wie er sich an der Kopfform und dem Schnitt des Gesichts zeigt. Grölfinger zum Beispiel kam ihnen wie ein musischer Mensch vor mit seinen seelenvollen Augen, Hugl wie ein freundlicher und gemütlicher mit breiter Stirn und kleinen Ohren. Heiner Mohr, hat Gerda gemeint, sei ein Entschlossener. Man erkenne es am Kinn. Sehr tüchtig sehe er aus, fanden alle. Marie hat mit Erleichterung festgestellt, dass ihr Mohr nicht der Hässlichste von allen war.

Jetzt, wo sie da sind, Grölfinger und Hugl, Männer aus Fleisch und Blut, sehen sie ihren Fotografien nicht sehr ähnlich. Der Gemütliche hat schon eine halbe Glatze, der Musische geht gebeugt, trotz seines immer noch jungen Gesichts. Marie liest Aufregung in den Gesichtern ihrer Reisegefährtinnen. Es könnte auch Vorfreude sein, aber wer weiß das schon. Sie ist jedenfalls froh, dass ihr noch Zeit bleibt, bis sie ihrem Mohr gegenüberstehen und ihm die Hand geben wird. Gerda und sie werden die Letzten sein, die unter die Haube kommen.

Beim Abschied weinen sie alle sechs, aber das dürfen sie nicht, denn für den Artikel im *Missionsblatt* wird ein Bild von ihnen gemacht, sie dürfen auf keinen Fall verheult aussehen. Der Fotograf wartet schon am Pier. Sie tupfen sich die Augen trocken und stellen sich an der Gangway auf, als würden sie gerade vom Schiff gehen. Eine jede nimmt ihren Veilchenstrauß in die Hand, denn die Veilchen, erklärt der Herr vom *Missionsblatt*, seien eine Metapher. Marie hat das Wort nie zuvor gehört. Der Mann ist ihr sowieso unheimlich, er hat schräge Augen wie ein Asiat und sieht aus wie ein Nagetier.

Gleich nach dem Abschied verhandelt Marie mit dem Purser, damit sie und Gerda in die frei gewordene Außenkabine umziehen können. Es sind noch zehn Nächte durchzustehen bis Sydney.

Die Verhandlungen um die Zukunft der Neuendettelsauer Mission in der ehemaligen Kolonie waren zäh und langwierig gewesen.

Die australische Regierung sah natürlich, dass die von den deutschen Missionaren zwischen Madang – wie Friedrich-Wilhelmshafen nun hieß – und Lae geschaffene Ordnung mit ihren Schulen und Betrieben für das Mandatsgebiet ungeheuer nützlich war. Aber sie argwöhnte, dass der berüchtigte Gottesstaat eher deutsche als fromme Interessen im Auge hatte. Die australisch-lutherischen Kirchenleiter vermochten sie nicht vom Gegenteil zu überzeugen, sie waren ja ebenfalls deutschstämmig. Erst als sich amerikanische Lutheraner – sie hatten zwar deutsche Vorfahren, aber auch viel Geld – für den Fortbestand der Mission einsetzten, einigte man sich: Die Deutschen durften weitermachen, unter dem Dach der australischen Kirche. Missionare aus Deutschland durften nicht mehr einreisen, aber wer schon da war, konnte bleiben und seine Verlobte nachholen. Die Missions- und Kolonialvereine in der Heimat dankten Gott: Es würde also bald wieder deutsche Kinder in Neuguinea geben.

Marie war eine kleine Figur in diesem Spiel. Und sie wusste sehr wohl, dass die Aufmerksamkeit, die man ihr auf der anderen Seite der Weltkugel entgegenbrachte, nicht ihr persönlich galt. Auch das war ein Grund für ihren existenziellen Groll.

Ihr lächerlicher Ehrgeiz, sagte meine Mutter.

Ein Beleg für diesen Ehrgeiz – und dessen Lächerlichkeit – schien ihr Maries Bericht über ihre Reise zu sein, der offensichtlich für ein größeres Publikum als die Familie gedacht war. Sämtliche Personen waren darin nur mit Nachnamen erwähnt, sie hielt sich an Fakten und ließ ihre Gefühle völlig beiseite – bis auf ihre Liebe zu Deutschland natürlich und ihre Wut auf die Engländer, worin sie sich mit ihren Lesern einig wusste. Was sie beschrieb, war vor allem praktischer Art: die Viehwirtschaft oder die Verarbeitung von Zuckerrohr in Australien, die sie mit der Exaktheit eines Agraringenieurs erklärte. Nur manchmal schlich sich in ihre nüchternen Worte ungewollt etwas anderes: »Es wachsen Dornen und Disteln mit süßen Früchten, wie nach der Vertreibung aus dem Paradies.«

Den künftigen Ehemann erwähnte sie in nur einem Satz: »Mein Bräutigam schreibt mir, dass er, wenn irgend möglich, bis Madang entgegenkommen will.«

Sie machte Station in Towoomba, Queensland, bis ein Schiff von Brisbane nach Neuguinea ging, und Marie fühlte sich in dieser Einwanderer-Hochburg sofort wohl. Der Gottesdienst am Sonntag war auf Deutsch, und nachmittags gab es Kaffee und Kuchen. Leider geriet Marie bei dieser friedlichen Gelegenheit mit einer englischen Dame aneinander. Über die Kaffeetafel hinweg warf sie ihr den *hinterhältigen Betrug Großbritanniens an den Deutschen* vor. Die Gastgeber hielten die Luft an, bis die Damen zu angemessener Konversation zurückfanden. Aber anscheinend waren die beiden einander nicht einmal unsympathisch, am Tag darauf schickte die Britin einen selbst gebackenen Kuchen mit einer Karte: Für die freundliche Feindin. Man vertrug sich wieder.

In Towoomba wurden auch die beiden Reisegefährtinnen

aus dem Rheinland in einer Doppelhochzeit verheiratet. »Man konnte tatsächlich glauben, es sei deutsche Heimat, so deutsch und gemütlich war der Tag«, schwärmte Marie. »Deutsch ist hier eigentlich alles, sogar das Englisch – englische Worte mit deutschen Regeln.«

Noch Jahrzehnte später hatte Marie großen Spaß daran, dieses Australiendeutsch nachzuahmen. Ich fand das nie komisch, ich verstand ihre Witze nicht, verstand sowieso nie, was sie wollte, warum sie gerade wütend oder belustigt war. Ich hatte immer das Gefühl, dass sie eigentlich keine Frau war. Ein Mann war sie auch nicht. Sie war ein scharfer, bitterer Geist in einem allzu weichen Körper.

Irgendwann tippte Marie ihren Reisebericht ab, vielleicht begann sie damit schon in Towoomba, wo es sicherlich eine Schreibmaschine gab. Es gab auch in Heldsbach eine Schreibmaschine, sie hatten erstaunlich viele Schreibmaschinen bei der Mission, Schreibmaschinen, die von einheimischen Männern tagelang durch unwegsame Wälder geschleppt wurden, überall dorthin, wo es Berichte zu verfassen und etwas zu verwalten gab.

Von Maries Aufzeichnungen gab es mindestens ein Original und zwei Durchschläge. Einen davon fand ich in einem Stapel staubiger, für den Müll bestimmter Papiere.

Der Umschlag ist aus vergilbter Pappe, er muss vor vielen Jahrzehnten einmal grün gewesen sein. Reisebericht Marie Mohr, steht in Sütterlin-Schrift darauf und darunter: Ausreise 1922. Beides ist doppelt mit einem Lineal unterstrichen.

Darin liegen fünfundzwanzig Blätter dünnen Kopierpapiers, mit Maschinenschrift in blauer Durchschlagtinte beschrieben, die ersten Blätter beidseitig mit doppeltem Zeilenabstand. Ab Blatt 12 ist die Farbe kräftiger und auf die Rückseite durchgedrückt, anscheinend ist das Farbband gewechselt worden. Die Blätter sind ab da nur noch einseitig beschrieben, dafür mit einzeiligem Abstand.

Endlich, am 31. August, schifft sich Marie in Brisbane gemeinsam mit Gerda Eisele und einer Missionarsfamilie samt fünfzehn Hühnern auf der *Madaram* nach Neuguinea ein. Die Gesellschaft an Bord besteht aus einer Chinesin, einem spanischen Laienmissionar, leider katholisch, einem Herrn Rosenzweig, der auch nicht zur lutherischen Gemeinde gehört, und einer australischen Journalistin. Es herrscht ein lockerer Umgangston, alle reden mit allen, meistens englisch, und Marie bekommt Lust, es systematisch zu lernen, mit allen Regeln und allen Feinheiten, schließlich kann die Sprache nichts für die englische Regierung. Die Journalistin, bestimmt schon über dreißig, erzählt ungeniert herum, dass sie nicht verheiratet ist und sich ihr Brot selbst verdient. Unbefangen stellt sie die unhöflichsten Fragen.

Sie müssen Ihren *fiancé certainly* sehr lieben, wenn Sie so lange auf ihn gewartet haben.

Certainly, antwortet Marie.

Und ob Marie denke, dass die ganze Welt einmal deutsch sein wird.

Die Frage ist so abwegig, dass Marie sich nicht einmal ärgert. Im Gegenteil, ihr wird schlagartig klar, dass diese Australierin den Deutschen das tatsächlich zutraut. Und dass man sie beruhigen muss.

Kein Mensch bei uns denkt das.

Warum die Deutschen dann unbedingt Militär wollen?

Damit wir unsere Feinde zurückhalten können, sagt Marie geduldig. Darauf hätte diese ältliche Miss wirklich selbst kommen können. Aber die versteht immer noch nicht.

Welche Feinde denn? Na ja, da sind die paar Franzosen …

Feinde, sagt Marie in Gedanken an die merkwürdige Stimmung auf der *Runic*, haben wir genug.

Und dieses Wissen bestätigt sich, kaum dass sie in Rabaul angekommen sind.

Anstatt eines Abgesandten der Mission kommt ein aufgeregter kleiner Mann in einem offenkundig seit Wochen ungebügelten Tropenanzug aufs Schiff. Er stellt sich als Siebenkorn vor, deutscher Unternehmer, ehemaliger Unternehmer, fügt er hinzu.

Er würde die Damen und ihre Begleitung gerne einladen, sagt er. Ihre Ankunft sei ja allgemein bekannt, alles hier rede von den Missionsbräuten.

Falls es Sie also nicht stört, dass ich im Chinesenviertel wohne ... Die Zeitumstände, Sie verstehen das gewiss, mein Haus auf der Insel Neumecklenburg gehört mir leider nicht mehr.

Gerda ist sofort begeistert. So machen sich Marie, Gerda und der Missionar – seine Frau bleibt mit den Kindern und den Hühnern an Bord – gleich nach dem Mittagessen auf ins schmutzige und laute Chinesenviertel. Die Droschke hält vor einem schäbigen, aber reinlichen Holzhaus, und sie werden in ein Wohnzimmer geführt, dessen Wände primitive bunte Schnitzereien zieren. Hier wohnt also Herr Siebenkorn zusammen mit einem weiteren Herrn, einem ehemaligen Pflanzer aus Neumecklenburg namens Lasinski, und einem chinesischen Dienstboten.

Wir haben uns hier günstig eingemietet, erklärt Siebenkorn nochmals entschuldigend, unsereins kommt an kein Geld zurzeit, abgesehen von den paar Groschen Zinsen auf das beschlagnahmte Vermögen.

Und hier bei den Chinesen sind wir ein bisschen außer Sichtweite der australischen Verwaltung, ergänzt Herr Lasinski.

Es klopft an der Tür, und drei weitere Herren treten ein.

Marie kann sich die Namen nicht merken.

Der Chinese bringt gekühltes Tsingtau-Bier.

Unser größter Luxus hier ist das deutsche Tsingtau-Bier. Reimt sich, sagt Lasinski und hebt sein Glas. Siebenkorn hebt das seine nicht ganz so hoch.

Marie lehnt diesen zweifelhaften Genuss selbstverständlich ab. Dafür veranlasst Siebenkorn, dass sie einen dickflüssigen Saft bekommt, der sehr köstlich schmeckt.

Das Gespräch dreht sich bald um die Enteignungen und die Zukunft der Deutschen in der Südsee.

Wir sind ja nicht mehr viele hier, sagt einer der Neuankömmlinge düster.

Es heißt, dass Deutsche, die ihren Heimatwohnsitz in den verlorenen deutschen Gebieten haben, bleiben und ihre Ländereien behalten dürfen. Lasinski, der aus Posen stammt und trotz des verdächtigen Namens ganz und gar deutsch aussieht, hat noch Hoffnung. Dann bekomme ich meine Plantage zurück.

Vielleicht gehen wir auch nach Niederländisch-Indien hinüber, sagt Siebenkorn. Bei den Holländern sind deutsche Pflanzer durchaus willkommen.

Hier wirtschaften die Australier doch alles herunter.

Das kann man wohl sagen!

Zustimmende Laute und Nicken rund um den Tisch.

Marie nickt mit.

Es klopft wieder, und wieder gesellen sich zwei Herren zu ihnen. Es gibt nicht genug Stühle, die Neuankömmlinge verteilen sich auf den chinesischen Truhen. Keiner der sieben Männer ist noch jung, den größten Teil ihres Lebens haben sie in den Kolonien verbracht: Die meisten sind Pflanzer, einer ist Arzt, ein anderer mit einem adligen Namen Botaniker und Goldsucher. Die Verbindung zur Heimat haben sie schon lange verloren. Einer hat seine Familie nach Australien geschickt, dem andern ist die Frau gestorben, die Übrigen haben anscheinend nie eine gehabt.

Sie tun Marie leid. Das sagt sie auch.

Ach, wissen Sie, Fräulein Missionar, sagt der Düstere, in den Kolonien lebt man anders. Das ist kein Ort für weiße Frauen und für Kinder.

Diesmal geht ein Kopfschütteln um den Tisch.

So ist das nun mal, sagt Lasinski. Es scheint ihm nicht viel auszumachen. Herr Siebenkorn lächelt sanft.

Er erzählt, dass er auf einer Vergnügungsreise hergekommen sei, kurz vor dem Krieg. Ich hatte mein Geschäft in Breslau verkauft und wollte die Welt sehen. Während des Krieges bin ich dann notgedrungen hiergeblieben und schließlich in Herrn Lasinskis Unternehmen eingestiegen.

Wir haben unseren Kaffee nach Australien verkauft, fällt Lasinski ein, das war selbst im Krieg kein Problem. Aber jetzt, wo wir ihn verloren haben, geht es dem gesamten deutschen Besitz an den Kragen …

Wir haben ihn nicht verloren, wir sind verraten worden, wirft der Düstere ein. Der junge Hensolt hat mir übrigens im Vertrauen erzählt, dass die Compagnie mehr als vierzig Millionen Reichsmark Schadensersatz verlangt.

Da sieht mans mal wieder, schimpft einer der Pflanzer, die Compagnie, die macht am Ende noch ihren Schnitt, wie immer, und kriegt Geld von der Reichsregierung – und wir?

Von dieser Verbrecherregierung würde ich nichts annehmen, kein Geld und keine guten Worte, sagt der Düstere.

Halt, halt, keine Politik in meinem Haus, ruft Lasinski.

Meine Herren! Wir wollen doch vor unseren lieben Gästen keine so unerquicklichen Themen behandeln, besänftigt Siebenkorn.

Lasinski wendet sich an den Missionar: Dieser Hensolt ist übrigens ein Ehemaliger von Ihrer Mission, vielleicht kennen Sie ihn. Johann Hensolt. Netter Bursche. Er hat für die Compagnie die Schlussbilanz gemacht.

Ein Missionar aus Neuendettelsau?, fragt Marie erstaunt.

Jaja, Herr Hensolt ist anno '14 zusammen mit mir auf

dem Schiff gewesen, mischt sich Siebenkorn lebhaft ein, da war er auf dem Weg ins Neuendettelsauer Gebiet, noch sehr jung und recht schüchtern. Und nach dem Krieg ist er plötzlich hier in Rabaul aufgetaucht. Man muss sagen, er hatte sich sehr verändert. Seine Arbeit hier wurde geschätzt, aber ihm gefiel es in Rabaul nicht. Er geht übrigens wieder zurück.

Nach Deutschland?, fragt Marie.

Nein, nein, aufs Festland, zur Mission. Es hat da anscheinend, Siebenkorn zögert und räuspert sich kurz. Es hat da wohl einmal ein wenig Missfallen gegeben. Aber man hat ihn wieder in Gnaden aufgenommen. Er packt jedenfalls die Koffer, was man so hört.

Ein wirklich netter Kerl, der Hensolt, sagt der Adlige.

Vielleicht fährt er auf Ihrem Schiff mit nach Finschhafen, vermutet Lasinski.

Ach, er wäre uns eine willkommene Gesellschaft, ruft Gerda.

In Maries Vorstellung kann man nicht Missionar sein und sich mit Händlervolk gemeinmachen. Dieser Herr Hensolt muss ein merkwürdiger Mensch sein.

Schließlich steht Siebenkorn auf, wiederholt umständlich ein paar entschuldigende Worte über seine derzeit komplizierten Vermögensverhältnisse. Deshalb sei er leider gezwungen, seinen Lebensunterhalt als Chauffeur bei einer begüterten französischen Familie zu verdienen.

Was den Vorteil hat, sagt er mit einer kleinen Verbeugung in Richtung Marie und Gerda, dass ich ein Automobil zur Verfügung habe und Sie, meine lieben Damen und Herr Missionar, zu einer Rundfahrt einladen kann.

Das müssen Sie unbedingt annehmen, ruft Lasinski. Sie werden sehen, was wir Deutschen hier alles aufgebaut haben. Unsere Hafenanlagen, den Klub, die Handelshäuser, die ganze Stadt!

Mit deutschem Fleiß und deutschem Schweiß, sagt der Düstere.

Das kann man wohl sagen, fährt Lasinski fort, wir haben auf dieser Insel ordentlich was hingestellt! Alles hat ausgezeichnet funktioniert, die Schwarzen haben pariert, sogar ein bisschen Kultur haben sie mitbekommen. Aber jetzt? Die Australier! Er seufzt. Gut, dass es wenigstens noch die deutschen Missionare gibt.

Siebenkorn erhebt sein Bierglas: Auf die zukünftigen Missionarsgattinnen!

Die anderen sechs Herren stehen ebenfalls auf, um auf das Wohl der Damen zu trinken. Marie findet diese Trinksitten ein wenig befremdlich. Sie hat geglaubt, dass dergleichen nur bei Engländern üblich sei. Einer, der bisher kaum etwas gesagt hat, stimmt noch dazu einen Ton an. Der Adlige fällt in tieferer Tonlage ein.

Und dann schmettern sie alle gemeinsam:

Es singt der Welsche Barcarolen
der Franzmann liebt den Troubadour
doch ich sag stolz und unverhohlen
aus deutschem Lied klingt Wahrheit nur!
Von Herzen tönt's zum Herzen weiter
sagt treu, was uns die Brust durchzieht
drum sei auf ewig mein Begleiter
du liebes, herz'ges deutsches Lied
Trallalla, trallalla …

Diese Männer mögen ein wenig ungehobelt und verlottert sein, was angesichts der furchtbaren Umstände nicht verwundert, aber sie haben das Herz auf dem rechten Fleck. Man tauscht am Ende Adressen aus, der Abschied ist herzlich.

Dann kurven sie im staubigen Automobil durch die Stadt, die allerdings weniger beeindruckend ist, als Marie dachte. Den Berg hinauf geht es in Serpentinen, Marie wird ein wenig übel, aber der Ausblick auf die Bucht von oben war es dann allemal wert. Er ist atemberaubend. Herr Siebenkorn hält den Wagen an und rezitiert ein nicht recht verständliches Gedicht von einem gewissen Stefan George, in dem von einem Reich der Sonne die Rede ist, von einem Hain und von Freude, die sich am Ende verliert. Ihr bleibt nur ein Vers im Ohr: *Dass wir hier wohnen dankbereite Gäste.*

Herr Siebenkorn ist ein wirklich feinsinniger Mensch. Und so gebildet! Dass so einer für die Franzosen nun den Chauffeur spielen muss, ist wirklich empörend.

Sie fahren weiter bis zur malerischen Herbertshöhe, wo früher der deutsche Gouverneur gewohnt hat. Üppig grünt und blüht es überall, riesige Bäume werfen Schatten, die weit verteilten Häuser sehen äußerst vornehm aus. Sie machen halt in einem Eingeborenendorf mit einem schmucken Kirchlein und sind gleich von lauter braunen Gestalten umringt – sie sind wirklich eher braun, nicht so schwarz wie die Eingeborenen in Australien. Manche sind wunderlich bemalt, rot und weiß, aber sie haben, wie Marie sofort bemerkt, gutmütige Gesichter unter dem dichten Haar. Ihr Englisch ist leider nicht zu verstehen, es klingt aber freundlich.

Und als sie auf dem Rückweg ins Hafengelände einfahren, salutieren ihnen zwei braune Polizisten, mit Lendentuch und weißer Mütze bekleidet.

Das war Maries erster Tag in ihrem neuen Land. Ein herrlicher Tag.

Am nächsten Morgen in aller Frühe legt die *Madaram* ab. Beim Lunch sitzt ein neuer Passagier an ihrem Tisch, der sich gleich erhebt und mit einer höflichen Verbeugung vorstellt: Johann Hensolt. Ich glaube, wir haben dasselbe Ziel.

9

Auf den Inseln

Wäre Johann Hensolts Abreise nach Neuguinea im Jahr 1914 um nur drei Monate verschoben worden, hätte er, anstatt im Bismarck-Archipel den Frieden Gottes zu predigen, in der Champagne Franzosen erschossen. So aber, durch Gottes Fügung, wie er glaubte, entkam er dem Massenmord an seiner Generation. Er erlebte wunderbare Jahre. Dass sie bitter endeten, hatte nichts mit dem Großen Krieg zu tun.

Auf der Insel Ruk, die heute Umboi genannt wird, war er eingetaucht in die Südsee seiner Träume, die voller Abenteuer, Gefahren und Anfechtungen war, wie er es vorausgesehen hatte.

Das Foto zeigt eine kleine Insel mit einem schmalen Strand. Unter ein paar Kokospalmen und einem Laubbaum sieht man auf Stelzen dicht aneinandergebaute Hütten, von denen nur die Grasdächer zu erkennen sind. Rechts im Bild verbreitert sich der Strand zu einer lang gestreckten Zunge. Fünf Boote liegen im Sand. Unter einem weiteren Laubbaum mit üppiger Krone, hinter den Booten, heben sich sehr klein die dunklen Umrisse dreier nebeneinandersitzender Menschen ab. Auf der dem Betrachter abgewandten Seite der Landzunge ragt ein Gerüst auf, das vielleicht zu einem größeren Boot gehört. Vielleicht auch nicht.

Die Bildunterschrift bezeichnet den Ort: Aromot, Siasi-Ruk.

Johann kümmert sich nicht um den Krieg. Gottes Schlachten werden woanders geschlagen. Auf Ruk haben sie vom Krieg erst im Oktober und ausgerechnet durch den englischen Händler Mister Money erfahren. Der ist auf der Station aufgetaucht und hat sie gleich munter als Hunnen begrüßt: *Good day, huns. We are at war, but I come in peace.*

Das ist so sein Humor. Dann hat er erklärt, er sei sowieso Ire und hätte keinen Grund, den Engländern wohlgesinnt zu sein. Er könne ihnen Sachen besorgen, die sie bald nirgendwo sonst mehr bekämen. Munition zum Beispiel.

Eigentlich verachtet Johann diesen Mann, der seinen wirklichen Namen nie preisgibt und sicher einiges zu verbergen hat – wie so viele hier in den Kolonien, die zu Hause, laut Bruder Gorm, gewiss als Verbrecher oder Mädchenschänder gesucht werden. Aber Johann trinkt trotzdem mit Money ein im Wasserfall kaum gekühltes Tsingtau-Bier. Die Geschichten des Händlers von den Zuständen auf New Britain – wie Neupommern jetzt unter Besatzung heißt – gefallen ihm. Mag Money auch ein verkommener Mensch sein: unterhaltsam ist er. Und Johann ist überzeugt, dass Jesus mit den Sündern an seinem Tisch auch manchmal gelacht hat. Mister Money macht sich lustig über die Australier, diese Nachkommen von Sträflingen, die sich unter dem übrigen Kolonialvolk nicht zu benehmen wissen. *The German and French ladies, oh my God. Let no Aussie come near them.*

Mister Money redet und lacht. Und Johann lacht mit, für Momente erleichtert von einer undeutlichen Last. Bruder Gorm duldet den Händler nur widerwillig in seinem Haus, Bier trinkt er auch nicht, wegen seiner angegriffenen Leber, und die herumhuschende Schwester Gorm spricht kein Wort, aber es gehört zu den ungeschriebenen Gesetzen der Kolonien, dass Weiße einander beherbergen. Selbst wenn ihre Staaten gegeneinander Krieg führen.

Später wirft Gorm Johann vor, sich mit dem Kerl gemein-zumachen. Da braucht es mehr Festigkeit, lieber Bruder.

Festigkeit ist Gorms liebstes Wort. Festigkeit im Glauben und im Charakter, beim Häuserbau und im Umgang mit den Siasi. Auch denen will er Festigkeit beibringen, bevor die Laster und die Betrügereien der Weißen sie überschwemmen. Deshalb sollen sie in seine Schule gehen. Sie sollen Verträge lesen können. Sie sollen rechnen lernen.

Aber soweit Johann sieht, ist Bruder Gorm damit bei den Siasi nicht weit gekommen. Das sind Leute, die feiern, bis das letzte Schwein aufgegessen ist. Die ihre Ehegatten ohne viel Aufhebens wechseln. Die ihren Feinden – oder wen sie dafür halten – ungerührt den Schädel einschlagen. Die Siasi haben offensichtlich ihre eigene Vorstellung von Festigkeit.

Er erinnert sich an die langen Gespräche mit Bruder Kuhnert auf der nächtlichen Veranda auf dem Sattelberg. Kuhnerts Lehrsätze haben sich ihm ins Gedächtnis gebrannt: Du musst denken, wie die Eingeborenen denken.

Die Siasi dulden die Missionare gerade eben, mehr auch nicht. Sie tauschen Lebensmittel gegen Stoffe und Tabak auf der Station und bringen ihre Kranken. Aber anders als die Kai von Heldsbach und vom Sattelberg bitten die Siasi nicht um Hilfe, sie fordern. *Aidin,* Jod, ist die beliebteste Medizin, weil es brennt und gut sichtbar ist. Schwester Gorm kümmert sich um die Wunden und Geschwüre, sie ekelt sich nie und gibt beruhigende Töne von sich, wie ein Muttertier gegenüber seinen Jungen. Es ist Schwester Gorms Eigenart, auf Worte möglichst zu verzichten. Dieweil redet Bruder Gorm umso mehr auf die Leute ein, sie sollen zum *sing-sing* kommen und sie sollen ihre Kinder herschicken, damit sie etwas lernen.

Die Antwort lautet immer gleich: Wir machen unser eigenes *sing-sing.* Das *sing-sing* der Weißen ist hässlich und gefällt uns nicht. Wir brauchen das Gerede von eurem *bikpela* und dem *miti* nicht. Und die Kinder, nein: *Pikanini bilong famili,* unsere Kinder geben wir nicht her. Sie benutzen das Wort *salim*, was verkaufen bedeutet. Wir verkaufen unsere Kinder nicht. Wenn die Weißen etwas anderes haben wollen, bitte sehr: *Taro? Kulau? Pik?* Taro, grüne Kokosnüsse, Schweine. Die Siasi sind laut, als müssten sie ständig die Brandung an ihren Riffen überschreien. Vor allem die Frauen, die unbekümmert und stolz daherkommen wie Männer. Das *bilum*, das bunte Netz aus Pflanzenfasern, in dem Frauen gewöhnlich ein Kind oder eine Ladung Tauschwaren auf dem Rücken tragen, hängt an ihrer Stirn, aber sie gehen nicht gebeugt. Sie lachen laut, knuffen einander und manchmal auch die Männer, sie kommentieren, was die Männer mit den Weißen reden, und geben ihnen anscheinend Anweisungen. Ohne ihre Zustimmung geht kein Handel über die Bühne.

Bei den ersten Begegnungen steht Johann stumm dabei und kann kaum glauben, wen er da vor sich hat: hochmütige Heiden. Und, noch seltsamer, hochmütige Heidenweiber. Sie sprechen in ihrem lauten Siasi-Dialekt, offenbar über ihn, kommen sogar auf ihn zu. Eine zeigt auf seinen schwarzen Schnurrbart und lacht dabei. Er versucht, nicht auf ihre Brüste zu schauen. Die hängen wie kleine Beutel an ihren kräftigen Brustmuskeln, Muskeln wie bei einem Turner. Eine andere hat Brüste wie auf den Bildern der *Kolonialzeitung*, rund und zart, und er sucht schnell nach einer höflichen und passenden Begrüßung auf Siasi. Er sagt: Wir freuen uns. Aber es gibt zwei Wir-Formen in dieser Sprache, die eine meint die Sprechenden, die andere schließt die Angesprochenen mit ein: ihn und die Frauen. Welche hat er jetzt benutzt? Die Frauen scheinen seine Begrüßung jedenfalls nicht sonderbar zu finden und treten noch näher. Sie haben alle rote Zähne vom Betelkauen. Er riecht den salzig-bitteren Geruch ihrer Körper. Er lächelt. Die Jüngste, die Hübsche, hat an ihrem Bein die typische Beule einer beginnenden Frambösie. Er deutet darauf, schickt sie zu Schwester Gorm.

Sie geht mit den andern hinüber zum Haus, dreht sich noch einmal zu ihm um und lacht. Sie sendet etwas aus, das ihn an Mina erinnert. Evastöchter. Aber es ist keine Anfechtung für ihn, er könnte niemals so einen riesigen dunklen Mund küssen. Noch dazu mit roten Betelzähnen. Aber küssen sie hier überhaupt?

Jedenfalls sind die Siasi den Umgang mit Weißen nicht gewohnt. Sie arbeiten nicht auf Plantagen, niemand zwingt sie, Geld zu verdienen. Kein Wunder, dass sie so unbescheiden daherkommen, sagt Bruder Gorm. Sie verfressen ihren ganzen Besitz auf ihren Festen, mit denen sie einander freundlich stimmen, wenn es Ärger gibt, und es ist ihnen egal. Schweine vermehren sich von selber, Früchte wachsen nach. Weiter denken sie nicht. Er lacht trocken. Es zwingt sie ja niemand dazu. Bislang hat noch kein Beamter versucht, hier auf den Inseln die Kopfsteuer zu erheben. Die halten sich fern. Und die Compagnie hat sich das beste Land reserviert, aber nichts damit gemacht – den Herren ist es zu unsicher hier. Aber lass den Krieg erst einmal vorbei sein, dann kommen die Beamten und holen sich ihre Steuer, weil sie Geld brauchen. Und dann werden auch unsere Siasi Geld brauchen und auf die Plantagen gehen – die von der Compagnie oder von der schwarzen Hexe auf Neupommern. Und dann lernen sie alle Laster kennen, von denen sie noch nichts wussten.

Johann verkneift sich den Einwurf, dass die schwarze Hexe, womit die von Direktor Lehdemann so bewunderte Queen Emma gemeint ist, inzwischen gestorben ist. Sie war verhasst unter den Missionaren, als eine Frau, die nicht wusste, wo ihr Platz ist, als Mischling und Geschäftemacherin. Ehebrecherin noch dazu. Er wechselt das Thema.

Ist die Steuer denn etwas Schlechtes?

Wie man's nimmt, knurrt Gorm. Es muss ja jemand bezahlen für den Straßenbau und die Häfen und die ganze Verwaltung. Das gehört schließlich zu einer gehobenen Zivilisation – genau wie regelmäßige Arbeit, nicht wahr? Und ohne Zwang geht's nun mal nicht.

Bruder Gorm redet langsam, es klingt immer so, als überlegte er jedes Wort, bevor er es ausspricht. Aber das täuscht. In der Abgelegenheit seiner Station hat er im Lichte der Bibel alles durchdacht und unverrückbare Ansichten gewonnen. Festigkeit eben.

Er ist schon so lange in Neuguinea, dass er einige einheimische Sprachen gelernt und ein Wörterbuch verfasst hat. Aber seine bekannte Leidenschaft für Sprachforschung ist einer großen Müdigkeit gewichen. Oft sitzt er gelbgesichtig in seinem Rotangsessel auf der Veranda und kämpft vergeblich gegen seine Schlappheit. Nichts geht voran!, sagt er fast genauso oft, wie er die Festigkeit beschwört. Wenn er sich besser fühlt, treibt er die Jungen zum Arbeiten an und schlägt schon bei kleinen Verfehlungen zu. Mit dem Handrücken ins Gesicht. Mit dem Stock. Johann, der sich um den Bau der Kirche und der Schule zu kümmern hat, muss die Arbeitsjungen dann wieder beschwichtigen.

Er versucht, sie auf Trab zu halten, indem er mit gutem Beispiel vorangeht, führt ihnen die Benutzung von Sägen, Hämmern und Nägeln vor. Sie begutachten ausführlich das Werkzeug, hocken sich hin und sehen ihm zu. Einmal beobachtet es Gorm von seinem Rotangsessel aus und fährt drein wie ein Dämon, ein müder Dämon allerdings, der nicht einmal ein richtiges Gebrüll zustande bringt. Hinterher macht er Johann Vorhaltungen: Der weiße Mann schuftet, und die Schwarzen schauen zu, ja bist du denn des Teufels?! Du bestärkst die Heiden in ihrem Hochmut und ihrer Faulheit. Dir fehlt es an Festigkeit! So erreichen wir nie, wozu wir gesandt wurden!

Leider hat er recht. Der Faulheit der Leute und ihrer Aufsässigkeit kann man ohne Strafe nicht Herr werden. Ohne Schläge geht es einfach nicht, die Bauten müssen fertig werden, bevor die Regenzeit kommt. Aber den Jungen ist das einerlei, sie arbeiten eine Weile und fangen dann an, sich zu unterhalten, hocken sich hin und kauen gemütlich ihren Betel. Oder sie gehen plötzlich auf die Jagd und bleiben den ganzen Tag weg. Die Schlauesten verlangen zusätzlichen Lohn fürs Weiterarbeiten: Einen *laplap*, und ich bleibe, Joanu.

Einer dieser durchtriebenen Burschen war übrigens der Erste, der sich zum Taufunterricht angemeldet hat.

Johann hatte wieder einmal Bruder Kuhnerts Worte im Ohr: Wir wollen keine charakterschwachen Überläufer als Christen, die sich nur auf die Seite der Weißen schlagen, weil sie sich einen Vorteil davon versprechen. Wir wollen ein starkes, einiges papuanisches Gottesvolk.

Bloß, wie soll das gehen? Für ein starkes Gottesvolk würden sich die stolzen Siasi zwar eignen. Aber ihr Stolz zeigt sich leider gerade darin, dass sie sich von den Weißen nicht beeindrucken lassen.

Sie machen Geschäfte mit den Weißen, aber ihr Gott und das *miti* interessieren sie einen Dreck. Nicht wenige sind offen feindselig, kommen bewaffnet zur Station, verlangen dies, verlangen jenes, laden aber die Missionare und die einheimischen Missionsgehilfen nie in ihre Dörfer ein. Einen Gehilfen von der Insel Tami haben sie auf Malawaia fast verhungern lassen, was gegen alle Gesetze der sonst so hochgehaltenen Gastfreundschaft verstößt. Er ist nicht unser Gast, verteidigten sie sich, den haben uns die Weißen geschickt.

Sie mögen uns nicht, Bruder Gorm.

Nein, sagt Gorm. Ihre Herzen sind verstockt.

Wir müssen sie irgendwie für uns gewinnen.

Nicht für uns, Bruder Hensolt, nicht für uns. Wir sind nichts. Wir sind nur Werkzeuge des Herrn. Für die Botschaft des Heils müssen wir sie gewinnen. Wenn wir fest bleiben, wird sie irgendwann ihre Herzen erreichen.

Als die *Bavaria* das nächste Mal anlegt, fährt Johann mit zum Festland. Der Sattelberg kommt ihm vor wie Heimat, umgeben von Feldern und erfrischendem Wind. Er isst Kartoffelklöße und Bananenkuchen, singt mit Ernas kleinen Schülern *hei jo, hei jo, der Vogelbeerbaum, schön wie ein Traum*. Es sind viele geworden. Wegen des Krieges können die schulpflichtigen Missionarskinder nicht nach Deutschland geschickt werden, wie es üblich ist, das Internat platzt aus allen Nähten.

Und auch Erna kann nicht nach Hause und ihren lieben Gerhard heiraten. Bei Johann findet sie ein wenig Trost. Und er findet bei Erna ein wenig Trost, sie ist die einzige weiße Frau, der er in die Augen schauen, die er über einen Händedruck hinaus berühren kann. Noch dazu ist der Händedruck der übrigen Schwestern nicht einmal angenehm, Schwester Kuhnert greift zu wie ein Schraubstock, Schwester Muckenbacher kaum weniger energisch. Nicht so Erna. Erna ist sanft. Manchmal nimmt Johann ihre Hand in seine, reicht ihr den Arm, legt ihr, wenn er ihr den Vortritt lässt, die Hand auf den Rücken. Es ist keine Wollust im Spiel: Es ist nur eine Berührung, seine Hände an einem Menschenkörper für einen kurzen Moment, wenigstens das. Die Eingeborenen berühren einander andauernd. Wie lange hat ihn niemand mehr freundlich berührt?

Gerhard hat wirklich großes Glück mit seiner künftigen Frau. Sie ist klug und trotzdem ganz und gar weiblich. Allerdings ist sie mit ihren Schulkindern recht streng. Nach den Monaten mit der stillen Schwester Gorm wundert sich Johann, dass eine Frau so viel spricht. Mina kommt ihm manchmal in den Sinn, sie hätte in diese Umgebung nicht gepasst, nicht in die Gemeinschaft auf dem Sattelberg und noch weniger nach Ruk. Mina gehört in ihre fränkische Kleinstadt und sonst nirgendwohin, das hat sie richtig erkannt. Es war selbstsüchtig von ihm, sie mitnehmen zu wollen. Sie war hübsch und liebevoll, aber eben doch ein wenig, na ja, beschränkt. Zu Weihnachten hat sie ihm einmal einen albernen Roman geschenkt, in einer für die Jugend bereinigten Fassung: ihm, einem erwachsenen Mann, der auf dem Sprung in wildestes Heidenland war. Mina war gewiss hübscher als Erna, aber das war auch ihr einziger Vorzug.

Schwester Kuhnert erklärt ihm eines Morgens, es sei nicht passend, dass er mit dem Fräulein Erna abends allein auf der Veranda sitzt, es könnte Gerede geben. Und bei einem kurzen Besuch in Heldsbach zwei Tage später fragt ihn die Schwester Muckenbacher gleich: Was sagt nachher der Bruder Blech dazu, dass Sie mit seiner Erna so innig sind?

Gerhard Blech sagt natürlich nichts, wie sollte er. Er musste als Geistlicher zwar nicht an die Front, ist aber als Feldpfarrer im Einsatz. Johann schreibt ihm getreulich über alles, was ihn beschäftigt: die Siasi, Gorms Müdigkeit, Kuhnerts Lehren und natürlich Ernas Befinden. Aber es kommen nur wenige Briefe durch, alles muss durch die Zensur, auch die Antworten, und das meiste wird sowieso nicht befördert.

Eines Abends erzählt Johann Kuhnert von Gorms seltsamer Schwäche.

Der Bruder Gorm, sagt Kuhnert. Der macht seine Arbeit, aber ohne Schwung. Irgendetwas ist da auf Ruk passiert vor ein paar Jahren, die Eingeborenen haben ihn verjagt, er hat praktisch fliehen müssen, seitdem ist er andauernd krank. Man soll Gott mit Leib und Seele dienen, aber die Missionare vergessen den Leib. Sie sitzen und grübeln und werden immer schwächer. Ein guter Missionar muss ein starker Mann sein.

Aber ich bin doch da, sagt Johann, und ich weiß, man könnte so viel mehr tun auf Ruk und Tuam und Malawaia, vor allem auf Malawaia. Nur wie?

Wenn du den Steinzeitmenschen predigen willst, sagt Kuhnert, musst du denken können wie ein Steinzeitmensch, das habe ich dir doch schon oft gesagt. Und du musst wissen, dass diese Leute zwar auf einer niedrigen Kulturstufe stehen, aber sie haben feine Höflichkeitsregeln und ein strenges Rechtsempfinden. Das alles gilt es für den Missionar zu lernen und im Umgang mit ihnen auch einzuhalten – sofern es dem Evangelium nicht widerspricht, natürlich.

Johann erzählt ihm vom Auftreten der Inselleute, von ihrer kriegerischen, herablassenden Art.

Du musst, sagt Kuhnert nach kurzer Überlegung, unbedingt die Siasi-Sprache lernen, so gut wie nur möglich, und die Spur Gottes darin finden. Die Siasi haben, wie alle Völker der Erde, Worte für finstere Mächte und gute Mächte, sie haben Worte, die Gott meinen, denn Er hat die Ahnung seiner Herrlichkeit in jede Volksseele gepflanzt. Mit diesen Worten hast du den Schlüssel zu ihrer Welt. Dann kannst du ihnen den Weg aus Furcht und Geisterglauben zur Erlösung weisen. Es heißt nicht umsonst im Johannes-Evangelium: *Am Anfang war das Wort.*

Und das Wort war bei Gott, und Gott war das Wort, ergänzt Johann nachdenklich. Wie viele theologische Auslegungen dieser rätselhaften Verse hat er schon gehört und gelesen! Und hier, in diesem abgelegenen, großen und wilden Land, bekommen sie nun einen neuen, praktischen Sinn.

Kuhnert kann nie lange sitzen bleiben, sogar wenn er predigt, läuft er hin und her. Und das tut er auch jetzt. Er ist noch dünner geworden seit seiner letzten Malariaattacke, doch er ist voller Energie. Er ist barfuß, wie meistens. Seine hornigen Füße machen auf dem Holzboden ein Geräusch wie Katzenpfoten. Johann vermisst Katzen, auf Neuguinea gibt es keine.

Und, fährt Kuhnert fort, was ebenso wichtig ist: Gemeinschaft. Es geht immer um die Sippe, das Dorf, das Volk, nie um den Einzelnen. Ein Einzelner ist hier gar nicht überlebensfähig. Deswegen können sie nur Christen sein, wenn es die ganze Gemeinschaft ist, verstehst du? Wir müssen also nicht den Einzelnen bekehren, wir müssen das ganze Volk erheben. Das ist unsere eigentliche Aufgabe. Aber das, er bleibt stehen, lehnt sich an das Geländer und beugt sich zu Johann herunter, das wollen sie nicht hören, die lieben Brüder.

Die Petroleumlampe beleuchtet ihn schräg von oben, und als er sich herabbeugt, verwandelt sich sein Gesicht in eine Geistermaske mit im Dunkel versunkenen Augenhöhlen, Schatten um den Mund und hell erleuchteten Haaren wie magische Federn. Er neigt sich immer weiter vor zu Johann, und der ist gebannt von diesem Gesicht, es scheint eine ungeheure Kraft von ihm auszugehen, die Johann packt, ihn hochreißt aus dem Sumpf der Gorm'schen Müdigkeit. Etwas Großes ist möglich. Johann fühlt es tief in seinem Innern, es ist stark wie der Ruf Gottes damals am Flussufer. Für einen Augenblick, wie bei einem Blitzschlag, sieht er die Lichtung um das Haus erhellt und voller Menschen, die sich erheben wie ein Mann und in Bewegung setzen, singend unter dem Zeichen des Kreuzes, und vorwärtsgehen, es werden immer mehr. Ein endloser Augenblick.

Kuhnert richtet sich wieder auf und spuckt über das Geländer wie ein Kai.

Der Augenblick ist vorbei.

Kuhnert schimpft wieder auf die Brüder, als hätte nicht gerade eben, einen heiligen Blitzschlag lang, ein Prophet aus seinem Mund gesprochen.

Sie lassen die Eingeborenen den Katechismus hinauf und hinunter büffeln, sie hocken ein jeder auf seiner Station und zählen ihre Schäfchen. Das ist nicht die Gemeinschaft der Heiligen, wie es im Glaubensbekenntnis heißt, nein, das ist nichts als eine lauwarme Kirchenverwaltung. Hauptsache, die Bilanzen der Plantagen stimmen.

Die Heldsbacher, sagt Johann.

Ach, sie alle! Anstatt das gemeinsame Werk voranzubringen, die völkische Hebung dieser Steinzeitmenschen durch die Kraft Gottes, arbeiten sie dagegen, sie wollen nur, dass alles so funktioniert wie daheim. Ich aber, wir! … Wir wollen ein Volksgebiet statt kleiner Stationen: ein Papualand, stell dir vor, das in einer guten Ordnung lebt, mit Schule, Kirche und einem geregelten Familien- und Arbeitsleben. Was für ein herrliches Land könnte das sein!

Die Pflanzer nennen uns den Neuendettelsauer Gottesstaat, wirft Johann ein.

Ich weiß. Aber es ist leider nur eine Kleinstaaterei.

Kuhnert nimmt seine Wanderung wieder auf.

Ja, mein Freund, er räuspert sich, und da ist noch etwas sehr Wichtiges.

Es ist das erste Mal, dass er Johann seinen Freund nennt. Und schweigt eine Weile. Tapp, tapp, seine hornigen Füße.

Was denn?, fragt Johann schließlich.

Wahrscheinlich weißt du es schon. Die Engländer, die haben den Eingeborenen kein Heil gebracht, nur Verderbnis, eine oberflächliche Fremdkultur. Aber meine Kai sind ja alles andere als dumm, die durchschauen dieses Händlervolk, das nur Profit mit ihnen machen will. Die halten zu uns Deutschen. Unverbrüchlich und treu. Seit die Briten und ihre minderen Abkömmlinge sich hier als Besatzer gebärden, ist kein einziger Kai zu ihnen übergelaufen. Er beugt sich wieder herab: Sie stehen unserem tapferen deutschen Helden hier zur Seite. Behalte das für dich.

Natürlich, sagt Johann. Aber es weiß doch sowieso jeder.

Alle Welt – vom Sattelberg über Finschhafen bis hinüber nach Ruk – redet über den sagenhaften deutschen Offizier, der sich den Briten nicht ergeben will und mit einer kleinen Eingeborenen-Armee in den Bergen unterwegs ist. Wangerl und seine Getreuen befürchten deshalb das Schlimmste für die Mission. Mister Money hat die Geschichte auf seine Weise kommentiert: *War in Sherwood Forest! German hero with army of black mountain dwarfs fighting against no enemy at all.*

Das wiederum kann Johann unmöglich Kuhnert erzählen.

Die Heldsbacher, sagt Kuhnert, sind strikt dagegen, unseren aufrechten Oberleutnant zu unterstützen. Aber entweder glauben wir, dass das hier das Werk Gottes ist, oder wir ergeben uns in feiger Kleingeisterei! Die Obrigkeit! Du kennst das Pauluswort. Ja, ich habe den Neutralitätseid auch geleistet. Ja, ich halte mich daran. Ich tue nichts gegen die Besatzer. Aber meine Kai, die haben nichts geschworen. Sie sagen: Wir werden euch beschützen. Und wenn die Kai das sagen, da können doch wir Deutsche nicht einen deutschen Offizier, der dem Feind widersteht, vor ihren Augen zum Aufgeben zwingen! Wir haben ihnen Gottes Kraft und Herrlichkeit verkündet. Wenn wir nun klein beigeben, werden wir ganz und gar unglaubwürdig. Dann stehen wir vor ihnen wie Männer ohne Ansehen und Tugend da. Verstehst du?

Ja, schon, sagt Johann. Aber wir sind keine Krieger, wir sind Hirten. Wir sollen für die Seelen sorgen.

Auch ein Hirte, sagt Bruder Kuhnert, muss fähig sein, den Wolf zu erschlagen.

An diesem Abend gibt er Johann die Erlaubnis, Du zu ihm zu sagen.

Johann kehrt nach Ruk zurück und fährt für lange Zeit nicht mehr aufs Festland. Er stürzt sich in die Arbeit. Inzwischen hat er einen Missionsgehilfen an seiner Seite: Nikodemu, der vor der Taufe Airage geheißen hat, von der Insel Tuam. Unterwegs auf den kleinen Inseln und in Küstendörfern lernt er von ihm die Sprache und die Gebräuche der Einheimischen. Hebe nichts auf, was jemand hat fallen lassen. Sprich niemals beim Essen. Lass niemals irgendetwas von dir zurück: kein Taschentuch, keine abgeschnittenen Fingernägel, keine Barthaare.

Ihre Reisen werden immer länger: Eine Reise bei schlechtem Wind nach Malawaia kann eine Woche dauern, einmal sind sie sogar zehn Tage unterwegs. Er schreibt ohne Gorms

Wissen einen Brief an den Missionsdirektor nach Neuendettelsau, dass er dringend ein Motorboot braucht.

Die Zeit auf der Station erscheint ihm vergeudet. Bruder Gorm unternimmt keine Reisen, er hält Schulunterricht und kümmert sich um die wenigen Christen, denen es aber entschieden an Festigkeit fehlt: Sie lassen sich zu seinem Kummer immer wieder von der Tanzlust mitreißen und nehmen an den heidnischen Festen in ihren Dörfern teil.

Und andauernd Weibergeschichten, sagt Gorm seufzend. Die Heiden schimpfen jetzt, dass die Christen ihnen die Frauen wegnehmen. Wir müssen hier einmal Zucht und Ordnung reinkriegen.

Schließlich hat er eine Idee: Der Eingeborene weiß, dass er dem Weißen ein X für ein U vormachen kann, erklärt er Johann, aber dem eingeborenen Christen, dem kann er nicht mit Ausreden kommen. Wir werden also eine Versammlung mit gefestigten Christen von den anderen Inseln abhalten. Und die Heiden werden natürlich auch dabei sein, sie werden sich eine so große Sache nicht entgehen lassen. Wir stiften den Reis und die Schweine für ein bescheidenes Essen, genug für alle, aber keine Völlerei!

Die üppigen Feste der Siasi, bei denen ein Gastgeber den anderen an Großzügigkeit übertreffen muss, sind Gorm ein Dorn im Auge.

Auch wenn sie damit ihre Streitereien aus der Welt schaffen, sagt er, es ist einfach Verschwendung! Aber sie haben keinen Begriff davon, nicht einmal ein Wort haben sie dafür.

Der Völlerei soll mit der Versammlung ebenso der Kampf angesagt werden wie der Tanzerei, der Hurerei und Zauberei. Nikodemu ist – wie alle einheimischen Christen und viele Missionare – überzeugt, dass die Zauberer wirklich mit dem Teufel im Bunde sind und dass in den rituellen Masken und Trommeln und Brummhölzern böse Kräfte wirken. Er erzählt Johann, dass ein weißer Anwerber in seinem Nachbardorf eine Zaubermaske gekauft habe und kurz darauf gestorben sei.

Kuhnert dagegen hält Zauberei und alles, was damit zusammenhängt, für bloßen Aberglauben, der allerdings ausgerottet gehört. Menschen sterben an Krankheiten, nicht an Zauber, sagt er immer. An Zauber sterben schwache Menschen, die leicht zu beeinflussen sind: Die sterben an ihrer eigenen Angst. Aber, hat er einmal lachend hinzugefügt, manchmal hilft eine saftige Ohrfeige wie bei einem hysterischen Weib, das bringt sie zur Vernunft.

Nach und nach treffen die Leute zur Versammlung ein: Die von der Insel Tuam mit ihren langen Segelbooten kommen bei gutem Wind zuerst an, am nächsten Tag trifft die *Bavaria* mit einem Dutzend Tami-Leuten ein. Im Menschengewimmel sind die Christen leicht zu erkennen: Die Männer tragen Hosen, die wenigen Frauen weite Kleider und nicht mehr Schmuck als eine Kette um den Hals und einen Oberarmreif. Die hiesigen Heiden aber haben sich herausgeputzt, wie es sich für ein *sing-sing* gehört, mit kostbarem Brustschmuck aus Zähnen und Muscheln, geflochtenen Bändern, leuchtenden Federn und fantastischen Frisuren, dazu die üblichen Schurze oder *laplaps* aus Stoff.

Gegen Mittag beginnen die Männer in der Glut eines großen Feuers Steine zu erhitzen, die dann in eine mit großen Bananenblättern ausgelegte Grube geschichtet werden, darauf das grob zerteilte Schweinefleisch und der Taro, darüber wieder Steine. Zuletzt werden die Blätter darüber geschlossen und mit noch mehr Blättern bedeckt. Es wird Stunden dauern, bis das Essen fertig ist. Zeit zum Reden. Aber zunächst wird gebetet und ein jämmerlicher Choral gesungen, der entfernt nach *Lobet den Herrn* klingt. Den Heiden gefällt das nicht. Das ist doch kein Gesang, bemerkt ein *bikpela* laut und verächtlich.

Die Einheimischen und die von den anderen Inseln sitzen einander gegenüber, die Heiden im Hintergrund, in der Mitte die Dolmetscher. Johann versteht nicht alles, was gesagt wird, die Tami-Sprache ist ihm fremd, und die Siasi-Sprache beherrscht er noch nicht gut. Ab und zu erklärt ihm Gorm, worum es geht. Die Zuhörer kommentieren alles, was gesagt wird, durch Laute und Gesten. Ein älterer Mann ereifert sich plötzlich, fuchtelt mit seinem Stab herum und schreit, und die Männer um ihn stehen auf. Die Lautstärke steigt allgemein an, es wird gerufen und gejohlt. Die Stimmung erinnert Johann an die hohen Feste zu Hause, kurz bevor die übliche Rauferei zwischen Katholiken und Evangelischen ausbricht. Ein blutiger Streit bei einer Missionsversammlung, das wäre eine Katastrophe. Aber der Redner beruhigt sich wieder, und der nächste spricht – stabschüttelnd, eifrig, sehr laut. Johann begreift allmählich, dass es hier darum geht, den Worten Nachdruck zu verleihen. Ein deutscher Dorfschulze würde einfach auf den Tisch hauen.

Ein Gemeindeältester redet jetzt über Frauen und droht mit Hölle und Verdammnis bei Ehebruch, diese Wörter versteht Johann, er hat sie aus Gorms Mund oft genug gehört. Daraufhin hagelt es Anklagen von allen Seiten, die Tami-Christen halten den Siasi-Christen mangelnde Tugend vor, heimliche Vielweiberei und Ehebruch. Die Hiesigen halten dagegen, dass die Tami auch nicht besser seien und ihnen die Frauen wegkauften, und die Heiden ihrerseits verwahren sich dagegen, dass die Christen ihnen die Anzahl der Ehefrauen vorschreiben wollen, und überhaupt, dass die Weißen sich einmischen.

Schließlich ergreift der christliche Lululai, der noch von der deutschen Verwaltung eingesetzte Ortsvorsteher von Tuam, das Wort und bringt ein Problem zur Sprache, das unbedingt gelöst werden muss, bevor es weiteren Streit gibt. Soweit Johann versteht, hat eine verheiratete Frau von der Insel Aromot ihren Mann verlassen und ist zu einem Mann nach Tuam gegangen. Anscheinend tun die Frauen auf den

Inseln so etwas, es scheint kein Einzelfall zu sein. Nun ist die Frage, mit wem sie vor Gott verheiratet ist. Der erste Mann will sie zurück, hat aber schon eine andere. Der Mann von Tuam will die Frau gern behalten, er hat sie ja nicht geraubt, sagt er, sie ist zu ihm gekommen. Er gehe zum Taufunterricht und könne seine Frau nicht einem Heiden überlassen.

Johann wundert sich, dass Bruder Gorm sich heraushält. Es ist ja schließlich eine heikle Sache: Die Frau ist eine Ehebrecherin, ohne Zweifel, aber ihr Mann Polygamist. Es geht hin und her, eine Insel argumentiert gegen die andere, bis ein *bikpela* von Aromot eine Ausgleichszahlung von vier Schweinen vorschlägt, wenn die Frau bei ihrem neuen Mann bleibt. Die Christen von Tuam wenden ein, dass die Frau freiwillig gekommen ist und dass der Kauf von Frauen für Christen nicht erlaubt ist. Schließlich einigt man sich auf ein großes gemeinsames Fest auf Tuam, und alle sind zufrieden. Wenn das mal nicht wieder zu einer Verschwendung führt, knurrt Gorm.

Aber Nikodemu sagt, es sei das Beste so: Das Ehepaar wird irgendwann getauft, und für die Frau und ihr Seelenheil ist es allemal besser, einen christlichen Mann zu haben.

Die Dämmerung fällt schon über die Lichtung, als ein Mann in Hosen Anklage gegen Leute aus Ruk erhebt. Er zeigt auf drei Männer und beschuldigt sie, Zauberer zu sein.

Unser Missionar Ngoremu, sagt der Mann und deutet auf den gelbgesichtigen Gorm, ist krank. Ihr seid schuld!

Unmut erhebt sich bei den Leuten von Tuam und Aromot, der sich rasch steigert und gegen die Zauberer richtet. Ein alter Mann ohne Zähne schimpft wütend in Richtung der Ruk-Leute.

Bruder Gorm widerspricht nicht, mischt sich nicht ein. Zum ersten Mal kommt Johann in den Sinn, dass Gorms Krankheit nicht bloß eine Folge des Klimas und des Alters sein könnte. Im Zwielicht der letzten Tageshelle und der ersten Fackeln sieht der alte Mann noch kränker aus als sonst.

Und so, wie er in Kuhnerts Gesicht einmal die Kraft Gottes erkannt hat, glaubt er in Gorms Gesicht für eine Sekunde das Wirken des Bösen zu sehen.

Was für ein Unsinn. Er, Johann, lässt sich hier einwickeln von Aberglauben und Heidenangst. Ungeduldig richtet er sich auf, er will einen klaren Kopf bekommen in diesem schwülen Halbdunkel, er ist außerdem müde, und die Füße schlafen ihm fast ein vom langen Dahocken. Erst als er steht, merkt er, dass alle ihn ansehen und offensichtlich nun eine Rede von ihm erwarten. Wäre er nur sitzen geblieben. Er muss jetzt etwas sagen, etwas Einfaches, für das seine Kenntnisse der Siasi-Sprache ausreichen.

Zauberer, ihr!, ruft er dann, und man hört ihm tatsächlich zu. Zauberer, ihr! Hoffentlich hat er das richtige Pronomen gefunden. Gebt zu, dass ihr Schlechtes getan habt.

Denn die Männer sind ja sicher nicht unschuldig.

Eure Taten sind schlecht, und Anutu wird euch mit Kraft vernichten!

Die Zustimmung unter den versammelten Christen ist laut und heftig, aber Gorm schüttelt den Kopf.

Bereut!, ruft Johann noch. Dann kommt Anutu in Frieden.

Beifälliges Geschrei von allen Seiten, außer von einigen Ruk-Leuten der Heidenfraktion.

Gorm gibt Nikodemu ein Zeichen. Der steht auf und ruft: Lasst uns beten. Und neigt den Kopf und beginnt das Vaterunser in der Siasi-Sprache. Die hiesigen Christen fallen ein, dann die Dolmetscher und schließlich die übrigen Christen in ihrer eigenen Sprache.

Das Singen beginnt erst nach dem Essen.

Wir kommen voran, sagt Bruder Gorm erschöpft. Aber das Predigen überlässt du künftig erst einmal mir.

Johann treibt immer noch die Frage um, was es mit Gorms Krankheit auf sich hat. Was war denn damals los, fragt er schließlich, als Sie die Station aufgegeben haben?

Ein Arbeitsjunge ist beim Roden von einem Baum erschlagen worden. Reine Unachtsamkeit von ihm, sagt Gorm und strebt schon dem Haus und seinem Bett zu. Die Ruk-Leute sind mit Speeren und Äxten angerückt und haben uns bedroht. Ich sei schuld, ich und mein Anutu, haben sie gesagt, sie waren außer sich, es herrschte zu jener Zeit eine Influenza-Epidemie, uns sind die Leute gestorben wie die Fliegen. Und dann auch noch das mit dem Jungen. Ich habe die Wütenden zunächst mit Geschenken besänftigen können. Aber dann habe ich eine schlimme Gelbsucht bekommen, die meisten unserer Jungen sind weggelaufen, und die Brüder haben mich für eine Weile zurückgeholt. Und nun bin ich wieder hier, wie du siehst.

Und was war das vorhin?, fragt Johann. Ngoremu ist krank, ihr seid schuld?

Sie haben einen Zauber über mich verhängt, das haben sie damals gesagt, und das glauben seitdem alle, die Christen und die Heiden. Dass ich noch lebe, ist für sie ein Wunder. Der Beweis, wie stark unser Gott ist. Ich fürchte, wenn ich sterbe, bricht unsere ganze Arbeit hier zusammen.

Gott wird Sie nicht sterben lassen, ruft Johann.

Sein Wille geschehe, sagt Gorm. Und deshalb lebe ich noch.

Sie glauben es also? Dass Sie verzaubert wurden?

Gorm sieht ihn nur an und sagt nichts. Gorm, der zu allem fertige Gedanken besitzt und sie gern ausführlich darlegt, schweigt. Jedenfalls eine lange Weile.

Du musst es für die Zukunft wissen, Bruder Hensolt: Die Männer in unseren Gemeinden sind recht wankelmütige Christen. Die meisten sind schwach und haben wenig Ansehen in ihren Dörfern, keiner von ihnen ist ein *bikpela*. Wir können uns auf niemanden stützen.

Und die Frauen?, fragt Johann.

Über die Frauen, sagt Gorm, gibt es nichts weiter zu sagen.

10

Körper und Seele

Als meine Großmutter mir von ihrer Begegnung mit Gott erzählte, war es heller Nachmittag. Zu dieser Zeit existierte unser gemeinsames abendliches Ritual nicht mehr. Wenn ich bei ihr zu Besuch war, übernachtete ich auf dem Sofa im Wohnzimmer; zu Hause hatte ich inzwischen einen winzigen Verschlag für mich selbst, und Nette schlief bei meiner kleinen Schwester Christine, wenn sie uns besuchte. Unsere Gespräche schweiften nicht mehr wie früher quer durch die Welt und die Zeiten und nahmen auf, was sie am Wegrand fanden. Es war nun eher so, als nähme Nette fertige Geschichten aus den Schränken ihrer Erinnerung, Geschichten, die in Seidenpapier eingeschlagen auf die richtige Gelegenheit warteten.

Die Gelegenheit für die Begegnungsgeschichte ergab sich, als ich ihr von den bunt gekleideten Jesus People erzählte, die sich damals im Münchner Englischen Garten herumtrieben. Sie beteten laut durcheinander, mit hochgeworfenen Armen, und umarmten einander viel und innig. Ich mochte das sehr, besonders bei einem von ihnen, der sich Nehemiah nannte. Sie trugen alle Namen aus der Bibel, wie getaufte Papua. Nehemiah hatte lange dunkle Locken, leuchtende Augen und eine ganz besonders ergreifende Art, *Jesus loves you, sister* zu mir zu sagen.

Solche Leute hat es in Amerika damals auch gegeben, sagte Nette. Sie haben natürlich nicht so ausgesehen, ihr missbilligender Blick streifte mein ungebügeltes indisches Kleid, aber solchen Menschen, die Jesus sehr geliebt haben, mit Herz und

Seele, denen bin ich dort auch begegnet, in New York. In Newark eigentlich. Sie sagte *Nurk*.

Das Foto zeigt eine Straße mit zweistöckigen Backstein-
häusern und niedrigen Freitreppen. Auf dem Bürgersteig
und den Stufen liegt eine Schneeschicht. Links im Bild
sieht man einen Laden mit einem großen Schild über der
Front: Altlantic & Pacific. Nette steht vor dem eisernen
Zaun des Nebenhauses. Sie trägt hochhackige Schnürstie-
fel, einen modischen karierten Mantel, um den Hals einen
Fuchspelz und auf dem hochgesteckten Haar einen winzigen Hut. Sie blickt halb über die Schulter in die Kamera, über ihrem Gesicht liegt kein Schatten. Ihre Augen
sind hell und ihr Mund zu einem verhaltenen Lächeln
verzogen.

Ihren freien Sonntag verbringt Nette meistens bei den Metcalfs, jedenfalls im Herbst und im Winter, wenn man nicht
baden gehen kann. Mit ihnen geht sie zur Kirche und isst zu
Mittag, oft an einer langen Tafel, denn nicht selten gesellt sich
Verwandtschaft von Tante Metcalfs Seite hinzu. Dann ist es
so, wie es früher zu Hause bei den Eltern war, vor dem Krieg.
    Bei Familie Oppermann sind die Tischrunden viel größer
und prächtiger, Nette isst meistens in der Küche, aber manchmal sitzt sie bei den Sederfeiern am Freitagabend auch mit am
Tisch. Erst war sie befremdet von den seltsamen Gebräuchen,
aber sie hat sich daran gewöhnt, inzwischen freut sie sich
schon darauf. Sie mag das Feierliche daran, es ist dem sonntäglichen Schweinebraten bei den Metcalfs irgendwie überlegen. Sie begleitet Mrs Oppermann sogar ab und zu in die
Synagoge und beobachtet von der Empore der Frauen aus,
was die Männer unten veranstalten, inmitten von Gold und
einem Gesang, der ihr fremdartig und irgendwie orientalisch
vorkommt. Sie stellt sich dann den kleinen Jesus im Tempel

vor, der bestimmt auch solche Lieder gehört und gesungen hat. Wie alt das Judentum ist! Und Gott, das spürt sie irgendwie, ist immer noch bei Seinem auserwählten Volk, unbegreiflich, allmächtig. Der Gott, der zugesehen hat, wie die Soldaten in den Schützengräben einander zu Millionen getötet haben, der keine Erlösung gewährt. Der die Sünden bestraft. Vielleicht gibt es keinen Heiland und keine Erlösung, und die Juden haben recht.

Am Sonntag, in der German Lutheran Church, singen sie dann wieder *Jesus meine Zuversicht*. Wenn es im Leben keine Liebe mehr gibt, bleibt einem eben nur Zuversicht, denkt Nette. Wenn die, die man so sehr geliebt hat, alle tot sind. *Denn dein ist das Reich und die Kraft und die Herrlichkeit*, betet sie mit, aber das Reich und die Herrlichkeit lassen sie kalt. Was hat sie zu schaffen mit Herrlichkeit, da waren die Trommeln und Märsche, der bayrische Prinzregent in seiner Paradeuniform, sie hat in München in der Menge gestanden, Jubel und Geschrei, Blumen in den Gewehrläufen. Und dann. Was gehen sie die Reiche an, Kaiserreich, Deutsches Reich, Vereinigte Staaten. Und was hilft es, dass auf den Soldatengräbern von Servon-Melzicourt Kreuze stehen. Es gibt keinen Trost, nicht in all den Gebeten, nicht hier in der hohen Kirche und auch nicht im Kerzenlicht der jüdischen Freitagabende. So sitzt sie in der Bank und singt und betet und betrachtet den toten Mann am Kreuz, der keine Antwort gibt.

Sie übt sich in Zuversicht. Das nüchterne, praktische und lebendige Amerika ist voll von Zuversicht. Alle glauben jeden Tag, dass es besser wird. Sie spart ihr Geld. Es fehlt nicht mehr viel, dann hat sie so viel beisammen, dass sie ihre eigene Herrenschneiderei aufmachen kann. Im Sommer geht sie wieder an den Strand, sooft sie kann, meistens mit Greta, denn Traude hat sich verlobt.

Wenn sich eine verlobt, wird sie gleich langweilig, spottet Greta. Greta verabscheut Langeweile, und das ist wunderbar, denn sie tun zusammen lauter Dinge, die sie nie zuvor getan haben. Sie gehen in noble Geschäfte und lassen sich feine Sachen zeigen, als könnten sie sich irgendetwas davon leisten. Sie gehen ins Italienerviertel, ins Chinesenviertel und probieren eigenartige Gerichte. In die Viertel der Schwarzen trauen sie sich nicht.

Es ist auch Greta, die Nette dazu bringt, Kirchen auszuprobieren. Das kostet nichts, und du wirst sehen, es ist überhaupt nicht langweilig.

Sie gehen zwar immer noch sonntagmorgens in die deutsche Lutheran Church, wie es sich gehört, aber in New York kann man Gottesdienste zu jeder Tageszeit haben, bei schlechtem Wetter kann man den ganzen Tag in irgendeiner Kirche zubringen, und es wird immer etwas geboten. Sie gehen zu Katholiken, Anglikanern, Griechisch-Orthodoxen, Methodisten, Quäkern oder wie sie heißen mögen, und verstehen manchmal kein Wort, weil auf Polnisch, Italienisch, Griechisch oder auch Amerikanisch mit einem völlig unverständlichen Akzent gesungen und gepredigt wird.

Nirgendwo findet Nette das, wofür Kirchen doch wohl zuständig sind und wovon sie alle auf irgendeine Weise reden: Ruhe für ihre Toten und für sich selbst. Gott ist überall groß, mal ist er weiß, mal golden – aber immer hinter Ritualen verborgen und nicht zu fassen. Irgendwann verlieren sie das Interesse an den Kirchen. Von da an gehen sie ins Kino.

An einem Samstag schickt Mrs Oppermann sie nach Newark, um von Bekannten etwas äußerst Wichtiges abzuholen, das keinem Boten und schon gar nicht der Post anvertraut werden kann. Nette ist es recht, es ist eine kleine Reise in eine völlig unbekannte Gegend, und das an einem Samstag – da kommt sie sonst nie aus dem Haus. Es ist schon Herbst, aber noch nicht kalt, noch hängen die Blätter an den Bäumen, so bunt, wie sie nur in Amerika sind. Regen liegt in der Luft. Als die Bahn auf der Brücke über den Hudson River fährt, öffnet sich plötzlich der Horizont in die Weite, und Nette merkt, wie sie ihn vermisst hat zwischen all den Häusern.

Sie fühlt sich angenehm klein, fast wie auf einem Schiff. Was für ein schönes Gefühl, so allein über das Wasser zu fahren. Längst denkt sie nicht mehr bei jeder Brücke an Christoph, nur noch selten, so wie jetzt, aber es tut nicht weh. Das sanfte graue Wetter hüllt sie ein, und sie hängt ihren Gedanken nach, erinnert sich an kürzliche, schmerzlose kleine Dinge. Der Tee letzten Sonntag mit Greta. Die Schuhe, die Mrs Oppermann ihr geschenkt hat. Und Herr Ruhlich. Bei ihrem letzten Spaziergang sind sie ein Stück am Fluss entlanggegangen. Aber mit ihm ist ein Fluss nichts Besonderes, nicht so wie in diesem Augenblick, da sie aufs Wasser schaut und die ganze Welt dahinfließen sieht. Mit Herrn Ruhlich plätschert der Fluss, nichts weiter. Vielleicht ist dieser Mann gut für sie, denkt sie manchmal. Mit Herrn Ruhlich gibt es keine Aufregung, keine Überraschung, und wenn er von einem Tag auf den anderen verschwinden würde, würde sie ihn kein bisschen vermissen. Zum Glück hat er ihr bisher keinen Antrag gemacht, jedenfalls nicht direkt, das traut er sich anscheinend nicht. Er hat nur von seinem Haus gesprochen, dort in Brooklyn, und dass sie an ihre Zukunft denken müsse.

Sie werden nicht jünger, mein liebes Fräulein Marchand.

Zum Glück, hat sie geantwortet.

Dann haben sie noch in der deutschen Konditorei Kuchen gegessen. Sie hat ihn angesehen: ein Mann Anfang dreißig, nicht dumm, ziemlich ehrgeizig, nicht hässlich und ohne ein Laster, von dem sie gewusst hätte. Tante Metcalf redet ihr zu, dass sie ihn heiraten soll. Greta dagegen findet ihn *extremly boring*, aber das hat nichts zu sagen, sie hat ihn nur einmal nach der Kirche getroffen. Außerdem langweilt sie sich schnell. Nette selbst findet gar nichts. Ruhlich ist irgendwie praktisch, wie ein Regenschirm, er hat sich eine Existenz geschaffen, was löblich ist, er schreibt ihr Briefe und geht zuverlässig einmal im Monat mit ihr spazieren, wenn er nicht geschäftlich auf Reisen ist.

Ja, vielleicht ist gerade das gut. Aber wozu?

Wenn jemand nach ihren Zukunftsplänen fragt, sagt sie, dass es da einen *suitor* gebe, und alle atmen erleichtert auf. Niemand mag alte Jungfern, und sie ist schon Ende zwanzig. Aber nichts interessiert sie mehr, als bald ihr eigenes Geschäft zu haben.

Von der Bahnstation wendet sie sich nach rechts, die Wegbeschreibung von Mrs Oppermann im Ohr. Rechts und dann die dritte nach links, und dann kommt eine Gabelung, und da hältst du dich wieder rechts. Es kommt keine Gabelung. Es kommen schmale Querstraßen, kleine Häuser, immer kleinere. Keine Gabelung. Die Straßen haben hier keine Nummern, nur Namen, sie findet sich nicht mehr zurecht. Es wird spät und später. Sie will jemanden nach dem Weg fragen, aber plötzlich sind die Gehsteige leer. Dann hört sie Gesang, und wo Gesang ist, sind Leute. Er kommt aus einem Holzhaus an der Ecke, sie geht darauf zu, es ist ein Kreuz auf dem Giebel, eine Kirche also, umso besser. Da wird man ihr helfen.

Im Innern ist es ziemlich dunkel, ein paar Kerzen brennen auf einem Tisch. Leute stehen im Halbkreis und halten sich bei den Händen. Es sind nicht viele, die meisten sind Frauen. Das Merkwürdige aber ist der Gesang. So etwas hat sie noch nie gehört. Es ist kein Choral, obwohl die Worte *holy* und *heaven* und *Jesus* darin vorkommen. Es ist eher eine Wolke aus Musik, vielstimmig und seltsam zart, ohne Anfang und ohne Ende, wie es scheint. Ihr steigen Tränen in die Augen.

Sie setzt sich auf einen Stuhl, der hinten an der Wand im Dunkel steht, bloß nicht stören, sie kann ja nicht einfach so stehen bleiben, und außerdem ist sie plötzlich furchtbar müde. Niemand scheint sie zu bemerken. Ihre Tränen beginnen zu fließen, über ihr Gesicht, über ihr Kinn, sie fließen nur so aus ihr heraus, es ist wie Regen, wie kommt es nur, sie hat seit so vielen Jahren nicht geweint. Wo kommt dieser ganze Regen her? Und dazu dieser Wolkengesang. Und dazu dieses halbe Licht. Und dazu die Tatsache, dass sie sich verlaufen hat. Und dazu das Gefühl, dass das ganz gleichgültig ist. Die Musik wird dünner, und dann stehen nur noch ein paar Töne im Raum, Töne übereinander und nebeneinander, leise, sie haben aufgehört zu singen, und man hat es gar nicht gemerkt. Jemand ergreift das Wort, aber der Gesang ist noch in der Luft, als könnte man ihn atmen.

Es ist eine Frauenstimme, die spricht. Sie erzählt etwas über sich, Nette versteht nicht alles, was da gesagt wird. Sie versteht immerhin, dass es um etwas Trauriges geht, aber die Stimme klingt heiter, als würde sie weiterhin singen, und Nette hört nicht mehr zu, sie sucht nach einem zweiten Taschentuch, das erste ist schon ganz nass. Ihre Nase läuft, hoffentlich sieht keiner sie so ... *then Jesus came and healed my heart,* sagt die Frau.

Hallelujah, sagt eine andere Stimme, und noch eine und noch eine, alle durcheinander, jemand juchzt. Eine so unordentliche Andacht hat Nette noch nie erlebt, auch keine, in der eine solche ... eine solche ... Stimmung geherrscht hätte.

Dann singen sie wieder. Nette gibt es auf, ein neues Taschentuch zu suchen und gegen die Tränen zu kämpfen. Sie sitzt da und weint, als gäbe es nichts anderes zu tun auf der Welt.

Schließlich spricht ein Mann, seine Stimme wandert unheimlich durch den Raum. Nach und nach setzen sich die Versammelten nieder, und sie sieht, dass der Inhaber der Stimme tatsächlich durch den Raum wandert. Im Kerzenlicht läuft sein Schatten von einer Seite zur anderen, wird spitz in den Ecken und rund an den Wänden. Der Mann hebt von Zeit zu Zeit die Arme, dann fliegt der Schatten bis unters Dach. Sie versteht ihn nicht sehr gut, er hat einen merkwürdigen Akzent, aber irgendwann begreift sie, dass er mit ihr spricht.

Jesus, sagt er. Seine Liebe. Gib dich Ihm ganz hin. Nicht mit den Händen, nicht mit dem Verstand, auch nicht mit Worten, nein. Nicht einmal mit dem Herzen. Sondern mit Leib und Seele. *Your body and soul.*

Er steht vor ihr und wiederholt es.

Du, die du allein im Dunkel sitzt, komm heraus und tritt in Sein Licht. In Sein Licht. Gib dich Ihm, ganz und gar. *Body and soul.* Und Er wird dich erlösen.

Eine Frau steht auf, nähert sich ihr mit einer Kerze in der Hand. *By the Love of Jesus Our Lord*, sagt der Mann. Stimmen wiederholen seine Worte in einem wirren Chor, in einer Wolke, und wieder entsteht Gesang. Die Frau streckt ihre freie Hand nach Nette aus und führt sie hinein in den Halbkreis der anderen. Die Tränen hören auf.

Die Frau hilft ihr, den Hut abzunehmen, zieht ihr mit unendlicher Zartheit die Nadel aus dem Haar, damit der Prediger ihr die Hände auf den Kopf legen kann. Das letzte Mal, dass jemand Nette die Hände aufgelegt hat, war bei der Konfirmation. Wie anders ist das hier! Sie spricht dem Mann nach: *Jesus, come into my heart.*

Du bist erlöst, sagt die Frau hinterher zu ihr. Du bist ein Kind Gottes, du bist in Sicherheit. In Seiner Liebe.

Body and soul.

Die Frau heißt Grace. Sie begleitet Nette zu den Bekannten der Oppermanns und später bis zur Bahnstation.

Zu mir sagte Nette, Jesus selbst habe sie an diesem Herbstnachmittag in Newark erst in die Irre gehen lassen und ihr dann den Weg in das Bethaus gewiesen: Da, genau da, hat Er auf mich gewartet.

Ich glaubte ihr das sofort. Nehemiah erzählte ähnliche Geschichten. Er hatte zu Jesus gefunden, als er eigentlich Drogen kaufen wollte – statt auf einen Dealer war er auf einen Evangelisten gestoßen, *praise the Lord*. Nehemiah schenkte mir runde Schildchen, auf die eine geschlossene Hand mit nach oben gerecktem Zeigefinger gedruckt war. Darunter stand: *One Way. Jesus.*

Mein Vater war entsetzt und versuchte mit mir sachlich über Fundamentalismus zu diskutieren. Diskutieren war eine seiner Lieblingsbeschäftigungen, am Ende verlor er allerdings meistens die Nerven, wenn man anderer Meinung war. Nehemiah, sagte er, habe die Enge eines Fanatikers. Die Welt sei komplizierter als das: Es gebe nicht nur den einen Weg.

Ich wollte die Welt nicht kompliziert. Ich wollte sie, ein für alle Mal, klar. Ohne Nebel, ohne Geheimnisse: ein Weg, der einzige Weg, Jesus und fertig. Und natürlich Nehemiah. An der Schlichtheit dieser Überzeugung scheiterte mein Vater. Da gab es nichts zu diskutieren, schon gar nicht sachlich.

Meine Großmutter Nette war die Einzige, die auf meiner Seite war. Sie allein begriff, wie schön es war, dass Jesus einen liebte und mit Freude erfüllte und tröstete und wirklich, wirklich verstand. In dieser Phase, die immerhin ein paar Monate andauerte, hielt ich Heidenmission für etwas richtig Gutes: Alle sollten so glücklich sein wie meine Großmutter und ich. Dann zogen Nehemiah und seine Jesus People woandershin. Mir blieb die Sehnsucht und die Ernüchterung in Form frömmelnder Bibelkreise, in denen es vor allem um Gebote und Verbote ging. Umarmungen waren den Leuten da verdächtig, es war kalt, es war eisig, es war ein einziges fürchterliches Neuendettelsau. Ich floh. Mein Vater war erleichtert und versuchte mit mir grundsätzlich über Toleranz zu diskutieren. Ich sagte ihm, so etwas Blödes wie Toleranz würde ich mir nie aneignen. Toleranz sei repressiv. Aber Nette betete weiter für mich.

Das Foto zeigt fünf Frauen vor einem hölzernen Haus unter struppigen Nadelbäumen. Eine von ihnen ist Nette, ganz links im Bild. Vor ihren Füßen befindet sich eine Kiste. Eine Frau mit kurzer Lockenfrisur hat Blumen im

Arm, zwei stehen untergehakt im Hauseingang, eine von ihnen im Morgenmantel. Die fünfte dreht der Kamera halb den Rücken zu und beugt sich über eine andere Kiste. Sie sind alle offensichtlich nicht zum Fotografieren zurechtgemacht, keine hat einen Hut auf.

Newark 1925, steht in Nettes Schrift auf der Rückseite.

Sie sind Freundinnen geworden, und mehr als das: Schwestern im Herrn. Grace betreibt ein Boarding House für Damen in Newark und lädt Nette ein, dort zu wohnen. Nette denkt nicht lange darüber nach, sie kündigt bei den Oppermanns und zieht noch vor Weihnachten bei Grace ein.

Ich lasse dich nur ungern gehen, Linett, sagt Mrs Oppermann. Aber ich sehe ein: Jemand wie du kann nicht für immer Hausmädchen bleiben.

Es tut Nette überhaupt nicht leid, die Upper East Side verlassen zu müssen. In Newark hat sie nun ihre Schwestern und Brüder, das ist mehr als eine Familie, viel mehr: eine Gemeinschaft. Sie ist nicht mehr außer Atem. Herr Ruhlich schreibt ihr an die neue Adresse, ob sie nicht am Sonntag wieder spazieren gehen wollen.

Sie könnten mich mit New Jersey bekannt machen, das ich bislang leider gar nicht kenne.

Die Antwort fällt ihr leicht.

Ich werde Sie niemals heiraten, falls das in Ihrer Absicht liegt, schreibt sie zurück, ohne jede Höflichkeit. In weiteren Treffen sehe ich keinen Sinn.

Grace rät ihr noch zu dem Satz: Mein Herz gehört Jesus Christus, und ich werde es mit niemandem sonst teilen.

Es ist nicht ganz Nettes Stil, aber sie ist sicher, dass Herr Ruhlich, bei aller Hartnäckigkeit, da nicht widersprechen wird. Nicht einmal andeuten wird er, dass sie es sich noch einmal überlegen soll.

Also schreibt sie es genau so hin, und es wirkt. Herr Ruhlich verschwindet aus Nettes Leben. Sie ist erleichtert, sie ist wie erlöst. Nein, nicht *wie*. Sie *ist* erlöst.

Vergiss das nie, sagt Grace. Auch wenn du es nicht fühlst: Es ist die Wahrheit. Du bist erlöst.

Sie verbringen viel Zeit zusammen. Nette arbeitet mit in der Pension, es gibt da ordentlich zu tun.

Aber nur, bis ich genug Geld für meine Schneiderei gespart habe.

Das geht in Ordnung, sagt Grace. Sie ist der gelassenste Mensch, den man sich vorstellen kann. Sie hat ihren Mann verloren und auch ihre Farm im Süden, eigentlich alles. Sie war es, die damals im Bethaus sagte: Jesus hat mein Herz geheilt.

Die Damenpension ist klein, die Bewohnerinnen pflegen vertrauten Umgang miteinander. Im Sommer zieht Greta bei ihnen ein, sie sagt, sie will auch endlich irgendwo zu Hause sein.

Es wird ein gutes Jahr, versprechen sie einander am Silvesterabend, wir bleiben immer zusammen.

Bis eine von uns heiratet!, ruft Greta.

Ich heirate nicht, sagt Nette. Niemals.

Grace lacht. Ich auch nicht mehr.

Im Sommer hat Nette das Geld für ihr Geschäft zusammen und sucht nach einem geeigneten Ladenlokal. Es soll zentral liegen, in einer Gegend mit guter, aber nicht allzu anspruchsvoller Kundschaft. Von den Herren aus besseren Kreisen hat sie seit ihrer Zeit in Mr Kramers Geschäft genug.

Sie hat noch nichts Passendes gefunden, als Babettes Telegramm eintrifft: Mutter schwer krank. Kommen notwendig.

Sie betet mit Grace. Was soll ich tun?

Dann beten sie alle für Nettes Mutter. Und für eine gute Reise. Für eine frohe Rückkehr.

Grace bringt sie aufs Schiff, die Kapelle spielt *Muss i denn, muss i denn*.

Nette weint. Und dann hat das weite Wasser sie wieder.

11

Sündenfall

Meine Mutter sprach über die Angelegenheit erst, als sie wusste, sie würde nie mehr nach Neuguinea kommen. Langsam näherte sie sich dem anderen Paradies, wo ihr Gott sie erwartete, der mit den Jahren sanfter und freundlicher geworden war. Mit nüchternem Blick nahm sie nun das Maß der Schrecken und der Sehnsucht, die sie ihr Leben lang begleitet hatten, und beschloss, ihren Vater aus der Verklärung zu entlassen. So kam es, dass mir Johann Hensolt im Tageslicht und ohne Heiligenschein erschien, und ich sah einen weißen Mann, der mit hochgekrempelten Ärmeln sein Gewehr ölte, eine Zigarette im Mund. Einen Mann, den die Mission entlassen hatte.

Meine Mutter erzählte, »die Neuendettelsauer« seien mit seinen Methoden nicht einverstanden gewesen. Es habe böswillige Gerüchte gegeben.

Sie haben ihn loswerden wollen.

Was für Gerüchte denn?

Ach, so Gerüchte eben.

Beim nächsten Besuch insistierte ich. Was waren das für Gerüchte? Warum genau haben sie ihn loswerden wollen?

Sie zögerte. Seit vielen Jahren war es ihr Wunsch, dass ich die Legenden der Familie für die Nachwelt festhielt. Mit meiner Weigerung hatte sie sich nie so recht abgefunden, aber mein plötzliches Interesse war ihr nun unheimlich.

Musst du immer solche Sachen fragen?

Auch mir war mein Interesse unheimlich. Ich war auf der Suche nach den Ungeheuern, die in unserer staubigen Truhe und unter den langen Tischdecken der Neuendettelsauer Kaffeetafeln hockten. Immer im Dunkeln. Immer da. Ich wollte sie aufspüren und ans Licht bringen, dann würden sie sich in Staub und Kuchenkrümel auflösen, und wir alle wären erlöst. So ungefähr stellte ich mir das vor.

Klar muss ich solche Sachen fragen, gab ich gereizt zurück, ich soll es doch aufschreiben, oder?

Sie demonstrierte ein paar Sekunden, welche Überwindung die Antwort sie kostete.

Er war allein unterwegs im Urwald, er hat ja immer so unglaubliche Reisen unternommen, zu Dörfern, in denen nie zuvor ein Weißer war. Er hat ja auch diese ganzen Sprachen gelernt, er konnte ja elf Sprachen (zuvor hatte sie manchmal behauptet, es seien zwölf oder mehr als zwölf gewesen), er war ja Pioniermissionar, er hat sich ja für alles so interessiert … Und er ist immer tiefer in den Urwald hineingegangen, was sehr gefährlich war, es gab ja damals, in seiner Anfangszeit lange vor meiner Geburt, noch Kannibalen …

Sie erzählte mir das alte Märchen, das ich schon kannte. Sie erzählte es sich selbst, das Märchen vom tapferen Johann, vom heiligen Johann.

Aber warum haben sie ihn LOSWERDEN wollen?

Wieder ein paar Sekunden sichtliche Überwindung.

Er hat die Malaria bekommen, mitten im tiefsten Urwald, viele Tagesreisen weit weg von allen anderen Weißen, es war eine sehr schwere Malaria, ein Schwarzwasserfieber. Eine Eingeborene hat ihn gepflegt, in ihrem Haus, es war ja sonst keiner da, er wäre sonst gestorben.

Und dann?

Dann haben ihm die Neuendettelsauer unterstellt, dass …

Ihr unfertiger Satz. Als ginge es um Krieg. Ich wartete.

Die sind ja so verklemmt, die Neuendettelsauer, die denken ja immer gleich sonst was. Die wollten ihn eben loswerden. Wegen seiner Methoden.

War es Nette, die ihr diese Geschichte erzählt hatte? Der Tonfall, die knappen Sätze, das klang sehr nach ihr.

Was haben sie ihm denn unterstellt?, fragte ich.

Na ja, dass er mit ihr. Also. Hätte.

Da war es, das erste Ungeheuer. Ich kannte meine Mutter gut genug, um nicht auf einem bestimmten Wort zu bestehen. Wenn ich *Verhältnis* gesagt hätte, wäre nichts mehr von ihr gekommen. Sie war eine Meisterin des Weghörens und Nichtwissens, erzogen in einem Kinderheim zur Nazizeit in einem Nazinest. Ihren dort erlernten Fertigkeiten war ich nicht gewachsen, jede Auseinandersetzung beendete sie umgehend mit scheinbarer Nachgiebigkeit oder offensivem Leid. Ich fragte also nicht weiter.

Ich fragte andere. Meine ältere Schwester Marianne, in Familiengeheimnissen am besten bewandert, wusste natürlich schon lange Bescheid. Aber DAS, sagte sie, sei wirklich nur ein Gerücht gewesen. Unser Großvater Mohr habe unseren Großvater Hensolt gefragt, ob es stimme, und der habe es Großvater Mohr gesagt, der es seiner Tochter Sophie weitergesagt habe, und die habe es ihr, meiner Schwester, weitergesagt: Da sei nichts dran.

Auch Tante Christine, die kleine Schwester meiner Mutter, versicherte, ihr Vater hätte NIEMALS. So einer sei er nicht gewesen. Im Archiv der Mission gebe es ja auch überhaupt keinen Anhaltspunkt dafür.

Mir schien es unglaublich, dass die Mission, die akribisch alle Briefe, auch private, zwischen dem *Feld* und der *Heimat* archivierte, über eine so gewichtige Angelegenheit wie die Entlassung eines Missionars keine schriftlichen Unterlagen besitzen sollte, aber es gab tatsächlich keine.

Der Einzige in der Familie, der noch lebte und frei von jedem Verdacht war, irgendetwas zu beschönigen, war Onkel Friedrich, Johann Hensolts jüngerer Sohn. Er war Kirchenmusiker und sang mit den Engeln, mit den Menschen pflegte er wenig Umgang. Meistens äußerte er sich instrumental, manchmal allerdings pfiff er. Als Einziger in der Familie hatte er kein Bild seines Vaters in der Wohnung. Als ich ihn besuchte und mich vorsichtig nach meinem Großvater Hensolt erkundigte, sagte er nur: Ach ja, der Vater. Summend machte er mir Tee, sang zwischendurch einzelne Takte, es klang nach einem Renaissance-Choral, streichelte mir die Schulter. Draußen schneite es. Wir tranken stumm unseren Tee, es war ein ganz und gar friedlicher Moment. Dann sprach Onkel Friedrich: An den Vater erinnere ich mich überhaupt nicht.

Ansonsten: Dementis von allen Seiten. Der Großvater hat nicht und hätte nie. So etwas! Getan. Es waren zu viele Dementis.

Aber ausgerechnet Gerhard Blech, der Springteufel, hinterließ einen Brief von Johann Hensolt an Erna, verheiratete Blech, der das Gerücht bestätigte: Es tut mir sehr leid, dass ich Ihnen damals nicht gleich alles bekannt habe. Ich war geblendet, gefangen in meiner Verfehlung. Dann war es zu spät, ich durfte nicht mehr darüber sprechen. Ich hoffe, dass Sie mir verzeihen können.

Ich las das und fing an, Johann Hensolt zu mögen.

Das unscharfe Foto zeigt im Vordergrund sechs Frauen. Sie sitzen auf der Erde, vor ihnen liegen Netze voller Taroknollen und ein Haufen Palmstroh. Sie sind anscheinend mit Flechtarbeiten beschäftigt. Sie tragen keine Kleider und sind, bis auf eine, sehr jung. Eine von ihnen ist schwanger, eine noch ein Kind. Sie schauen nach rechts, als käme von dort irgendeine Störung. Nur die Frau vorne links im Bild hat ihre Arbeit in den Schoß sinken lassen und blickt fragend in die Kamera. Etwas abseits der Gruppe sitzt ein Mann mit einem hornartigen Schmuckstück auf der Stirn, bei ihm ein Kind. Im Hintergrund erstreckt sich ein Platz aus festgestampfter Erde, darüber liegt quer ein Ast, rechts ist ein schräges Grasdach zu erkennen. Davor stehen ein paar Kinder unter einem Baum. Es wirkt, als wäre der Fotograf den Leuten gut bekannt.

Johann nimmt den Missionarsgehilfen Nikodemu mit auf die Insel. Nikodemu ist ein guter Prediger, er bringt die Leute erst zum Lachen, indem er sie nachahmt, dann stößt er Donnerworte gegen den Teufel und die bösen Geister hervor. Das macht Eindruck. Nikodemu ist außerdem einer, der selbst viel lacht, Johann ist gern mit ihm zusammen. Und Malawaia ist eine schöne Insel. Gorm war niemals hier. Die Leute haben vom Christentum gehört, einige waren schon einmal bei einem christlichen *sing-sing* auf anderen Inseln, aber niemand ist getauft. Niemand trägt Kleider. Sie haben ihren alten Schmuck und ihre Bräuche noch. Eine wunderbare Möglichkeit, endlich Kuhnerts Lehren anzuwenden.

Bei ihrem dritten Besuch bekommen Johann und Nikodemu die Erlaubnis, sich dort eine Hütte zu bauen, nicht direkt im Dorf, aber ein kleines Stück entfernt, nahe am Strand. Sie bezahlen dafür mit einer Axt, drei Messern und einem Topf. Der Topf ist nötig, um die Zustimmung der Frauen zu erhalten.

So fängt es an.

Nikodemu soll eine Weile dortbleiben, so ist der mit Bruder Gorm besprochene Plan. Aber Nikodemu wird plötzlich von seiner Familie auf Tuam gebraucht, deshalb bleibt Johann da. Es ist die Gelegenheit, auf die er gewartet hat. Er ist allein, ohne einen Gorm, der ihm müde und beharrlich Festigkeit empfiehlt. In der dritten Nacht hört er die Trommeln vom Dorf her und das Singen. Singen und Trommeln und Singen. Er kann nicht schlafen. Ganz von selbst singt er irgendwann mit, stumm unter seinem Moskitonetz, die Melodien und Rhythmen erwachen in seinem Körper, als wären sie schon immer da gewesen. Sie sind wohl uralt, sie schwingen auf und ab in sanften Schleifen, aber sie schläfern nicht ein. Sie pochen wie ein Puls, halten ihn wach. Er steht auf und geht im schwachen Mondschein dem Gesang entgegen, hinüber zum Dorf. Er weiß nicht, ob er willkommen ist, aber die Neugier zieht ihn hin.

Vor den Feuern tanzen sie, mit Masken, mittendrin entdeckt er die große Geistermaske *naka mutmut*, Nikodemu hat ihm davon erzählt: Es ist der Teufel. Johann hört dem Gesang zu und dem Pochen der Trommeln und betet, dass Gott ihm zeigen möge, was das zu bedeuten hat. Gott sagt ihm, schweig und sieh. Und Johann sieht. Wie geschmeidig sich diese Körper bewegen, wie stark sie sind, wie sie der *naka mutmut* Respekt erweisen, wie alle Tänzer gemeinsam einem einzigen komplizierten Rhythmus folgen. Nichts daran erscheint ihm sündhaft. Oder auch nur falsch. Gott hat jedem Volk eine Ahnung seiner Größe in die Seele gepflanzt, sagt Kuhnert. Nun hat Johann verstanden. Er spürt, wie sehr all das im Einklang mit der Schöpfung ist: Gesang, den man nicht erlernen muss, Tanz, der dem Unbegreiflichen huldigt. Leise geht er zu seiner Hütte zurück und dankt Gott, dass Er ihm diese Einsicht zuteilwerden ließ.

Von da an lernt er ihre Lieder. Er lernt, was man beim Rudern zu singen hat und beim Angeln und beim Legen des Grasdachs. Er gewöhnt sich an das laute Lachen der Frauen. Er gewöhnt sich an das Geschrei und die zeremonielle Höflichkeit, deren Gesetze er nicht ganz begreift. Man darf seinen Namen nicht sagen. Man muss beim Essen schmatzen, darf aber nicht reden. Er versucht, sich an die Nähe zu ihren Körpern zu gewöhnen, wenn sie sich zu ihm setzen. Haut an seiner Haut, nacktes Bein an seinem Hosenbein, Atem an seinem Hals, Menschengeruch. Hätte er nicht sein Moskitonetz und seine Hütte, er verlöre den gebotenen Abstand zu ihrer Welt.

Als er nach Wochen zurückkehrt zur Station, freut er sich, nach der langen Bootsfahrt wieder Land unter den Füßen zu haben. Er misstraut dem großen starken Meer grundsätzlich, obwohl die Siasi sich mit ihren Booten darin bewegen wie Fische. Singende Fische. Er freut sich, wieder etwas anderes zu essen als Tarobrei, Bananen, Kokosnüsse und Fisch. Er freut sich, gewaschene und gebügelte Kleider zu tragen und auf Stühlen zu sitzen. Er freut sich, an einem glatt gehobelten Tisch zu arbeiten, mit Vorräten an Papier, Tinte und Federn. Das alles ist überaus angenehm. Er beginnt, biblische Geschichten in der Sprache der Inseln aufzuschreiben: Wie der Sturm kommt und die Jünger fast ertrinken, wie Jesus auf dem Wasser wandelt und sie rettet und wie Er mit zwei Fischen und fünf Broten fünftausend Menschen speist. In seiner Niederschrift macht Johann aus dem Brot Taro und aus den Fünftausend ein ganzes Volk. Während er das aufschreibt, die neu gelernten Wörter mit Gorms Verzeichnissen vergleicht und sich von dem geduldigen Nikodemu wieder und wieder korrigieren lässt, überkommt ihn Vorfreude darauf, diese Geschichten auf Malawaia zu erzählen. Er will wieder dorthin, sosehr er den schlichten Komfort der Missionsstation genießt.

Zu Gorm sagt er, dass er sich auf die Dialekte der Inseln spezialisieren wird, allein auf Ruk gibt es mindestens vier verschiedene Sprachen, manche sind miteinander verwandt, manche nicht, man kommt ja ständig durcheinander. Man muss das richtig erforschen. Soll er sich spezialisieren, Gorm hat nichts dagegen. Soll er nur paddeln von Insel zu Insel, Gorm sitzt auf seinem Rotangsessel, predigt, bildet Gehilfen aus und hält Taufunterricht. Soll Johann die beschwerlichen Reisen machen und seine jugendliche Ungeduld in den Dienst des Herrn stellen.

So wie du war ich auch einmal, sagt Gorm.

Das Leben auf der Station ist eintönig. Morgenandacht, Schulunterricht, Pflanzungsarbeit, Abendandacht. Mister Money kommt vorbei und bringt den jüngsten Klatsch aus Rabaul und die neuesten Nachrichten vom Krieg. Die Russen haben jetzt die Rote Pest im Land, sagt er. *Communists*. Und: Ihr Hunnen habt die Amerikaner verärgert. *Too bad for you*. Den Amerikanern wird bald die Welt gehören, *you will see*. Am Abend, allein mit Johann beim Bier, erzählt er noch, dass seine Geliebte, eine Tolai, ein Kind bekommen hat. *My pikanini. A boy.*

Er ist gut gelaunt wie noch nie. *A little redhead pikanini.* Er lacht. *The heir of my Empire.*

Your empire?, fragt Johann.

The tropical Empire of Money, sagt Mister Money und lacht sich halb tot.

Bei seiner nächsten Reise nimmt Johann Nikodemu nicht mit. Er hat die Bootsjungen dabei, sonst niemanden, sie setzen ihn auf Malawaia ab und fahren am nächsten Morgen gleich nach Nazigil weiter.

Kaum sind sie weg, kommt das Fieber. Er legt sich in seiner Hütte hin und kann nicht mehr aufstehen. Er hört Gesang wie aus weiter Ferne, die Töne werden größer und kleiner, sein Körper schwillt an wie der Gesang, bis er prall ist wie ein Kautschuksack. Das Fieber übergießt ihn mit Schweiß und eisiger Kälte. Wenn der Gesang schwindet, zerfällt er zu Gallerte. Noch nie hat er solches Fieber gehabt. Er ertrinkt bei jedem Atemzug. Jemand müsste ihn aus dem Wasser holen, aber niemand ist da. Er nimmt Chinin und noch mehr Chinin, aber es hilft nicht.

Er darf nicht sterben. Er ist doch Missionar, ein Diener des Herrn. Kuhnerts Gesicht schwebt über ihm, die Kraft Gottes. Ein starkes Gottesvolk, vergiss das nicht. Er muss etwas sagen, er muss etwas tun, aber die Kraft Gottes bleibt nicht bei ihm. Und er geht unter.

Als er aufwacht, sieht er ein anderes Gesicht über sich, hört die Stimme einer Frau, spürt Hände, kühlende, wärmende, trinkt, was sie ihm hinhalten, Kokoswasser vom Himmel. Er ist allein in der Hütte, aber da ist sie, es ist ein Fiebertraum. Oder eine Pause in einem Fiebertraum, ein Traum von einer Frau, sein Herz schlägt wie verrückt, dabei ist es so kalt, so kalt, kalt, kalt. Es schüttelt ihn, der Winter ist in ihm, und er glüht.

Lehdemann beugt sich über ihn, er lacht. Auf den Inseln, auf den Inseln, er lacht und trägt eine Maske, eine Frau, sage ich Ihnen, mit mehr Savoir-vivre als alle weißen Frauen zusammen. Auf den Inseln. Kommen Sie zu mir, kommen Sie. Er ist der Teufel, der ihn holen will, er steckt hinter der *naka mutmut*, er ist verzaubert, der Tod nähert sich mit einer Frisur aus Lehm und Knochen, Tod, wo ist dein Schrecken, Hölle, wo ist dein Sieg. Vater unser, der du bist im Himmel, führe uns nicht in Versuchung, sondern erlöse uns von dem Übel, denn dein ist das Reich. Das Reich, das Reich. *Tropical Empire.* Und der Gesang. Dein ist Gesang. Ich aber vertraue auf Christus, der Teufel ist Lehdemann-Lebemann hinter der Maske, der Weißeteufel, nicht der Schwarzeteufel, Herr rette mich, dein Wille geschehe, aber sterben darf ich nicht auf den Inseln, die Leute werden nicht an einen Gott glauben, der seinen Diener sterben lässt, auf den Inseln.

Das Fieber trägt ihn in hohen heißen Wellen wieder fort, zu den Baumwipfeln hinauf und übers Meer hinweg und lässt ihn untergehen in Kälte. Er schaut in das Gesicht seiner Mutter, er ist nass am ganzen Körper, er ist in Führingen am Flussufer, kämpft um jeden Atemzug, der Schmerz in seiner Brust. Er zittert, eisiger Wind weht vom Fluss her, die Stimme Gottes. Lass alles hinter dir. Unendliche Schwäche. Das Gesicht über ihm wärmt ihn, bis er vergeht vor Hitze, und seine Haut schmilzt und sein Kopf nicht mehr ist.

Als er zu sich kommt, ist das andere Gesicht wieder da, das junge, dunkle Gesicht seiner Mutter. Sie beugt sich über ihn, ihre Hände halten ihn, halten ihn am Leben, ihre Brüste, so freundlich, so vertraut, er könnte sterben in diesem Augenblick, und wie schade das wäre, er hat noch nie eine Frau erkannt, wie Adam die Eva erkannt hat. Herr, dein Wille geschehe, sprich ein Wort, und dein Knecht wird gesund, und Gott tut, was er will. Das Fieber schlägt über ihm zusammen und schüttelt ihn hin, er geht wieder unter, aber seine Seele fliegt hoch auf, er sieht sich von oben in der Hütte auf dem Bambusgestell liegen, und bei ihm hockt eine Frau, die seinen Bauch berührt und neben seinem Kopf etwas verbrennt, die zu ihm spricht, Savoir-vivre, mehr als alle weißen Frauen zusammen, er versteht nicht, was sie sagt, er ist zu weit weg. Er lauscht und stürzt aus dem Himmel. Und da liegt er, vor ihr, schaut zu ihr auf, nass und zitternd, gerade geboren. Und schläft ein. Im Traum oder in Wirklichkeit erkennt er das verheißene Land, das Gott ihm zeigt, und Gott hat ein dunkles Gesicht und lächelt.

Nur wenige Menschen überleben das Schwarzwasserfieber.

Johann wacht auf, es ist hell, und es regnet. Sein Kopf ist da, wo er hingehört, aber etwas ist anders. Noch nie ist er so aufgewacht, so überaus, so über alle Maßen lebendig. Ein Wunder ist geschehen, und alles ist neu. Die Frau ist nicht bei ihm, er richtet sich auf wie ein Kind, mit allen vieren. Er geht mit unsicheren Schritten und sucht sie. Er findet sie unter der Akazie, nahe am Strand.

Dass Frau und Mann das Unvorhersehbare miteinander teilen, das hat er bis dahin nicht gewusst. Das Chaos. Das Glück. Das Wort Lust kommt ihm in den Sinn, und er schiebt es beiseite. Es gibt keine Worte für das, was diese Frau ihm wird.

Du bist nicht tot, sagt sie. Du lebst bei mir. Ihre Sprache hat keine Form für die Zukunft. Er nennt die Frau nicht bei ihrem heidnischen Namen, er nennt sie Martha, weil sie für ihn gesorgt hat, wie die Martha in der Bibel für Jesus gesorgt und Ihm gedient hat.

Man soll Gott mit Leib und Seele dienen, hat Kuhnert gesagt, die Missionare vergessen immer den Leib. Jetzt erst versteht Johann, was gemeint war.

Martha dient Gott, indem sie Johann dient. Gott hat sie ihm geschickt zu seiner Rettung. Und ihn geschickt zu ihrer Rettung. Die Kraft, die ihn ins Leben zurückgeholt hat, ist die große, die allmächtige Liebe, ohne die alle Predigt nur *ein tönend Erz und ein klingende Schelle* wäre, wie der Apostel Paulus sagt. Johann dankt seinem Schöpfer und Herrn dafür, jeden Tag und jede Nacht.

Als er wieder kräftig genug ist, lässt er sich von den Dorfleuten zurück zur Station fahren. Er verspricht Martha, dass er wiederkommt. Er hat ihr die Geschichten vorgelesen, die er aufgeschrieben hat, inzwischen können sie sie beide auswendig, Wort für Wort. Er verspricht ihr mehr. Er verspricht ihr die Erlösung. Er wird sie taufen, bald. Schon jetzt ist sie, vor Gott, seine Frau. Sie badet im Meer. Ihre Haut voller Perlen. Er folgt ihr ins Wasser, nackt wie ein Heide.

Ich begann zu bedauern, dass ich diesen Großvater nie kennengelernt hatte. Er wirkte wie ein anderes, freieres Exemplar der Gattung Missionar, er passte nicht zu den bedrückenden Neuendettelsauer Kuchen-Sonntagen mit Tante Hugl und Onkel Domsack und all den anderen und der grollend lachenden Marie. Er hatte von der verbotenen Frucht gekostet. In der Bibel heißt es, dass diese Frucht am Baum der Erkenntnis wächst.

Je mehr ich mich in die Geschichte seines Sündenfalls vertiefte, desto mehr erkannte ich mich in ihm. Aber von der Frau, die eigentlich nicht Martha hieß, fand ich keine Spur. Die Frauen der Siasi-Inseln, las ich in einem ethnografischen Aufsatz, durften Männern Heiratsanträge machen und sich selbst aussuchen, wen sie heirateten. Ich konnte mir nicht vorstellen, was die unbekannte Martha in meinem Großvater sah. Er war weiß und in ihren Augen sicher ungeschickt, verfügte aber über einen Vorrat an nützlichen Dingen. Fand sie ihn schön? Begehrte sie ihn? Er wäre beinahe gestorben. War sie deshalb für ihn zuständig?

Er jedenfalls kehrte immer wieder zurück nach Malawaia, sie lebte dort mit ihm, und er verkündigte im Dorf das *miti*. Schließlich meldete sich ihr ganzer Clan zum Taufunterricht an. Er erzählte niemandem davon, nicht Kuhnert, nicht Erna und ganz gewiss nicht Gorm. Johann, Sünder und Prediger.

Meine Großeltern trugen alle eine wirkliche oder vermeintliche Schuld mit sich herum und büßten dafür ihr Leben lang. Heiner Mohr glaubte sich unwürdig und suchte die Gnade, indem er der Mission gute Profite verschaffte. Marie Mohr machte ihre Rebellion gegen Gottes Ordnung wieder gut, indem sie mit harter Hand für ein ordentliches christliches Familienleben sorgte.

Und Nette? Nette, die ihren Mann liebte und Gott noch mehr liebte und beide nicht verstand, Nette mit ihrer Zähigkeit und ihrem großen Schmerz, Nette mit ihrer hohen Stimme und ihren handfesten Mahlzeiten, Nette sagte: Ich kann noch nicht sterben, weil ich zuvor meine Schuld begleichen muss.

Sie alle schwiegen über ihre Sünden, solange sie lebten. Sie lachten nie über sich selbst. Auf der Nachtseite ihres Herzens kreuzten sie die Finger: Möge ES nie, nie ans Licht kommen.

Das Bild zeigt drei Männer in weißen Anzügen an einem runden Tisch. Ein halbhohes Bambusgitter hinter ihnen versperrt links den Blick in den übrigen Raum, rechts sieht man weitere Tische in Reih und Glied stehen, an denen nur wenige Menschen sitzen. Ein dunkelhäutiger Mann im Hintergrund hält ein riesiges Tablett in den Händen. Zwei der drei weißen Männer lächeln breit in die Kamera, der dritte, links im Bild, sitzt halb abgewandt und hält eine

Zigarre in der Hand. Nach Haar, Nase, Barttracht und Statur könnte er Johann Hensolt sein. Der Mann links, ein hochgewachsener Mensch mit exaktem Seitenscheitel und schönen Zähnen, trägt ein kunstvoll geschlungenes Halstuch, der mittlere hat ein rundes Gesicht mit Doppelkinn und Kaiser-Wilhelm-Schnurrbart. Er trägt eine schwarze Krawatte. Das ist laut Bildunterschrift *Mr Eugen Lehdemann, Managing Director of Deutsche Neuguinea-Compagnie with his staff.* Es ist der Tag, an dem die Neuguinea-Compagnie in Rabaul aufhörte zu existieren.

Johann liebt es, im Rotangsessel auf der Veranda zu sitzen, wenn Gorm seinen Mittagsschlaf hält. Mit halb geschlossenen Augen denkt er vor sich hin, macht Pläne, entwirft Predigten in der Siasi-Sprache, zeichnet Seekarten. Diesmal aber ist eine Unruhe in ihm, die er mit Mühe und alltäglichen Gedanken niederhält.

Die Fahrten nach Malawaia, Tuam und zu den kleinen Inseln sind endlos, wenn man Wind und Strömung gegen sich hat. Und er fürchtet das Meer, die gläsernen Massen stürzender Wellen im Sturm, darin das Boot: winzig, nur ein Stück Holz über der Tiefe. Hätte er nicht die Siasi-Schiffer, die in ihren Booten aufgewachsen sind, er würde es nicht wagen, dieses Meer herauszufordern. Wenn er mit ihnen auf dem Boot ist, singt er ihre Lieder, die auf hoher See gesungen werden. Die See kennt diese Lieder und tut dem Boot nichts. So sagen es die Schiffer, und irgendetwas tief in ihm drin glaubt es. Aberglaube, würde Kuhnert sagen, sicher, ja. Aber das alles gehört seit jeher zusammen: das südliche Meer, die Inseln, die Siasi, ihre Lieder.

Er aber ist ein Weißer, und er braucht ein Motorboot. Wie viel schneller wäre er in Malawaia, wenn er eines hätte. Auf seine Bittbriefe kam keine Antwort, es ist immer noch Krieg, es gibt keinen normalen Postverkehr.

Die letzte Seefahrt von Tuam hierher war eine Strapaze. Gestern Abend sind sie eingetroffen, er ist wieder sauber rasiert, sein Hemd blütenweiß und sogar gestärkt, und er spürt dankbar die Stuhllehne im Rücken. Der Komfort des normalen weißen Lebens umgibt ihn wieder.

Sogar der Regen macht gerade eine Pause. Auf dem Vorplatz steht der Fahnenmast mit der nassen schwarz-weiß-roten Reichsfahne, die unter der australischen Besatzung verboten ist. Dahinter führt der Weg zum Kokoshain und den Bananenbäumen, gleich wird er dort nach dem Rechten sehen müssen. Wahrscheinlich dösen die Jungen wieder, anstatt das Unterholz auszuhacken. Abends sitzen sie herum und kauen Betel, das hält sie die halbe Nacht wach, am nächsten Tag sind sie zum Arbeiten zu müde. Es ist immer dasselbe mit ihnen. Er hat das Betelkauen auch einmal probiert, auf Malawaia, es war widerlich, ein kalkiger Knäuel im Mund, Ekel vor der eigenen hellroten bitteren Spucke. Er hat es Martha verboten, sie soll nicht mit roten Zähnen herumlaufen. Sie bekommt ein Kind.

Und das ist der Grund für seine Unruhe.

Schwester Gorm steht drüben zwischen den Hausmädchen im Gemüsegarten, sie zeigt hierhin und dorthin, er hört auf die Entfernung nicht, was sie sagt.

Wenn er doch Martha herholen, ein Haus bauen, mit ihr darin leben könnte, mit ihr und dem Kind. Er zeichnet es in Gedanken, den Grundriss, das Vordach, schlanke Säulen mit Verzierungen. Er versinkt in seiner Träumerei und weiß, dieses Haus wird es nicht geben, kann es nicht geben.

Hier auf der Station könnte Martha nur Hausmädchen sein. Auf ihrer Insel ist sie seine Frau. Wenn er sie verließe, wäre es Ehebruch. Solange er bei ihr bleibt, als ihr Mann, ist es keine Sünde. Nicht dort, nicht auf Malawaia.

Aber sie kann niemals die Gefährtin eines Missionars sein. Etwas in ihm fragt, warum eigentlich nicht, vielleicht würden

sie es verstehen, eines Tages. Aber er kennt die Missionars-
frauen, und er sieht Martha mit ihrem runden Bauch, ihrem
Kindergesicht. Und Mister Money, der sagt: *a redhead pikanini*.

Er ist nun einmal in seinem wirklichen Leben ein Weißer
mit gebügeltem Hemd, ein *Master*, ein Missionar. Das ist sein
Weg, daran darf er nicht zweifeln. Den Weg kann er mit einer
schwarzen Frau nicht gehen. Martha an Schwester Muckenbachers Kuchentafel. Martha im Bibelkreis auf dem Sattelberg. Das Finschhafener Krankenhaus, das sie planen: ein
großes Haus für die Weißen und hintendran die Baracke für
die Schwarzen. Wohin würden sie Martha stecken? Das ist
nicht einmal eine Frage.

Und doch zweifelt er. Der Alltag der Mission kommt ihm
manchmal wie ein Räderwerk vor mit seinen Andachten,
Schulen und gefällten Urwaldbäumen, ein Räderwerk, das
sich durch Neuguinea frisst und alle Inseln des Archipels er-
fassen wird, auch Malawaia. Und er ist ein Teil davon.

Seine Berufung.

Nächste Woche wird die *Bavaria* hier einlaufen und ihn
mitnehmen aufs Festland zur großen Missionskonferenz nach
Lae. Dort wird Kuhnert für seine papuanische Volkskirche
kämpfen und keinen Erfolg haben. Johann und zwei oder drei
der jüngeren Missionare werden ihn unterstützen, und es
wird nichts nützen. Das Räderwerk des Gottesstaats wird
weitermahlen wie gewohnt. Es wird mindestens noch drei
Monate dauern, bis er wieder nach Malawaia kommt. Vielleicht ist dann das Kind schon geboren.

Er sieht Martha vor sich, Martha, die sich niederbeugt,
Martha, die träge die Augen öffnet, Martha mit Wasserperlen
auf der Haut.

Was hat er getan? Er schiebt ihr Bild beiseite.

Bald wird er wieder von Insel zu Insel ziehen. Die Bewohner werden ihn als Freund begrüßen, sie werden ihm zuhören. Sie werden sich dem *miti* öffnen, und Gott wird sie zum

Glauben erwecken. Das starke Gottesvolk wird auf den Inseln erstehen.

Auf den Inseln. Da liegt seine Aufgabe, an der es keinen Zweifel geben darf.

Und Martha?

Er wird sie aufgeben müssen. Aber das wäre Ehebruch.

Und das Kind?

Der Regen rauscht wieder.

Er nimmt eine monatealte Ausgabe des *Missionsblatts* zur Hand, er beginnt sogar darin zu lesen, aber die Wörter schaffen es nicht bis in seine Gedanken. Das Papier ist wellig und schlaff von der Feuchtigkeit. Alles hier ist schlaff. Auch er. Er wird schläfrig. Das Schaukeln des Bootes ist immer noch in seinem Körper, er merkt es, sobald er die Augen schließt. Er treibt dahin auf den Wellen und dem Lied der Bootsleute, in der sanften Bewegung der Lagune von Malawaia, der Puls des Liedes schlägt dazu wie Ruder, wie Trommeln, wie die Füße der *naka mutmut*, langsam und gleichmäßig, dann immer schneller und lauter, das Boot rast dahin, vor ihm öffnet sich ein Strudel, und da ist keiner mehr bei ihm.

Er fährt auf, als etwas seine Schulter berührt. Schwester Gorm beugt sich über ihn. Du musst etwas Schlimmes geträumt haben, Bruder Hensolt.

Eine Woche später kommt die *Bavaria* und nimmt ihn mit.

Die Konferenz ist so, wie er es erwartet hat. Sie streiten. Kuhnert wird angegriffen wegen seiner zerstörerischen Aktivitäten, so nennt es der alte Wangerl. Den untergetauchten deutschen Offizier erwähnt er nicht, aber alle wissen, was gemeint ist. Kuhnerts Pläne für die Volkskirche auf einem großen gemeinsamen Gebiet werden abgeschmettert. Immerhin beten sie am Ende gemeinsam für den Sieg des Deutschen Reichs, möge es seine Feinde niederringen, und für den Frieden Gottes, welcher höher ist denn alle Vernunft.

Auf der Rückreise steht er nachts an Deck, wieder schlaf-
los, und beobachtet das Meeresleuchten im Kielwasser der
Bavaria. Kein Siasi-Lied steigt in ihm auf, diese Lieder passen
nicht zu einem Dampfschiff. Es wird eine lange Fahrt, das
Wetter ist schlecht. Sie legen an jeder Station an, er steigt in
Finschhafen aus.

Er muss sich um die Vorräte für Ruk kümmern und warten, bis die ersten Siasi-Schriften aus der Druckerei eintreffen.
Tage später reitet er mit Kuhnert zum Sattelberg hinauf, zwei
Missionare, gleichgestellt jetzt, jeder auf seinem Pferd. Vorsichtig bringt Johann das Gespräch auf das Thema Misch-
ehen, er redet von Mister Money, nur so als Beispiel. Kuhnerts
heftige Ablehnung entsetzt ihn. Gott habe die Völker und
Rassen verschieden geschaffen, eine Vermischung sei wider
die göttliche Ordnung. Männer fielen manchmal in Sünde,
durch das Weib verführt erlägen sie der Versuchung, das
komme vor. Aber durch die christliche Ehe werden Mann und
Frau ein Fleisch. Wie können zwei Menschen verschiedener
Rassen je ein Fleisch sein?

Johann denkt an Marthas lautes Lachen, ihren barfüßigen
Gang, ihre dunkle Haut an seiner hellen. Ihre Mutter, die
höchstens vierzig Jahre alt sein kann, ist schon eine Greisin
mit roten Betel-Zahnstümpfen, der Platz vor ihrer Hütte rot-
fleckig vom Ausspucken.

Erna freut sich, ihn zu sehen. Wie gern er ihr alles sagen
würde. Aber sie ist eine unverheiratete Frau, sie wäre einfach
entsetzt. Warum nur versteht ihn keiner?

Er versteht sich selber nicht einmal. Im Regen reitet er wieder hinunter nach Finschhafen, allein diesmal.

Als die *Bavaria* endlich mit ihm, seinen Schriften und Vorräten ablegt, wird das Wetter noch schlechter. Sie fahren im
anhaltenden Regen und bei tückischem Wind die Küste entlang bis zur Station Sio. Dort lebt der Missionar Henff einsam
und abgeschieden, ein leiser, sympathischer Mann, der sich

aus allen Streitereien heraushält und wahrscheinlich deshalb nicht zur Konferenz gekommen ist. Henff freut sich sehr über ihre Ankunft, und das liegt sicher nicht nur an den Briefen und Konserven, die sie mitbringen. Er begrüßt sie mit einer unter Missionaren ungewöhnlichen Herzlichkeit und kocht selbst das Abendessen für Johann und die anderen. Es schmeckt ausgezeichnet. Sie reden über die üblichen Themen, den Streit um Kuhnerts Methoden und den Krieg. Zu späterer Stunde sitzen Johann und er allein unter der Petroleumfunzel zusammen, während der Regen auf das Blechdach hämmert. Sie schweigen eine Weile. Schließlich räuspert sich Henff und schaut an Johann vorbei in die Dunkelheit.

Auf Malawaia gibt es eine Frau mit einem weißen Mann, sagt er. Die Jungen von den Inseln reden darüber. Der Mann hat den Brautpreis nicht bezahlt, heißt es.

Johann erstarrt.

Du musst dich darum kümmern, sagt Henff, ohne ihn anzusehen. Es ist doch dein Gebiet. Du weißt sicher, um wen es sich handelt.

Johann nickt automatisch.

Sein Herz hört seltsamerweise nicht auf zu schlagen.

Dabei ist er innen ganz leer. Er ist gar nicht mehr da. Er hört seinen Puls, das ist alles. Da ist nichts, was er denken könnte. Nicht ein Wort.

Puls. Puls. Puls.

Die Petroleumlampe flackert weiter, und der Tisch ist noch immer der Tisch. Henffs Mund sagt etwas.

Was?, fragt Johann.

Wir gehen jetzt besser ins Bett, sagt Henff.

Ja, sagt Johann und steht auf. Seine Beine schaffen das seltsamerweise noch.

Schlaf im Frieden Gottes, sagt Henff und legt ihm die Hand auf die Schulter.

Johann schläft nicht.

Es gibt keinen Frieden. Es gibt keinen Gott.

Am nächsten Morgen hat er Kopfschmerzen wie nie zuvor in seinem Leben. Die Überfahrt von Sio nach Ruk ist eine einzige Folter.

Er krallt sich an der Reling fest.

Marthas Clan. Was hat er falsch gemacht? Was ist los auf Malawaia? Er muss sofort hin. Kann er da jetzt noch hin? Die Missionsbrüder werden bald alles wissen. Henff weiß es wahrscheinlich jetzt schon. Sie werden ihn verurteilen, Gorm zuallererst, aber auch Kuhnert. Alle. Wie soll er es ihnen erklären. Dass es ein Geschenk ist. Dass es gut ist. Dass es gut *war*.

Er betet, aber Gott ist stumm und fern. Die Hölle, hat Kuhnert einmal gesagt, ist die ewige Ferne von Gott.

Aber als er in Ruk an Land geht, mit Kopfschmerzen, die ihm den Magen umdrehen, ist alles wie immer. Die Bootsjungen laden Ballen und Kisten auf kleine Boote um, an Land gibt es das übliche Hin und Her mit den Trägern. Er geht hinauf zur Station, um einen Jungen mit den Maultieren hinunterzuschicken. Wie immer.

Gorm sitzt auf der Veranda. Sie sprechen gemeinsam ein kurzes Gebet und danken Gott für Johanns sichere Ankunft. Wie immer.

Schwester Gorm begrüßt ihn freundlich. Fragt dies und das. Johann antwortet, wie immer.

Es sind wieder keine Briefe aus Deutschland gekommen. Schwester Muckenbacher geht es gut. Schwester Kuhnert lässt grüßen, Fräulein Erna auch. Sie trinken Kaffee und essen Bananenbrot. Danke, Bitte, Ja und Amen. Er beginnt seinen Bericht von der Konferenz. Er hört sich selbst sprechen, als höre er einem Fremden zu, die Schmerzen hallen in seinem Kopf. Er hört Gott lachen. Oder den Satan.

Das ist der Montag.

Am Donnerstag hört er ihre Stimmen unten am Ufer. Das

unverkennbare Organ von Marthas Bruder. Vom hoch gelegenen Kokoshain aus beobachtet er, wie sie unten die Boote auf den Strand ziehen. Sie werden gleich da sein. Etwas in ihm wird ganz kalt und fest.

Jetzt.

Er geht zum Stationshaus hinüber und sucht Gorm. Er findet ihn im Schulzimmer beim Unterricht.

Kommen Sie, Bruder Gorm, sagt Johann. Bitte. Es ist sehr dringend.

Gorm dreht sich unwillig um und folgt ihm ins Freie.

Was gibt es denn?

Ich habe eine Frau, sagt Johann.

Was?

Eine Frau. Eine Siasi. Auf Malawaia.

Noch nie in seinem Leben hat er ein Gesicht gesehen wie das von Gorm in diesem Augenblick.

Auf dem Küstenweg, an der unteren Biegung, sieht er Marthas Onkel und zwei ihrer Brüder näher kommen, hinter ihnen drei weitere Männer, nur Männer, alle feierlich bemalt, der halbe Clan.

Ihre Verwandten kommen gerade, sagt Johann. Sie verlangen den Brautpreis.

Gorm setzt sich auf die Verandastufe.

Gott sei uns gnädig, sagt er.

Es ist nicht, wie Sie denken. Über die Frau habe ich Zugang zu ihnen bekommen. Sie heißt Martha. Sie hat mir das Leben gerettet, als ich das schwere Fieber hatte. Sie ist meine Frau. Sie haben mich freundlich aufgenommen, sie bekommen Taufunterricht, ihr ganzer Clan.

Taufunterricht, ächzt Gorm. Von dir!

Johann hört sich reden und merkt, während er redet, dass es für Gorm ohne Sinn ist, blechernes Gewäsch, wie oft hat er selbst dergleichen von den Eingeborenen gehört, wenn man ihren Untaten auf die Schliche kam. Dass die Weißen nicht verstünden, und so weiter, Ausreden, als hätten Gottes Gebote keine Bedeutung auf den Inseln.

Gorm starrt Johann an wie etwas unaussprechlich Widerliches. Mit einiger Mühe erhebt er sich. Er keucht.

Du hast dich tief versündigt, unser ganzes Werk ist jetzt in Gefahr. Und du stehst hier und hast die Stirn, mir Vorträge zu halten! Im Staub solltest du knien, im Staub!

Sie stehen einander gegenüber. Gorm voller Zorn, Johann leer, ohne jedes Gefühl, mit wirren Gedanken. Er sieht nur Gorms Gesicht und darin sein eigenes Unbehagen, seine heimlichen Qualen seit so vielen Monaten. Ihm steigen Tränen in die Augen.

Was hast du nur getan, sagt Gorm, plötzlich ohne Zorn. Geh ins Haus.

Johann will widersprechen, aber er hat keine Kraft dazu.

Geh mir aus den Augen! Ich mache das hier.

Und Johann gehorcht. Noch während er die Stufen zur Veranda hinaufsteigt, durchflutet ihn eine solche Erleichterung, dass alle seine Glieder nachgeben. Er schleppt sich ins Haus und fällt auf die Knie. Er weint, wie Männer niemals weinen, schwach, ohne Widerstand. Er ist nichts. Nichts als ein Sünder. Plötzlich ist alles so klar, als wäre die Sonne gerade aufgegangen: Es war alles falsch, er hätte Martha nie berühren dürfen. Er ist nicht standhaft geblieben, als der Satan ihn im Fieber versuchte. Er war in Verblendung gefangen. Martha ist nicht seine Frau, sie ist das Werkzeug des Versuchers.

Durch die Fensterschlitze seiner Kammer sieht er, wie Marthas Onkel, sein Taufschüler, die Forderungen vorträgt. Wie es der Brauch vorschreibt, muss Gorm, als Johanns väterlicher Vertreter, mit ihm verhandeln und am Ende den Preis bezahlen.

Die Hausmädchen tragen Früchte und sogar Brot zu den Malawaiern hinaus. Die Atmosphäre scheint freundlich zu sein. Er kann nicht verstehen, was sie sagen. Irgendwann werden die Malawaier laut. Johann wendet sich ab. Er hört sie reden, bis es dämmert. Er hört die Stimme von Nikodemu. Er hört die Mädchen beim Kochen reden.

Später kommt Gorm in seine Kammer.

Jetzt, sagt er, will ich von dir die ganze Geschichte hören.

Es wird eine Beichte.

Daraufhin gehen die Nachrichten hin und her zwischen Gorm, dem alten Wangerl und Henff. Johann sitzt nicht mehr bei den Gorms am Tisch, Schwester Gorm bringt ihm das Essen in seine Kammer, ohne ein Wort. Der Fall ist bald klar: Johann Hensolt, der unwürdige Missionar, soll mit dem nächsten Schiff nach Deutschland zurückgeschickt werden. Aber es ist das Jahr 1918, es ist Krieg, und es gibt kein Schiff nach Deutschland. Die *Bavaria* bringt ihn nach Sio, Henff hat sich bereit erklärt, ihn aufzunehmen, es ist abgelegen genug. Henff ist gut zu ihm, er redet mit Johann über Versuchung und Sünde, über die Möglichkeit zur Umkehr. Über Gottes unendliche Gnade, die auch dem größten Sünder verzeiht. Und langsam, langsam beruhigt sich der Aufruhr in Johanns Herz.

Unterdessen fährt Gorm nach Malawaia – um zu retten, was zu retten ist. Johann erfährt nie, was dort verhandelt wird. Der alte Wangerl will die Sache kleinhalten, die australischen Besatzer sollen nichts davon erfahren, die Brüder möglichst auch nicht, jedenfalls nicht mehr als das Allernötigste. Das Kind darf nicht – darf auf gar keinen Fall! – erwähnt werden.

Die Trockenzeit beginnt.

Johann kann auf Sio wohnen und essen, aber das Arbeitsverhältnis zwischen ihm und der Mission ist beendet. Trotzdem schuftet er wie ein Berserker. Er baut mit den Jungen einen Lagerschuppen, er plant einen Ziehweg zwischen Station und Anlegestelle, der in der Regenzeit nicht weggeschwemmt werden kann, er treibt die Jungen unentwegt an. Irgendwann weigern sie sich. Lass gut sein, sagt Henff.

Johann starrt vor sich hin. Er will mit den eingeborenen Bootsleuten nach Malawaia fahren. Er will sein Kind sehen. Und Martha. Er kämpft den Wunsch nieder. Das sind die Tage seiner Reue. Da ruft er sich Martha mit ihren roten Zähnen ins Gedächtnis, primitiv und zu jeder Sünde bereit, und will sie nur noch vergessen und das Kind auch.

An anderen Tagen findet er die ganze Aufregung um die Geschichte lächerlich. Es gibt viele Männer, die nicht enthaltsam leben können, na und? Es gibt viele Weiße, die einen Bastard gezeugt haben, na und? Gott verzeiht. Jedes Kind ist ein Geschenk, von Ihm gewollt. An solchen Tagen würde er Henff, den sanften, freundlichen Henff mit seiner Barmherzigkeit am liebsten verprügeln.

Es ist ein solcher Tag, als Mister Money plötzlich auftaucht. *Pikanini*, eh?, sagt er gleich zur Begrüßung. *Bad thing. For a missionary.*

Und lacht sein versoffenes Irengelächter. Das Kind ist geboren, sonst weiß er nichts über die Geschichte. Er ist auf seiner üblichen Rundfahrt durch den Bismarck-Archipel, die Geschäfte laufen gut, der Krieg hat manchen Vorteil. Lang wird er nicht mehr dauern, was man so hört.

Und er lacht wieder los. *Bad for you, I should say.*

Johann erkundigt sich nach dem Wohlergehen von Moneys Sohn, dem Erben des Money-Empires. Mister Money mag dieses Thema, sie sitzen unten am Anleger, trinken zu warmes Bier und reden. Es gibt Heime für Mischlingskinder, sagt der Händler. Schulen für sie bei den Methodisten und bei den Katholiken auf New Britain. *Quite active, those Catholics.* Er kneift ein Auge zusammen. *Like bunnies.*

In der Nacht packt Johann seine Sachen zusammen, seine Aufzeichnungen, seine Bücher, sein Gewehr, die Schreibmaschine, die paar ramponierten Anzüge, die er noch besitzt.

Am nächsten Morgen fährt Mister Money in aller Frühe ab, nach Rabaul hinüber. Johann ist an Bord. Henff hinterlässt er einen Abschiedsbrief, in dem er sich bedankt für die Gastfreundschaft und die geistliche Hilfe: Ich suche mir Arbeit in Rabaul, zurück nach Deutschland kann und will ich nicht. Und vielleicht kann ich eines Tages wieder zurückkehren in den Dienst der Mission.

Dass er in Rabaul einen Platz für sein immerhin halb weißes Kind suchen will, schreibt er nicht.

In der Stadt mietet er sich ein billiges Zimmer vom letzten Rest seines Geldes und fragt sich gleich am ersten Morgen zu Direktor Lehdemann durch. Es ist gut, sein Leben wieder in die Hand zu nehmen. Er geht über die staubigen Straßen und ist einer unter vielen. Niemand dreht sich nach ihm um, kein Weißer, kein Schwarzer, kein Gelber. Er findet Lehdemann im Deutschen Klub. Zum ersten Mal seit vielen Monaten freut sich jemand, ihn zu sehen.

Da sind Sie also, Sie junger Heiljer! Lehdemann klopft ihm auf die Schulter, schüttelt ihm die Hand, klopft ihm wieder auf die Schulter. Hab ichs doch gewusst, dass Sie eines Tages auf meiner Insel landen.

Er ist unverändert, vielleicht eine Spur röter im Gesicht, ein bisschen krummer in den Schultern, aber seine Stimme so kräftig wie immer.

Er lädt Johann zum Gabelfrühstück ein: Sie sehn ja halb verhungert aus, mein Junge. Ist leider nicht sehr üppig, kriegsbedingt. Hier geht alles den Bach runter, wie in der Heimat.

Er beugt sich vor, rülpst dezent und sagt sehr leise: Der olle Hindenburg will Schluss machen. Waffenstillstand. Kam über den Briten-Funk. Ich habe da meine Quellen. Zum Glück investiert die Firma schon seit 'ner Weile in Südamerika.

Johann wirbeln die Gedanken durch den Kopf. Er muss auf jeden Fall hierbleiben. Wenn der Krieg vorbei ist und die Australier wieder abziehen, wird man weitersehen.

Ich suche Arbeit, sagt er.

Was könnse denn, fragt Lehdemann, außer Reden halten?

Eingeborene anleiten, sagt Johann.

Und wie isses mit Rechnen?

Das kann ich auch.

Er blieb über drei Jahre in Rabaul. Nach der deutschen Kapitulation versuchte er anfangs, bei den australischen Behörden die Vaterschaft für ein Kind anerkennen zu lassen, dessen Namen und Geburtsdatum er nicht kannte. Man hielt ihn für verrückt. Inzwischen stieg er unter Lehdemann zum Chefbuchhalter auf und überwachte die Abwicklung der Neuguinea-Compagnie. Er traf seinen alten Mitpassagier Siebenkorn wieder, kannte bald sämtliche Übriggebliebenen der deutschen Kolonie. Es waren wenige und wurden immer weniger. Nach langen Abenden mit Bier und ödem Gerede, die stets damit endeten, dass Siebenkorn, Lasinski und er darüber diskutierten, ob sie als Deutsche in der Kolonie noch eine Zukunft hätten, ging er nach Hause und schrieb demütige Briefe nach Neuendettelsau.

Es waren Nächte ohne Martha, Tage ohne den Rhythmus der Andachten und Lieder, sein Leben eines weißen Kaufmanns interessierte ihn nicht. Er wollte zurück in den Urwald. Und in den Missionsdienst.

Im Frühjahr 1922 gab der alte Wangerl seine Zustimmung. Er schrieb nach Neuendettelsau, man werde dem gefallenen Bruder Hensolt die christliche Bruderhand zur Rückkehr in den Dienst des Herrn reichen. Das Wort *müssen* am Ende ließ er weg, aber gemeint war genau das: Das Personal im Gottesstaat war wegen der Einreisesperre für Deutsche so knapp, dass man auch einen Sünder nahm. Aber, fuhr Wangerl fort, Bruder Hensolt dürfe weder predigen noch unterrichten und *keinesfalls mit Femina allein* gelassen werden. Schon das Wort Frauen im Zusammenhang mit diesem Mann muss ihm allzu sündenschwül geklungen haben.

Johann akzeptierte alle Bedingungen. Er würde alle weiteren Versuche, sein Kind zu sehen, für immer unterlassen, es nicht anerkennen und Schweigen über die ganze Angelegenheit wahren. Und er kehrte zurück in den Gottesstaat

Er brauchte die Horde, auch wenn es ihm nie gelingen sollte, ein Teil von ihr zu werden. Er war kein Rebell. Ich war ein wenig enttäuscht von ihm.

12

Stammhalter

Mein Vater erwähnte gern, dass er auf australischem Gebiet aufgewachsen war. Ich fand es schade, dass er kein echter Australier war, ich wäre dann auch Australierin gewesen. Er hätte auf ein Internat in Sydney gehen (schließlich gehörte der Gottesstaat von Neuguinea offiziell zur australischen Kirche) und dort bleiben können. Im Krieg hätte er dann aufseiten der Engländer gekämpft – für Marie die allerschlimmste Vorstellung. Er war das erste deutsche Kind, das nach dem Verlust der Kolonie im Gottesstaat geboren wurde. Sie tauften ihn am 24. Dezember 1923 in der Heldsbacher Missionskirche auf den Namen Reinhard Johann Mohr.

Das Foto zeigt eine große offene, mit Girlanden geschmückte Tür. Davor stehen ein Mann und eine Frau, beide weiß gekleidet. Die Frau – es ist Marie – hat ein in weiße Tücher gehülltes Baby im Arm. Sie lächelt nicht, ihr rundes Gesicht ist ohne sichtbare Regung der Kamera zugewandt. Rechts neben ihr steht Heiner, sein Jackett ist aufgeknöpft, darunter ist ein dunkler Hosenträger zu erkennen. Mit beiden Händen hält er einen hellen Hut. Er blickt geradeaus, an der Kamera vorbei, auf einen Punkt, der seine Gedanken zu beschäftigen scheint. Links neben Marie, im Schatten, ist Johann zu erkennen, mit seinem großen schwarzen Schnurrbart und einem Tropenhelm unterm Arm. Er schaut zu Boden. Ein paar Schritte rechts vor der Gruppe hält der Missionar Muckenbacher im schwarzen Talar ein Buch in der Hand, vermutlich ein

Gesangbuch. Er ist umgeben von einer Schar dunkelhäutiger und barfüßiger Menschen. Links der jungen Familie stehen der alte Wangerl mit seinem Herrgottsbart und Frau Muckenbacher. Niemand auf diesem Bild lächelt.

Marie hat kaum noch Ähnlichkeit mit dem rundlichen Mädchen aus Michelreuth, findet Heiner. Als sie letztes Jahr vom Schiff an Land ging, hätte er sie kaum erkannt: eine erwachsene, nicht mehr ganz junge, etwas eckige Frau. Zum Glück hat es gleich Begrüßungsreden gegeben, der Muschelchor hat geblasen, man hat *Nun danket alle Gott* gesungen und ist feierlich zum Gästehaus nach Pola gezogen. Da musste er nicht viel reden. Und zum Glück ist gleichzeitig mit Marie der Johann Hensolt zurückgekommen, den Heiner mit der Arbeit als Plantagenverwalter vertraut machen sollte. Heiner hat seine Marie und den Bruder Hensolt gleich zusammen überall herumgeführt, so hat er nicht alles zweimal erklären müssen. Er hat ihnen die Darre, seine neue und sehr gute Darre gezeigt, die Viehhaltung, die Scheunen, die Werkstatt. Marie hat das alles genauso interessiert wie Johann, und die beiden haben sich lebhaft unterhalten.

In den Tagen danach haben sie Maries Kisten ausgepackt, und dann kam die Hochzeit. Auf der Station waren sie ganz aus dem Häuschen, der Neuanfang, hat es geheißen, und Marie sei eine Frühlingsbotin – das hat sie selber erzählt. Dabei gibt es in Neuguinea keinen Frühling. Jedenfalls war die Hochzeit eine große Angelegenheit, die vom Sattelberg sind alle gekommen und auch welche aus dem Jabim-Gebiet.

Er selbst hat für die Hochzeit keine guten Schuhe mehr gehabt, die waren alle von Schimmel und Schlamm ruiniert, weshalb er die kaputten Spitzen weggeschnitten und Sandalen daraus gemacht hatte. Man kann nicht in Sandalen heiraten!, hat Johann gesagt, ihm ist dann aber der Ausweg eingefallen: Zahnpasta, die wunderbar weiße amerikanische

Zahnpasta, die sie von den lutherischen Brüdern aus Iowa bekommen: Die wird deine Zehen verdecken. Und außerdem: Wer schaut bei einer Hochzeit schon auf die Füße, und gar auf die des Bräutigams?

So haben sie es dann gemacht, und niemand hat seine nackten Zehenspitzen bemerkt, nicht einmal Marie.

Am Hochzeitsmorgen hat Johann – sie nennen sich seit der Zahnpasta-Geschichte beim Vornamen – in der Frühe die Trompete geblasen, das war schön und hat Marie sehr gefallen. Nach der Kirche haben die Kai gesungen und einen christlichen Hochzeitstanz aufgeführt, einen für ihre Verhältnisse recht kurzen, zum Glück, er hat nicht einmal eine halbe Stunde gedauert. Baluna hat ihnen einen mit Schnitzereien verzierten Schuhlöffel geschenkt.

Es ist anders in der Ehe, als er dachte. Es ist schön, ein gut geführtes Haus zu haben, gute Mahlzeiten, geflickte und gewaschene Kleidung und all das, aber eine Frau macht einem das Leben nicht nur leichter. Sie will andauernd etwas, ein größeres Haus vor allem, und er soll dies tun und jenes lassen, er soll sich rasieren, nicht wie ein ungewaschener Bauer herumlaufen, die Arbeitsjungen nicht mit ins Haus bringen, er soll nicht immer dasselbe Tischgebet sprechen, und er soll loben, was sie gekocht hat. Und so weiter. Marie hält gern ausführliche Reden und wird wütend, wenn er ihr Schweigen gebietet.

Sonst gibt es nichts zu klagen. Im Gegenteil, es geht endlich aufwärts nach den harten Jahren. Die Kopra verkauft sich wieder. Sie sind jetzt offiziell eine australische Firma und können exportieren, wohin sie wollen. Er hat zwar einige Scherereien, weil die Missionsoberen nicht viel vom Geschäft verstehen und sich wundern, dass es jetzt anders läuft als früher, vor dem Krieg. Aber Kopra ist Kopra, Geld ist Geld, und Geld braucht die Mission, dringend. Geld und Leute. Von daheim ist nichts zu erwarten, die Reichsmark ist nichts mehr wert. Von dem, was sie in Deutschland anweisen, ist nur noch ein Bruchteil übrig, wenn es in australischen Dollar hier ankommt. Sie sagen, die Inflation zu Hause galoppiert. Zum Glück ist die Familie in Schlettenheim gut versorgt, eine ehrliche Bauernwirtschaft ernährt Land und Leute, daran wird sich niemals etwas ändern. In Heldsbach hat er zwar kein Getreide und keine Kartoffeln auf den Markt zu bringen, sondern Kopra, aber die Regeln sind die gleichen: Von nichts kommt nichts, zupacken und rechnen muss man können. Das hat nichts mit Politik zu tun.

Die Australier sind die Sieger, die Besatzer, ja, aber die Brüder und Schwestern aus Australien haben die Mission gerettet und arbeiten mit ihnen zusammen für das Reich Gottes. Ohne die Hilfe aus Australien wären sie verloren. Das sagt er auch Marie, wenn sie gegen alles Englische wütet. Dann sagt sie, die australischen Missionsbrüder würden nicht zählen, denn die seien deutschen Blutes.

Er selbst findet das mit dem Blut nicht wichtig. Es gibt so manchen deutschen Tunichtgut und so manchen tüchtigen Engländer oder Australier: Der Bruder Hilpert ist ein ausgezeichneter Landwirt und Handwerker, obwohl er in Australien geboren ist und eine englische Mutter hat. Es gibt deutsche Australier, die im Weltkrieg gegen Deutschland gekämpft haben, und es gibt welche, die im Lager gesessen haben, weil sie aus Deutschland stammten. Das ist eben Politik. In seiner Familie mag auch keiner die Preußen, aber seine Brüder haben für den Kaiser gekämpft. Man tut eben seine Pflicht, wo Gott einen hingestellt hat. Und das sagt er auch Marie: dass sie ihre Pflicht tun und sich nicht mit unsinnigem Gerede aufhalten soll. Sie hat einen Haushalt zu führen und sonst nichts.

Marie sitzt auf der Veranda, am helllichten Tag und tut nichts. Sie hat ein Blatt Papier vor sich und versucht einen Brief zu schreiben, aber die Gedanken entgleiten ihr. Sie könnte hinübergehen zum Heldsbach, der so schön kühl und lebhaft fließt, und einfach hineintauchen. Aber sie ist zu träge. Ihr Bauch wölbt sich schon so weit vor, dass es nicht mehr zu übersehen ist. Hoffentlich wird es ein Junge. Dann wird ihm einmal die Welt offenstehen, er kann etwas werden, Professor, Forscher, wenigstens Pfarrer. Und er kann heiraten, wen er will.

In der Hochzeitsnacht hat sie Heiner gesagt, dass sie zu müde ist. Und auch danach hat sie diesen Mann, ihren Mann, wochenlang von sich ferngehalten, ihm gesagt, dass sie unwohl sei. Er hat gefragt, ob er sie nach Finschhafen ins Krankenhaus bringen soll.

Nein, mir geht es nur, wie es Frauen eben so geht. Und die lange Reise. Und wir haben uns neun Jahre nicht gesehen.

Eben, hat er trocken geantwortet.

Aber die Vorstellung, sich vor ihm zu entblößen, sich ihm hinzugeben, war einfach zu abwegig. Obwohl es ihre Pflicht war. Es gehört nun einmal dazu. Sie hat in ihrem Leben genug Tieren dabei zugesehen, es ist halt der Drang, den die Kreatur hat, damit sie nicht ausstirbt, vor allem die Männchen, auf die kommt es ja an … eine stierige Kuh und eine rollige Katze sind allerdings auch nicht ohne.

Aber sie ist ein Mensch.

Die Schwestern haben sie immerzu neugierig angeschaut, die Schwester Muckenbacher und die Mutter Wangerl haben sie sogar ganz direkt gefragt. Rührt sich schon was bei dir? Sie war doch die Frühlingsbotin der Mission.

Schließlich, als Heiner eines Abends nach der Andacht ihre Hände in seine genommen und sie lange stumm angesehen hat, da hat sie es zugelassen. Zum Glück war es dunkel. Es war tierisch, wie hätte es sonst sein sollen. Es dauerte länger als bei Tieren, und schmerzhaft war es auch. Danach lag er neben ihr unter dem Moskitonetz in seinem verschwitzten Hemd, und sie hatte das Gefühl, dass sie jetzt eine richtige Frau war. Fast ein bisschen feierlich war ihr zumute.

Am nächsten Morgen haben sie einander nicht angeschaut. Aber am Abend hat er es wieder gewollt, und da war es nicht mehr schmerzhaft. Sein Geruch war streng, aber erträglich, obwohl er so schwitzt dabei. Und er grunzt. Irgendwann hat sie eine ungewohnte Wärme untenherum gespürt, die immer mehr wurde und leider aufhörte, als es vorbei war. Einmal wollte er es auch am Morgen, das war schrecklich, so in der Helligkeit. Sie hat die Augen zugekniffen und gelauscht, ob die Mädchen schon da waren. Das warme Gefühl ist auch nicht gekommen. Sie hat Heiner gesagt, dass sie das am Morgen nicht mehr machen dürfen, damit die Hausmädchen nicht verdorben werden. Er hat auf dem Bettrand gesessen und seine Hosen angezogen und genickt.

Und er hat sich daran gehalten. Das ist das Gute an ihm: Er tut, was er sagt, nicht mehr und nicht weniger. Jetzt ist er, wie meistens, in der Pflanzung unterwegs. Sie hört die Stimmen zwischen den Bäumen heraufdringen, sie schaut aufs ferne Meer. Die Regenzeit ist zum Glück vorbei. Sie beugt sich über ihren Brief.

Ich habe Orchideen im Garten, schreibt sie der Mutter. Vor dem Haus steht ein hoher Laubbaum, eine einheimische Pappelart, von Schlingpflanzen ganz und gar umwachsen. Eines Tages haben sie plötzlich geblüht. So gibt es doch immer wieder etwas, worüber man sich freuen darf. Uns geht es gut. Unser Haus ist zwar klein, aber es ist alles darin, was man braucht. Es hat eine Veranda rundum, wie es hier üblich ist. Von dort haben wir einen herrlichen Blick über unsere Plantage bis zum Meer. Das häusliche Leben spielt sich zum großen Teil auf der Veranda ab, denn unter dem Wellblechdach ist es oft viel zu heiß. Gekocht wird auch im Freien.

Wieder schlafen ihre Gedanken ein. Sie fühlt sich viel zu schwer, um weiterzuschreiben. Zu schwer, um irgendetwas zu tun. Die Hitze liegt über ihr wie ein Kissen. Ersticken könnte man darunter. Wenn jetzt ein Mörder auf sie zukäme, ein wilder Mann mit einer Steinkeule, sie würde nicht aufstehen. Sie kann nicht aufstehen. Sie müsste jetzt bügeln und die Mädchen beim Seifekochen anleiten. Nur ist sie viel zu müde.

Ein Mädchen oben auf der Station hat kurz nach ihr geheiratet, sie war bester Laune bei der Hochzeit. Und dann auch gleich schwanger. Richtig selig ist sie, diese Basanu. Und redselig. In der Nähstunde taucht sie auf wie eine runde schwarze Sonne, und gleich wird viel geschwatzt und gelacht, da muss Marie mit Nachdruck für Ruhe sorgen. Und wenn Basanu nach Hause geht zu den Gehilfenhütten, sieht sie nicht aus wie eine, auf die viel Arbeit wartet, ganz im Gegenteil. Auf sie selbst, Marie, wartet nie etwas anderes als Arbeit, das war ihr ganzes Leben lang so.

So weit ist es mit ihr gekommen, dass sie jetzt schon ein Papuaweib beneidet.

Das liegt bestimmt daran, dass sie in der Hoffnung ist, da hat man Launen. Sie hat zum Beispiel andauernd diese Sehnsucht nach Äpfeln. Der Geruch. Das feste Fleisch. Oh, und Apfelmus. Aber der nächste Apfel ist über tausend Kilometer weit weg.

Ihr Kind, wenn alles gut geht, wird keine Äpfel kennen. Kann man sich eine Kindheit ohne Äpfel vorstellen?

Sie ruft nach Gondo, dem jüngsten ihrer Hausmädchen, aber Gondo lässt sich nicht blicken. Und Marie ist einfach zu müde, um aufzustehen.

Stellt Euch vor, schreibt sie träge weiter, nachdem sie eine feuchte Schweißspur auf dem Papier abgetupft hat, hier gibt es keine Äpfel. Die Leute essen Mangos, die sehr köstlich schmecken, und vor allem Bananen. Sehr kleine Bananen, die sind saftig und süß. Man könnte denken, man ist im Garten Eden, aber so ist es leider nicht.

Sie ruft Gondo noch einmal, und jetzt kommt sie endlich.

Was hast du gemacht?

Ich hab im Garten gearbeitet.

Sie lügt. Sie lügen alle.

Ich habe dir doch gesagt, du sollst mit den anderen Seife kochen.

Ja, *Mama*.

Bring mir jetzt eine geschälte Mango, Gondo. Und dann schickst du einen Jungen hinunter zum Master Moa, der soll ihm Soda geben.

Ja, *Mama*.

Du musst ein gutes Kind sein, Gondo. Du darfst nicht lügen. Anutu verbietet das Lügen. Also lüg mich nicht mehr an. Du hast im Garten nicht gearbeitet.

Nein, *Mama*. Ich hab geschlafen.

Du sollst am Tag nicht schlafen. Geh lieber früher ins Bett und schwatz nicht die halbe Nacht. Und jetzt hol mir die Mango.

Eigentlich ist sie recht willig, die Gondo, und geschickt, man kann ihr sogar Hemden zum Bügeln anvertrauen. Aber wenn man nicht dauernd hinterher ist, passiert gar nichts.

Auch mit dem Anbau für das Haus passiert nichts.

Wie oft hat sie Heiner gesagt, dass sie ein größeres Haus brauchen, wo sie bald ein Kind haben werden. Sie ist doch nicht monatelang um die halbe Welt gereist und hat alles aufgegeben, um ihre Kinder in einer Hütte großzuziehen wie ein Papuaweib. Ihre Aussteuer hat die Reise gut überstanden, bis auf zwei Teller und ein Milchkännchen, aber sie hat nicht einmal genug Platz, um alles ordentlich einzuräumen. Aber Heiner hat nie Arbeiter für den Anbau erübrigen können, alles andere ist ja wichtiger: die Ernte, eine Viehseuche, eine neue Rodung. Und dann ist der Chinese woanders beschäftigt. Dass der einzige Zimmermann hier in der Gegend ausgerechnet ein Chinese ist! Die Mission ist wirklich arm dran.

Sie seufzt und beendet ihren Brief in die Heimat. Gondo

stellt ihr die Mango hin, ordentlich geschält und geschnitten, wie es sich gehört.

Sie nimmt einen Bissen und gleich noch einen. Wenn das ein Apfel wäre!

Sie greift nach einem frischen Blatt Papier und fängt einen Brief an Herrn Siebenkorn an.

Ihre Freunde von Rabaul sind inzwischen in alle Winde verstreut. Siebenkorn und Lasinski sind hinüber nach Holländisch-Neuguinea gegangen und leben mitten in der Wildnis am Sentani-See, wo sie wieder Kaffee anbauen wollen. Ihr Nachbar dort ist ein anderer Deutscher, ein ehemaliger Direktor der Neuguinea-Compagnie, Johann Hensolt kennt ihn gut, er soll ein tüchtiger Mann sein. So ist das jetzt: Die besten deutschen Männer leben bei den Holländern, so wie der Kaiser. Und der Zimmermann ist ein Chinese.

Johann überlegt, ob er am Abend nach Heldsbach hinüberreiten soll, zu Heiner und Marie. Was soll er allein in seinem Haus in Salankaua, wo er nur brütet und sich Gedanken macht, wie es weitergehen wird. Er gehört ja nicht mehr dazu. Die Brüder und Schwestern behandeln ihn mit einer Kälte, die kaum auszuhalten ist. Sogar die Einheimischen benehmen sich ihm gegenüber anders, sie nehmen sich Freiheiten heraus, sie erzählen ihm ihre Familiengeschichten, als wäre er einer von ihnen, als wäre er gar kein Missionar. Ist er ja auch nicht mehr. Sie fangen in seiner Gegenwart einfach an zu singen. Auf den Inseln wäre das normal gewesen, aber hier gelten andere Regeln, hier, im Neuendettelsauer Gottesstaat.

Vielleicht war es ein Fehler zurückzukommen.

Manchmal wacht er nachts auf und denkt, er hätte Martha seinen Namen geben sollen, dann wäre alles gut geworden. Er hätte auf einer Insel eine Plantage erwerben und dort mit ihr leben können. Es gibt weiße Männer, die das tun, er hat davon gehört, aber nie einen kennengelernt. Aber ein Missionar kann keine Eingeborene zur Frau haben. Eigentlich kann das kein Weißer, ohne alles Ansehen zu verlieren. Viele haben Konkubinen, das ja, wie der frühere Gouverneur, bevor er eine Deutsche heiratete, und wie Lehdemann und andere Männer der Compagnie. Es ist zwar eine Sünde, aber es ist noch kein verfehltes Leben.

Und Martha gehört zu ihrem Clan, sie wäre nicht glücklich mit ihm allein auf einer Insel. Martha, wie sie sich bewegte, wie sie ihn ansah. Die Anfechtung kehrt in den Nächten immer wieder.

Du musst es hinter dir lassen, Bruder Hensolt. Das war die letzte Lehre von Bruder Kuhnert. Er hat es ihm bei ihrem Abschied in Rabaul gesagt, mehrmals sogar.

Bitter war es für Kuhnert gewesen, dass er gehen musste: Die Australier haben ihm die Unterstützung für den deutschen Dschungelkrieger nicht vergessen, und Wangerl hat ihn bereitwillig geopfert: Kuhnerts Deportation war die Voraussetzung für das Bleiben der übrigen Missionare, für die Zukunft von Wangerls Lebenswerk. Die Entscheidung wird dem Alten nicht schwergefallen sein, zumal er mit Kuhnert schon lange uneins war.

Wenn mein Opfer der papuanischen Kirche dient, ist es nicht umsonst, hat Kuhnert gemeint und Johann dargelegt, was er auf seinem Heimatposten künftig für die große Sache zu tun gedenke. Gerhard Blech werde ihn dabei unterstützen, das sei sicher, der sei Feuer und Flamme für die Idee der Volkskirche, das habe er Kuhnert geschrieben. An Johann hat Gerhard nicht geschrieben. Unter den Briefen, die Bruder Kuhnert für Johann mit nach Deutschland genommen hat, war auch einer an Gerhard. Auf die Antwort wartet Johann noch. Ob ihm dieser Freund geblieben ist, trotz allem?

Kuhnert hat ihm, bevor er in Rabaul an Bord ging, die Hände auf die Schultern gelegt und in die Augen geschaut. Unter Missionaren berührt man sich sonst nicht. Berührungen unter Nicht-Verwandten, die über einen Handschlag hinausgehen, gelten als Zeichen einer frühen Zivilisationsstufe, in der sich noch keine höheren Umgangsformen herausgebildet haben. Aber Kuhnert hält sich nicht an solche Regeln.

Bleib nicht hier in diesem verkommenen Sumpf, mein Freund, hat er noch gesagt, und Johann sind die Tränen in die Augen gestiegen, als wäre er kein Mann. Kehr zurück in den Dienst des Herrn. Sie werden dich wieder aufnehmen, wenn du dich in Demut übst, ich werde von Neuendettelsau her dafür sorgen. Tu du die Arbeit, die ich hier nicht weiterführen darf. Hilf mit, die papuanische Volkskirche zu gründen. Nicht Weib, nicht Kind darf dich hindern. Bereue deine Sünde, lass alles hinter dir und folge dem, der dich ursprünglich berufen hat. Gott der Herr wird für dein dunkles Kind sorgen, besser als du selbst es kannst.

Johann hielt sich an Kuhnerts Rat, es war das, was er selbst tief in sich wollte. Er kehrte zurück. Tat Buße.

Das Kind muss jetzt fünf Jahre alt sein. Ein Junge? Ein Mädchen? Es ist nicht sein Kind, jedenfalls nicht in den Augen der Siasi. Kinder gehören bei ihnen zur Mutterfamilie, der Vater hat nichts zu bestimmen. Das Kind hat seinen Clan und wird seinen weißen Vater nicht vermissen. Und Martha hat sicher einen neuen Mann und neue Kinder.

Nur er, Johann, ist allein.

Er ist ein zweifach Verlassener, nicht einmal der dummen Mina ist er gut genug gewesen, und auch für Martha war er wohl immer ein Fremder, ein Mann, der kam, ihr ein Kind gemacht hat und ging. Sie denkt sicher nicht mehr an ihn, die Melanesier leben in der Gegenwart. Er würde auch gern eine Familie haben, eine gute christliche Familie, eine Frau, die ihm Gefährtin ist. Aber ein Mann kann nur heiraten, wenn er jemand ist. Und er, Johann, ist ein Nichts.

Das merken sogar die Eingeborenen. Sicherlich hat sich das Gerede über ihn, den gefallenen Sünder, trotz aller Vorsicht längst unter ihnen verbreitet. Er selbst hat versprechen müssen, von der unseligen Angelegenheit zu schweigen. Es ist auch in deinem Interesse, dass nichts nach außen dringt, hat der alte Wangerl gesagt. Sonst findest du nie eine Frau.

Vor ein paar Wochen war er oben auf dem Sattelberg und hat die Leere gespürt, die Kuhnert dort hinterlassen hat. Dessen Nachfolger ist ein guter Mann, aber keiner, der führen kann wie Kuhnert. Kuhnert wäre der Moses der Papua geworden, hätten ihn die Australier nicht deportiert. Auf dem Sattelberg herrscht jedenfalls kein guter Geist mehr.

Johann hat sich auf der Veranda des Gästehauses angeregt mit einer Besucherin aus Australien unterhalten, und prompt gab es böswilliges Geschwätz über ihn. Daraufhin wechselte die junge Dame beim Sonntagskaffee kein Wort mehr mit ihm. Hier wird er gewiss keine Frau finden.

Hab Geduld, sagt Heiner Mohr immer zu ihm. Ich hab auch Geduld haben müssen.

Heiner hat gut reden. Auf ihn hat eine Frau, noch dazu eine kluge Frau wie Marie, neun Jahre gewartet. Auf ihn, Johann, wartet niemand mehr.

Beim feierlichen Weihnachtsgottesdienst sitzt Heiner in der ersten Reihe. Es ist seine Aufgabe als Familienvorstand und Vater, vorn zu sitzen und seinen Sohn zur heiligen Taufe zu bringen.

Bruder Muckenbacher am Altar stimmt das erste Lied an: *Bis hierher hat mich Gooott gebracht durch seine gro-hoße Güüte …*

Es ist kein Weihnachtslied und eigentlich auch keins für eine Taufe. Sie singen alle drei Strophen. Das Harmonium orgelt dazu.

Es ist das *recht*e Lied für diese *Zeit*, sagt Bruder Muckenbacher dann in seiner Predigt. Die Mission *hat* der Macht der *Dunk*elheit widerstanden und in den *Wirr*en des Krieges und des *bitt*eren Verlustes *gött*liche Durchhilfe erfahren. Nun nehmen wir ein *neues* Mitglied in die Gemeinde *auf*. Es ist der *er*ste kleine *Neu*endettels*au*er seit dem Kriege.

Muckenbacher hebt den Blick, damit die Gemeinde sein Schmunzeln auch sehen kann. Leises Lachen in den Bänken der Weißen.

Heiner sieht Marie von der Seite an, wie sie neben ihm in der Kirchenbank sitzt und mit den Augen den Jungen in den Armen des Mädchens bewacht. Jetzt, wo das Kind da ist, wird es sicher besser mit ihr. Und sie werden noch mehr Kinder haben, so Gott will. Marie ist ja eine tüchtige Frau, wie geschaffen, einen großen Haushalt mit Gesinde zu führen, sie versteht etwas vom Vieh und hat die Mädchen im Griff. Die Jungen auch. Gott hat es recht gefügt, dass sie seine Frau geworden ist. Nach all diesen schweren Jahren und Irrtümern und dem Krieg, endlich sind sie nun eins.

Muckenbachers aufgeregte Stimme tönt weiter.

Ge*prie*sen sei *Gott* der *Herr*, der *uns* Missionare den *uns* anvertrauten *Men*schen erhalten hat! In diesem Kinde zeigt sich der *Segen* des Herrn für *unser* Werk und die Erfüllung Seiner Verheißung: Siehe, ich bin *bei* euch alle Tage *bis* an der *Welt En*de.

Muckenbacher schluckt, macht eine Pause und holt tief Luft.

Siehe, ich bin bei euch. *Ja.* Er ist *mit* uns. Er hat den *Bru*der Mohr mit einem Weib *und* einem Kind gesegnet, als die *Klein*mütigen unter euch schon alles ver*lor*en sahen. Dieser Tag ist ein Tag des *Triumphs* für die *deutsche* Mission, ein *Sieg* für das Reich Gottes. Wenn Gott *für* uns ist, schreibt der Apostel Paulus, *wer mag* wider uns sein. Ich sage euch, *nie*mand!

Bruder Muckenbacher schaut nun nicht mehr in sein Predigtheft, er spricht frei und immer aufgeregter und schlägt mit der flachen Hand krachend auf das Pult.

Der Junge fängt an zu schreien.

Marie nimmt ihn dem Mädchen ab und drückt ihn fest an sich. Das Geschrei verebbt zu einem schwachen Quäken und verstummt dann ganz. Das Kind hat sie auch im Griff.

Marie versucht, der Predigt zu folgen, aber ihr Sohn liegt in ihrem Arm, sie ist abgelenkt. Ihr *Sohn*, sie hat sich noch nicht daran gewöhnt, dieses Wort für sich zu gebrauchen. Ihr Sohn, ihr *piḳanini man*, ihr *motec*. Gottes Segen ruht auf ihrer Ehe, daran besteht ja nun kein Zweifel mehr. Es hat keine Komplikationen bei der Geburt gegeben, und sie weiß aus beruflicher Erfahrung, was dabei alles hätte schiefgehen können. Der Schmerz war furchtbar, und er ging vorbei, wie so mancher Schmerz im Leben. Und der Bub ist normal, er schreit fast nie, das dumme Mädel hat ihn gerade nur nicht ruhig halten können. Reinhard. So geht ihr eigener, schöner Familienname nicht ganz verloren. Vorn ganz die Mutter, hinten ganz der Vater, hat Johann gewitzelt. Er ist Taufpate, da sollen die anderen nur reden. Vor allem die Muckenbacherin, die überhebliche Person, die hinter ihr sitzt und immer wieder eine Bemerkung nach rechts und links tuschelt. Johann ist ein besserer Mensch als viele andere hier. Da sind sie und Heiner einmal ganz einer Meinung: Der Mensch mag in die Irre gehen, aber Gott ist barmherzig. Sie glaubt auch nicht, dass die Gerüchte über Johann der Wahrheit entsprechen, er ist viel zu freundlich und zurückhaltend. Außerdem ist er der einzige Mensch weit und breit, der sie zum Lachen bringt, und er spielt ausgezeichnet Schach. Er bewundert sie, das merkt sie genau, sie leihen einander Bücher aus, wenn sie welche bekommen können, mit ihm kann man über vieles reden. Und er ist Heiners Freund, Heiners einziger Freund, von Bruder Hilpert, dem halben Engländer, einmal abgesehen. Bruder Hilpert wäre sicher gern Pate geworden, aber das geht natürlich nicht. Ein Australier und halber Engländer! Außerdem ist er Vegetarier. Reinhards anderer Pate ist Heiners jüngster Bruder, der Junge soll auch in der Heimat einen Paten haben. Denn dort wird er leben, wenn er im Schulalter ist. Aber daran will sie jetzt noch nicht denken.

Es ist heiß in der Kirche, wie immer mit so vielen Menschen, noch dazu unter einem Blechdach. Muckenbacher zerfließt unter seinem schwarzen Talar, und neben Johann schwitzen die Hilperts in ihren Sonntagskleidern. Nur dem Heiner ist nichts anzumerken, der sitzt aufrecht und ruhig da, verzieht keine Miene wie meistens, aber Johann kennt ihn gut genug: Heiner ist stolz und so glücklich, wie einer wie er nur sein kann.

Bruder Muckenbacher ist in seinem Element. Nachdem er den Fortbestand der Deutschen in Neuguinea gefeiert hat, ist er endlich beim Weihnachtstext aus dem Buch des Propheten Jesaja angelangt: Uns ist ein Kind geboren, ein Sohn ist uns gegeben, und die Herrschaft ruht auf seiner Schulter; und sein Name ist Wunder-Rat, Gott-Held, Ewig-Vater, Friede-Fürst.

Das Kind, sagt Bruder Muckenbacher, das wir *heute*, am Tage der *Geburt* des Gottessohnes, in die *Gemeinschaft* der Heiligen aufnehmen, trägt *einen* der vier Namen Christi. Wunder-Rat. Denn Reinhard bedeutet: der, der guten Rat weiß.

Johann wünscht sich, es wäre sein eigenes Kind. Aber sein Kind ist ein Malai, es kann schon ein kleines Kanu steuern, es gehört zu einer anderen Welt, er wird es nie kennenlernen. Er wird Martha nie wiedersehen, er wird Malawaia nie wiedersehen. Es ist das Beste für alle. Dafür hat er jetzt einen Patensohn, und er ist Heiner und Marie unendlich dankbar dafür. Er, Johann der Gefallene, geleitet das erste deutsche Kind seit dem Krieg im Missionsgebiet zur Taufe. Gleich wird er mit den Eltern nach vorn treten und versprechen, dass der kleine Reinhard im christlichen Glauben und der Ehrfurcht Gottes aufwachsen wird.

Vielen hier passt das nicht, aber so ist Heiner: Er tut, was er vor Gott für recht hält, und schert sich nicht um die anderen. Und Marie hat sowieso ihren eigenen Stolz.

Die Liebe Gottes ist *aus*gegossen in eure Herzen *durch* den Heiligen *Geist*, sagt Bruder Muckenbacher feierlich. Die Muckenbacherin in der Bankreihe hinter ihnen flüstert dieweil mit jemandem, Johann hört den Namen Sangge. Ärger steigt in ihm auf.

Nicht einmal im Gottesdienst kann sie den Mund halten. Ihr Hausjunge Sangge hat das Hausmädchen Ikung im Gemüsegarten unziemlich umarmt.

Und des war fei net alles, was der mit der gmacht hat!, hört Johann von hinten deutlich.

Muckenbacher hat daraufhin den jungen Sangge aus der Gehilfenschule geworfen, und Sangge ist, anstatt nach der Strafe öffentlich zu bereuen und nach Hause zu seinen Leuten zu gehen, zu Johann nach Salankaua gekommen. Das war vorgestern.

Da ham sich zwei gfunden, flüstert die Muckenbacherin.

In Sangges Dorf üben sie christliche Gemeindezucht und lassen nicht das Geringste durchgehen. Deshalb ist er, der freundliche Sangge mit der schönen Singstimme, zu Johann geflüchtet und wartet nun auf ein Anwerberschiff, das ihn auf eine Plantage bringt. Johann hat ihm davon abgeraten. Er weiß aus seiner Zeit bei der Compagnie allzu gut, wie brutal es auf den Pflanzungen zugeht. Es gibt keine Ärzte für die Arbeiter, viele sterben. Er hat es Sangge gesagt: Sie werden dir deinen Lohn nicht geben, sie werden dich betrügen, sie sind keine wahren Christen, sie haben kein Gewissen. Sie werden dich länger arbeiten lassen als die drei Jahre, die im Vertrag stehen. Weil du mal krank warst oder etwas kaputtgegangen ist, sie werden etwas finden. Und es gibt keine Kirche dort. Da kümmert sich niemand um dich.

Sangge ist bei seinem Entschluss geblieben: Ich gehe, ich bekomme Lohn, und ich heirate Ikung.

Die Gemeinde beginnt nun ein neues Lied, und das Gerede hinter Johann verstummt.

Sogar Heiner ist extra wegen Sangge zu Johann nach Salankaua hinübergeritten. Er solle den Jungen endlich nach Hause schicken. Und der solle seine Strafe annehmen und sich bewähren. Wie du es auch getan hast.

Heiner ist wahrlich kein Diplomat. Aber vielleicht schätzt Johann ihn genau deshalb: Er macht niemandem etwas vor, seine Sätze sind so klar wie seine Ansichten, ohne Hintergedanken. Er ist streng, manchmal auch hart mit seinen Arbeitern, aber doch gerecht. Auf seiner Plantage herrscht Ordnung, und der Laden läuft, Johann könnte da noch einiges von ihm lernen, denn ihm selbst gelingt es nie, die Leute auf Trab zu bringen. Jedenfalls nimmt er Heiner nicht übel, was er gesagt hat. Trotzdem: Er wird Sangge nicht im Stich lassen.

Er blickt auf.

Er sieht die offenen Münder beim Gesang und das Licht der Kerze, das in der tropischen Nachmittagshelle verschwindet.

Das Lied endet mit einem zitternden Ton. Bruder Muckenbacher ruft nun das Kind zur Taufe, und sie treten vor, zuerst Marie mit dem Jungen, hinter ihr Heiner und zuletzt Johann.

TRÄUME

13

Heimaturlaub

Als mein Vater, der kleine Reinhard, unter den Augen meiner drei künftigen Großeltern getauft wurde, erwirtschaftete Heiners Pflanzung schon mehr Gewinn als die anderen der Mission. Heiner hatte sich durchgesetzt: Baluna selbst sorgte jetzt mit Schimpfen und Schlägen dafür, dass die Reihen und Blöcke der Plantage gerade wurden. Johann dagegen war kein erfolgreicher Pflanzer, er mochte diese Arbeit nicht. Er fühle sich abwechselnd als Buchhalter und als Sklaventreiber, schrieb er an Kuhnert. Aber er saß im Gottesstaat auf diesem Posten fest. Seine Briefe aus jener Zeit sprechen von einer wachsenden Verzweiflung. Er war einsam, und es war aussichtslos, eine weiße Frau zu finden, die mit ihm die Last der Verachtung für den *Gefallenen* geteilt hätte. Und er konnte nicht tun, was seinen Wünschen – oder wie er schrieb: seiner Berufung – entsprach.

Dann ergab sich eine neue Möglichkeit: Die Neuendettelsauer und eine holländische Missionsgesellschaft überlegten, ob man die ausgebildeten deutschen Missionare, die nicht in die ehemaligen Kolonien ausreisen durften, bei den Holländern in Niederländisch-Indien einsetzen könnte. Deren Kolonialgebiet, das heutige Indonesien, war viel zu groß, als dass die wenigen Holländer, die es auf der Welt gibt, imstande gewesen wären, sich missionarisch ausreichend darum zu kümmern. Die Verhandlungen gingen hin und her, erst war die Bezahlung das Problem, dann waren es die Feinheiten der Theologie: Die eisernen Lutheraner aus Neuendettelsau wollten auf keinen Fall gemeinsam mit den Holländisch-Reformierten das heilige Abendmahl feiern.

Für Johann Hensolt war die holländische Mission die einzige Perspektive – und die Unterschiede in der Abendmahlslehre waren ihm ziemlich egal. Das papuanische Gottesvolk seiner Vision würde sich ohnehin nicht mit derlei europäischen Sophistereien abgeben, schrieb er an seinen Mitvisionär Kuhnert. Ob Jesus Christus leibhaftig oder symbolisch im Brot und im Wein stecke, sei in einem Kulturkreis, der verschiedene Formen von Kannibalismus kenne, nun wirklich keine Frage: Wer zum Anutu-Clan, zum Gottesvolk, gehöre, dürfe Jesus essen und seine Kraft in sich aufnehmen. Für manche Neuguineer sei eher befremdlich, dass auch Frauen mitessen dürften.

Johann hatte viel gelernt auf Malawaia.

Kuhnert wiederum, der mittlerweile in Neuendettelsau einen wichtigen Posten bekleidete und eine Menge Einfluss besaß, lag sehr viel daran, seine Idee der papuanischen Volkskirche auch über die Kolonialgrenze hinweg nach Niederländisch-Indien zu verbreiten. Und auch Gerhard Blech wurde aktiv. Er hatte die alte Freundschaft mit Johann Hensolt wiederbelebt und zog die entsprechenden Fäden. Das war, was er am liebsten tat: Fäden ziehen. Er setzte alles daran, dass seine Pläne aufgingen, und es war ihm egal, wie er das erreichte. Bei seiner Empfehlung, Johann zu den Holländern zu schicken, hatte er Erfolg mit dem Argument: Ein Mann wie der Bruder Hensolt, mit einem solchen Ruf und einer so offenkundigen Schwäche für *Femina,* ist im Ausland allemal besser untergebracht als *bei uns.*

Im April 1924 überquerte Johann Hensolt auf einem Küstendampfer den 141. Längengrad und verließ das einstige Kaiser-Wilhelms-Land für immer. Alle waren erleichtert, am allermeisten er selbst.

Der Utrechter Mission erzählte man nichts von dem, was auf Malawaia geschehen war; aber die nach Holländisch-Neuguinea emigrierten Deutschen aus Rabaul verhinderten mit ihrem Gerede, dass die Sache völlig unter den Teppich gekehrt wurde. Als Johann sich nach ein paar Monaten bei den Holländern bereits unentbehrlich gemacht hatte, rapportierten die Oberen aus Deutschland schließlich seinen früheren Sündenfall, und auch Johann beichtete ihn seinen neuen Chefs. Dass das Kalkül der schrittweisen Enthüllung aufging, hatte viel mit Johann Hensolt selbst zu tun: Er wachte aus seiner Niedergeschlagenheit auf, sang und lachte wieder und suchte die abgelegensten Dörfer auf, wo die anderen nicht so gern hinwollten. Er war beliebt und genoss bei den Holländern bald den Ruf eines zurückgekehrten Verlorenen Sohnes, der sich ausgezeichnet bewährte.

Die Briefe, in denen über sein Schicksal verhandelt wurde, waren von diplomatischer Diskretion. *Er kann nicht allein sein, er braucht Gesellschaft* bedeutete, dass er scharf auf Frauen war. Die Holländer sahen das pragmatisch und schickten ihn auf Heimaturlaub. Bei dieser Gelegenheit sollte er seine Sprachkenntnisse vervollständigen und sich eine Ehefrau erwählen, Holländerin oder Deutsche, egal, Hauptsache weiß.

Johann wandte sich sofort an die Blechs in Neuendettelsau. Und rasend schnell verbreitete sich in den fränkischen Nähzirkeln und Missionsvereinen die Nachricht, dass ein Überseemissionar aus Neuguinea eine Frau suche. Das Echo im Land der Kriegswitwen und unverheirateten Bräute muss überwältigend gewesen sein. Es gab viele, die endlich oder wieder heiraten wollten, und viele, die einfach nur eines wollten: weg. Erna und Gerhard inspizierten die infrage kommenden Frauen, sagten den Witwen von vornherein ab und entschieden sich für eine junge Frau in Reucha, die einen gesunden, vernünftigen und fügsamen Eindruck machte. Gerhard, zu dessen Aufgaben als Heimatmissionar es gehörte, Vortragsreisen der Kollegen aus Übersee zu organisieren, teilte Johann Hensolt für einen Auftritt in Reucha im folgenden Jahr ein. Der Witwe Marchand und ihrer Tochter Babette legte er nahe, bei diesem Vortrag anwesend zu sein und den Herrn Missionar anschließend in ihrem Haus zu bewirten.

An jenem Tag ging meine Großmutter Linette, die gerade ihre immer mehr versteinernde Mutter in Deutschland besuchte, mit zum Missionsvortrag in die Reuchaer Schule. Sie kannte Gerhard Blech noch nicht und wusste auch nicht, was er eingefädelt hatte. Sie war nur gerade zufällig da. Ich erinnere mich an nur eine einzige Bemerkung von ihr zu diesem Ereignis.

Wie ich den Johann zum ersten Mal gesehen habe, habe ich gedacht, der ist ein Halbblut. Sie kicherte. Der war so schwarz!

Sie war inzwischen so sehr Amerikanerin, dass sie automatisch Hautfarben und Herkunft taxierte.

Nette schaut direkt in die Kamera. Sie trägt keinen Hut, und ihre Augen sehen groß und hell aus, in ihrem Blick liegt weder Scham noch Bescheidenheit. Ein Lächeln sitzt in den Winkeln ihres breiten Mundes mit den geschwungenen Lippen. Sie steht allein unter einem beinahe kahlen Apfelbaum im Gras und hält sich nirgendwo fest. Ihre Arme hängen locker herab, ohne Handtasche oder Tüchlein.

Der fromme oder auch nur gelangweilte Teil der Dorfbewohner kommt nach und nach herein und mit ihm der Baaz der Dorfstraße. Der Schulsaal ist voll. Nette sitzt eingezwängt zwischen ihrer Mutter und einer dicken Diakonisse, die den

Geruch von alten Kleidern verströmt. Babette sitzt auf Mutters anderer Seite, furchtbar aufgeregt, und versucht sich nichts anmerken zu lassen. Gleich am Abend von Nettes Ankunft aus Amerika hat sie ihr erzählt, dass es da einen Mann gibt, der sie vielleicht heiraten wird, aber sie hat nicht sagen wollen, wer er ist. Du wirst ihn sehen, bald.

Nette hat sich damit zufriedengegeben. Babettchen wünscht sich schon so lange einen Ehemann und hat in diesem Nest von Reucha keinen gefunden. Es sind zu viele Männer im Krieg geblieben. Jetzt, im vollen, dampfigen Schulzimmer, durchschaut Nette die Sache allmählich. Allein, dass ihre schwermütige, zurückgezogene Mutter sich unter Menschen begeben hat, beweist, dass etwas Bedeutendes im Gange ist.

Zuerst hält der Schullehrer eine kurze Ansprache, in der viel von *unseren Kolonien* die Rede ist. Die Engländer haben einen wackeren deutschen Mann, der heute Abend hier unter uns ist, aus unseren Kolonien vertrieben, und der muss nun unter Holländern leben und arbeiten, wie Seine Majestät, der Kaiser.

Als der Lehrer unter Beifall geendet hat, steht der Pfarrer auf und mit ihm ein Mann, der wie ein Halbblut aussieht, wie alles Mögliche, nur nicht wie ein wackerer Deutscher. In Amerika hätte man einen Farbigen wie ihn auf gar keinen Fall in einer weißen Schule auftreten lassen. Wenn es der ist, auf den Babettchen wartet, dann hat sie ihn gewiss nie zuvor gesehen.

Der Mann wird als Missionar Hensolt vorgestellt, was nun doch wieder wacker deutsch klingt. Und als er den Mund auftut, schwindet ihr Misstrauen: Er sagt *Babua-Neuginnea* und *Raaich Goddes*, ist also unüberhörbar ein Hiesiger, trotz seiner schwarzen Haare, dunkel glühenden Augen und braunen Haut. Er entrollt eine selbst gemalte Landkarte und steigt mit affenartiger Behändigkeit auf einen Hocker, um sie an der Tafel aufzuhängen. Dabei gibt sein hochgerutschtes Hosenbein behaarte weiße Haut frei. Sie ist beruhigt. Er hat Sonnenbräune im Gesicht, sonst nichts. Sie wirft einen Seitenblick auf Babette, die ihrerseits fasziniert den halb schwarzen Franken anstarrt.

Nette hört zu, wie er von den Papua in einem Gebiet namens Nimboran bei einem See namens Sentani erzählt. Er kann sehr gut erzählen. Ihre Abwehr schwindet, sie lässt sich bereitwillig in den Bann seiner Geschichten ziehen.

Meine Missionsstation liegt auf einer großen Lichtung nahe einem Papuadorf mitten im dichten Urwald, in den kein Sonnenlicht vordringt. Ein ähnliches Dunkel herrscht in den Seelen der Nimboraner. Zauberer und Geister haben eine unheimliche Macht über sie. Einmal hat ein gesunder junger Mann im Dorf plötzlich todkrank darniedergelegen. Sie haben mich geholt: Tuan Pandita – so nennen sie mich, *tuan* bedeutet Herr und *pandita* bedeutet Priester in malaiischer Sprache –, Tuan Pandita, er ist verzaubert worden, nur eine weiße Medizin kann ihn retten.

Aber der junge Mann war nicht krank. Er hatte kein Fieber, keine Schmerzen, nur sein Gesicht war grau und sein Herzschlag furchtbar langsam. Was konnte ich tun? Der nächste Arzt befand sich in einem Ort an der Küste, mehrere Tagesreisen entfernt. Der Kranke war ein Heide, er glaubte, dass er verzaubert sei und sterben müsse. Da nahm ich meine Augentropfen aus der Tasche, die ich immer dabeihabe, und betete laut, erst auf Deutsch, dann auf Malaiisch, dass Gott den Kranken aus den Fängen des Aberglaubens befreien möge. Und ich ließ die wertvollen Tropfen auf die Stirn des jungen Mannes fallen und malte damit das Zeichen des Kreuzes. Und dann sagte ich, Herr, dein Wille geschehe.

Die Nimboraner standen murmelnd um mich herum, sie waren ziemlich misstrauisch. Und ich wusste, das Leben dieses Kranken und die Zukunft der Mission lagen nun in Gottes Hand. Aber was sollte ich jetzt tun? Einfach aufstehen und gehen? Das war undenkbar. Da kam mir eine Idee. So laut ich konnte, begann ich zu singen: ein Lied, das ich von christlichen Papua in Deutsch-Neuguinea gelernt habe. Die Leute um mich herum verstanden natürlich kein Wort – es gibt Hunderte Sprachen in Neuguinea, und oft versteht kein Dorf das andere – aber die Melodie klang ihnen nicht so fremd wie unsere Melodien. Ich sang also und sang und sang. Und irgendwann richtete der junge Mann sich auf. Seine Leute schrien auf und stießen Laute großer Freude aus.

Missionar Hensolt spricht lebhaft, ohne Zögern und Stolpern, er spricht wie eins der Bücher, über denen Nette so oft ihren Nachtschlaf versäumt. Sie sieht seinen Urwald, sie hört seine Urwaldvögel schreien und seine Papua reden, er sagt ein paar Sätze in einer exotischen Sprache, er singt eine kleine fremdartige und traurige Melodie, er geht hin und her beim Reden, und sie spürt den tropischen Regen, sie rudert mit ihm über Korallenbänke und hört, wie die Muscheln laut zuklappen, wenn das Boot darübergleitet. Sie ist ganz in seiner Welt. Irgendwann merkt sie, dass sie ihre Augen so wenig von ihm lösen kann wie ihre Ohren. Er redet länger als eine Stunde und schaut zwischendurch immer wieder zu ihnen herüber, zu den drei Damen Marchand, und er tut es keineswegs verstohlen.

Am nächsten Nachmittag versammeln sie sich beim Napfkuchen um den Kaffeetisch: die Mutter, der Pfarrer und seine Frau, der Missionar, Babettchen und sie. Es gibt echten Bohnenkaffee, gekauft mit ihren Dollars.

Da sitzt nun dieser irritierend dunkle Mensch, der am anderen Ende der Welt im Urwald gegen Zauberei und Aberglauben kämpft, am runden Tisch in der guten Stube ihres Elternhauses und plaudert – ausgerechnet über Kaffee. Dass der da in der Gegend wächst, wo er arbeitet. Sein Freund, ein vertriebener Deutscher, hat eine Kaffeepflanzung am Sentani-See. Die Bohnen sind rot, erst beim Rösten werden sie braun.

Und so weiter. Er tut, als bemerkte er nicht, wie angespannt die Stimmung ist. Babette sitzt ihm gegenüber, aber sein Blick geht mal zu Nette und der Mutter, mal zu Herrn und Frau Pfarrer. Die Mutter gibt sich heiter, aber Nette spürt genau, welche Mühe es sie kostet. Und die kleine Schwester ist stumm wie ein verschrecktes Kaninchen.

Der Mann lobt den Kuchen, den Babette gebacken hat. Die Kleine wird ein bisschen rot. Möchten Sie noch ein Stück?, fragt sie.

Er verneint. Er hat schon drei gehabt.

Ja, dieses Neuguinea, sagt der Pfarrer.

Erzählen Sie uns noch mehr, bittet Babette und wird noch röter, sie ist den Umgang mit Heiratskandidaten einfach nicht gewöhnt.

Was wollen Sie denn wissen? Ich hab schon so viel erzählt, heute … Erzählen Sie doch etwas von sich.

Ach, da gibt es nicht viel zu sagen. Ich lerne Stenografie. Und Schreibmaschine.

Es entsteht eine kurze Pause.

Ja, dieses Neuguinea, sagt der Pfarrer noch einmal.

Ohne ihn zu beachten, wendet sich der Missionar Nette zu: Und Sie, Sie sind … Bestimmt haben Sie etwas zu erzählen.

Nette sagt: Wollen Sie etwas über Amerika wissen? New York ist sehr anders als Neuguinea … Aber Sie sind doch nicht meinetwegen hier.

Er schaut sie an, und sein Gesicht wechselt sehr schnell hintereinander den Ausdruck: von Betroffenheit über Enttäuschung zu Verblüffung. Es ist ein Gesicht, in dem man alles sieht, wie bei einem Schauspieler im Film, der ja ohne Worte alles mit seiner Miene sagen muss. Und wäre es ein Film, würde auf der Schrifttafel stehen: Oh! Sie ist die Falsche!

Nette muss fast lachen, er tut ihr ein bisschen leid.

Diese junge Dame ist das Fräulein *Linette* Marchand,

mischt sich der Pfarrer rasch ein. Sie lebt in New York und ist nur zufällig gerade zu Besuch.

Er sagt nicht: Die Heiratskandidatin ist die andere, die Stenotypistin.

Alle denken es.

Er sagt stattdessen: Ja, dieses Neuguinea. Es ist gewiss sehr heiß dort?

Oh ja, sagt der Missionar, das ist es. Aber New York, liebes Fräulein Linette Marchand, hat sicher auch einiges zu bieten?!

Als die Besucher fort sind, bricht Babette in Tränen aus. Er hält mich für eine dumme Gans.

Ach was, sagt Nette.

Die Mutter schweigt. Zwei Tage später liegt ein Brief von Missionar Hensolt in der Morgenpost, adressiert an die Familie Marchand. Er würde sich freuen, schreibt er, sie bald wieder besuchen zu dürfen.

Drei Wochen später kommt er Nette nicht mehr ganz so schwarz vor, der deutsche Herbst hat ihn wohl gebleicht. Sie treffen sich in der Stadt, wo sie aufs Amt muss und zur Bank. Er könne sie begleiten, sie beraten, hat er vorgeschlagen, und sie hätte fast gelacht. Sie lebt in Amerika, er im unzivilisiertesten Winkel der Welt – und er will ihr Geldanlagen und Devisengeschäfte erklären? Aber sie hat zugestimmt. Vielleicht, weil er ohnehin bald nach Holland abreisen wird, und sie nach New York. Vielleicht, weil ihr immer ein bisschen leichter ums Herz wird, wenn er zu Besuch ist. Die Bilder der Toten an der Wand des Wohnzimmers werden dann blasser. Er hat seine wilde, bunte, weite Welt dabei, die sie an Amerika und seine Urwälder erinnert, aber doch ganz anders ist. Und er bringt sie zum Lachen.

Es ist ein warmer Tag für Oktober. Sie gehen durch die Altstadt, und er fragt sie über ihr Leben in Amerika aus. Sie erzählt, froh, dass sie einmal allein sind und sie nicht ihre Zunge hüten muss, wegen der Mutter und Babette. Sie sagt ihm, dass sie bald Bürgerin der Vereinigten Staaten sein und nicht, wie ihre Mutter glaubt, zurückkommen und heiraten oder Ordensschwester werden wird.

Sie passen mir so gar nicht zur Schwester, meint er. Sie sind nicht, wie soll ich sagen … nicht steif genug?

In diesem Augenblick kommt ihnen tatsächlich eine Diakonisse mit steifer Haube und strengem Blick entgegen, und sie lachen los wie Kinder.

In Neuendettelsau, sagt er unvermittelt, erwartet man, dass ich Ihrer Schwester Babette einen Antrag mache.

Ich weiß, sagt Nette. Alle wissen das.

Aber das kann ich nicht.

Nette antwortet nicht. Sie will davon lieber nichts hören. Sie geht schneller, dem Flussufer zu.

Ich möchte Ihnen etwas zeigen, sagt er und hält ihr seinen Arm hin, kommen Sie mit?

Es ist nur halb eine Frage, es ist auch eine Bitte oder ein Kommando, vielleicht von allem ein bisschen. Sie nimmt seinen Arm nicht, aber sie nickt.

Es ist nicht weit, sagt er. Sie gehen über die Brücke, hinaus aus der Stadt.

Alles ist so mild hier, sagte er, so kühl und so – ordentlich. Ich kann mich gar nicht mehr darin zurechtfinden. Ich war fast zwölf Jahre fort von hier.

Ja, das ist lange, sagt sie vorsichtig. Seine Art zu reden macht sie seltsam wehrlos, er wendet sein Inneres nach außen, aber nicht wie die Amerikaner es andauernd tun, sondern mit einer Ernsthaftigkeit, deren Gewicht sie zu ahnen beginnt.

Ich war anfangs auf einer Insel im Bismarck-Archipel. Unser Gebiet war so vielfältig: Küste, Berge und natürlich die kleinen Inseln, das hätte ich alles gern erforscht, meine Aufgabe war es ja, mit den Leuten dort Kontakt aufzunehmen.

Am Anfang hab ich es in den Bergen versucht, das war schwierig, wir konnten nicht einmal einen Maulesel mitnehmen, und die Bewohner waren sehr feindselig, Kopfjäger noch dazu. Aber Sie können sich nicht vorstellen, Fräulein Marchand, was für ein Blick das ist, von der Höhe über die See auf das Festland, Neuguinea, tropisch heiß, mit riesenhohen Bergen, eingehüllt in Wolken. Es sieht von ferne aus, als ob es da dampft. Und die Fahrt über die Bismarcksee ist herrlich, jedenfalls, wenn das Wetter gut ist. Man muss nur gute Bootsleute haben, die sich mit den Riffen und der Brandung auskennen und wissen, wie man durchkommt. Da habe ich schon manchmal Angst ausgestanden. Aber von oben betrachtet ist es so friedlich und schön. Ein großes blaues Wunder.

Allerdings war Krieg, fährt er fort, und sein Tonfall wird anders. Sie zuckt zusammen, bitte nicht! Sie hat sich so wohlgefühlt gerade, bitte kein Wort vom Krieg! Sie spricht es nicht aus.

Wir waren abgeschnitten von allem. Und ich war furchtbar einsam. Ganz verloren in dieser fremden Welt dort. Eine märchenhaft schöne Landschaft, und die Menschen sind … Es ist so anders, und es war, wissen Sie …

Er hält inne und fährt dann fort mit einer Heftigkeit, die sie erstaunt.

Ja, Sie wissen, wie das ist, Sie haben auch so eine weite Reise gemacht. Ich habe mich gefühlt wie auf einem großen Schiff, das rollt und schaukelt, nichts um einen herum ist mehr recht und gerade. Man weiß nicht mehr … Ich war wie seekrank.

Ich kenne das, ja, sagt sie, froh, dass er nicht mehr über den Krieg spricht. Ich habe mich dann an Deck gesetzt und auf den Horizont geschaut. Der ist gerade. Solang ich da hingeschaut hab, war ich *alright*.

Und bei Nebel?

Da geht das natürlich nicht. Zum Glück war kein Nebel.

Er lacht und sagt: Ja, zum Glück.

Sie gehen weiter.

Nach einer Pause fängt er wieder an: In Neuguinea gibt es viel Nebel, seltsamen, warmen Nebel. Dort auf der Insel … Ruk.

Es klingt, als hätte er etwas anderes sagen wollen.

Ruck? Wie der Rucksack?

R-u-k. Die Engländer schreiben es mit zwei O. Da habe ich die Richtung verloren.

Oh, Sie haben sich verirrt? Auf der Insel? Im Urwald?

Ja, sagt er und bleibt plötzlich stehen. Es ist mir gegangen wie dem Propheten Jonas, der in die falsche Richtung gelaufen ist. Gott hat dafür gesorgt, dass er ins Meer geworfen wurde. Und ich, ich wäre auch beinah untergegangen. Und wie Jonas bin ich gerettet worden, ein Walfisch hat mich verschlungen, und ich habe lange Zeit in seinem dunklen Bauch zugebracht, bis er mich ans Ufer gespuckt hat – in Holländisch-Neuguinea. Und jetzt bin ich hier. Hier bei Ihnen, Fräulein Marchand. Es ist ein Wunder.

Nette tut so, als würde sie nicht verstehen, was er gerade gesagt hat, und vielleicht versteht sie ihn wirklich nicht richtig. Er scheint zu glauben, dass er hier gelandet ist, bei ihr, weil es Gottes Wille war. Wenn er sich da nicht irrt. Sie fährt nach Weihnachten zurück nach Newark, zu Grace, zu ihrer Gemeinschaft, um für immer dort zu bleiben, sie hat ein Billett für die Hin- und Rückreise gekauft, nicht nur, weil das billiger war, sondern auch, weil sie sich auf keinen Fall von ihrer Mutter überreden lassen wollte, ihre Pläne zu ändern – und weil Grace und die anderen auf sie warten.

Ja, das ist sehr schön, sagt sie vorsichtig. Ich bin nur nicht mehr lange hier, wissen Sie. Mein Schiff geht Ende Dezember. Und Sie reisen auch bald ab.

Sie sagt es mit einem halben, vorsichtigen Lächeln, damit jetzt nicht alles zu ernsthaft und schwer wird. Er lächelt zurück.

Ich erzähle Ihnen die Geschichte noch ein bisschen weiter, ja?

Ja. Aber Sie sollten nicht in Gleichnissen mit mir reden, wenn ich Ihnen wirklich zuhören soll.

Sie ist erstaunt über ihre eigene Kühnheit.

Ich gebe es zu, Fräulein Marchand, ich bin *nicht* der Prophet Jonas.

Er verbeugt sich tief. Johann Hensolt aus Führingen, Missionar, zu Ihren Diensten.

Jetzt lacht sie wirklich. Er auch, ein bisschen verlegen. Und wird plötzlich wieder sehr ernst.

Es gab also keinen Walfisch, aber was es gegeben hat, war eine große Dunkelheit: Erst in einer verkommenen Inselstadt unter fremder Besatzung, dann auf einer Pflanzung unter unfreundlichen Menschen – mit wenigen Ausnahmen. Fünf Jahre im Bauch eines Ungetüms.

Das klingt schlimm. Und wer hat Sie dann an Land gespuckt? Wenn es nicht der Walfisch war?

Er lacht nun doch wieder. Er bleibt stehen. Es glitzert in seinen Augen.

Ich werde Ihnen alles erzählen. Nach und nach. Alles.

Er nimmt ihre Hand.

Es ist nicht rühmlich für mich.

Er schaut sie an, bis sie den Blick abwendet.

Der Walfisch, den es nicht gab, sagt sie, fangen Sie damit an. Eins nach dem anderen.

Ja, sagt er. Er hält ihr wieder den Arm hin, und diesmal nimmt sie ihn, es fühlt sich ganz selbstverständlich an. Er ist kräftig, dieser Arm. Unter der Manschette quellen schwarze Haare hervor, die bis auf den Handrücken wachsen. In Amerika gab es einen Film über einen Urwaldmenschen namens Tarzan, aber der hatte sehr viel weniger Haare als der Missionar Hensolt.

Er führt sie auf einen Weg Richtung Wald. Geht eine Frau

mit einem fremden Mann allein in den Wald? Aber der Mann ist Missionar. Und sie kommt aus New York. Die eisernen Regeln von Reucha gelten für sie nicht. Allerdings wäre sie in Amerika niemals mit einem fremden Mann in den Wald gegangen. Amerikaner spazieren auch nicht in ihren Wäldern herum. Sie geht also am Arm des Missionars Hensolt auf den Wald zu.

Ich war in Rabaul und habe für die Neuguinea-Compagnie gearbeitet, für Direktor Lehdemann, den Leiter der Handelsabteilung. Rabaul ist eine verdorbene Stadt, mit einem Walfischbauch durchaus zu vergleichen. Die Arbeit war nicht schön, aber ich habe einiges gelernt. Daher verstehe ich etwas von Geschäften. Rabaul liegt übrigens auf der Insel New Britain, so heißt sie jedenfalls jetzt, seit dem Krieg, vorher hat sie Neupommern geheißen.

Der Krieg. Sie will es nicht hören. Und dann?, fragt sie ungeduldig, fast unwirsch.

Wir haben die Plantagen auf den Inseln geschätzt, vermessen und bewertet, wegen der Entschädigungen.

Entschädigungen?

Die deutschen Pflanzungen sind alle enteignet worden, und die Besitzer mussten irgendwie entschädigt werden, also auch die Neuguinea-Compagnie.

Aber Sie sind doch Missionar?

Das ist die Geschichte, die ich Ihnen schuldig bin. Haben Sie sich nicht gewundert, dass ich als Deutscher von der Neuendettelsauer Mission auf dem Feld in Niederländisch-Indien bin?

Sie antwortet nicht. Nein, sie hat sich nicht darüber gewundert. Inzwischen haben sie den Waldrand erreicht, und der Weg wird schmaler. Sie spürt seinen Körper dicht an ihrer Seite.

Die Mission wollte mich eigentlich nach Hause schicken. Ich war kein guter Missionar. Ich habe furchtbare Fehler gemacht. Und da haben sie mich über Bord geworfen, die Brüder von der Missionsleitung.

Er spricht jetzt schnell, schaut geradeaus vor sich hin. Wegen der niedrig hängenden Zweige hat er den Hut abgenommen. Er hebt einen Zweig an, damit sie darunter hindurchgehen kann, was nicht nötig gewesen wäre. Sie ist viel kleiner als er.

Aber ich habe ihnen geschrieben, etliche Male, dass ich meine Fehler einsehe, dass ich zur Mission zurückwill. Und irgendwann haben sie mich wieder aufgenommen und nach Niederländisch-Neuguinea geschickt.

Sie möchte nicht wissen, was für Fehler er gemacht hat. Schlimme können es nicht gewesen sein, er ist schließlich wieder Missionar, sogar bei den Holländern, und sie hat Holländer kennengelernt in Amerika: fleißige, anständige Leute, die es sehr ernst nehmen mit ihrer Religion.

Es war eine schwere Zeit, sagt er. Aber Gott hat mir Kraft gegeben und mir Freunde an die Seite gestellt, einen wahren Bruder und eine wahre Schwester in der Not. Und alles ist am Ende gut geworden.

Er hebt wieder einen Zweig.

Und jetzt sind wir hier.

Er redet, als wären sie in einem Theaterstück, irgendwas von Schiller. Den haben Sie bei den Oppermanns in New York manchmal mit verteilten Rollen gelesen, *Kabale und Liebe*. Sie gehen schweigend weiter, bis der Weg so schmal wird, dass sie nicht mehr nebeneinander herlaufen können, ohne den Anstand zu verletzen.

Es ist besser, ich gehe voraus, sagt er, nur ein kleines Stück noch.

Er biegt ab und zu einen Zweig zur Seite, warnt vor Wurzeln und Brombeerdornen. Sie folgt seinem Rücken in dem grauen Rock, die Jacke sitzt, da war ein guter Schneider am Werk. Durch das Geäst scheint fleckig die Sonne, sodass Nette manchmal plötzlich geblendet ist. Es duftet in der milden Herbstwärme nach Kiefern, wie in den Blue Ridge Mountains, wo sie im Sommer noch mit Grace gewandert ist. Es riecht fast wie in den Bergen ihrer Kindheit, wie an den Bergflüssen, wo sie die Faltboote ins Wasser ließen.

Gibt es in Neuguinea Kieferbäume?, fragt sie.

Er ruft über die Schulter zurück: Was?

Kiefern. Gibt es im Hochland von Neuguinea Kiefern?

Er dreht sich zu ihr um, sie schauen sich plötzlich in die Augen.

Nein, sagt er. Nicht eine einzige.

Ach!, sagt sie und weicht seinem suchenden Blick wieder aus. Das ist schade.

Sie stehen einander gegenüber, Sekunden, eine Ewigkeit.

Aber bevor sie anfangen können zu fragen, was sie einander verschweigen, greift er nach ihrer Hand, als müsste er sie über irgendein Hindernis geleiten oder über einen Abgrund, und sie überlässt ihm ihre Hand wie etwas, das nicht an ihr festgewachsen ist. Es gibt keine Hindernisse und schon gar keinen Abgrund, sie muss sich nicht an ihm festhalten, aber er hält *sie* fest, und wie, und geht einfach weiter und nimmt sie mit sich.

Sie wundert sich, dass sie ihm das erlaubt. Der Waldboden ist weich und federt ein wenig, sie kommen zu einer Lichtung mit hohem, herbstbleichem Gras, und dahinter liegt ein See halb im Schatten, halb in der Sonne.

Stellen Sie sich einmal vor, sagt er und lässt ihre Hand los. Stellen Sie sich vor, das ist die Südsee.

Es ist ein Waldsee, dunkel, mit Schilf.

Ich habe nicht viel Fantasie, sagt sie leise.

Er deutet mit einer weiten Handbewegung zu den Kiefern und wenigen Buchen und Birken hin. Da – der Urwald. Hier – das Alang-Alang-Gras. Und: das Meer. Und wir, Sie und ich. Er breitet beide Arme aus: an einem gesegneten Ort.

Es klingt wirklich schön, wie er es sagt. Ist das nun ein Antrag? Oder nicht? Sie hat ihm nur ihre Hand überlassen, das ist alles. Bedeutet das schon etwas? Und Amerika? Und Grace? Und ihr Laden? Und – Babette? Sie wagt das Wort heiraten nicht einmal zu denken. Sie wird niemals heiraten. Sie kennt ihn doch nur wenige Wochen.

Sagen Sie nichts, sagt er, und sie sieht in seinem Gesicht, diesem ein wenig zu dunklen Gesicht, das nichts verbergen kann: Gewissheit. Und Zweifel. Und doch wieder Gewissheit. Sie werden hören, was Ihr Herz sagt. Und was Gott Ihnen sagt. Wir sind füreinander bestimmt.

So fing es an. Es gab nur ein kleines Zeitfenster, in dem Linette Marchand und Johann Hensolt einander überhaupt hatten begegnen können, zwischen zwei Schiffspassagen, zwischen zwei Kontinenten. Nette war schließlich überzeugt, dass es so war: Sie waren füreinander bestimmt. Sie tauschte ihr Schiffsticket um. Ihr Gepäck kam gerade noch rechtzeitig aus Newark und wurde, um die Winterkleider erleichtert, gleich weitergeschickt. Die Mäntel, den Pelzkragen und den Muff bekam fürs Erste Babette, die sich bedankte. Die kleine Schwester wollte sich nichts anmerken lassen, aber alle konnten sehen, dass sie viel weinte. Sie half das Brautkleid nähen. Sie schrieb die Hochzeitskarten. Sie ging aus dem Zimmer, wenn Johann kam. Als Johann und Nette von den New Yorker Dollars ein Baugrundstück am Stadtrand von Hohburg kauften, überschrieben sie es zur Hälfte Babette und der Mutter.

Babette betrachtete das Haus als ihr Eigentum, als Entschädigung für die entgangene Ehe. Sie zog dort ein, sobald es fertig war. Es war der einzige Ort, an dem sie je die Herrin war. Später fand sie noch einen Ehemann, der Herr des Gartens wurde und eine Truppe bunt glasierter Gartenzwerge befehligte.

14

Ankunft

Das Foto zeigt Nette in einem hölzernen Armstuhl mit geflochtener Rückenlehne. Sie sitzt neben einer hochgeklappten Schiffsluke, vor einem Fenster, das auf einen überdachten, offenen Raum hinausgeht. Im Hintergrund: gleißend helle Leere. Es ist ein Schiffsdeck unter praller Sonne. Nette beugt sich über ein beschriebenes Papier auf ihrem Schoß, mit lachendem Mund. Ihr Haar fällt ein wenig zerzaust und nur lose gebunden über ihren Rücken. Sie trägt ein helles geblümtes Kleid mit spitzem Ausschnitt und Ärmeln, die nur eben die Schulter bedecken.

Der Fotograf ist Johann, der vermutlich gerade von dem anderen Stuhl, links im Bild, aufgestanden ist und darauf einen Briefumschlag liegen gelassen hat.

Auf keinem Schiff ist es je so schön gewesen. Johann und sie verbringen viel Zeit auf Deck, sie beobachten Kriegsschiffe und Frachter, den Rauchschleier über dem Ätna, die wechselnden Farben des Meeres. Johann weiß viel, und wenn er nichts weiß, fällt ihm irgendeine Geschichte ein. Als sie den Suezkanal verlassen, zeigt er ihr die Stelle, wo das Volk Israel, verfolgt von den Kriegern des Pharaos, trockenen Fußes durch das Rote Meer gezogen sein soll.

Ich hätte mich gefürchtet, sagt er. Stell dir vor, da stehen kilometerhohe Wasserwände, rechts und links, und du gehst mittendurch. So was macht man nur mit sehr viel Glauben. Und wenn ein ganzes Volk mitmacht. Einer allein wagt so was nicht, nicht einmal ein Moses.

Na ja, aber ihre Feinde waren hinter ihnen her, da wird man schon mutig.

Zum Sterben wären mir Soldaten lieber als das Wasser, sagt Johann.

Bitte, sprich nicht so.

Er sieht den Schrecken in ihrem Gesicht.

Denk nicht mehr daran, sagte er. Der Krieg ist vorbei.

Ja, sagt sie nur. Sie haben gemeinsam beschlossen, dass alles Vergangene, seines und ihres, keine Last mehr sein soll. Trost und Vergebung – für sie beide. Das Meer ist freundlich, kein Sturm droht, keine Wassermassen. Die ganze Welt ist freundlich. Eigentlich hat Nette es noch nie in ihrem Leben so gut gehabt. Abends sitzen sie mit anderen Passagieren zusammen, freundlichen Missionaren, auch katholischen, und Geschäftsleuten aus Deutschland und Holland. Es wird viel gesungen und gelacht an Bord, Johann immer mittendrin.

Auf dem Pazifik steht der Halbmond nicht mehr am Himmel, sondern legt sich gemütlich hin. Das Meeresleuchten umgibt sie bei Nacht, und bei Tag treiben rosa und violette Quallen wie Ornamente im Wasser. Überhaupt, die Farben! Als sie in Indien an Land gehen, werden sie überwältigend: allein das Grün, man kann es kaum glauben. Und was sie bisher als armseliges, empfindliches Topfgewächs kannte, steht nun als kräftiger Baum voller Früchte vor ihr. Es ist paradiesisch. Und es gibt sogar christliche Kirchen.

Sie steigen um auf ein Tropenschiff voller Menschen in erstaunlichen Trachten, die auf dem offenen Zwischendeck reisen. Sie betrachten das bunte Gewusel von oben. Bequem haben es die Leute da nicht, vor allem nicht, wenn es regnet. Johann erzählt von seinen Fahrten auf dem Missionsdampfer, auf dem vollgestopften Deck zwischen den Einheimischen, die immer umsonst mitgenommen werden. Sie ist froh über ihre schöne Kabine. Einmal, vor einer ostindischen Insel, macht ein großes, überfülltes Boot längsseits fest, um eine

Großfamilie abzuholen. Während Kinder, Großmütter und Hühner an Bord gehievt werden, tönt Musik vom Boot herüber – rätselhafte, lebhafte Musik. Nette und Johann sind sich einig, dass die Menschen hier natürlich ganz andere Musik haben müssen als in Europa. Wenn du genau hinhörst, hörst du den Sonnenschein heraus, sagt Johann. Sie hört ihn, den Sonnenschein: helle, manchmal grelle, sprudelnde Töne.

Beim letzten Halt vor Neuguinea kaufen sie in einem Chinesenviertel ein: Schuhe für den Marsch durch den Urwald, Proviant. Die Chinesen haben wirklich alles in ihren *togos*. Nette und Johann entscheiden sich für mehrere Dosen luxuriös teurer Frankfurter Würstchen und Sauerkraut. Nettes Vorfreude auf den Marsch durch den Dschungel wächst mit diesen Vorräten gewaltig – auch weil die Seereise, so schön sie ist, doch sehr lange gedauert hat. Sie hat mit ständigen Anflügen von Seekrankheit zu kämpfen, speiübel ist ihr oft, trotzdem hat sie einen gesunden Appetit. Auf Frankfurter Würstchen zum Beispiel.

In Surabaya ist ein Filmoperateur zugestiegen, ein Holländer, der stundenlang an Deck steht und immer wieder Gelegenheit findet, die Kurbel seiner Kamera zu drehen. Sie fahren zwischen dicht beieinanderliegenden Inseln hindurch, die malaiischen Missionslehrer, die ebenfalls nach Neuguinea reisen, zählen ihr die Namen auf, aber sie kann sich keinen einzigen merken. Sie versucht, ihr bisschen Malaiisch bei ihnen anzubringen, aber es gelingt ihr nicht gut.

Ein Sprachgenie bist du wirklich nicht, sagt Johann.

Dafür bist du eins, sagt sie. Das reicht. Ich bin das Nähgenie.

Eines Morgens weckt er sie in aller Frühe, sie ist noch sehr müde und ungnädig, ihr ist wieder übel. Er schleppt sie an Deck und, wie herrlich!, da steigt die Sonne lila und rosa und knallrot zwischen fernen Bergen auf.

Das ist Neuguinea, Nette. Wir sind daheim.

Sie stehen nebeneinander in diesem unglaublichen Morgenlicht. Sie spürt ihn an ihrer Seite, als wären sie durch allerfeinste lebendige Fäden miteinander verbunden. Es ist fast zu viel, die Vorfreude, die Fülle des Lichts. Ihr gemeinsames Leben wird, das weiß sie, ganz anders sein als alles, was sie sich je vorgestellt hat.

Gegen Mittag passieren sie eine kleine Insel, und da kommen die ersten Papua mit ihren Kanus ans Schiff. Sie sind dunkelbraun, mit schwarzen Wollköpfen, und haben so gut wie gar nichts an. Sie bieten Papageien zum Verkauf, sind aber nicht zudringlich wie sonst die Händler in den Häfen. Der Filmoperateur kurbelt und kurbelt, und die Papua machen kleine Kunststücke für ihn, sie posieren und lachen sich halb tot dabei. Mit Kameras scheinen sie Erfahrung zu haben. Der Operateur will ihnen etwas dafür bezahlen, aber sie paddeln einfach davon.

Am späten Nachmittag macht das Schiff im Hafen von Manokwari fest. Auf dem langen Steg kommt ihnen ein Weißer entgegen, ihm folgt eine Gruppe Einheimischer, die auf Flöten spielen, es klingt wie ein Choral, aber man kann nicht so richtig erkennen, welcher. Der Filmoperateur mit seiner Kamera bleibt ihnen auf den Fersen, er will unbedingt die *Ankunft eines Missionars* filmen. Empfangen werden sie in einem villenartigen Holzhaus, das der holländischen Kolonialverwaltung gehört, es liegt hoch über mehreren Terrassen am Berghang, man hat einen herrlichen Blick auf die von Bergen umgebene Bucht. Es ist fast wie an einem oberbayrischen Gebirgssee.

Am Nachmittag taucht eine Schar Wilder aus einem benachbarten Dorf auf, eigens für sie hergeholt. Die Männer sind bunt bemalt und geschmückt und tanzen mit großem Gebrüll vor dem Haus, wie Kannibalen in Vorfreude auf eine Mahlzeit. Der Filmoperateur ist begeistert. Die Wilden stellen sich extra vor seine Kamera und posieren eindrucksvoll. Als sie zu Ende getanzt haben, verteilt ihr Gastgeber Sagokuchen und Tabak, und sie ziehen wieder ab, noch immer mit Gebrüll. Johann lacht über die ganze Veranstaltung. Das war einfach nur Theater für die Weißen. Ihre echten Tänze dauern viel länger. Und sie haben einen tiefen Sinn.

Das Foto ist wie ein Suchbild. Auf den ersten Blick sieht man nur dichtes exotisches Laub, in allen Grautönen und Formen. Palmwedel, gelochte Riesenblätter, Hängepflanzen, Farne. In der Mitte unten entdeckt man schließlich den kahlen Streifen eines Weges, darüber die Rundung eines Pferdehinterns. Oberhalb davon weist ein geblümter Stoff auf ein Kleid hin, und auf beiden Seiten Füße in faltigen Stiefelchen auf eine ganze Person, die man aber nicht erkennen kann. Eine unscharfe Gestalt in hellem Hemd und mit Tropenhut, von herabhängenden Gewächsen großteils verdeckt, hält die Zügel in der Hand.

Auf der Rückseite des Fotos steht in Nettes spitzer Schrift: Ankunft in Genyem, 1927.

Nettes merkwürdige Übelkeit bleibt, obwohl es kaum Seegang gibt. Kann es sein, dass sie … Sollte ihre Ehe so bald schon gesegnet sein? Seit ihrer Abreise vor sechsundsechzig Tagen ist die allmonatliche Unannehmlichkeit ausgeblieben, in der tropischen Hitze war Nette nur froh darüber. Es kann an den Strapazen der Reise liegen, dem fremdartigen Essen, der Zeitverschiebung, dem … Verheiratetsein. Von Frau Oppermann weiß sie, dass man bis zum vierten Monat nie sicher sein kann. Sie erklärt Gott ihr Einverständnis mit allem, was da kommen mag, *body and soul, oh Lord*, und behält die Sache ansonsten für sich. Johann würde allzu enttäuscht sein, wenn dann doch nichts wäre. Ihr Blick hält sich an der Küstenlinie fest, aber das hilft kein bisschen gegen die Übelkeit.

Am achtundsechzigsten Tag werfen sie Anker in der

Humboldtbai. Johann hat gesagt, Hollandia sei eine kleine Stadt, und sie hat sich etwas halbwegs Prächtiges vorgestellt, wie die Villen von Manokwari, aber sie sieht an der Küste nur eine Ansammlung von Schuppen und flachen Holzhäusern mit Wellblechdächern, alles schnurgerade und rechtwinklig angeordnet. Neue Siedlungen sind fast immer rechtwinklig, wie New York. Wie weit weg ist New York mit seinem Schnee, seinem Betrieb, seiner Atemlosigkeit! Leuchtreklamen, Grammofone, Automobile, elegante Menschen. Für einen Augenblick entsteht eine Leere in ihrem Kopf, hier gibt es nichts, was sie kennt. Aber Johann. Zwischen den Schuppen herrscht einige Bewegung, es werden Kanus ins Wasser geschoben. Und dann hört sie ein melodisches Weinen über dem Wasser, wie sie es noch nie zuvor gehört hat.

Johann, was ist das?

Sie rudern, sagt er. Die Papua rudern, und sie singen dazu.

Es ist so schön und so seltsam, dass sie auch gleich weinen möchte, wie damals im Bethaus von Newark. Mitten in der lauten Unruhe an Bord, dem Gewusel und den Rufen in verschiedenen Sprachen, die sie alle nicht versteht, lauscht sie dem Weinen über der Bucht. Ihr wird leicht im Kopf und schwindlig dabei, sie muss sich an der Reling festhalten. Es ist sehr heiß ohne den Fahrtwind, die Kleider kleben am Körper, und sie hat das Gefühl, sie würde immer noch schaukeln, aber das Schiff liegt still.

Johann ist beschäftigt. Er gibt den Malaien Anweisungen, dirigiert das Gepäck und sagt: Ich komme gleich wieder, die Kisten, da muss ich ein Auge drauf haben. Kaum hat er sie allein gelassen, steigt die Übelkeit heftig in ihr auf und ist nicht mehr aufzuhalten, sie hört den Gesang wie durch Nebel, weinender Nebel, ihre Eingeweide drehen sich um. Sie erbricht sich über die Reling. Und fühlt sich gleich danach fast wieder normal. Zum Glück kümmert sich niemand um sie. Stumm schüttet ein Malaie einen Eimer Meerwasser über die

Schiffswand, er schaut sie nicht einmal an. Sie schauen einen nie direkt an, diese Malaien.

Aber Johann klopft dem Steuermann auf die Schulter, lacht mit dem malaiischen Maat, drückt dem Steward eine Münze in die Hand. Eine Motorbarkasse legt an, und eine Stunde später sind sie mitsamt ihren Kisten und Koffern an Land.

In drei Tagen, hoffentlich, wird sie daheim sein. Daheim. Im Urwald, nein, hinter dem Urwald, auf dem Nimboran im Grasland, bei Johann. Immer und auf jeden Fall, und egal wo: bei Johann. Sie übernachten in Hollandia beim örtlichen Guru. Das klingt schaurig, aber das Wort bedeutet nur Lehrer: Der Mann unterrichtet die Schulkinder und stammt, wie fast alle nicht-weißen Beamten der Holländer hier, von der Insel Ambon.

Nette schläft prächtig, trotz der seltsamen Geräusche um sie herum. Und Johann blüht auf. Ich fühle mich hier viel, viel wohler als in Neuendettelsau, sagt er beim Frühstück, mit untergeschlagenen Beinen auf einer dicken Matte sitzend.

Ihr geht es eigentlich auch so, obwohl alles fremd ist: In Neuendettelsau waren die Menschen nicht besonders freundlich zu Johann. Im Vergleich zu den Amerikanern und gar im Vergleich zu den Leuten, die sie auf der Reise hierher getroffen haben, waren die Neuendettelsauer sogar ziemlich garstig, trotz aller Segenswünsche, Gebete und Kuchen. Und sie, Nette, ist mit einer unschönen Mischung aus Mitleid und Befremden betrachtet worden. Ja, so, aus Amerika kommen Sie! Als würde diese Tatsache etwas erklären. Als gäbe es etwas zu entschuldigen.

Eine Stunde nach Sonnenaufgang steigen sie in ein Kanu mit Außenbordmotor, das einem Freund von Johann gehört, dem berühmten Lehdemann aus Rabaul, der inzwischen eine große Pflanzung hier besitzt wie ein paar andere Deutsche, die Johann von früher kennt. Für das Gepäck brauchen sie ein zweites Kanu, deshalb dauert es noch einmal eine Stunde, bis sie im ersten Dorf ankommen. Es besteht aus Hütten mit Wellblechdächern und einer schnurgeraden Straße dazwischen, Hollandia in klein. Vor der Schule, die zugleich die Kirche ist, stellen sich Kinder und Jugendliche auf und singen etwas Malaiisches. Der Guru dirigiert, die Frau des Gurus bringt Tee. Und dann wird es ernst: Sie verlassen das Meer, nach zweieinhalb Monaten. Hier beginnt der Fußweg ins Inland.

Johann geht voraus, sie folgt ihm, hinter ihr tragen die Männer des Dorfes ihre Koffer, Seekisten und Säcke auf dem Kopf oder an Stangen auf den Schultern. Es ist eine lange Menschenschlange, die sich durch den dichten Dschungel windet, eine singende, johlende Schlange. Das also sind die berüchtigten Menschenfresser von Neuguinea. Die klebrige Hitze und der sumpfige Untergrund machen das Fortkommen nicht leicht. Das große Abenteuer hat begonnen. Hin und wieder dreht sich Johann zu ihr um, besorgt und mit einem gewissen Stolz – als wären das hier sein Wald, sein Weg, seine Leute.

Gegen Mittag erreichen sie den Sentani-See, es weht ein starker Wind über dem weiten Wasser, und in der Ferne grollt es. Zum Glück steht direkt am Ufer eine Hütte für Durchreisende, die hat zwar nur eine Wand, aber immerhin ein tief herabreichendes Dach. Ein großes Boot soll sie hier abholen, aber es lässt sich nicht blicken. Kein Wunder bei dem Wetter, meint Johann. Komm, wir machen es uns gemütlich.

Es wird Abend. Es wird Nacht. Sie haben etwas aus ihren Vorräten aufgewärmt und gegessen und wollen gerade ihre Feldbetten aufschlagen, da hören sie es vom See her weinen. Wären ihr diese Laute nicht schon vertraut, klängen sie sehr unheimlich in der Finsternis. Sie kommen von ihren Ruderern, zehn kräftigen Männern, die, ohne viel Zeit zu verlieren, das ganze Gepäck und Nette selbst auf das Boot tragen. Im Mondschein und halben Schlaf sieht sie hohe Grasberge und

Pfahlbauten vorüberziehen. Manchmal leuchtet ein Feuerschein auf, manchmal ruft jemand das Boot an, und die Ruderer rufen zurück – sie versteht nur die Worte *Tuan Pandita*.

Es ist schon spät, als sie das Dorf Ifaar erreichen, begrüßt von ein paar aufgeschreckten Schweinen. Das Haus, in dem sie übernachten, hat drei Wände und eine offene Seite, jeder Mensch, jedes Tier kann hereinkommen. Ihr Schlaf ist unruhig. Mitten in der Nacht wacht sie auf mit dem Gefühl, eine Schlange sei in ihrer Nähe. Sie sind sehr giftig, die Schlangen hier. Aber es ist ein katzenartiges Tier, das an ihrem Fußende lauert, die spitzen Ohren und glitzernden Augen reglos. Und es lässt sich nicht verscheuchen. Schließlich klatscht sie laut in die Hände, das Tier rührt sich nicht, aber Johann wacht auf. Er reißt ein Streichholz an. Das Licht fällt auf Nettes Segeltuchschuh.

Sie ist so erleichtert, dass sie lachen muss und sich gar nicht mehr beruhigen kann. Er legt den Arm um sie: Hier gibt es keine gefährlichen Tiere, das weißt du doch. Mal abgesehen von den Schlangen und den Krokodilen.

Sie kann nicht aufhören zu kichern.

Merk dir, sagt er beruhigend: Alles, was an Land lebt und Füße hat, ist harmlos. Und sogar essbar.

Am nächsten Morgen ist sie hundemüde. Und ihr ist übel wie nie zuvor. Sie erbricht sich direkt vor dem Haus, das praktischerweise im Wasser steht. Die Fische werden sich freuen.

Noch einen halben Tag rudern sie über den See, dann sind sie am anderen Ufer. Sie ist erschöpft vom beengten Sitzen in dem schaukelnden und mit den Ruderschlägen ruckelnden Boot. Nur der Gesang tröstet sie über alles hinweg. Bei ihrer Ankunft werden sie ins *pasanggrahan*, das Gästehaus, geleitet. Es steht tief im Wasser und schwankt bei jedem Schritt, der Boden besteht nur aus einem Bambusgitter. Was hindurchfällt, ist auf Nimmerwiedersehen verschwunden, wie einige ihrer Haarnadeln.

Männer aus dem Dorf machen ihre Aufwartung. Sie hocken sich um sie herum, kauen ihren Betel und spucken den knallroten Saft in hohem Bogen aus. Das gilt, wie ihr Johann erklärt, als vornehm. Johann redet mit ihnen Malaiisch, das sie anscheinend ein wenig beherrschen. Sie sind äußerst höflich. An ihre Nacktheit muss sie sich aber doch erst gewöhnen. Als die Herren wieder fort sind, kommen Kinder aus dem Dorf und verkaufen ihnen Brennholz und etwas zu essen. Nette kocht die ersten Taro ihres Lebens, und Johann isst *popeda,* einen Brei aus Sago, den sie ekelhaft findet. Sie hält sich an die kartoffelartigen gekochten Wurzeln und an die Bananen, herrliche, süße kleine Bananen. Gegen Abend kommen die Frauen. Manche haben kleine Kinder dabei, sie sind nett, wirken aber doch befremdlich mit ihren bloßen Brüsten. Und dann der üppige Schmuck: Über und über sind sie mit Perlen behangen, durch die Nase tragen sie kleine Pflöcke, und in den Ohren stecken so viele Ringe, dass die Läppchen tief herabhängen. Nette wiederum wird von den Frauen angestaunt, die ihre spitze Nase und ihre dünnen weißen Füße seltsam finden. Die Kinder fürchten sich vor ihr. Will sie eines berühren, flüchtet es schreiend hinter seine lachende Mutter.

Als dann endlich Ruhe im Haus herrscht, schlafen sie ein wie tot. Und erwachen gegen Mitternacht von einem lang gezogenen Pfiff. Vom Berg her nähert sich ein grelles Licht, und auf einmal steht ein Weißer vor ihnen: Bruder de Jong, den die Nachricht ihrer Ankunft erreicht hat und der sich gleich auf den Weg gemacht hat. Die Männer klopfen einander voll Freude auf die Schultern, sie reden und reden und hören gar nicht mehr auf. Irgendwann schläft Nette in ihrer Ecke ein. Aber schon vor Sonnenaufgang brechen sie wieder auf.

Sie erklimmen einen steilen Grasberg, gefolgt von einer großen Schar Träger, und erreichen noch vor der großen Tageshitze den schattigen Urwald.

Vögel rufen schrill. Es geht nun drei Stunden lang steil

bergauf und bergab auf einem schmalen Pfad, oft muss man über Wurzeln steigen und rutscht auf dem glitschigen Boden ab. Johann muss sie manchmal bergauf richtig schieben. Sie ist so müde, dass sie kaum noch die Füße heben kann. An ihren Waden, unterm Rock, haben sich Blutegel festgesogen. Zum Glück kommt ihnen schließlich eine Abordnung von der Station entgegen – und sie haben ein Pferd dabei! Nette hat noch nie auf einem Pferd gesessen, aber alles ist besser als weitergehen. Sie lässt sich in den Sattel helfen, und das Pferd trottet sicher an den Abgründen entlang. Johann führt es am Zügel, und sie ziehen dahin wie Maria und Josef auf der Flucht nach Ägypten. Wahrscheinlich war es da auch so heiß.

Mittags erreichen sie das erste Dorf der Hochebene. Die holländische Fahne weht, die Leute stehen vor den Häusern und begrüßen sie freundlich. *Tabeh* Tuan, *tabeh* Nonja. Ein paar Dörfer noch, die sie schon nicht mehr unterscheiden kann. Sie fällt vor Müdigkeit fast vom Pferd und schläft bei jeder Pause kurz ein. Und plötzlich sind sie da: Genyem. Daheim.

Schwester de Jong bringt Essen, Kinder singen dreistimmig oder zehnstimmig, sie kann es schon gar nicht mehr unterscheiden. Die Missionsstation liegt über dem Dorf auf einem steilen Hügel. Um sie her breiten sich die Graslandschaft und dahinter der Urwald aus.

Sie gehen auf ein kleines, in einer Senke gelegenes Haus zu. Nicht erschrecken, sagt Johann, sie sind mit dem Bauen nicht ganz fertig geworden. Aber es ist unseres. Unser Haus.

Er trägt sie tatsächlich hinauf auf die Veranda. Und sie tritt ein. Ihr Haus.

Nach ein paar Schritten bricht ihr Fuß durch den von Ameisen zerfressenen Holzboden.

15

Zumajang

Ich möchte schwören, dass meine Großmutter Nette gelacht hat, als ihr Fuß durch die von den Ameisen zerfressenen Bodenlatten brach. Erst wird sie aufgeschrien haben, wie sie es immer tat, wenn sie sich erschreckte, und dann gelacht, während Johann sie umfasste und sicher auf einen Balken stellte.

Wäre Marie dasselbe passiert, hätte sie ihrem Mann, der Welt und dem Schicksal jahrelang gegrollt. Heiner allerdings war nicht der Mann, der den Ameisen solche Gelegenheiten geboten hätte. Er hätte niemals ein unfertiges Haus zurückgelassen, während er auf Brautschau ging. Die Frau kam dran, wenn das Haus fertig war. So war es immer gewesen, und so war es richtig. Ich mochte das sehr an meinem Großvater: Bei ihm gab es keine unangenehmen Überraschungen. Auch keine angenehmen, aber das war mir egal. Ich hatte vier Geschwister mit verschiedenen und widersprüchlichen Leidenschaften, eine Mutter, deren Zugriff auf die Wirklichkeit ziemlich mangelhaft war, und einen Vater mit einem hochentzündlichen Charakter, der jederzeit eine kleine Herrlichkeit erschaffen und innerhalb von Sekunden alles zu Asche werden lassen konnte. Ich lebte mit sechs unberechenbaren Menschen wie auf einer aktiven Vulkaninsel. Liebend gern hätte ich immer meinen Großvater um mich gehabt, der durch seine bloße Anwesenheit den Eruptionen in unserem Alltag Einhalt gebot. Sogar meine Mutter verließ ihm zuliebe ihr imaginäres Paradies und manifestierte sich in unserer Welt, in Großvater Mohrs Gegenwart war sie, als wäre sie nie fort gewesen, und blieb für ein paar Tage oder wenigstens ein paar Stunden bei uns. Auch mein Vater hatte sich vor Heiner im Griff, nie brannte er in dessen Anwesenheit eines seiner gefährlichen Feuerwerke ab.

An Heiner lag es nicht, dass allein der Anblick von Neuendettelsau in mir eine ähnliche Mischung von Gefühlen auslöste wie der Vogelfriedhof, den mein Bruder Johannes und ich unter dem Holunderbusch im Garten angelegt hatten, mit kleinen Gräbern in geraden Reihen (mein Bruder benutzte dafür das Lineal, das er unserem Vater entwendet hatte). Da wir keine Särge hatten, schaufelten wir die Erde direkt auf die oft schon riechenden Kadaver. Sie hatten starre, zarte Federn, die nie mehr fliegen würden. Ich weinte ein bisschen, mein Bruder und ich sprachen das Vaterunser und steckten am Schluss ein kleines Kreuz in die Erde.

Mag sein, dass auch der für Neuendettelsau typische Geruch selten gelüfteter Räume mit dieser Gefühlsverwandtschaft zu tun hatte – der und die Atmosphäre von Ordnung und Endgültigkeit. Und meine Großmutter Marie, die all das verkörperte, Marie, freudlos und voller Wut, Marie, die niemals Luft unter den Flügeln gehabt hatte. Marie, die streng darauf achtete, dass alles gegessen wurde, was sie gekocht hatte. Wenn die Mahlzeit zu Ende war, sagte sie auf Kâte: *lombengsolombeng*. Ich dachte immer, das bedeute so etwas wie ein Lob, für sie selbst und ihre Gäste. Später schlug ich das Wort im Wörterbuch des Missionars Keysser nach. Es hieß: leer, oder auch: arm.

Von den Sonntagnachmittagen mit Kaffee und Kuchen, diesem nahrhaften Neuendettelsauer Elend, sagte Marie im Nachhinein: Wir durften einen fröhlichen Sonntag im Kreise unserer Lieben verbringen. Nichts daran stimmte. Von Frohsinn keine Spur, abgesehen von einem oft wiederholten Witz über Martin Luther. Der Tag war – zum Glück – nur ein Nachmittag, und von Liebe konnte in der Umgebung dieser Großmutter kaum die Rede sein. Es herrschte eher Kalter Krieg, im besten Fall friedliche Koexistenz. Und dann dieses *dürfen*: Marie benutzte es andauernd, weil es eben christlicher Sprachgebrauch war, ein demütiger Hinweis darauf, dass einem das jeweilige Tun und Erleben von Gott dem Herrn zugeteilt war, wogegen man nichts machen konnte und wofür man dankbar zu sein hatte. Wer starb, durfte ins Himmelreich eingehen, wer einen Missionar heiratete, durfte Teil der Reichgottesarbeit werden, und wer ins Altenheim geschickt wurde, weil die Mission die Wohnung brauchte, durfte im Abendfrieden leben. Solange Heiner noch die Päckchen mit frommen Schriften zur Post trug, sagte Marie immer, ihr Mann dürfe dem Werk dienen. Dabei wussten alle, dass sie sich durch das öffentliche Rucksackschleppen ihres Mannes zutiefst gedemütigt fühlte.

Diese Sprache, der Geruch und die von frommer Verachtung alles Körperlichen geformten Gestalten bildeten zusammen das Vogelfriedhofsheim Neuendettelsau, mehr ein Phänomen als ein Ort. Im Lauf meines Lebens lernte ich jenseits des fränkisch-protestantischen Milieus verschiedene Varianten solcher religiös oder sonst wie ideologisch überheizter Umgebungen kennen, die sich zwar in Kleidermoden, Geruchsnoten und Phrasengebrauch durchaus unterschieden, aber bei mir allesamt den doppelten Reflex auslösten: weinen und weglaufen.

Heiner war anders, obwohl sein Weltbild nicht weniger hermetisch war. Er roch anders, ihm war sprachliche Ornamentik fremd. Er nannte gut, was in seinen Augen moralisch und was nützlich war. Menschen, die nichts taugten, waren Lumpen, Dinge, die nichts taugten, Lumpenware. Das Wort klingt seltsam auf Schriftdeutsch, in seinem weichen dunklen Dialekt klang es wie: *Lumbawor*. Das Wort ging ins Pidgin seiner Arbeiter ein, als Kategorie und Verwünschung für alles, was nicht gut funktionierte.

Seinetwegen fand ich es schade, dass die Großeltern Mohr ins Altenheim umzogen – *Feierabendheim* in der Neuendettelsauer Diktion. Er arbeitete nicht mehr in der Packerei. Seine Hände, die alles, Beete und Pakete, in gerade Linien und rechte Winkel gezwungen hatten, lagen groß und nutzlos herum. Seine Welt stand still. Ich war zwölf Jahre alt und begriff, dass nun etwas im Leben für immer vorbei war.

Das Bild Nummer 49 aus der Bildserie der Neuendettelsauer Mission zeigt drei Menschen vor einer Gitterwand aus diagonalen Leisten: einen Mann, eine Frau und ein Kind. Der Mann steht links im Bild, die Hände auf dem Rücken, und schaut mit leicht schräg geneigtem Kopf am Betrachter vorbei. Er trägt einen weißen Lendenschurz, der ihm über die Knie geht. Das Kind, das ihm bis knapp an die Hüfte reicht, ist genauso gekleidet. Es presst die Hände zusammen und blickt misstrauisch in dieselbe Richtung wie der Mann. Die Augen der Frau sind verschattet. Ihre Mundwinkel sind zur Seite gezogen, als versuchte sie vergeblich, mit geschlossenem Mund zu lächeln. Ihr Haar liegt wie eine Kappe auf ihrem Kopf, es ist entweder kurz geschoren oder am Hinterkopf straff zusammengefasst. Sie trägt ein formloses weißes Kleid mit kurzen Ärmeln und eine Kette mit einem Anhänger um den Hals. Alle drei stehen barfuß auf steinigem Boden. Sie berühren einander nicht. Rechts im Hintergrund erkennt man einen Hügel mit hohem Gras und ein Wellblechdach. Im Dunkel hinter dem Holzgitter lässt sich ein größerer Gegenstand und ein Gesicht vermuten.

Auf der Rückseite ist zu lesen: Unsere Braunen sind kluge Menschen. Sie zu unterrichten ist eine Freude. Dieser Lehrer machte als Schüler schon immer Freude. Fleißig, strebsam. Heute leitet er selbst eine Schule. Er spricht mehrere Sprachen, ist überhaupt eine gute Kraft, desgleichen ist seine Frau tüchtig.

Marie sieht von der Veranda aus, wie eine Schar Menschen vom Bach her Richtung Pflanzung zieht. Die meisten sind Frauen, ihre *bilums* prallvoll mit Feldfrüchten und Tabakblättern, aber auch ein paar Männer sind dabei und Kinder sowieso. Heute ist Handelstag, da nimmt Heiner die Leute mit ihren Waren beim Schuppen in Empfang, wo er eine Waage aufgestellt hat. Maries kleine Söhne sind immer dabei, wenn irgendwo gehandelt und getauscht wird, und von der Waage sind sie besonders begeistert. Dabei ist die Waage eigentlich unsinnig. Marie sagt Heiner immer wieder, dass er die meisten Sachen nicht zu wiegen braucht, der Preis sollte sich an der Qualität bemessen. Was hat man von fünf Pfund Tomaten, wenn sie zu spät geerntet wurden und nach stundenlangem Tragen in einem vollen Netz matschig sind? Die Leute müssen lernen, dass beschädigte Ware nichts wert ist. Aber der Mann hört nicht auf sie, gerecht muss es zugehen, sagt er, was er halt so unter gerecht versteht: auf Pfund und Gramm.

Es ist natürlich gut, dass die Leute oben im Bergland jetzt Tomaten und Gurken anbauen, hier unten in der feuchten Hitze gedeihen sie einfach nicht. In den Dörfern um den Sattelberg läuft die Produktion – aber man ist abhängig vom guten Willen der Kai, und damit ist es nicht weit her. Die bauen das Gemüse nur an, weil sie es eintauschen wollen, selber essen sie es nicht. Und zurzeit gibt es wenig zu tauschen, sogar Messer sind knapp. Eigentlich ist alles knapp, so war es, als sie herkam, da herrschte zu Hause Inflation; und so ist es jetzt wegen der Weltwirtschaftskrise. Stoff fehlt mittlerweile auch, man weiß gar nicht, woraus man die Mädchen ihre Kleider nähen lassen soll. Und die Leute werden unzufrieden, wenn sie nicht einmal ihren Tabak und ihre Schnitzereien gegen etwas Anständiges eintauschen können. Geld nützt ihnen wenig, außer für die Kopfsteuer für die Australier brauchen sie eigentlich keines.

Marie hat ihnen ein paar Sachen abgekauft und als Weihnachtsgeschenke nach Hause geschickt, vor allem hübsche bunte *bilums*. Das wäre aber nicht nötig gewesen, hat die Schwägerin daraufhin geschrieben, Säcke und Netze haben wir genug.

In Michelreuth liegt jetzt bestimmt Schnee, hängen Eiszapfen an der Dachrinne, geht man zwischen Schneewänden zum Stall. Ach, sie möchte wieder einmal richtig frieren. Als sie vor Kurzem mit den Kindern auf dem Sattelberg war, hat sie im Bett ein bisschen gefröstelt gegen Morgen, wenn die Temperatur auf 20 Grad fiel. Was war das erfrischend.

Überhaupt hat ihr die Erholung auf dem Sattelberg gutgetan. Da oben öffnet sich eine Fernsicht wie in den Alpen. Nur dass man über die bewaldeten Hänge nach Osten aufs Meer hinausschaut, mit den drei kleinen Tami-Inseln vor der Küste und Neupommern am Horizont. Im Westen sieht man die Berge, fast immer in Wolken gehüllte, sehr hohe Berge, einer soll fünftausend Meter hoch sein, keiner hat ihn je bestiegen. Dort leben keine Menschen, da haben Missionare nichts verloren.

Sie würde gern auf dem Sattelberg leben, aber ihr Platz ist nun einmal auf der Plantage, bei ihrem Mann. Selbst wenn sie nicht seine Frau wäre, wenn sie, zum Beispiel, als Ärztin im Krankenhaus arbeiten würde oder wenigstens als Krankenschwester, müsste sie doch in der Treibhausluft der Küste leben, Finschhafen ist sogar noch tiefer gelegen als Heldsbach. Und schon hier ist es ihr immer zu heiß, ihr Körper scheint nach jedem Fieberanfall schlechter abzukühlen, vor allem nachts, wenn der Mann wie ein Heizofen neben ihr liegt. Zum Glück ist der Heldsbach eine gute Badegelegenheit, sein Wasser stürzt vom Berg herunter und ist angenehm frisch. Vielleicht geht sie nachher noch hin und nimmt ein oder zwei Mädchen mit.

Im Haus schreit Sophie. Eine kräftige Stimme hat sie, die

Kleine. Marie hört Gondos nackte Füße über den Boden tappen. Gondo kümmert sich gut um das Kind, trägt es ständig mit sich herum, rein vernarrt ist sie in Sophie. Marie ist das nur recht, sie hat so viel zu tun, sie kann sich nicht mehr Tag und Nacht um ein Kleinkind kümmern, wie sie es bei den Buben getan hat. Mit Reinhard war das recht mühselig, alles war noch so fremd, das zu kleine Haus, die Sprachen, die Dummheit der Hausmädchen und der Mann, der ihr nur sehr langsam zur Gewohnheit geworden ist. Aber dann kam Martin, und Martin war der Sonnenschein. Seine Geburt war leicht, er lag friedlich in ihrem Arm, trank, schlief und lächelte. Sie hat ihn selbst gestillt, wenigstens bis zum nächsten Fieberanfall, der natürlich nicht auf sich warten ließ.

Auf Reinhard war sie stolz, mit ihm hatte sie ihre Pflicht erfüllt. Die Frühlingsbotin! Aber Martin war der Segen. Und mit Sophie haben sie jetzt auch ein Mädchen im Haus. Mehr kann man sich eigentlich nicht wünschen. An die Zeit in Tübingen denkt sie kaum noch. Was für Rosinen sie im Kopf hatte! Sie hat sich so frei und leicht gefühlt und wäre fast von Gottes Weg abgekommen mit ihrem Verehrer. Haltlos ist sie gewesen, das ist die Wahrheit.

Vom Schuppen her nähert sich der neue Arbeitsjunge mit einem Büschel Kochbananen auf den Schultern. Er ist ein Neffe von Baluna, ein heller Bursche, sagt Heiner. Für einen Kai ist er ungewöhnlich groß, sein Vater war ein Vertragsarbeiter der Compagnie und stammte von den nördlichen Inseln, dorthin ist er wohl auch wieder verschwunden. Oder woandershin. Die alte Ordnung gilt nicht mehr, die Leute wissen nicht mehr, wo sie hingehören. Verwirrung und Mangel allenthalben. Die Australier tragen das Ihre dazu bei, sie bekämpfen die deutschen Missionare geradezu, vor allem dieser Mister Travers, ein kleiner Beamter, der tatsächlich verlangt hat, dass die Eingeborenen zu seiner Begrüßung in Madang ihre heidnischen Tänze aufführen. Wer sich weigerte, sollte ins Gefängnis gesteckt werden. Zum Glück ist eine Influenza-Epidemie dazwischengekommen. Außerdem wollen die Australier ein Gesetz erlassen, dass Kinder nur noch vom eigenen Vater gezüchtigt werden dürfen: Kein Lehrer, keine weiße *Mama*, kein *Master*, niemand hat dann mehr das Recht, sie zu bestrafen. Schon die Ohrfeige für ein Mädchen, das achtlos Sachen kaputt macht, wäre ein Verbrechen für diese Herren an ihren Schreibtischen, die sich hier nicht auskennen und nicht einmal wissen, dass der Vater nach hiesiger Eingeborenentradition bei seinen Kindern wenig zu sagen hat. Ihre dummen Gesetze laufen darauf hinaus, dass Erziehung überhaupt verboten wird. Und das Schlimmste ist, dass es keine Gefängnisstrafe mehr für sittliche Vergehen der Papua geben soll, nur noch eine Geldbuße von fünf bis zehn Shilling. Wer das Bedürfnis nach solchen Dingen habe, sagte dieser Travers doch tatsächlich, der solle auch die Freiheit dazu haben, wenn er es sich leisten kann. So wird die Ordnung der Kolonie untergraben. Man will auch verbieten, dass die einheimischen Christen schon am Samstagnachmittag zu den Kirchenstationen gehen. Nur der Sonntag soll noch frei sein. Wie die Leute dann rechtzeitig zum Gottesdienst kommen, interessiert die Herren Australier nicht. Da ist es kein Wunder, dass es drunter und drüber geht, dass auch nicht mehr ordentlich geheiratet wird, und jeder kommt und geht, wie es ihm passt.

Ihr Mann sieht das genauso, aber als sie darüber gesprochen haben, hat er gemeint, die alten Zeiten seien eben vorbei und die Mission könne das nicht ändern. Im Gegenteil, gerade wegen der Mission kämen die Leute auch mehr herum, weil sie nicht länger mit allen Nachbarn Krieg führten und sich zu großen Versammlungen träfen.

Sie findet es ja auch nicht falsch, dass die Leute herumkommen. Das hat durchaus Vorteile, weniger Inzucht zum Beispiel, die Stämme degenerieren nicht so, wenn kreuz und quer geheiratet wird.

Der Mann hat auf diese Bemerkung hin nur den Kopf geschüttelt: Bleib du lieber bei deinen Angelegenheiten. Darum hast du dich nicht zu kümmern.

Das sagt er oft. Nie hat er das große Ganze im Blick.

Der Junge – wie heißt er nur, er hat einen langen Kai-Namen – steuert mit seinem Bananenbüschel auf den Schultern auf die Veranda zu. Seine ehemals weiße Hose ist bis knapp unter die Knie aufgerollt und wird von einem geflochtenen Gürtel zusammengehalten. Obenrum hat er nichts an. Sie fände es gehöriger, wenn die Eingeborenen Hemden tragen würden, manche tun es auch, aber was soll man sagen, bei dem Stoffmangel zurzeit. Daheim in Michelreuth ziehen die Knechte im Übrigen auch das Hemd aus, wenn es heiß ist. Und heiß ist es hier, heute und immer.

Der Junge geht stolz wie ein Hahn, hat wahrscheinlich die Hausmädchen im Kopf. Nein, nicht wie ein Hahn, Hähne sind aufgeregt und herrisch. Wie der Bruder Muckenbacher. Es ist ihr immer noch ein heimliches Vergnügen, Leute mit Tieren zu vergleichen, ihr Mann zum Beispiel hat nichts mehr von einem kranken Pferd, er wirkt nun eher wie der Ochs an der Weihnachtskrippe: wohlwollend betrachtet, aber kaum beachtet. Ein Arbeitstier.

Baluna, sein Schatten, ist wie ein Kasuar, der große hiesige Laufvogel, der nicht fliegen kann: kräftig und Ehrfurcht gebietend, aber unfähig, sich zu erheben. Und dieser junge Mann? Er geht leichtfüßig, er geht, als würde das zentnerschwere Bananenzeug nicht mehr wiegen als ein Reisigbündel. Die Hausmädchen mögen es, wenn die Männer sich gut bewegen können, beim Tanzen zum Beispiel. Wer gut tanzt, ist geschickt und stark und wendig, hat Sogere ihr erklärt, so einen heiratet man gern. Sie verbietet den Mädchen solch loses Geschwätz. Man hat den Kai anständige christliche Tänze an hohen Feiertagen erlaubt, aber da sind offenbar trotzdem noch recht unchristliche Regungen im Spiel.

Sie wird ihrem Mann raten, diesen Jungen zum Zimmermann ausbilden zu lassen, wenn er so stark und helle ist, wie er aussieht, gute Leute werden andauernd gebraucht, es gibt schließlich immer was zu bauen, und ordentlich bauen kann ja nicht ein jeder, was nützt einem ein gutes Dach, wenn es an der Seite reinregnet.

An ihrem eigenen Haus wird zwar ständig repariert und verbessert, aber es ist noch nicht das schöne große Gebäude, das eigentlich hierhergehört. Platz wäre genug, und die Lage ist gut, um den Blick über die Pflanzung zum Meer würden sie viele beneiden. Wie herrlich doch die Villen auf den Hügeln über Rabaul waren, die ihr der gute Siebenkorn damals gezeigt hat! In denen wohnen jetzt englische Emporkömmlinge und sogar Chinesen.

Sie selbst hat dem Mann mühsam den Anbau abgetrotzt, aber das Haus platzt ja doch wieder aus allen Nähten mit den drei Kindern, und seit Gondo auch nachts im Haus bleibt. Kein Vergleich zu den großzügigen Häusern der Wangerls und der Muckenbachers oben auf der Station, sogar verzierte Säulen als Verandapfosten haben die. Und ein Wohnzimmer über die ganze Vorderfront. Ihr eigenes Wohnzimmer ist so klein, dass sie nicht mehr als sechs Leute an den Tisch bringen kann, eine große Kaffeetafel am Sonntag ist gar nicht möglich. Wenn Besuch da ist, sitzen die Kinder an einem kleinen Tisch auf der Veranda, und zum Übernachten muss ein Feldbett aufgestellt werden. Natürlich hat sie trotzdem die Missionsgeschwister eingeladen, aber die Frauen der Prediger bleiben lieber unter sich in ihren hübschen Häusern, sie bemühen sich selten herunter zur Plantage. Und ihre Freundinnen, mit denen sie hergereist ist, trifft sie nur in sehr großen Abständen: Gerda, verheiratete Domsack, lebt auf der Wareo-Station in den Bergen, und die verheiratete Hugl bei den südlichen Goldfeldern. Ihr bleibt allein der Umgang mit den Hilperts, die ebenfalls Laien sind – und deutschblütige Australier, deutschblütig aber nur zum Teil. Mit denen fühlt sie sich nicht so wohl: Sie sind so klein und zierlich und auch noch Vegetarier. Es ist schwierig, mit Leuten Umgang zu pflegen, die grundsätzlich kein Fleisch essen.

Die schönste Abwechslung ist es für sie, im Krankenhaus von Finschhafen Verbandszeug und Medikamente zu holen: Das Fräulein Doktor dort ist eine kluge Frau, die ganz für ihren Beruf lebt. Von ihr bekommt Marie englische Fachartikel über Tropenmedizin, die sie abends mithilfe eines Wörterbuchs zu lesen versucht. Schade, dass Johann nicht mehr da ist, ein so unterhaltsamer Mensch, sogar Heiner hat manchmal mit ihm gelacht, und als Schachspieler war er ganz gut. Dass man über einen so guten Mann so schlecht hat reden können, versteht sie bis heute nicht. Er hatte feine Manieren und war ein aufrechter Christ. Und selbst wenn es stimmen sollte, dass er einmal den berüchtigten Verführungskünsten dieser Inselhexen erlegen ist, was sie nicht glaubt – die Boshaftigkeit der Schwester Muckenbacher ihm gegenüber war jedenfalls nicht christlich. Denn, wie Heiner ihr gesagt hat: Wer aufrichtig bereut, dem verzeiht Gott, und dem haben auch wir zu verzeihen.

Der Arbeiter mit den Bananen kommt direkt auf sie zu. Und sie steht hier und hängt ihren Gedanken nach. Er wird sich wundern, dass die weiße *Mama* so müßig auf der Veranda steht! Bestimmt denkt er jetzt, dass sie nur auf ihn wartet.

Gude, Mama!

Er strahlt sie an.

Ihr Gesicht strahlt automatisch zurück, sie merkt, wie sich ein Lächeln um ihren Mund ausbreitet, das sie bestimmt nicht gewollt hat. Man muss immer aufpassen bei den Leuten, sonst hat man bald nichts mehr zu sagen. Am Ende stehen sie herum und schwatzen, und die Arbeit bleibt liegen, und man hat Zustände wie auf den Heidendörfern. Der Junge strahlt weiter, als wartete er auf irgendetwas.

Was für ein Tier wäre er nur? Die Muskeln unter seiner Haut erinnern sie an ein Pferd, ein Pferd, das sich angespannt ins Zeug legt. Aber das trifft es nicht, er strengt sich überhaupt nicht an. Er steht einfach nur da mit seiner Last Bananen, als könnte er den Rest des Tages so stehen bleiben. Vor ihr, vor der Veranda. Er ist mindestens so groß wie Heiner.

Gude, sagt sie knapp und ruft nach Sogere. Ohne ein weiteres Wort zieht sie sich ins Haus zurück. Soll Sogere ihm sagen, wo er die Bananen hinbringen soll. Sie hört die beiden reden, später Gelächter aus dem Vorratshäuschen. Hat sie sich doch gleich gedacht, dass es darauf hinauslaufen würde. Sie wirft einen kurzen Blick auf Gondo, die mit der Kleinen auf der Verandatreppe sitzt, und geht hinüber, bereit, ein Donnerwetter auf die Leichtfertigen niedergehen zu lassen. Aber da ist niemand im Vorratshäuschen. Sogere ist ganz allein im Garten und schneidet Späne zum Anfeuern.

Am Abend erzählt sie, dass der neue Arbeiter aus Tagi stammt und nicht verheiratet ist und Zumajang heißt und ein Schwestersohn von Baluna ist und ein Vetter über die Großmutter mütterlicherseits von Ikung. Oder so ähnlich. Die komplizierten Verwandtschaftsbezeichnungen bei den Kai hat Marie sich in all den Jahren nicht merken können. Ikung war früher Hausmädchen bei der Schwester Muckenbacher und ist dann plötzlich weggelaufen, um ihren Verehrer zu heiraten. Das ist jetzt bald fünf Jahre her, damals war Johann Hensolt noch in Salankaua und hat diesen Jungen bei sich aufgenommen. Was war das für eine Aufregung! Der Junge ist dann auf einer Pflanzung an Influenza gestorben. Oder waren es die Masern?

Sogere interessiert sich ein bisschen zu sehr für solche Angelegenheiten, es wird Zeit, dass sie selbst verheiratet wird. Bei Gondo kann man noch warten, die soll sich erst einmal um die kleine Sophie kümmern. Es ist ja immer ein Elend, wenn ein Mädchen, dem man jahrelang mühsam Pünktlichkeit, Ordnung und Hygiene beigebracht hat, aus dem Haus ist. Kaum haben sie gelernt, wie man einen Haushalt führt, sind sie wieder weg. Und mit den Neuen muss man wieder ganz von vorn anfangen. Aber auch das ist ein Teil der Missionsarbeit, den niemand so recht zu schätzen weiß. Ein Mann wird nur dann getauft, wenn er ein eigenes, ordentliches Haus hat, aber bei den Frauen schaut man gar nicht hin. Maries Mädchen sind später gut verheiratet worden, alle haben Missionsgehilfen, Handwerker oder Lehrer abbekommen, und alle haben außer dem Haushalt Lesen, Schreiben und Rechnen gelernt. Und natürlich den Katechismus. Keine ist in ihr Dorf und ihr altes Leben zurückgegangen.

Gut, dass sie jetzt wieder einen anständigen Bananenvorrat im Haus hat. Sie lässt die Mädchen gleich Bananenbrot backen, da spart man Mehl, das ist oft knapp. Bei Bananenkuchen aus den kleinen süßen Bananen spart man außerdem Zucker. Man muss die eingeführten Lebensmittel gut einteilen, nur Früchte und Gemüse haben sie hier im Überfluss – auch Milch, Fett, Eier und Fleisch, zumindest solange es keine Rinderseuche gibt wie vor drei Jahren. Oft schickt sie Butter und Fleisch nach Finschhafen und in die Bergstationen, aber Dank – Dank kann man da nicht erwarten. Eigentlich ist es wie in Michelreuth und allen Dörfern zu Hause: Die Bauern geben dem Pfarrer von ihren Erzeugnissen ab, und der betrachtet das als einen Anteil, der ihm zusteht. So ist es hier auch. Für die studierten Missionare und ihre Frauen ist sie, Marie, nur die Bäuerin. Die Familie Wangerl wird angesehen, als wären sie Grafen, dabei ist der Alte selbst ein Bauernkind und übrigens ein guter Bauer gewesen, wie Heiner immer sagt. Aber jetzt hält sich alles, was Wangerl heißt, für etwas Besseres – und nicht nur die Wangerls. Die Muckenbacherin schaut auch auf sie herab, ausgerechnet die Muckenbacherin, die glaubt, ganz Afrika wäre »in den Tropen«, und die noch nie etwas vom tropischen Wendekreis gehört hat. Neulich nach der Kirche hat sie erzählt, der Bruder Henff in Sio hätte »einen Krebs an seinem Brosdader«. Marie hat erst nicht verstanden, dass sie die Prostata gemeint hat.

Da hält sie sich doch lieber an das Fräulein Doktor. Sie wird am Freitag nach Finschhafen hinüberreiten und Martin mitnehmen.

Aber als sie dem Mann sagt, dass sie wieder Verbandszeug und Medikamente braucht, sagt er gleich, sie soll doch genau aufschreiben, was alles fehlt, und einen Jungen schicken. Er mag es gar nicht, wenn sie allein unterwegs ist und die Kinder allein lässt.

Ein Junge weiß aber nicht, was ich wofür genau brauche, sagt sie, und wenn sie in Finschhafen irgendetwas nicht haben, kann ich mit der Doktorin überlegen, was ich als Ersatz nehmen und was sie mir später schicken kann, wenn es wieder da ist.

Das weiß die doch auch so, dafür braucht sie dich nicht.

Ich habe Krankenpflege gelernt, sagt Marie laut und mit Nachdruck, ich kann wohl am besten beurteilen, was ich hier für die Leute brauche und was nicht.

Sie sieht ihm an, dass er nicht nachgeben will, und ändert die Taktik.

Außerdem habe ich wieder mit meiner Anämie zu tun, vielleicht brauche ich eine Spritze.

Damit hat sie ihn. Er hat vor nichts mehr Angst, als dass sie krank wird und alles im Haus drunter und drüber geht. Also, ja. Soll sie reiten, wenn es sein muss, aber einen der Jungen muss sie mitnehmen. Am besten nimmt sie gleich den Neuen, der noch nicht gegen die Pocken geimpft ist, das kann dann gleich erledigt werden, und es geht kein Arbeitstag unnötig verloren.

Er heißt Zumajang, oder?

Ja. Ich lass dir die Diana als Reitpferd bringen.

Die Stute ist das langsamste, ruhigste Pferd, das sich in Heldsbach auftreiben lässt.

Am Freitag reiten sie kurz nach Sonnenaufgang los, Martin ist ganz aufgeregt, und Reinhard schmollt, weil er nicht mitdarf; wahrscheinlich wird er sich den ganzen Tag bei den Jungen herumtreiben und Dummheiten machen. Anfangs führt Zumajang das Pferd am Zügel. Sie fragt ihn nach seiner Familie, zuerst nach seinem Onkel, wie es sich gehört, dann nach der Mutter, nach dem *bikpela* des Clans, nach den Brüdern und Vettern, und er antwortet höflich und ausführlich, ebenfalls, wie es sich gehört.

Hat er auch Schwestern?

Viele.

Hat er eine Braut?

Da lacht er nur. Sie ahnt seinen Blick von unten zu ihr herauf, und sie hütet sich, ihn anzuschauen. Er hat eine recht freche Art, man merkt, dass er noch nicht lange bei der Mission ist. Und er ist ja auch kein richtiger Kai, wahrscheinlich hat er von seinem Vater den leichtfertigen Charakter der Inselleute geerbt.

Das Pferd hat er losgelassen und läuft neben ihm her. Normalerweise gehen die Jungen hinter dem Reittier, wenn sie es nicht führen. Aber sie lässt ihn gewähren. Martin sitzt an ihre Brust gelehnt, langsam wird er zappelig, er kann einfach nicht still sitzen. Zum Glück kommen sie gut voran, der Weg ist nach der Trockenzeit einigermaßen fest. Sie sind schon nah am Ufer, hier beginnen die Mangrovenwälder.

Die Luft ist so feucht, dass sie ihr Haar unter dem straffen Knoten nass werden fühlt. Sie schaukelt dahin und wird müde. Von ferne hört sie das Hüü-ha eines Ochsentreibers nahen, und Zumajang greift nach dem Pferdehalfter. Dabei schaut er kurz zu ihr auf, sie glaubt zu spüren, wie sein Blick von unten nach oben über ihren Körper streift. Dann geht der Junge schräg vor ihr her, als müsste er sie beschützen. Und er würde sie beschützen, wenn es nötig wäre, er hätte die Kraft dazu und würde sie nicht im Stich lassen. Er würde die Schlange mit seiner Machete töten, auch einen Angreifer würde er töten, ihr zuliebe. Auf jeden Fall würde er siegen, er ist so jung und stark und so … so wendig.

Sein leichter Gang. Nein, er hat nichts von einem Pferd. Vielleicht gehen Löwen so. Sie hat noch nie einen gesehen. Was für Gedanken. Um sich abzulenken, fragt sie ihn, wann seine Taufe war.

Vor langer Zeit.

Ihr fällt nichts ein, was sie noch sagen könnte. Sie unterhält sich für gewöhnlich nicht mit Arbeitsjungen. Aber dieser Junge ist anders. Er scheint völlig unbefangen ihr gegenüber, er ist nicht wie ein Kai-Junge. Er ist kein bisschen … unterwürfig. Er plaudert mit ihr fast, als wäre er ein Weißer. Und es gefällt ihr.

Jetzt bekomme ich im *Haus sik* die Zeichen, dass ich zum Anutu-Clan gehöre.

Die Papua deuten die Impfnarben am Oberarm als Stammeszeichen, es ist ihnen nicht auszutreiben.

Das ist nur eine Impfung, erklärt sie ihm. Sie benutzt das Pidgin-Wort *sut*.

Aber er sagt, es sei kein *shot*, es sei ein Schnitt. Mit einem Messer.

Er ist intelligent.

Na ja, sagt sie, man gibt dir mit dem kleinen Messer ein bisschen Gift von der Krankheit unter die Haut. Und dann kann dir die Krankheit nie wieder etwas tun.

Das weiß ich doch, sagt er, als wäre sie die Dumme. Das ist ein alter weißer Zauber. Alle bei der Mission haben den Schnitt, sogar Frauen. Er schaut wieder zu ihr hinauf.

Du auch?

Eine Sekunde lang will sie den Ärmel hochstreifen und ihm die Impfnarbe an ihrem Oberarm zeigen.

Es ist Martin, der sie davor bewahrt.

Ich hab einen, sagt er, schau!

Zumajang bleibt stehen und das Pferd gleich mit.

Martin streckt die Arme nach ihm aus. Ich will runter.

Zumajang schaut auf, Marie direkt in die Augen, so kommt es ihr vor. Eine Hitze zieht über ihr Gesicht, kann es sein, dass sie rot wird? Sie packt Martin und streckt ihn Zumajang entgegen, ohne ein Wort. Der Junge nimmt das Kind, als hätte es überhaupt kein Gewicht. Sein Arm streift ihr Bein. Die Hitze in ihrem Gesicht lodert über ihren ganzen Körper. Womöglich bekommt sie ein Fieber. Aber sie fühlt sich nicht krank, am liebsten würde sie selbst absteigen und zu Fuß gehen. Ja, sich von Zumajang vom Pferd heben lassen. Aber Zumajang albert mit ihrem Sohn herum wie mit einem Papuakind. Martin spricht Kâte besser als Deutsch, jedenfalls lieber, obwohl Marie mit ihren Kindern Hochdeutsch spricht und ihnen vorliest und ihre Fehler korrigiert. Das kommt ihr plötzlich so weit weg vor, dieses Deutsch. Heldsbach, Heimat und Heiner. Sie ist im dunklen Grün des Küstenwalds, in seinem ewigen Schatten, und alles andere ist fern. Hoffentlich ist es kein Fieber.

Der Ochsenkarren zieht an ihnen vorbei wie im halben Schlaf, wie etwas aus einem Traum. Der Fuhrjunge hebt kaum den Kopf, er ist in eine murmelnde Unterhaltung mit seinen Ochsen vertieft. Die Welt zerfällt plötzlich in zwei Teile, Zumajang und Martin auf ihrer Seite und der Rest, der Ochsenkarren und die Plantage und der Mann und die ganze Mission auf der andern. Sie schüttelt den Kopf. Was ist nur los mit ihr? Aber kaum tritt Diana auf den Finschhafener Uferweg hinaus, wo das große Gebäude des Stores und linker Hand das Krankenhaus liegen, fallen die Dinge zurück auf ihren Platz. Alles ist wie immer. Zumajang versorgt das Pferd. Sie sagt ihm, er soll vor dem Krankenhaus wieder auf sie warten, wenn am Nachmittag die Glocke dreimal schlägt. Martin will bei Zumajang bleiben, aber das geht natürlich nicht. Er könnte sich in der Klinik für die Eingeborenen alles Mögliche einfangen.

Im Gebäude für Weiße kommt ihr der vertraute Geruch entgegen: von Jod und Lauge, von Gesundheit. Das ist ihr Element. Am liebsten würde sie darin leben. Martin hält sich die Nase zu, er ist wie ein Kai, er hasst solche Gerüche. Vor einer Besucherin, die nach französischer Seife roch, ist er einmal schreiend davongelaufen.

Marie verbringt wie immer angenehme Stunden mit dem Fräulein Doktor, sie reden über Geburtskomplikationen und die Wirksamkeit von Mitteln, die die Eingeborenen benutzen, die Zeit vergeht wie nichts. Das Fräulein Doktor ist jünger als Marie, als einzige Frau in der Mission trägt sie kurzes Haar. Sie hat keinen Verlobten, sie macht Operationen und fürchtet sich vor nichts. Es gibt eigentlich keinen Menschen, mit dem Marie lieber ihre Zeit verbringt. Außer mit ihren Kindern natürlich.

Drei Uhr ist schon lange vorbei, als sie ihre Medikamentenvorräte einpackt, dazu, wie wunderbar, ein neues Skalpell, alles gut in Wachs verschlossen. Beinahe hätte sie ihre Anämie vergessen, aber das Fräulein Doktor sagt ihr nach einer kurzen Untersuchung, sie solle sich keine Sorgen machen, es sei alles in Ordnung. Über ihren seltsamen Zustand während des Ritts verliert Marie kein Wort. Sie weckt Martin, der auf der Veranda eingeschlafen ist, und geht hinüber zu den Pferden. Diana steht abgesattelt bei den anderen Tieren, aber da ist kein Zumajang.

Ich glaube, er ist schon zurückgegangen, meint der Medizingehilfe, der ihn geimpft hat.

Marie schimpft mit dem Gehilfen, der den Jungen nicht hätte gehen lassen dürfen, und mit Martin, der sich schlaftrunken und unwillig an ihrer Hand mitzerren lässt. Sie hat gedacht, Zumajang würde sie gern begleiten, er war so freundlich, vielleicht zu freundlich, sie hat ihm das aber nicht übel genommen. Sie ist ja keine Person, die anderen etwas übel nimmt. Im Gegenteil, sie nimmt alles hin, sie nimmt eigentlich viel zu viel hin. Von ihrem Mann, von den Schwestern Missionarinnen, sogar von den Hausmädchen. Und nun auch noch von einem frechen, unzuverlässigen Pflanzungsarbeiter.

Ein Hausjunge der Ärztin muss sie begleiten. Marie spricht unterwegs nicht mit ihm, er trottet hinter dem Pferd her. Zumajang sollte jetzt vor ihr hergehen, so, dass sie ihn sehen könnte, das Pferd sicher am Zügel führend. Sie fühlt sich müde und enttäuscht, obwohl der Tag doch so schön war. Martin lehnt wieder an ihrer Brust, und sie schaukeln auf Diana vor sich hin.

Sie hört und sieht drei Tage nichts von Zumajang. Dem Mann hat sie nichts erzählt von seinem Ausbleiben. Sie befürchtet, dass Heiner ihr die Ausflüge nach Finschhafen endgültig verbietet – und sie will auch nicht, dass der Junge bestraft wird. Aber am Dienstag, als sie frühmorgens mit den Mädchen hinunter zur Milchhütte geht, steht Zumajang plötzlich da, zusammen mit Baluna.

Gude. Baluna grüßt feierlich.

Gude. Zumajang strahlt sie an, als wäre nichts gewesen. Sie kann ihn in Balunas Gegenwart nicht zur Rede stellen, sonst erfährt der Mann davon, Baluna trägt ihm ja alles zu. Wie könnte sie Heiner erklären, dass sie die Sache verschwiegen hat?

Zumajang geht hierhin und dorthin in seiner lebhaften Art, er redet auf ein paar andere Pflanzungsjungen ein, sie sind gerade dabei, Unkraut abzubrennen, das Feuer muss gleichmäßig gelegt und von allen Seiten kontrolliert werden, eine verantwortungsvolle Arbeit. Zumajang zeigt keine Spur von schlechtem Gewissen. Sie ruft ihn zu sich, und er kommt herüber, mit diesem besonderen Blick, den er hat.

Wo bist du gewesen? Sie merkt, dass sie eher vorwurfsvoll als zornig klingt. Du bist nicht beim *Haus sik* gewesen.

Ich war doch da, *Mama*. Nach den drei Glockenschlägen habe ich im Schatten auf dich gewartet und bin eingeschlafen. Und dann war das Pferd weg und du auch. Warum hast du mich nicht aufgeweckt?

Sie wendet sich ab, ohne ein weiteres Wort.

Am Abend eröffnet ihr Heiner, dass in Kürze Bruder Blech aus Neuendettelsau eintreffen und alle Stationen inspizieren wird. Sie weiß das natürlich schon, seit Wochen wird überall davon geredet, und sie hat bei jeder Gelegenheit betont, wie sehr sie sich freut, ihren Vetter Gerhard wiederzusehen.

Wenn deine Familie so eng ist mit der Mission, hat die Muckenbacherin gesagt, warum hast du dann ausgerechnet einen Laienbruder geheiratet? Das muss ja die große Liebe gewesen sein.

Marie hat darauf nur gesagt, dass Gottes Wege unerforschlich sind. Über die Antwort wird sich die Muckenbacherin ordentlich geärgert haben, neugierig, wie sie ist.

Nun muss Heiner die Umgebung abreiten, um zu überprüfen, ob alle angeordneten Arbeiten erledigt sind, vor allem, ob der Weg an der Küste passierbar ist. Damit der Bruder Inspektor auch bei schlechter See vorankommt.

Da hätte der Vetter Gerhard mal lieber in der Trockenzeit kommen sollen, sagt sie zu Heiner.

Ihr Mann zuckt die Achseln. Wir tun, was getan werden muss. Du hältst hier die Stellung, solange ich fort bin, wenn etwas sein sollte, lässt du Bruder Hilpert holen.

Ihr ist es manchmal ein wenig unheimlich, wenn sie allein auf der Plantage bleibt, die Station ist ein gutes Stück weit weg. Trotzdem ist sie froh, wenn sie ein paar Tage schalten und walten kann, wie es ihr passt. Ihr kommt der Ausflug nach Finschhafen in den Sinn: wie die Welt im Mangrovenwald in zwei Teile zerfiel. Einer davon gehörte ihr.

Heiners Sachen packt sie wie im Schlaf, den Rucksack und das Blechköfferchen mit der Wäsche, die nicht nass werden darf, die Schlafdecke mit dem Gurt, das Küchengepäck mit einem Topf, Zucker, Kaffee, Besteck, Reis, Konserven für alle Fälle. Als er auf dem kleinen Hengst den Hügel hinunter verschwindet, zwei Jungen und ein Maultier im Gefolge, winkt sie ihm hinterher und bittet Gott, ihn heil zurückzubringen. Reinhard und Martin laufen noch ein kleines Stück mit, bis dahin, wo der Wald beginnt.

An diesem Tag regnet es heftig. Nachts nimmt sie Sophie mit in ihr leeres Bett. Lange kann sie nicht schlafen, es ist heiß, aber das ist es immer. Wirres Zeug geht ihr durch den Kopf, Dinge, die Sogere gesagt hat, Martin, der aus Lianen eine Schlange gemacht hat und sie damit erschrecken wollte, Martin und Zumajang. Ich war da, *Mama.*

Sie schläft unruhig.

Sie wacht auf, weil sich irgendetwas an ihrem Fuß bewegt. Eine Schlange. Sie darf sich nicht rühren. Heiner ist nicht da. Mein Gott, das Kind. Wie soll eine Schlange hier hereingekommen sein, sie haben noch nie eine Schlange im Haus gehabt. Sie öffnet die Augen, es ist natürlich stockdunkel. Und da sieht sie ihn. Den Mann, am Fußende ihres Bettes. Sie sieht nur einen Schatten, es muss ein Mann sein. Der an ihrem Bett steht. Und er berührt ihren Fuß. Er streift ihr Bein. Er streichelt ihr Bein. Noch nie hat jemand ihr Bein gestreichelt. Sie träumt. Sie träumt sicher. Das Kind atmet schnell und gleichmäßig. Kein Zweifel, es ist eine Hand, die ihr Bein streichelt. Eine wirkliche, eine menschliche Hand. Eine männliche Hand. Sie zieht ihren Fuß zurück, aber sie spürt die Hand immer noch. Und dann hört sie die Stimme, die deutlich flüstert: *Mama,* ich bin da. Ich will zu dir kommen.

Sie schreit auf. Sie ist hellwach und schreit. *Rausim! Rausim! Rausim!* Sie kann gar nicht mehr aufhören zu schreien.

Dann ist es Sophie, die schreit. Sie schreien wohl beide.

Gondo stürzt herein, und Marie schlägt die Augen auf. Gondo ruft einen Hausjungen, und Marie zündet mit zitternden Händen die Lampe an. Reinhard steht mit riesigen, erschrockenen Augen in der Tür, den Arm um Martin, der heult. Sie drückt die Kinder an sich. Ihr Verstand kehrt zurück. Es ist nichts passiert. Ist überhaupt irgendetwas passiert? Sophie beruhigt sich in Gondos Armen.

Die Hausjungen versammeln sich vor dem Haus. Sie kann jetzt nicht so tun, als wäre nichts geschehen.

Sobald es hell wird, reiten zwei von euch nach Pola und holen den *Master* zurück, befiehlt sie. Sagt ihm, dass hier etwas passiert ist.

Und der Älteste von den Jungen, der verlässliche Ajia, soll hierbleiben und auf der Verandatreppe Wache halten.

Irgendwann schlafen Martin und Reinhard im breiten Ehebett ein.

Sie sitzt für den Rest der Nacht wach am Kopfende und umarmt ihre angezogenen Knie. In ihrem Kopf drehen sich Fragen ohne Sinn. Waswardas? Werwardas? Wer oder was? Oder nichts. Gibt es Dämonen? Gibt es Träume, die Wirklichkeit werden? Hat sie ihren Kopf jetzt schon so wenig beisammen wie die Papuaweiber? Als es hell wird, kommt ihr das Ganze einfach unwahr vor. Es ist nie geschehen. DA WAR NIEMAND. Und wenn doch? Und irgendwann steht endlich ihr Mann in der Tür.

Da bist du. Dem Herrn sei Dank.

Sie fängt an zu weinen.

Er macht ein Gesicht, wie sie es noch nie bei ihm gesehen hat.

16

Wahrheit

Nachdem meine Großeltern Mohr ins Altersheim umgezogen waren, fuhren wir zwar weiterhin nach Neuendettelsau, aber es war nicht mehr dasselbe. Maries Befehlsgewalt über uns Kinder ging unmerklich auf ihre Tochter Sophie über, die Diakonisse war und in der HuPfla arbeitete. Die HuPfla, die Heil- und Pflegeanstalt, war eine wichtige Institution des Neuendettelsau-Organismus, und Tante Sophie, die prächtigste und größte aller unserer Tanten (Heiner Mohr allein hatte zwölf Geschwister, und es gab mehr Tanten, als wir zählen konnten), war darin Königin. Dass sie statt einer Krone eine Diakonissenhaube trug, erschien mir wie eine typische Neuendettelsauer Unschönheit. Zeitweise residierte Sophie in einem heruntergekommenen Barockschloss außerhalb des Ortes, einer abgeriegelten kleinen Welt, wo psychisch kranke Erwachsene verwahrt wurden. Es war wie in einem düsteren Märchen. Tante Sophies Untertanen waren rechtlos und unterwürfig und seltsam. Alte Leute gab es dort nicht, denn vor 1945 waren die Patienten zu Hunderten an den angeblichen Lungenentzündungen gestorben, mit denen die Nazis den Massenmord an *unwertem Leben* bemäntelten.

Aber davon wusste ich damals noch nichts, als Tante Sophie in ihrem Schloss im wehenden schwarzen Diakonissengewand den fürstlichen Speisesaal mit dem bröckelnden Stuck betrat und ihr Volk mit den Stühlen scharrte und stehend im Chor sprach: Grüß Gott, Schwester Soffi!

Tante Sophie bekam irgendwann einen Orden.

Kurz vor ihrem Tod mit fast achtzig Jahren sagte sie, dass

sie sich, hätte sie noch einmal die Wahl, ein anderes Leben aussuchen würde. Eines ohne die Diakonissenhaube, eines ohne Neuendettelsau. Sie sagte es mit der derselben Entschiedenheit, mit der sie ihre Anstalt geleitet hatte. Sie hatte die ehrgeizigen Träume ihrer Mutter erfüllt, sich in Neuendettelsau Ansehen verschafft. Und gestand sich am Ende ein, dass dieses Leben nicht war, was sie gewollt hatte.

Ich würde mir heute ein anderes Leben aussuchen.

Vielleicht fasste sie da den Entschluss, mir, dem schwarzen Schaf der Familie, Maries Ring zu hinterlassen.

Sophie hatte ihr ganzes erwachsenes Leben unter der steifen weißen Haube verbracht. Im Sarg sah sie aus, als wäre sie erleichtert. Sie hätte wohl gesagt: erlöst.

Auf den Familienfotos verzieht die kleine Sophie nie eine Miene, wahrscheinlich hat man ihr gesagt, wie teuer Filmmaterial sei und dass sie das Foto nicht durch irgendeine Bewegung verderben dürfe. Marie blickt meistens konzentriert in die Ferne, Heiner zerstreut in eine andere Ferne. Nur Reinhard und Martin grinsen manchmal locker in die Kamera. Vor allem Martin. Es gibt ein Foto, auf dem er auf einem Bein steht und seine in die Luft gestreckte Fußspitze anlächelt, während Reinhard ihn beobachtet und die Übrigen ihre jeweilige Ferne fest im Auge behalten. Mehrere Fotografien zeigen die beiden Söhne zu zweit, lachend in der gezähmten Heldsbacher Wildnis. Einzeln wurden sie erst fotografiert, als sie Soldaten waren, in Uniform.

Es gibt nur ein einziges Foto, auf dem außer der Familie Mohr noch ein fremder Mann zu sehen ist. Alle sind vor dem hölzernen Geländer einer Veranda gruppiert. Vermutlich wurde das Bild vor dem Wohnhaus der Heldsbacher Plantage aufgenommen. Von dem Fremden ist nur der Oberkörper zu sehen, der Rest ist von der sitzenden Marie verdeckt. Auf seinem ungewöhnlich langen Hals sitzt ein eiförmiger Kopf, ein Eindruck, der durch die vollständige Glatze verstärkt wird. Unter der Nase befindet sich ein quadratisches Schnurrbärtchen. Der Mann hält den Kopf ein wenig schräg, als überlegte er noch, wo er hinschauen soll. Es ist Gerhard Blech. Heiner an Maries Seite sieht neben Blechs gepflegter Glätte aus wie ein Felsen mit Gestrüpp. An seinen Beinen lehnt mit ernsten Augen und dunklen Zöpfen Sophie. Sie reicht ihrem Vater kaum übers Knie. Reinhard und Martin sitzen mit untergeschlagenen Beinen barfuß im Gras und betrachten etwas, das Reinhard in der Hand hält. Martins Gesicht ist ein wenig unscharf. Beide tragen die gleichen, am Bauch zusammengeknöpften Hemdhosen und sind sehr dünn. Marie thront über ihnen auf der Verandatreppe. Ihr rundes Gesicht ist eingefallen, als wäre sie krank, ihre Lippen liegen fest aufeinander, ihre Hände gefaltet im Schoß. Sie trägt ein helles, geblümtes Waschkleid. Keiner auf dem Bild hat Sonntagskleidung an, wie sonst auf den Fotos. Die Männer sind im Hemd.

Sie wecken Heiner früh am Morgen, im Gästehaus von Pola. Was machen seine Hausjungen hier? Sie reden durcheinander, komm gleich nach Hause, Moa, es ist etwas passiert. Sofort, hat die *Mama* gesagt.

Was ist los?

Jemand ist nachts ins Haus gekommen …

Nein, den Kindern ist nichts passiert, nein, die *Mama* ist nicht verletzt, aber, Moa, du sollst jetzt gleich mit uns kommen.

Er denkt natürlich sofort an die Geschichten, die die Brüder von den Goldfeldern erzählen, wo sich schlimmes Gesindel herumtreibt. Aber das ist doch weit weg. In der Heldsbacher Gegend gibt es keine Überfälle, seit zwanzig Jahren ist da alles friedlich. Nach und nach bekommt er aus den Jungen heraus, dass Marie laut geschrien und die Jungen gerufen hat, die sind ins Haus gestürzt und wollten die Verbrecher fangen, aber im Haus war niemand. Sie konnten auch nicht nach ihnen suchen, es war ja dunkel.

Er könnte ihnen zum hundertsten Mal sagen, dass sie ja nur Lampen hätten mitnehmen müssen, aber kein Kai läuft nachts in der Gegend herum, wenn er es irgend vermeiden kann, mit Lampe oder ohne. Und dann kommt, was zu erwarten war: Es waren bestimmt Geister, Moa.

Oder ein Zauberer, der kann die Gestalt gewechselt, sich in eine Eidechse verwandelt haben, sodass sie ihn nicht erkennen konnten. Jedenfalls, wären es Leute aus den Bergen gewesen oder die Jabim aus dem Süden oder welche von den Inseln, die hätten sie sicher erwischt. Nein, es war bestimmt ein Zauber, der die *Mama* erschreckt hat.

Die *Mama* erschrickt nicht vor einem Zauber, sagt Heiner grimmig. Da braucht es schon was Handfestes.

Noch nie hat er sein Pferd so angetrieben. Ein glühender roter Zorn ist in ihm. Als er im nebligen Morgenlicht in Heldsbach ankommt, sieht er als Erstes Ajia mit einer Machete über den Knien vor der Haustür hocken.

Marie findet er im Schlafzimmer, neben den schlummernden Kindern auf dem Bett sitzend, hellwach. Bei seinem Anblick stößt sie einen wilden Laut aus. Endlich, sagt sie dann.

Ich bin gekommen, so schnell es ging. Was ist passiert?

Er muss es wissen, genau wissen, er muss die Verbrecher finden und bestrafen, sein Haus muss er schützen, seine Frau und seine Kinder, mit allen Mitteln. Aber er will auch gerecht sein. Der Zorn darf ihn nicht überwältigen.

Die Kinder wachen auf, als sie seine Stimme hören.

Guten Morgen, Vater, sagt Reinhard, wie er es jeden Morgen tut. Und Martin: Was ist denn los?

Nichts, sagt Heiner. Er legt ihnen die Hand auf die strubbeligen Köpfe, sein Morgensegen, wie an jedem normalen Tag, und schickt sie aus dem Zimmer.

Sagt den Mädchen, sie sollen Frühstück machen. Mit einer Kanne extrastarkem Kaffee für mich.

Wascht euch, sagt Marie.

Macht die Tür zu, sagt Heiner.

Er schaut seine Frau an, sie, die Mutter seiner Kinder, sie sieht selbst aus wie ein Kind, ihr Gesicht blank und vom Weinen verquollen. Sie sieht fremd aus.

Was ist passiert, Marie? Sag es mir, sag mir alles ganz genau. Ich muss alles wissen.

Ich weiß nicht, sagt sie mit diesem leeren Gesicht und gibt wieder diesen Laut von sich. Weint sie etwa?

Er setzt sich zu ihr aufs Bett und fasst sie bei den Schultern. Sie wird still.

Normalerweise würde sie nie erlauben, dass er sich in seiner Reithose auf das Bett setzt.

Hat dir einer was getan?

Nein.

Was war? Du musst es mir sagen.

Sie zögert, sie denkt nach. Ihr Gesicht zieht sich dabei zurecht, sie beginnt wieder seiner Marie ähnlich zu sehen.

Ich bin aufgewacht. Da war ein Mann im Zimmer, und er hat gesagt, er will ... er will zu mir.

Auf Kâte?

Ja, auf Kâte.

Ein Schwarzer?

Ja.

Was hat er getan?

Er hat mich ... meinen Fuß. Berührt irgendwie. Ich habe geschrien. Und Sophie ist aufgewacht.

Was ist mit Sophie?

Nichts, sie ist bei Gondo.

Und dann?

Nichts. Ich habe geschrien, und er ist verschwunden.

Hast du ihn erkannt?

Nein.

Denk nach. Wie groß war er? Hat er Schmuck getragen?

Nichts. Nichts habe ich gesehen, es war ganz dunkel. Ich habe keine Ahnung. Es war … Es war … Furchtbar war es.

Und seine Stimme?

Er hat geflüstert, ich hab sie nicht erkannt.

Mehr ist aus ihr nicht herauszubekommen.

Er braucht Kaffee. Er braucht etwas in den Magen. Er muss nachdenken. Er muss etwas tun.

Er sagt Marie, sie soll heute im Haus bleiben, und geht zur Pflanzung hinunter.

Die Jungen wissen alle längst Bescheid, sie reden lauthals davon. Es ist ein Verstoß gegen ihre eigenen Sitten: Man betritt kein Haus, in das man nicht eingeladen wird.

Der Übeltäter war kein Fremder, da ist Heiner sicher, nicht in der Nacht. Und überhaupt, kein Fremder, der irgendwo ankommt, geht zuerst ins Schlafzimmer eines Weißen. Es war einer von hier, einer, der gewusst hat, dass Marie allein im Haus sein würde. Das Gerede der Jungen macht ihn erst recht zornig: Als wäre sein, Heiners Haus, eine ihrer Hütten. Dabei geht es hier nicht um eine Unhöflichkeit unter den Kai, es geht um die christliche Ordnung schlechthin, und er ist der Herr hier, er vertritt die Mission, und ein Eingeborener hat sich an seine Frau herangewagt.

Versammelt euch vor dem Lagerschuppen, ordnet er knapp an. Ich werde euch zählen, keiner darf fehlen. Die Arbeit muss warten.

Er geht in die Werkstatt, einfach aus Gewohnheit. Baluna folgt ihm.

Du musst die Sünder finden und bestrafen, Moa.

Das werde ich, Baluna. Es ist nur einer gewesen. Einer von den achtundsiebzig Jungen da draußen.

Du musst sie alle fragen.

Ja, aber der Verbrecher wird es nicht zugeben.

Ein Zauber kann ihn herausfinden, sagt Baluna.

Du redest wie ein alter Heide.

Baluna lässt sich nicht beirren. Ein Wahrheitszauber.

Es gibt keinen Wahrheitszauber.

Doch, sagt Baluna. Du sagst doch immer, dass Zauber bei denen wirkt, die daran glauben.

Bei denen, die dem Bösen folgen.

Ja. Und der Mann da in deinem Haus, das war ein Böser. Er ist vielleicht selbst ein Zauberer.

Ein Regenguss stürzt herab. Die Trockenzeit geht zu Ende. Die Jungen drängen sich unter dem Vordach zusammen. Einer von ihnen muss es gewesen sein, ist in sein Haus eingedrungen, in sein, Heiners, Haus, er kann es einfach nicht fassen. Es ist schon vorgekommen, dass einer etwas gestohlen hat, es ist leicht, am hellen Tag in die Küche oder in das Vorratshaus zu gehen und etwas mitzunehmen: ein Messer, eine Schere, Zucker, Salz … Einmal ist sogar ein Schinken verschwunden. Wer erwischt wird, sagt meistens, er hat nur etwas genommen, weil er es gerade gebraucht hat. Sonst sind seine Jungen anständig. Das hat er jedenfalls gedacht. Aber einer hat die Grenzen überschritten, sich über die Gebote Gottes und der Menschen unverschämt hinweggesetzt. Wenn das unbestraft bleibt, wird kein Weißer, vor allem keine weiße Frau, im Gebiet mehr sicher sein. Und die schwarzen auch nicht. Er muss auf der Stelle herausfinden, wer es war, er muss diesen faulen Apfel aus dem Korb werfen, bevor ihm die ganze Bande hier verrottet. Wie hat es nur so weit kommen können? War er nicht streng genug? Hat er die Zügel schleifen lassen?

Es regnet immer noch in Strömen, der Vorplatz wird schon zu Schlamm. Und so wird alles aufweichen, alle Ordnung und christliche Zucht, wenn der Sumpf der Begierden nicht trockengelegt wird. Er braucht ein Werkzeug, um den Sünder zu entlarven. Das geeignete Mittel. Baluna hat vielleicht recht. Zauber. Er muss nachdenken.

Warte draußen, sagt er zu Baluna. Pass auf, dass mir keiner davonläuft.

Die Werkstatt ist der Platz, wo er am klarsten denken kann, hier kommt er der Logik der Dinge auf die Spur, einfach weil er die Dinge um sich hat. Hier hängt sein Werkzeug hinter Holzriegeln an den Balken, geordnet, gezählt, dazu die Ersatzteile in Ölpapier verpackt, und die Borde mit Zapfen, Schrauben, Nägeln. Der Gewindeschneider, die Hobelbank, die kleine Esse. Wo, wenn nicht hier, wird er ihn finden, den Mechanismus, der die schmutzige Wahrheit an den Tag bringt. Den Schmutz. Die Esse …

Er lacht auf. Und zum ersten Mal an diesem furchtbaren Tag lässt die Hitze des Zorns in seinem Innern ein wenig nach.

Er wartet, bis der Regenguss vorbei ist. Dann ruft er Baluna und sagt ihm, was er zu tun hat.

Gefasst tritt er wieder auf den Vorplatz, beinah gleichzeitig mit dem Licht der Sonne, und befiehlt den Jungen, sich in einer Reihe aufzustellen. Sie tun es unter lautem Gemurmel. Er gebietet Stille. Sie warten. Dann kommt Baluna mit Gregory, dem stummen Maultier, und bindet es am Querbalken vor dem Schuppen fest.

Heiner lässt die Jungen durchzählen. Sie tun es, auf Deutsch, wie er es ihnen und ihren Vorgängern vor Jahren beigebracht hat. Sie sind alle da. Achtundsiebzig.

Ihr werdet jetzt zu diesem Maultier gehen, das sehr klug ist und Dinge weiß, die sonst keiner weiß. Ihr werdet es einer nach dem anderen mit beiden Händen am Schweif fassen und euch dann hier drüben wieder aufstellen. Wenn der Verbrecher es berührt, wird das Tier es mir sagen.

Langsam schiebt sich die Reihe der Jungen auf dem matschigen Platz voran. Es ist völlig still, nur die Füße im Schlamm sind zu hören. Alle warten, wann das Maultier sprechen wird. Baluna gibt jedes Mal ein Zeichen, wenn der

Nächste herantreten soll. Heiner sieht die Gesichter an sich vorüberziehen, er kennt alle Namen, auch die derjenigen, die erst seit Kurzem unter Vertrag sind. Unter denen könnte sich der Übeltäter am ehesten befinden. Sie sind alle getauft, da ist keiner, dem er eine solche Tat zutrauen würde. Aber in des Menschen Herz sieht nur Gott.

Als nur noch fünf Männer übrig sind, herrscht auf dem Platz eine Spannung wie bei einem Erdbeben. Der Nächste ist Moga, ein Neuer. Kein Laut von Gregory. Zumuc. Selembe. Das Maultier bleibt stumm. Fondemote. Nichts. Ngimo. Nichts.

Ein Seufzer geht durch die Menge, sogar Gelächter, fragende Stimmen erheben sich. Heiner tritt zu Gregory und hält sein Ohr an dessen Nüstern. Schlagartig setzt wieder Stille ein. Heiner wundert sich selbst, wie gut sein billiges Theater funktioniert, die Methode ist zweifellos gut.

Dann stellt er sich wieder vor den Jungen auf. Hände ausstrecken!, donnert er.

Sie tun es wie gut gedrillte Soldaten, sie kennen das, sie müssen es auch tun, wenn ein Beamter kommt, der Kontrollen auf Frambösie und Lepra durchführt. Heiner schreitet die Reihe ab, die Hände auf dem Rücken, gefolgt von Baluna. Er inspiziert die Handflächen. Einhundertvierundfünfzig schwarz verschmierte Handflächen.

Baluna hat Gregorys schwarzen Schweif gründlich mit dem öligen Ruß der Esse eingerieben.

Ein einziges Paar Hände ist hell und sauber geblieben. Es gehört Balunas Neffen Zumajang. Heiner dreht sich zu Baluna um.

Sprich du mit ihm, du bist sein älterer Verwandter.

Balunas Gesicht spiegelt Verwirrung, Zweifel. Er stellt sich vor seinen Neffen und holt tief Luft.

Du hast den Schweif des klugen Maultiers nicht angefasst.

Nein, Onkel.

Zumajangs Augen sind groß und voller Angst.

Weil du etwas Böses getan hast.

Nein, Onkel.

Baluna schaut auf Heiner, immer noch fassungslos.

Warum nicht?, fragt Heiner.

Weil ich Angst hatte, dass es etwas sagt.

Dass es sagt, was du getan hast?

Ich habe nichts getan, Moa.

Du warst nachts in meinem Haus.

Nein, Moa.

Sag die Wahrheit!

Der Junge schweigt.

Die Wahrheit!, schreit ihn Baluna an. Sag, was du getan hast!

Ich war nicht im Haus, Onkel. Nur davor.

Was hast du da gemacht?

Ich wollte zu Gondo. Aber die ist nicht rausgekommen.

Du lügst! Baluna schreit immer noch.

Nein, Onkel.

Heiner sagt Baluna, er soll Zumajang in den Verschlag im Schuppen sperren, wo gewöhnlich Diebe und Faulenzer zur Strafe eingesperrt werden.

Er ist plötzlich unendlich müde, das Gewicht der Gerechtigkeit auf seinen Schultern wiegt schwer. Der Junge ist schuldig, da gibt es kaum einen Zweifel. Die Ausflüchte vor seinem Onkel … Zugegeben hat er die Sache nicht, aber es ist auch so ganz eindeutig.

Nach der Tradition ist Baluna der Vormund des Jungen, sein Vergehen fällt auch auf ihn zurück. Er muss nun vor der Familie des Geschädigten für Strafe sorgen. Aber sie sind hier nicht in einem Kai-Dorf, sondern auf seiner, Heiners, Plantage.

Zuallererst braucht er Klarheit. Er geht wieder zum Haus hinauf. Marie sitzt in der brütenden Hitze unter dem Wellblechdach am Tisch und setzt Stoffreste zusammen. Wenigstens ist sie im Haus geblieben, wie er befohlen hat. Nicht einmal auf die kühlere Veranda ist sie gegangen.

Marie.

Ja.

War Zumajang hier im Haus?

Sie schaut gar nicht auf. Ja, sicher. Er bringt ja die Vorräte von unten.

Schwänzelt er um Gondo herum?

Jetzt blickt sie doch auf. Die Gondo?

Sie schüttelt langsam den Kopf. Ich bin schon ganz zermürbt von dem Geschwätz hier im Haus, ich hab es verboten, aber alle reden andauernd … davon …

Sie macht eine Pause.

Das fehlt jetzt noch, dass die Gondo mit dem Zumajang … ausgerechnet mit dem … aber das kann nicht sein.

Heiner ruft Gondo.

Das Mädchen kommt herein, die kleine Sophie auf dem Arm.

Gondo, du musst jetzt die Wahrheit sagen.

Ja, sagt Gondo. Ihr Blick wandert zwischen Heiner und Marie hin und her.

Die Wahrheit vor Gott. Sonst wird er dich furchtbar bestrafen.

Ja, Moa.

Hat der Zumajang dich einmal besucht? In der Nacht?

Nein! Niemals! Das ist doch Sünde! So etwas würde ich nie tun!

Das Mädchen ist ganz aufgebracht.

Du kannst gehen, sagt Heiner.

Ich glaube ihr, sagt Marie. Sie ist mein ältestes und verlässlichstes Mädchen. Ich kenne sie. Sie ist zu einfältig zum Lugen.

Heiner sieht ihr an, dass sie wirklich erleichtert ist.

Kann das sein, Marie, dass es Zumajang war? Letzte Nacht?

Marie schüttelt noch einmal den Kopf. Und bricht wieder in dieses schluchzende Geräusch aus, wie heute früh in ihrem Bett. Sie legt die Arme auf den Tisch und den Kopf darauf.

Marie!

Sie antwortet nicht. Sie schluchzt, ihr Haar hat sich aus dem Knoten gelöst und fließt auf die Tischplatte.

Heiner dreht sich um und geht. Anstatt hinunter zu den Schuppen hinauf zur Station. Er platzt unangemeldet beim alten Wangerl herein.

Sie reden lange. Sie beten. Sie ringen um die rechte Entscheidung. Und sie finden gemeinsam den richtigen Ausweg. Der australischen Verwaltung werden sie nichts von der ganzen Angelegenheit sagen.

Das bleibt unter uns, sagt Wangerl. Alles andere könnte der Mission nach außen nur schaden. Du wirst die Strafe diktieren. Einfache Prügel, nichts weiter, die andern sollen zuschauen. Der Onkel soll sie ausführen. Danach muss der Junge weg, so schnell wie möglich, wir schicken ihn als Vertragsarbeiter auf die Inseln, ein Anwerber ist gerade von Dobeo her unterwegs. Der Junge muss weg sein, bevor Missionsinspektor Blech hier ankommt.

Heiner steht dabei, als Zumajang bestraft wird. Sein Zorn ist längst zu Asche geworden. Er hat es zu Ende gebracht, aber diese Sache hätte niemals geschehen dürfen und wäre auch nicht geschehen, hätte er nicht seine Pflicht als Haupt der Familie und der ihm anvertrauten Jungen vernachlässigt. Er hat Marie allein mit dem Kind und diesem jungen Verbrecher nach Finschhafen reiten lassen. Er ist nicht wachsam gewesen. Seid nüchtern und wachet, schreibt der Apostel Petrus, denn euer Widersacher, der Teufel, geht umher wie ein brüllender Löwe und sucht, welchen er verschlinge …

Am Sonntag hält der alte Wangerl höchstpersönlich den

Gottesdienst in der Heldsbacher Kirche und spricht über die Worte Jesu aus der Bergpredigt: Wenn dir dein rechtes Auge zum Ärgernis wird, so reiß es aus und wirf es von dir; denn es ist besser für dich, dass eins deiner Glieder umkomme, als dass dein ganzer Leib in die Hölle geworfen werde. Er ermahnt die Leute, den Werken der Unzucht und des Ungehorsams zu widerstehen, und sie saugen seine Worte auf. Er ist ein guter Prediger und ein guter Landwirt, er hat den Mückensumpf trockenlegen lassen, indem er den Bach in ein Bett aus Korallenschotter umgeleitet hat, und die Malaria besiegt, na ja, beinahe besiegt. Wenn so einer den Leuten sagt, dass die Gemeinde sich ihre verderbten Glieder ausreißen muss, um nicht selbst zu verderben, dann begreifen sie das.

Eine knappe Woche nach der Bestrafung Zumajangs trifft Gerhard Blech mit der *Bavaria* in Finschhafen ein. Zum ersten Mal seit dem Krieg hält sich wieder ein Abgesandter aus Neuendettelsau in der einstigen Kolonie auf. Und zum ersten Mal ist Gerhard Blech, der Tropenuntaugliche, der ewige Heimatmissionar, nun in Neuguinea. Heiner steht zusammen mit dem alten Wangerl, mit Muckenbacher, Domsack und Hilpert als Begrüßungskomitee bereit. Bruder Domsack lässt seine Muschelbläserkapelle tönen, dass man es bis nach Pola und Salankaua hören kann. Sie spielen *Lobet den Herren* und danach das *Deutschlandlied*. Gerhard Blech verbirgt seine Rührung nicht.

Nun bin ich bei euch!, ruft er aus. Und beginnt eine lange Rede, die Heiner dazu nutzt, im Geiste seine Planung für die nächsten Tage durchzugehen und die Leute dafür einzuteilen. Das macht er immer so, wenn Reden gehalten werden, wie das eben ist bei der Mission, das Redenhalten gehört dazu. Aber er hat eine Plantage zu leiten. Er hat im letzten Rechnungsjahr 176 Tonnen Kopra verkauft, er hat die Straße von

Heldsbach auf den Sattelberg fertiggestellt, man braucht inzwischen nur noch acht Stunden auf direktem Weg. Um das zustande zu bringen, muss man bei seiner Arbeit bleiben und kann die Zeit nicht mit Gerede vergeuden. Er hat auch das Problem Zumajang ohne viel Geschwätz gelöst. Jedenfalls sollte Baluna besser noch nicht wieder die Aufsicht beim Nüssespalten führen, die Geschichte hat ihn Ansehen gekostet. Heiner wird ihn in der Werkstatt behalten, er soll dem Chinesen zur Hand gehen, bis sich alles beruhigt hat.

Vieles durfte ich für die Mission von der Heimat her bewirken, platzt Bruder Blechs Rede in seine Gedanken.

Heiner muss an seine Verlobung denken. An Marie und ihr Gesicht neulich, an jenem Morgen, ihr Schluchzen. Ob sie ihm wirklich alles erzählt hat? Aber warum hätte sie ihm etwas verschweigen sollen? Marie verschont niemanden, weder mit ihren Launen noch mit der Wahrheit.

Er schiebt die Erinnerung beiseite.

Nun werde ich hier, fährt Bruder Blech fort, an diesem Ort, dem schon so viele Jahre meine Gebete und meine Gedanken gelten, das Werk mit eigenen Augen sehen …

Die Brüder werden allmählich ungeduldig. Keiner von ihnen steht freiwillig in der Tageshitze herum. Heiner sieht, wie der alte Wangerl Blechs Arm berührt, einmal und dann, etwas energischer, noch einmal, bis der Inspektor endlich schweigt.

Aber da beginnen Bruder Domsacks Bläser ein neues Lied, eins dieser endlosen Kai-Lieder, die Heiner unerträglich langweilig findet. Zu guter Letzt löst ein gnädiger Sturzregen die Versammlung buchstäblich auf.

Als die *Bavaria* wieder abgelegt hat, wird das Anwerberschiff von Dobeo mit menschlicher Fracht beladen. Heiner ist im Hafen geblieben und sieht zu. Es sind zwölf Männer, unter ihnen der von den Prügeln gezeichnete Zumajang. Macht nichts, hat der Anwerber gesagt und gelacht, wird nicht das letzte Mal gewesen sein. Was hat er angestellt – geklaut? Heiner hat dafür gesorgt, dass der Junge etwas zu essen mitbekommt – und die Dose mit Wundsalbe, die Marie aus ihrem Arzneikoffer geholt hat. Heiner hat sich über ihre Großherzigkeit gewundert.

Sie haben nicht mehr über die Sache gesprochen. Jetzt ist der Junge fort, der Missionsinspektor da, und alles wird schnell vergessen sein. Aber er, Heiner, wird es nicht vergessen. Er wird wachsam sein, nicht die geringste Respektlosigkeit mehr durchgehen lassen. Und seine Frau wird nie wieder allein mit einem Eingeborenen nach Finschhafen gehen. Oder sonst wohin.

Marie hat langsam genug. Andauernd kommt Besuch, erst die Schwester Wangerl und dann das Fräulein Doktor. Und die liebe Gerda ist wegen Vetter Gerhards Inspektionsreise mit ihrem Mann da. Natürlich freut sich Marie, ihre alte Freundin um sich zu haben, aber jetzt sitzt auch noch die Schwester Muckenbacher am Tisch und redet und redet, dabei muss Marie das Essen für den Vetter vorbereiten, das Schwein soll heute noch geschlachtet werden, und sie muss die Kessel für die Würste und den Presssack putzen lassen, die Löffel müssen ausgekocht werden, und sie hat gestern große Wäsche gehabt und muss Sogere dauernd zum Bügeln anhalten.

Dass da einer einfach nachts ins Haus kommt, sagt die Muckenbacherin. Mir ist so was nie passiert!

Marie schaut die Muckenbacherin an. Hört sie da Neid heraus?

Die verstehen halt leicht amal was falsch, die Jungen, fährt die Muckenbacherin mit sanftem Lächeln fort. Da kommt dann gleich das Wilde hoch bei unseren ungefestigten Christen.

Marie wird schlagartig klar, dass diese Person ihr tatsächlich unterstellt, sie hätte einen Eingeborenen ermutigt.

Bis jetzt haben mich unsere Jungen und Mädchen immer sehr richtig verstanden, entgegnet sie scharf.

Ja, so. Die Muckenbacherin lächelt noch sanfter. Man weiß ja nie, was in denen so vorgeht.

Ich habe leider viel zu tun gerade, Schwester Muckenbacher, sagt Marie und erhebt sich jäh, wobei sie die Hände mit Schwung auf die Tischplatte knallen lässt. Du weißt ja, mein Vetter Gerhard besucht uns morgen.

Jaja, sagt die Muckenbacherin gemütvoll, der arme Inspektor! So ist das bei einer Inspektionsreise, überall muss er hin. Da wird er sich bestimmt freuen, wenn er nächste Woche bei uns oben auf der Station ein bisschen zur verdienten Ruhe kommt.

Ganz gewiss, sagt Marie eisig.

Was ist denn mit der los?, fragt Gerda, als die Muckenbacherin endlich gegangen ist. Zu mir war sie noch nie so …

Zu mir ist die immer so, sagt Marie.

Aber mit dem Vetter Gerhard hat sie eine Trumpfkarte in der Hand: Diesmal hat sie den besseren Draht nach oben. Jetzt zahlt es sich für sie aus, dass ihr Vetter kein Feldmissionar ist, sondern in Neuendettelsau Karriere gemacht und sich andauernd in ihr Leben eingemischt hat. Jetzt wird er dafür sorgen, dass wenigstens ihr Mann die Anerkennung bekommt, die er verdient.

Marie überwacht die Schlachtung, schrubbt die Kinder. Ihr Haushalt soll perfekt sein.

Als der Vetter eintrifft, lobt er alles.

Was für ein blitzblankes Häuschen. Und was für eine saubere Wirtschaft ihr habt. Man sollte nicht glauben, dass man in der Wildnis ist.

Und noch dazu auf australischem Territorium, sagt Marie und lacht.

Nein, das denkt man nicht. Liebe Geschwister Mohr, das ist wirklich ein kleines Stück Deutschland hier.

Er lässt sich Maries Schweinebraten schmecken, nur die Süßkartoffeln befremden ihn.

Leider haben wir hier kaum richtige Kartoffeln, entschuldigt sich Marie. Sie faulen so leicht. Und Äpfel und Birnen haben wir auch nicht.

Es gibt immer wieder Dumme, die versuchen, welche zu züchten, wirft Heiner ein. Aber unsere deutschen Obstbäume brauchen Winterruhe, und die hat man hier nun einmal nicht.

Nein, Ruhe haben wir hier wenig, sagt Marie.

Die Domsacks lachen.

Die Kinder sitzen an ihrem kleinen Kindertisch und starren den fremden Weißen mit dem kahlen Kopf aufmerksam an. Marie denkt, dass er ohne seine Haare wie eine Gans aussieht. Er hat vorhin versucht, Sophie auf den Arm zu nehmen, aber die Kleine hat gleich angefangen zu weinen. Reinhard und Martin benehmen sich dagegen mustergültig, sie haben zur Begrüßung schön ihren Diener gemacht und ihre mit Zuckerwasser geglätteten Scheitel präsentiert.

Prächtige Buben, hat der Vetter gesagt.

Die Hausmädchen und -jungen haben dem Gast ein Lied gesungen.

Es wird noch ein paar Jahrhunderte dauern, bis die Eingeborenen sich selbst regieren können, sagt Vetter Gerhard nachdenklich und lässt sich noch eine Scheibe Braten auftun.

Na ja, wie man's nimmt, sagt Bruder Domsack, sie regieren sich seit Jahrtausenden selber – nach ihren eignen Regeln. Eine Regierung, wie wir sie kennen, wollen sie gar nicht.

Aber sie haben Kaiser Wilhelm doch immer sehr verehrt, oder nicht?

Kaiser Wilhelm, ja, sagt Marie. Aber jetzt haben wir keinen Kaiser mehr. Da gibt's niemanden mehr zu verehren.

Wir haben hier Regeln und Ordnung, entgegnet Heiner scharf, auch ohne Kaiser.

Die Papua, sagt Bruder Domsack, sind arbeitswillig, man

muss nur sehen, wie die Frauen auf den Feldern schuften und wie unermüdlich die Männer als Träger sind. Aber sie verstehen nicht, wie man etwas organisiert und seine Kräfte mit dem besten Ergebnis einsetzt.

Genau das ist es, erklärt Vetter Gerhard. Ihnen fehlen schlicht die Eigenschaften, die das Kennzeichen einer höheren Entwicklungsstufe sind.

Ach, sie sind halt wie die Kinder, wirft Gerda Domsack ein.

Das ist ja wohl der Grundschaden dieses Volks, fährt Vetter Gerhard fort. Seine Zukunft hängt davon ab, ob es uns gelingt, sie zu nachdenkenden, sich selbst stets Rechenschaft gebenden Menschen zu erziehen. In unseren Gemeinden, den Schulen, den Betrieben – wie hier auf der Plantage – müssen wir unsere Arbeit unter genau diesen Gesichtspunkt stellen. Auch beim Hauspersonal übrigens, liebe Schwestern.

Gewiss, sagt Bruder Domsack und nimmt sich selbst noch ein Stück Fleisch, sogar beim Blasorchester.

Das, sagt Marie, ist unser Bemühen, Tag und Nacht.

Gerda lacht, Marie versteht nicht, worüber.

Aber trotzdem, redet sie weiter, wie soll es denn hier aufwärtsgehen. Die Australier machen uns das Leben schwer. Und von der Heimat hört man auch nicht viel Gutes. Es gibt wohl viel Arbeitslose und viel Not. Und alles, was geschaffen wird, nehmen sich die Franzosen und die Engländer.

Na, du weißt ja Bescheid, sagt Vetter Gerhard. Und fährt, an Heiner und Bruder Domsack gewandt, fort: Aber in Deutschland erwächst uns eine neue Kraft. Und die wird, mit Gottes Hilfe, in der verrotteten roten Republik auf deutschem Boden aufräumen.

Welche Kraft meinst du denn, Bruder Blech? Doch nicht diese Hitler-Partei? Der Mann ist doch selber ein Sozialist!, ruft Domsack entsetzt.

Der ist mehr national als Sozialist. Der hat das ganze Volk

vor Augen, er denkt an die Volks*gemeinschaft*. Der hat viel mehr mit uns Deutschnationalen gemein als mit den Roten. Und er ist ein großer Mann. Ich habe ihn kürzlich sogar gewählt.

Heiner ist erstaunt. Bei der Reichstagswahl '28? Aber wir haben uns doch immer, ich meine, die Mission hat sich doch immer an die Bayrisch-Nationalen gehalten …

Aber nur, weil man in Bayern die Deutschnationale Volkspartei nicht wählen kann, sagt Domsack. Ich verstehe nicht, Bruder Blech, was plötzlich falsch sein soll an den Nationalkonservativen? Warum sollten wir jetzt unsere bewährten Überzeugungen verraten? Wir wollen die Monarchie und unsere verlorenen Gebiete zurück, wir wollen einen christlichen Staat, in dem jeder anständige Deutsche seinen Platz kennt.

Das ist es ja, ruft Vetter Gerhard. Das alles wird uns die DNVP aber nicht bringen. Wir stecken zu tief in diesem jüdischen Schlamassel der nationalen Demütigung.

Marie hat diesen Ausdruck noch nie gehört. Aber sie wagt nicht zu fragen, was er bedeutet. Man ist ja doch so weit weg von der Heimat und weiß so wenig. In den Briefen, die sie bekommen hat, stand jedenfalls nichts von einem jüdischen was auch immer.

Was haben denn jetzt die Juden damit zu tun?, fragt Bruder Domsack.

Eine ganze Menge, antwortet Vetter Gerhard und hebt die rechte Hand, mit der er das silberne Messer aus Maries Aussteuerbesteck umklammert. Was glaubt ihr denn, warum es uns Deutschen so übel ergeht?

Wegen den Engländern, sagt Marie prompt. Ihr ist das vollkommen klar.

Aber wer steckt hinter der englischen Regierung? Vetter Gerhard richtet das Messer auf Marie. Und hinter der amerikanischen?

Die Tischrunde schweigt ratlos.

Das Judentum. Lest mal, was Hitler schreibt. Ich habe ein paar Exemplare von seinem Buch dabei, lest es! Ich sage euch: Mit diesem Mann bekommen wir eines nicht so fernen Tages unsere Kolonien zurück.

Glaubst du wirklich?

In Neuendettelsau, sagt Gerhard Blech, sitzt seine Partei schon im Gemeinderat.

Trotzdem, sagt Bruder Domsack, bei solchen Leuten muss man vorsichtig sein. Warum nennt er sich denn Sozialist, wenn er keiner ist?

Und außerdem, sagt Heiner bedächtig, hat er vor ein paar Jahren einen Umsturzversuch gemacht. Der Mann hat sich gegen die rechtmäßige Ordnung gestellt!

Was denn schon für eine Ordnung, ruft Marie, drunter und drüber gegangen ist es damals daheim, nach dem Krieg. Du warst nicht dort, aber wir. Die Grippe und der Hunger und dann auch noch die Roten …

Zugegangen ist es, sagt Gerda. Ganz schlimm war das, sogar bei uns in Augsburg.

Die lieben Schwestern und die Politik! Vetter Gerhard schüttelt den Kopf. Nein, jetzt muss es aber gut sein. Ihr werdet sehen, wendet er sich an Heiner und Domsack, in ein paar Jahren werden wir die Rückgabe der Kolonien feiern. Bis dahin: Lasset uns stark bleiben und auf die rechten Männer vertrauen.

Amen, sagt Bruder Domsack spöttisch.

Marie legt dem Vetter ein weiteres Stück Fleisch vor, Heiner bekommt auch eins. Bruder Domsack lehnt ab. Der Rest ist für die Kinder.

Sie nimmt sich vor, dieses Buch von Hitler sofort zu lesen.

17

Nimboran

Weil mein Großvater Johann Hensolt ausnehmend musikalisch gewesen war, bekam ich mit vier Jahren Unterricht auf
der Blockflöte, zusammen mit meinen älteren Geschwistern.
Gruppenunterricht ab drei Kindern war billiger. Aber keines
von uns erwies sich als das erhoffte große Talent. Ich schaffte
es später immerhin auf die Musikhochschule, aber die wahre
Liebe zur Musik entwickelte ich erst, als ich das Studium hin-
geworfen hatte und als stachelhaarige Frontfrau einer Punk-
band namens *Eiskaltes Mitleid* auftrat. Ich sang mit Leidenschaft und in kieksenden Oktavsprüngen meine eigenen
Lieder gegen die falsch beschaffene Welt, in der sich alles
dringend ändern musste, und das Publikum tanzte dazu und
war ganz meiner Meinung. Es waren die 1980er-Jahre, und
wir waren die, vor denen uns unsere Eltern immer gewarnt
hatten.

Von der Familie hatte ich mich so weit wie möglich entfernt, nach Westberlin, damals noch eine Insel, das gelobte
Land der Familien- und Fahnenflüchtigen: Hinter zwei
Grenzen mit Stacheldraht verfolgte einen weder die Bundes-
wehr noch die Verwandtschaft. Und man bekam auch noch
extra Geld dafür, dass man dort blieb. Wie viele andere hatte
ich das familiäre Kreisen um eine Vergangenheit satt, die nie
greifbar wurde. Eine Vergangenheit, die wie ein Geisterschiff
aus einem opaken Nebel auftauchte, kaum dass die Familie
versammelt war. Alle taten so, als wäre es völlig normal, dass
die Toten nicht begraben waren und die Vergangenheit mehr
Gewicht hatte als die Gegenwart, als wäre eine Familie immer

ein Haufen Überlebender, in dem Kinder Glück hatten, überhaupt geboren zu sein – noch dazu, dem Vater im Himmel sei Dank, in einer solchen Menge. Aber selbst wenn wir ein Dutzend gewesen wären, wir hätten die Toten nicht aufwiegen können, niemals. Die Besten waren die, die nicht mehr lebten.

Mein älterer Bruder Johannes, der den Namen des toten Großvaters zu tragen verdammt war, spürte es ebenso wie ich tief unter der Haut, wenn das Geisterschiff nahte, wir waren Verbündete, wir sahen uns an und versteckten uns, solange wir klein waren, und alberten unsere Beklommenheit weg. Später übten wir uns in Unbekümmertheit, indem wir laut Musik hörten, eine Sorte Musik, die allein durch ihre Lautstärke alle Geisterschiffe vertrieb. Johannes liebte Hardrock. Von der ersten Schulklasse an tat er alles, um niemals für ein Theologiestudium infrage zu kommen.

Ich selbst verscheuchte die Gespenster später erfolgreich mit meinem Gesang und dem avantgardistischen Krach, den das *Eiskalte Mitleid* dazu auf Bass, Gitarre und Schlagzeug machte. Aber in der Stille danach, in der Ebbe nach dem schönen Aufruhr, kam sie zurück, die schmerzhafte Einsicht, dass ich nie an jene wunderbaren Menschen heranreichen würde, die im Krieg.

Es ist ein Foto von einem Zimmer. Die Stirnwand besteht aus dünnen Holzstäben, die in ein Holzgerüst eingesetzt sind. In der Mitte öffnet sich eine türbreite Lücke, die den Blick in einen weiteren Raum freigibt. Auf jeder Wandseite hängt ein Bild vom Quergerüst herab. Im Vordergrund ist die Lehne eines hölzernen Armstuhls zu sehen, dahinter ein Tisch mit einer karierten Decke und einer Blumenvase, über dem eine Petroleumlampe hängt. Links hinten an der Wand befindet sich eine mit einem gestreiften Tuch bedeckte Liege, daneben ein runder Hocker. Rechts, übergossen von Sonnenlicht, das durch ein Fenster mit weißen Gardinen hereinfällt, sitzt ein Mann an einem Harmonium. Er ist ganz in Weiß gekleidet und wendet dem Betrachter den Rücken zu. Er hat ein weißes Notenblatt vor sich.

Darunter steht, in der Schrift meiner Tante Christine: Unser neues Haus in Genyem.

Die meisten Leute in Genyem mögen die Töne nicht, die Johann mit dem Harmonium macht. Oh, was für ein trauriges Geheul, hat Barnabas, der Hausjunge, gesagt, als er es zum ersten Mal hörte.

Das Instrument war in einer riesigen vernagelten Kiste in Hollandia vom Postschiff gehievt worden. Das war kurz nachdem das neue Haus fertig war und Johann sich endlich um andere Dinge kümmern konnte. Ferdinand, der malaiische Zimmermann, hat extra ein Tragegestell für die Kiste gebaut, und es hat vier Tage gedauert, bis die Träger sie vom Hafen über den Sentani-See und den rutschigen Steilpfad heraufgebracht hatten. Dann hat Ferdinand noch eine Extraverstärkung für den Fußboden machen müssen. Seitdem steht es da, heimatlich und imposant mit seinen Knöpfen und schimmernden Tasten. Nach dem Aufstellen ist die ganze Familie de Jong gekommen, außerdem Willem, der aus Ambon stammende Lehrer mit Frau und Kind, und das Hausmädchen Nora und die Jungen. Sie haben sich im Wohnzimmer und auf der Veranda gedrängt und zugesehen, wie Johann sich auf die Bank setzte und den Blasebalg trat. Keuchend strömte die Luft ein, und Nora hat gesagt, sie sollen doch schnell den Kasten aufmachen, damit das Wesen da drin besser atmen kann. Nette hat gelacht und Nora beruhigt, und Johann hat ein paar Akkorde und Register ausprobiert. Die Einheimischen sind ziemlich erschrocken. Die kleine Johanna auf Nettes Arm hat angefangen zu weinen. Da hat Johann schnell etwas Fröhliches gespielt, das Lied vom Vogelbeerbaum, das alle kennen.

Es war herrlich, die Tasten unter den Händen zu haben, die Musik klingen zu lassen und dazu auch noch zu singen, das hat ihm bei der Trompete immer so gefehlt, das Singen. Schließlich haben alle mitgesungen, deutsch, holländisch und ohne Text.

Es ist ein schönes Lied, wenn wir es selber singen, Tuan, hat Nora gesagt, aber der Kasten heult und heult immerzu.

Mit der Zeit haben sich die Leute aber daran gewöhnt. Wenn sie sich zur Abendandacht vor dem Haus versammeln, gibt Johann ihnen außer dem Gebet und dem Segen manchmal auch ein Abendlied mit in die Nacht. Dann pfeift die Zwergorgel ihre Töne in die Tropennacht, dass die Vögel im Urwald vor Schreck verstummen. Johann hat den Jungen den Mechanismus erklärt.

Barnabas sagt nun allen, die es wissen wollen, dass man dem Kasten mit den Füßen Atem einbläst, und dann singt er mit eisernem Mund.

Es ist nur schade, dass Johann so wenig zum Spielen kommt. Zusätzlich zu seiner Arbeit hier oben muss er die Dörfer unten im Küstendistrikt betreuen, was er nicht gern tut: Die Dörfer sind von den Holländern alle gleich öde und symmetrisch angelegt, mit einer sauberen, geraden Straße in der Mitte. Sämtliche Schulen werden von in Ambon oder Batavia ausgebildeten Gurus betreut, die auch für den Religionsunterricht zuständig sind. Das christliche Gemeindeleben ist dementsprechend. Die Holländer wollen mit den Schulen ihr Kolonialreich festigen, dazu brauchen sie die Kirche, aber für das Reich Gottes interessieren sie sich genauso wenig, wie es die Neuguinea-Compagnie drüben in Deutsch-Neuguinea getan hat. Und eine papuanische Volkskirche will die Kolonialregierung gleich gar nicht, wo sie doch allseits Aufruhr wittert. Auf Java und Sumatra gibt es tatsächlich Aufstände, die Gerüchte laufen die Küste herauf und herunter. Die Rebellen, die von ihrem unabhängigen *Indonesia* träumen, werden in ein Gefangenenlager nach Südneuguinea gebracht, wo sie zwischen Schlangen und Moskitos elend verrecken.

Johann ist nicht für Rebellionen, ganz gewiss nicht, aber was die Verwaltung von Niederländisch-Indien mit ihren Steuereintreibern, Polizeisoldaten und Gurus unter den Papua anrichtet, kann er nicht gutheißen: Sie siedelt ganze Dörfer um, die Inseln vor der Küste, wunderschöne Inseln ähnlich wie Malawaia und Aromot, haben sie menschenleer geräumt. Auch am Sentani-See hat man an manchen Orten die Männer schon gezwungen, ihre Pfahldörfer im Wasser niederzureißen und anstelle ihrer traditionellen, mit Stegen verbundenen Langhäuser ordentliche, symmetrische Dörfer am Ufer zu bauen. Und dann müssen sie den *herendienst* leisten, Zwangsarbeit im Wegebau, im Hausbau, in Pflanzungen. Es ist klar, dass die Papua nicht als Volk zu einer höheren Kulturstufe aufsteigen können, wenn sie so behandelt werden.

Bruder Kuhnert und er schmieden brieflich Pläne, deutsche Missionare nach Holländisch-Neuguinea zu bringen, verlässliche Männer, die den Volksgedanken begreifen und ihn mit dem Evangelium unter den Papua verbreiten können und die es wagen, auch einmal etwas gegen die Interessen der holländischen Verwaltung zu tun. Bis jetzt hatten sie noch keinen Erfolg damit, aber immerhin: Kuhnert schreibt, dass das völkische Denken in Deutschland inzwischen viele Anhänger hat. Nur als Ganzes könne sich ein Volk aus seiner Erniedrigung erheben, das habe man hier langsam verstanden. Und vielleicht schon bald werde Deutschland seine Schwäche und Mutlosigkeit überwinden und wieder seinen angestammten Platz in der Welt einnehmen. Wir werden es erleben, mein Freund, dass in Neuguinea unter unserer Führung die papuanische Volkskirche erwachen wird.

Kuhnert glaubt, dass Johann in Genyem eine ähnliche Wirkung entfalten wird wie er selbst damals bei den Kai. Aber danach sieht es bislang überhaupt nicht aus. In den entfernteren Dörfern bringen die Leute Johanns Pferd Yusuf mehr Respekt entgegen als ihm selbst. Die meisten hören sich seine Geschichten an und erzählen sie dann in den unmöglichsten Varianten weiter. Sie sind weit davon entfernt, die Botschaft der Erlösung zu begreifen, sie wollen nicht einmal zugeben, dass sie in Angst und Finsternis leben. Früher auf den Inseln war es ähnlich, aber die Leute dort hatten wenigstens keine herrischen Holländer in der Nähe.

Nette sagt ihm immer wieder, dass es Geduld braucht, bis die Eingeborenen verstehen, Geduld und Liebe, wie Jesus sie gehabt hat. Nette. Oh, Nette. In den zwei Jahren seiner Ehe hat er gemerkt, wie sehr er sich auf ihr Urteil verlassen kann. Sie ist ihm im Winter der Einsamkeit seine Wärme gewesen und ist nun sein kühlender Schatten, Nette mit ihrem Gottvertrauen und ihrer Klarheit. Sie ist wieder schwanger, und bald wird er auch einen Sohn haben, so Gott will. Er hat dieses Glück nicht verdient. Es ist Gnade.

Vor Kurzem hat ihn ein Brief aus Sio erreicht, von Bruder Henff, dem Vertrauten in der furchtbaren Zeit der Trennung von Martha, der Buße und der Schande. Der Brief war zwei Monate unterwegs, die Postverbindung zwischen den Kolonien ist viel schlechter als die nach Europa. Seit Langem ist eine Dampferverbindung zwischen Rabaul und Manokwari geplant, aber soweit man weiß, gibt es vor allem Streit um die Kosten. Auf Malawaia sind mittlerweile alle getauft, schreibt Henff. Martha lebt jetzt auf Tuam, das weißt Du sicher, das Mädchen auch, es ist jetzt elf Jahre alt, wie Du ebenfalls weißt, und es heißt, dass es nur wenig heller ist als seine Halbgeschwister. Ich hoffe, Du trägst keine Bitterkeit in Dir, weil wir verhindert haben, dass Du es findest und ins Internat für Halbweiße bringst. Unter den gegebenen Umständen war es das Beste, was wir tun konnten, glaub mir. Es ist aus Fürsorge für einen verirrten Bruder geschehen, aber auch aus Fürsorge für das Kind und seine Mutter. Auf Ruk sitzt übrigens ein neuer Missionar, Bruder Gorm ist schwer krank und mit seiner Frau nach Deutschland zurückgekehrt. Es ist gut, dass die Arbeit auf den Inseln nun mit frischen Kräften weitergeht, auch wenn das Ergebnis eher lau ist.

Der gute Henff. Wie weit weg das alles inzwischen ist, das Neuendettelsauer Gebiet, das der alte Lehdemann und die anderen deutschen Pflanzer immer noch den *Gottesstaat* nennen. Hier, in Genyem, ist jetzt sein Platz, hier hat Gott ihn hergeführt. Ihn überkommt die Ehrfurcht vor seinem Gott, wie es ihm manchmal geschieht, Dankbarkeit und zugleich Schrecken vor Seiner Größe, wie man sie beim Anblick einer Lawine empfindet, einer mächtigen weißen Lawine, die unter eisblauem Himmel von hoch oben herabstürzt und nichts unberührt lässt. Er hat so etwas einmal gesehen in den bayrischen Bergen und wird es nie vergessen. Was ist der Mensch dagegen? Johann erträgt solche Gefühle nicht, ohne zu singen, und so setzt er sich ans Harmonium und spielt und singt das Lied seiner Freude, *Du meine Seele, singe*, und hört von der anderen Seite des Hauses Nettes hohen Sopran auf Deutsch mitsingen, und die weiche Stimme eines Mädchens im Küchenhaus fällt mit ein, die unbekannten deutschen Worte nachahmend. In diesem Moment wird all der Ärger mit den Holländern winzig klein, die Erinnerungen, die Sorgen wegen Nettes baldiger Niederkunft, die Verstocktheit seiner Papua. Seine heitere Stimmung hält die ganze Woche an.

Am Sonntag verabschiedet er sich wie gewöhnlich frühmorgens von Nette und reitet den Stationshügel hinunter. Jede Woche sucht er ein anderes Dorf auf, um zu predigen. Yusuf geht sicher auf den glitschigen Pfaden durch den ziemlich einförmigen Wald, der hauptsächlich aus Sagopalmen besteht und wilden Feigenbäumen mit dicken Fruchtbündeln am Stamm. Die Papua essen die Früchte, aber sie schmecken nach nichts und sind meistens voller Würmer. Es ist nur ein kurzer Weg bis zu der Lichtung, wo Bruder de Jongs Haus neben dem großen Maisfeld der Schuljungen steht. Nahe am Fluss, wo das eigentliche Dorf Genyem liegt, wird schon auf Muschelhörnern zum Kirchgang geblasen, Leute in Festtagskleidern grüßen ihn. Aber er muss weiter. Trotz Hitze und Schlamm liebt er es, allein dahinzureiten wie in seinen allerersten Tagen in Neuguinea, als ihm bei Simbang der weiße Kakadu erschien.

Du und deine Verheißung, sagt Nette. Sie lacht darüber, aber sie glaubt auch daran.

Der Dorfchef von Kuimenao begrüßt ihn feierlich und geleitet ihn ins große *pasanggrahan*. Johann muss dort seine dreckigen und verschwitzten Sachen loswerden, denn es ist überaus wichtig, sich beim Sonntagsgottesdienst zeremoniell und sauber gekleidet zu zeigen – eine der nützlichen Lehren Kuhnerts. Draußen ruft der Dorfchef unter Schimpfen und Gebrüll die Leute zusammen. Die Menge sammelt sich auf dem Vorplatz, es sind mehr Menschen gekommen, als in Kuimenao wohnen. Johann tritt auf die Veranda und gebietet mit erhobenen Armen Stille, die Mahnung wird von allen wiederholt, immer nachdrücklicher und lauter, bis ein richtiges Geschrei entsteht. Das sich dann plötzlich legt. Er hat nie begriffen, wie sie ihre Aufregung und ihr Schweigen immer so gemeinsam hinbekommen.

Er lässt die Stille ein paar Herzschläge lang in der Luft stehen, sodass alle den feierlichen Moment spüren, wenn Gott naht. Dann spricht er ein kurzes freies Gebet.

Anschließend predigt er ihnen von den Ahnen Adam und Eva, wie sie dem Tuan Allah ungehorsam waren und in Sünde fielen, weil sie auf die Schlange hörten, die in Wahrheit der Teufel war. Und wie Gott sie aus dem Paradies vertrieb in eine andere Welt, wo die Männer hart arbeiten müssen und die Frauen unter Schmerzen gebären. Das alles rührt von der

Sünde her, sagt er. Die Menschen, sie zaubern und tanzen und tun Böses und dienen dem Teufel, dem obersten der bösen Geister. Und am Ende müssen sie sterben und gelangen nicht wieder ins Paradies.

Aus der Menge ertönen Zwischenrufe, wie so oft führt vor allem der Auftritt der Schlange zu lauten Äußerungen des Schreckens und des Abscheus.

Er lässt die Geschichte in der Nimboran-Welt spielen, malt nach Kräften den schönen Garten aus, voller Blumen und Früchte, ohne Unkraut und mit viel Schatten. Die Schlange lässt er im Ton der Zauberer sprechen. Die Predigt kommt an.

Das nächste Mal, sagt er am Ende, erzähle ich euch von Yesus, dem Sohn des Tuan Allah, der gestorben ist und die große Sünde unserer Ahnen wiedergutgemacht hat. Er hat sogar den Tod besiegt. Er ist unser Freund.

Johann ist sich sicher, die Leute werden nächsten Sonntag wiederkommen. Zuletzt spricht er den Segen und betet, dass seine Worte auf fruchtbaren Boden gefallen sein mögen. Amen.

Amen, Amen, murmelt die Menge.

Und plötzlich reden wieder alle durcheinander.

Danach sitzen die wichtigen Männer des Dorfes noch zusammen, es gibt die üblichen höflichen Fragen nach dem Stand der Dinge in Genyem, nach der Nonja, nach dem Tuan Pandita Djong und der Nonja Djong und dem Haus und den Kindern. Johann fragt ebenso höflich zurück und steuert vorsichtig auf das Thema zu, das ihn eigentlich interessiert: Ein neuer Beamter ist vor ein paar Wochen angekommen, der im Nimboran eine Distriktverwaltung einrichten will. Wie ist er denn, dieser neue Tuan Bestuur?

Und gleich geht es los mit den Klagen. Der Tuan Bestuur ist ein Fremder, einer der *amberi*, er kennt uns nicht, er will Geld von uns, nicht unser Geld, sondern weiße Gulden. Johann erklärt, dass die Verwaltung, die *bestuur*, das Geld braucht, weil damit Schulen und Straßen gebaut und unterhalten werden. Aber er weiß selbst, dass das so nicht ganz stimmt: Die Polizisten und kleinen Beamten von Ambon oder anderen Inseln im Westen sind nicht selten korrupt. Die Einheimischen betrachten sie als Handlanger der Weißen, und viele verachten sie dafür, andere eifern ihnen nach. Johann hat festgestellt, dass die Ambonesen mit ihrem guten Malaiisch und ihrer ziemlich dunklen Haut durchaus als Gurus taugen – jedenfalls solange es nicht genug Papua für diese Berufe gibt.

Wir brauchen hier keinen Tuan Bestuur, sagt einer der Männer, und die anderen pflichten ihm bei. Der will Gulden von uns, und wir haben keine. Wir müssen für die Weißen arbeiten oder Vögel schießen, obwohl es jetzt verboten ist, nur damit der Tuan Bestuur sein Geld kriegt.

Es ist immer dieselbe Klage in allen Gebieten, wo Steuern erhoben werden, das war auch drüben im Kaiser-Wilhelms-Land nicht anders.

Und dann will er auch noch, dass wir, alle Männer, für ihn arbeiten.

Er will einen Weg vom See hinauf zu seinem Haus, den sollen wir ihm bauen.

Wir wollen keinen Weg.

Dann kommen nur die Soldaten hierher.

Wir haben doch schon euch zwei Tuan Pandita, sagt der Dorfchef, das reicht uns. Da hinten – er macht eine vage Geste zur Hochebene hin – gibt es noch welche, die keinen Tuan haben, die brauchen vielleicht einen.

Es ist nur leider so, dass die holländische *bestuur* sich immer an die Missionare hängt. Als Johann und Bruder de Jong vor fünf Jahren hier ankamen, gab es keine Spur von Verwaltung. Aber jetzt sind die Beamten da und bringen die Leute gegen sich auf – und damit gegen alle *amberi* und weißen Tuans.

Johann träumt manchmal davon, weiter weg, tief im Inland, eine neue Station zu gründen, aber nach kurzer Zeit wäre es vermutlich dasselbe: Er würde die ganze Arbeit machen, in die Dörfer gehen, sich mit den Einheimischen anfreunden, und dann kämen die Holländer mit ihrer *bestuur* und ihren Vorschriften. Am Ende würden die Leute umgesiedelt, und es würde im hintersten Nimboran so aussehen wie unten in den Küstendörfern, Häuser in Reih und Glied, saubere Wege ohne Unkraut – was allein schon eine endlose Arbeit bedeutet. Und dann werden diese Wege auch noch mit dem Besen gekehrt, er hat es in Ormu und Demta gesehen und erst gar nicht glauben können. Besser, er bleibt erst einmal, wo er ist, seine Arbeit hier ist längst nicht getan, von einer wirklichen Glaubensbewegung kann noch keine Rede sein. Und außerdem: Nette ist von solchen Ideen überhaupt nicht begeistert.

Du mit deiner Ungeduld. Gerade haben wir das neue Haus gebaut, und das nächste Kind ist bald da. Lass dir Zeit.

Sie hat recht, sie hat fast immer recht.

Auf dem Heimweg hält er Yusuf an und pflückt an den Zäunen der Station Blumen für Nette.

Sie gibt dem Küchenmädchen gerade die letzten Anweisungen, als er zu Hause ankommt, stellt noch den Reistopf unterm Sofakissen warm und umarmt ihn. Sie ist so verschwitzt wie er, ihr schwangerer Bauch schon sehr groß, viel größer, scheint ihm, als beim letzten Mal.

Sie hat ihre Andacht gehalten, ein halbes Stündchen für sich allein mit ihrem Jesus, sie freut sich die ganze Woche darauf. Und sie hat Wasser zum Baden heiß machen lassen, die Jungen tragen es zum Badehaus.

So ist es jeden Sonntag. Sie baden und ziehen ihre Sonntagskleider an, und wenn sie fertig sind, steht die Suppe schon auf dem Tisch. Manchmal schlachtet und brät Nette auch ein Huhn. Nach dem Essen legt sie sich mit dem Kind auf die Liege im Wohnzimmer, und Johann ruht sich im Schaukelstuhl aus. Nora rumort dieweil im Küchenhaus, sogar sie ist sonntags sanfter und leiser als sonst. Johann liebt diesen ruhigen Tag, wenn viele Mädchen und Jungen bei ihren Familien sind, und freut sich auf die Arbeit, die in der nächsten Woche auf ihn wartet. Er hat vor, bald wieder eine Reise zu den Dörfern unten am Sentani-See zu machen und auf dem Weg bei den deutschen Freunden auf den Plantagen vorbeizuschauen, bei Lehdemann und bei Lasinski und Siebenkorn. Er schaukelt vor und zurück, er sieht den weiten See vor sich, die langen *prauws* mit ihren auf und ab tauchenden Paddeln, die Frauen beim Fischefangen, wie sie im Wasser einen Kreis bilden und blitzschnell hinabtauchen. Die Sonne glänzt, und das Cyclopgebirge wirft seinen Schatten auf das andere Ufer. Einmal wird er da hinaufsteigen, einmal, wenn er Zeit hat.

Und immer wieder sieht er die Frauen, sie tauchen und halten beim Auftauchen Fische in den Händen, eine hat sogar einen Fisch zwischen den Zähnen. Auf ihrer dunklen Haut perlt das Wasser. Sie lacht, und der Fisch springt ihr aus dem Mund. Hinter ihr liegt im Dunst eine Insel, die er kennt, er will hinschwimmen, aber er kommt und kommt ihr nicht näher, obwohl er mit aller Kraft die Arme bewegt. Wellen schlagen ihm entgegen, hohe Wellen, und er sieht die Frau und die Insel nicht mehr.

Wach auf, sagt Nettes Stimme. Er muss eingeschlafen sein. Du hast geträumt.

Ja, sagt er.

Sie fragt nicht weiter.

Bleib liegen, sagt er, ruh noch ein bisschen. Ich mache den Kaffee.

Das macht er sonntags immer. Die kleine Johanna nimmt er mit ins Küchenhaus, sie hält sich an seinem Bein fest, während er hin und her geht, sie steht mit ihren kleinen Füßen auf seinem Fuß und lässt sich mitschleppen. Sie quietscht und kichert. *Bapa, Bapa*. Das war das dritte Wort, das sie gesprochen hat. Das erste war *Ibu*, Mutter, das zweite *bulan*, Mond, das ist ihr Wort für jede Art von Lampe und Licht. Sie sprechen Malaiisch mit ihr, denn die de Jongs haben sie gewarnt: Die Papua lernen alles mit, was ihr euren Kindern beibringt. Nette und er sprechen untereinander nur dann Deutsch, wenn sie etwas zu bereden haben, das keiner hören soll. Die Sprache der Heimat ist wie ein sicherer, fester Kreis um sie beide.

Für gewöhnlich gibt es sonntags Bananenkuchen, und danach machen sie, wenn es nicht regnet, einen Spaziergang hinüber zu den de Jongs oder über den Bach zum Mangobaum am Fuß des Hügels. Am Abend liest Johann meistens aus einem Predigtbuch vor, und Nette macht Handarbeiten, was nach ihrer Vorstellung keine Arbeit und deshalb auch am Sonntag erlaubt ist.

Der Nachmittag wird dann aber an diesem Sonntag nicht ganz so friedlich. Es taucht eine Gruppe Männer auf, die die Station besichtigen wollen. Johann schenkt ihnen wie üblich etwas Tabak zur Begrüßung. Sie nehmen auf dem Boden vor der Verandatreppe Platz, und es beginnt eine höfliche Unterhaltung. Sie sprechen die Sentani-Sprache, die er nicht versteht, aber zwei von ihnen können ein wenig Malaiisch. Es ist die einzige Sprache, mit der sich entferntere Dörfer untereinander und mit den *amberi* verständigen können.

Ob sie vom See kommen?

Ja, sie kommen von einem Dorf am See. Es ist groß. Viele Häuser. Sie haben viele Schweine. Johann fragt nach der Jagd, das ist sein Lieblingsthema, und sie erzählen bereitwillig. Einer der beiden Wortführer übersetzt in ein ziemlich mangelhaftes Malaiisch. Die anderen behandeln ihn mit großem Respekt. Sie nennen ihn Pamai.

Wir haben schöne Vögel erlegt.

Der Tuan Leman hat sie gekauft.

Der Tuan Leman? Von Kota Raja?

Ja, der Tuan Leman mit der *amberi*-Frau.

Lehdemann. Der beteiligt sich also auch an dem verbotenen Handel mit Paradiesvögeln. Seine Kaffee- und Kakaoplantage, die er, großspurig wie immer, *Kota Raja*, Stadt des Königs genannt hat, bringt ihm gutes Geld ein, aber er kann anscheinend – auch das wie immer – den Hals nicht voll genug kriegen.

Der Tuan Leman ist kein guter Mann, sagt Pamai. Ich kenne ihn. Er ist schlecht zu den Jungen.

Woher kennst du ihn?

Ich kenne die Weißen, sagt Pamai.

Aber mich kennst du nicht.

Pamai schaut in den Himmel und lacht grundlos. Dann heftet er seine Augen auf Johann, es sind eigenartige Augen, lebhaft und überwach, als sähen sie mehr als andere. Dieser Mann ist absolut ungewöhnlich. Aber angenehm ist er nicht.

Ich weiß aber, wer du bist. Du bist der Tuan Pandita mit dem *kumis*-Bart, alle kennen dich. Dein Haus ist hier, aber du wanderst von Dorf zu Dorf mit deinem großen Tier und deinem Gewehr und sprichst von deinem Tuan Allah. Ich wandere auch, ich habe kein Tier und kein Gewehr.

Aus welchem Dorf bist du?

Ich bin aus Ormu.

Das muss er sein: der Mann, von dem Lehdemann ihm kürzlich erzählt hat, der Mann von der Küste. Er zieht mit einem Jungen herum, der noch nicht als Mann zählt, und wiegelt, wie Lehdemann behauptet, überall am Sentani-See das Volk auf.

In welchem Dorf ist dein Haus?

Der Mann lacht wieder. Es klingt wie Gebell, zornig und beinahe ironisch. Johann hat noch nie einen Papua getroffen, der ironisch gewesen wäre.

Die *polis* wollen mich finden. Ich gehe immer weiter.

Warum bist du hergekommen?

Der Mann weist mit einer Geste auf die anderen Männer. Sie haben dich besuchen wollen. Ich bin mitgekommen.

Er beugt sich vor und schaut Johann intensiv ins Gesicht. Die Leute sagen, du bist ein guter Tuan, nicht wie die Tuan Bestuur. Sie sagen, die zwei Tuan Pandita von Genyem, die helfen uns. Sie sagen, ihr gebt uns eure Zaubermittel.

Wir haben keine Zaubermittel, sagt Johann, was wir haben, ist Medizin.

Er benutzt das Wort *obat*.

Deine Nonja gibt den Menschen Zauberpulver für Krankheiten.

Pamai benutzt das Wort für Magie: *sihir*.

Und du hast einen Kasten in deinem Haus, der atmet und Trauerlieder singt. Du hast das große Tier, auf dem du sitzt, Pferd, es ist größer als unsere Schweine, und du hast dein Gewehr und viele Sachen. Du bekommst das alles von eurem Tuan Allah.

Ja, sagt Johann. Alles, was ihr habt, und alles, was wir haben, kommt vom Tuan Allah. Ihm gehört die ganze Welt und alles, was darin ist.

In den Augen des anderen blitzt Misstrauen auf wie eine Klinge.

Eure weißen Sachen sind größer und stärker als unsere. Wir wollen auch die starken Sachen von eurem Tuan Allah. Du bist ein *pandita*, du musst uns helfen, dass der Tuan Allah sie auch uns gibt und dass die *bestuur* sie uns nicht wegnimmt.

Ich werde dir und allen anderen sagen, was der Tuan Allah für euch tun kann. Kommt in sieben Tagen zur Allah-Versammlung in Jakotim, und ich erkläre es euch.

Der Mann aus Ormu lacht zum zweiten Mal. Ist es Hohn? Ist es eine Zusage?

Ich lade dich ein. Kommst du auch?, fragt Johann.

Ich gehe weiter.

Johann wendet sich an die anderen Männer: Ich besuche

euch in eurem Dorf und erzähle euch vom Tuan Allah, wenn ihr mich einladet.

Die Männer beratschlagen untereinander.

Pamai ergreift wieder das Wort. Sagst du uns, woher die Gulden kommen, die man gegen alles tauschen kann? Ihr Weißen habt immer Gulden.

Wir arbeiten, und dafür bekommen wir Gulden.

Wir arbeiten auch, und wir bekommen keine Gulden.

Er meint den *herendienst*. Und er hat recht.

Ich arbeite für den Tuan Allah, und die Leute, die den Tuan Allah lieben, geben mir Gulden, damit ich meine Arbeit tue.

Pamai starrt ihn an, die aufmerksamen Augen tasten über sein Gesicht. Johann dreht den Kopf weg.

Die Beratung der anderen Männer endet mit einer Einladung an Johann.

Nette hat von drinnen das meiste mitbekommen.

Sie wollen, dass du zu ihnen kommst, siehst du. Sie wollen Gottes Wort hören.

Aber dieser Pamai …

Der ist verrückt, sagt Nette.

Meine Großmutter war eine nüchterne Person. Romantisch war sie nur, wenn es um ihren Herrn Jesus ging. Für Ihn hatte sie Worte wie für niemanden auf Erden. Ansonsten mochte sie kein Übermaß, schon gar nicht, was die Annehmlichkeiten des Diesseits betraf: Telefon und fließendes warmes Wasser brauchte man nicht. Fernsehen fand sie dumm. Sie besaß nicht einmal ein Radio. Zeitungen benötigte sie eigentlich nur für ihre Gebete: Herr, hilf den Erdbebenopfern in Italien, sättige die Hungernden in Biafra, tröste die Witwe des Mannes, den die Terroristen getötet haben. Sie bestürmte ihren Gott mit Bitten, ohne jede Zurückhaltung. Ähnlich verschwenderisch war sie sonst nur im Umgang mit meinen Geschwistern und mir. Aber Briefumschläge drehte sie um und benutzte sie noch einmal. Sie machte aus Apfelschalen Tee, aus Zwiebelschalen Suppe, und beim Metzger kaufte sie ein Pfund Schweineherz für das Mittagessen der ganzen Familie. Reicht das auch für Ihren Hund, fragte die Verkäuferin.

Das waren die Jahre, als alle Welt so viel aß, wie eben hineinging, und kaufte, was zu kriegen war. Der Krieg war noch keine zwanzig Jahre her, aber alle taten so, als wäre das eine Ewigkeit. Nette nicht. Für sie war der Krieg nie zu Ende. Sie hatte erlebt, dass zwanzig Jahre nach dem einen der nächste kam, und sie glaubte nicht an eine friedliche Zukunft im Gleichgewicht des Schreckens. Mit der Atombombe ist das Ende der Welt nahe, erklärte sie mir, und dann wird der Herr Jesus wiederkommen und all die Seinen zu sich in den Himmel holen. Nichts, wovor man sich fürchten müsste.

Ihre Sparsamkeit hing also nicht mit irgendwelchen Zukunftsplänen zusammen, sie sparte für die vernünftigen Dinge, die ihre Enkel brauchten, solange die Erde noch existierte. Warme Mäntel und Führerscheine zum Beispiel. Dass mein Vater unser Geld für Lexika, Theaterbesuche und Schallplatten ausgab, hielt sie für Verschwendung, vor allem seine Sammlung von Seemannschören. Nette ging nie ins Theater oder ins Kino, nur in Konzerte, die in der Kirche stattfanden und nichts kosteten.

Ihre so andere, schwer verständliche Lebensweise schien mir die logische Folge ihrer Geschichten zu sein: Nach dem, was sie erlebt hatte, bedeutete ihr unsere komfortable, langweilige Existenz eben nichts. Sie kannte das Leben schöner und schlimmer. Wenn ich aus ihren Erzählungen auftauchte, erschien auch mir danach alles um mich her in einem blasseren Licht. Ihr Universum war voller Gefühl und Magie im Gegensatz zu der vernünftigen Stadt, in der ich leben und zur Schule gehen musste, wo das Auto vor dem Haus parkte und die Wäschespinne im Hinterhof vor sich hin ödete.

Als ich älter wurde, erlosch der Zauber von Nettes Geschichten. Trotzdem verschwand das magische Universum, das sie mir geschenkt hatte, nicht: Es kehrte nach Jahren auf den Flügeln psychedelischer Drogen zu mir zurück (was sie sehr missbilligt hätte, hätte sie davon gewusst). Ich war hingerissen von seinen Farben, erschrocken und beglückt von seiner vertrauten Fremdheit. Es war eine Heimat jenseits aller Vernunft, außerhalb der Zeit.

Das Haus steht auf einer mannshohen Balkenkonstruktion, die rechts von hohem Rhododendrongebüsch verdeckt wird. Das lang gestreckte Dach ist mit Gras gedeckt, nur auf dem First liegt ein Streifen Wellblech. Die vorgebaute kleine Veranda entfaltet mit einem spitzen Extradach, vier Pfosten und wellenförmigen Zierleisten ein klein wenig Pracht mit alpenländischem Einschlag. Auf der obersten Stufe der Verandatreppe steht Johann Hensolt, breit lächelnd mit seinem Sohn Friedrich auf dem Arm. Er trägt eine dunkle Krawatte zum weißen Hemd. Rechts von ihm, zwei Stufen tiefer, hält sich Erich am Geländer fest, noch etwas tiefer Johanna mit einer großen weißen Schleife im Haar. Und noch eine Stufe tiefer, am linken Geländer, lehnt Nette. Rechts unten vor der Treppe stehen fünf einheimische Männer, links vier einheimische Frauen, die alle die Hände vor den Schoß halten. Alle auf dem Bild sind weiß gekleidet, mit Ausnahme von Nette und einer weiteren Frau, die helle Blumenkleider tragen. Johann ist der Einzige mit langen Hosen.

Es kommen immer noch Glückwunschbriefe an, dabei ist die Geburt jetzt schon ein Dreivierteljahr her. Einer ist von Grace und einer von den Oppermanns aus New York: *Mazeltov* und *God bless your children*.

Nette hat ihren Kindern nicht die Namen ihrer toten Brü-

der geben wollen. Sie hat auch die Namen ihrer Eltern ver-
worfen, und Johann war damit sehr einverstanden. Bei der
ersten Schwangerschaft hat sie ihm gesagt: Das Kind soll heißen wie du. Und so haben sie es dann auch gehalten. Johanna
Babette, die sie Hannele nennen, ist zusammen mit dem Sohn
des Schullehrers Willem und der Tochter des Gartenjungen
getauft worden: ein weißes, ein malaiisches und ein Nimbo-
ran-Kind. Es war ein großes und lustiges Fest. So haben sie es
gewollt, Johann und sie: ein neuer Anfang in ihrer neuen
Welt. Bei der zweiten Schwangerschaft haben sie sich für den
Namen Erich entschieden, weil Johann erzählt hat, sein
Freund Gerhard Blech halte das für einen sehr christlichen
Namen: erst Er und dann ich. Sie haben sehr darüber gelacht,
weil es so typisch für Gerhard war. Aber der Name gefiel
ihnen. Erich oder, falls es ein Mädchen würde: Erika.

Sie war gerade dabei, Brot zu backen, als es losging mit der
Geburt, viel zu früh. Zum Glück war Johann noch da, er
wollte eigentlich vor der Niederkunft noch eine kurze Reise
machen, aber daraus wurde dann nichts. Sie war froh, dass es
so weit war, sie war so schwer und konnte sich kaum noch
bewegen, aber sie hatte auch Angst, weil es ja noch so früh
war. Bruder de Jong ist gleich gekommen, ein erfahrener Ge-
burtshelfer, der seine eigenen Kinder und auch das Hannele
auf die Welt geholt hat. Außerdem ist er ein sehr beruhigen-
der Mensch.

Die Geburt hat sich nicht lange hingezogen, schon nach
drei Stunden hielt sie das Kind im Arm – aber wie klein es
war! Und plötzlich hat der Schmerz wieder angefangen. Da
ist noch eins, hat jemand gesagt, und es hat endlos gedauert,
sie konnte schon nicht mehr, dann ist es gekommen, es war
noch kleiner. Winzig war es. War er. Zwei Buben. Sie haben
einen Sohn gewollt und zwei halbe bekommen. Bruder de
Jong hat gesagt, sie sollten ihr Herz nicht an die Kinder hängen, vielleicht wären sie zu schwach zum Leben. Sie war so

erschöpft. Aber alle zusammen haben sie noch gebetet und Gott gedankt für die glückliche Geburt und das Leben der Kinder in Seine Hand gelegt. Sie ist eingeschlafen, und irgendwann hat Johann an ihrem Bett gestanden, auf das winzige Kind gezeigt und gesagt: Wir nennen ihn Friedrich, du wirst sehen, das wird einmal Friedrich der Große. Dann hat er sich umgedreht, aber sie hat gesehen, dass er geweint hat.

Natürlich haben sie ihr Herz an die beiden gehängt, und wie. An den Kleineren am allermeisten. Friedrich war so schwach und hat zu wenig getrunken. Nette hatte auch nicht genug Milch. Erich, der Ältere, ist stetig gewachsen, aber der Kleine nicht. Bis endlich die Kühe gekommen sind, die Johann schon Wochen zuvor bei Pflanzern an der Küste gekauft hatte, Milchkühe und ein Stierkalb. Erfahrene Kuhjungen haben sie durch den Wald heraufgebracht, es muss recht schwierig gewesen sein. Mit der Kuhmilch ist schließlich auch Friedrich kräftiger geworden, aber im Vergleich zu seinem Bruder wirkt er mit seinen neun Monaten immer noch recht klein. Und sie sehen sich gar nicht ähnlich, die beiden.

Es hat eine Weile gedauert, bis sich die Leute hier an die Kühe gewöhnt hatten. Es kommen immer noch ganze Gruppen aus entfernteren Dörfern, um sie anzusehen, erst gestern waren wieder welche da, sie kommen und gucken die Tiere an, als wäre das hier ein Zoo.

Johann ist inzwischen wieder auf Inspektionsreise an der Küste, und Bruder de Jong ist auch unterwegs, in seinem Bezirk im Osten. Aber sie ist nicht einsam, sie hat die Jungen und Mädchen ums Haus, Mevrouw de Jong und die Lehrerfamilie sind immerhin in der Nähe. Und sie hat die Kinder. Außer Nora kümmert sich jetzt auch Jaso um sie, und solange die Zwillinge so klein sind, gehen die beiden nicht wie die meisten anderen Jungen und Mädchen zu Willem in die Schule. Barnabas, der Streber, hat ihr gestern die Namen aller holländischen Könige seit Wilhelm von Oranien aufgezählt.

Nein, einsam ist sie nicht, es wird viel geredet und gelacht ums Haus herum. Außerdem hat sie mehr als genug zu tun, im Haushalt, im Garten, und im Schuppen hinter dem Kochhaus versorgt sie Kranke. Meistens haben sie Hautkrankheiten oder böse offene Wunden, da ist es nützlich, dass sie so gut nähen kann. Ärzte gibt es hier ja keine, nicht einmal in Hollandia … Nein, sie ist nicht einsam, aber sie vermisst Johann, wenn er nicht da ist – nur, was will man mit Sehnsucht in einem Land wie diesem? Bei einer Aufgabe wie der ihren? Sehnsucht ist etwas für Mädchen in Reucha. Für Ehefrauen in New York. Sie ist nicht einsam, sie wird gebraucht.

Eigentlich sollte sie auch nicht am helllichten Tag im Schaukelstuhl faulenzen, aber es ist gerade so friedlich, gerade schreit einmal kein Kind, und kein Barnabas, keine Nora, kein Kranker will etwas von ihr. Seit mehr als zwei Wochen hat sie kein weißes Gesicht gesehen, außer den Kindern, ja, aber die sind noch keine richtigen Menschen, sie sind noch so nah bei den Engeln. Und bei den Tieren. Von der Welt wissen sie nichts, gar nichts. Hannele ist wild wie ein Papuakind, sie spricht nur Malaiisch und ist so dunkelhaarig wie ihr Vater. Dauernd rennt sie herum auf ihren dünnen Beinchen, jagt den Mädchen und Jungen hinterher, den Hühnern, den Kühen. Sie hat vor nichts Angst. Ihr Lieblingsspielzeug ist ein Holzpferd, das ein Junge für sie gemacht hat, mit feinen Schnitzereien, bunt bemalt. Sie hat es gerade in der Hand, hält es Erich hin und nimmt es wieder weg. Erich lacht. Er lacht viel. Ein richtiges Dickerchen ist er geworden. Friedrich guckt nur. Dieses Kind besteht hauptsächlich aus Augen.

Es ist gar nicht so lange her, dass sie dachte, sie würde niemals heiraten und niemals eigene Kinder haben. Es kommt ihr vor wie eine Ewigkeit: das Haus in Newark, die Kälte draußen, drinnen das Kaminfeuer und das Kerzenlicht abends, das Singen. Die Stimmen der Freundinnen. Grace.

Amazing Grace. Hohe Haufen von Schnee. Winter. Wie früher, ganz früher in den Bergen, sie war noch klein, aber sie erinnert sich genau: Schnee, überall, Wände von Schnee, vom Haus bis zur Zollstation. Schneeflocken, Schneeflocken und Schneeflocken, man wusste nicht, wo oben und unten ist, alles war weiß und in Bewegung und kalt. Der Vater mit der Schneeschaufel. Und Christoph, ganz nass, Schnee auf der Mütze und auf den Schultern. Sein Gesicht, kalt. Es muss entsetzlich kalt gewesen sein in den Schützengräben.

Ihre Kinder haben noch niemals Kälte gespürt. Sie haben auch noch nie ihre Großmutter gesehen, die erstarrte Witwe Marchand. Nicht einmal bei der Hochzeit ihrer Tochter hat Nettes Mutter lachen können, ein angestrengtes Lächeln, mehr hat sie nicht zustande gebracht. Sie wird immer schwerer, sie ist wie aus Stein, schreibt Babette. Wenn ich wieder nach Deutschland komme, denkt Nette, ist sie eine Statue.

Sie steht auf, sich ihrer Beweglichkeit plötzlich bewusst, und schaut über die üppig blühenden Rhododendronbüsche in die Weite. Johann nennt die hintere Veranda ihre Kommandobrücke, von hier aus hat sie das Kochhaus, den Brunnen und das Jungenhaus im Blick. Aber ihr Blick geht weiter, hinaus auf die Ebene mit dem trockenen Alang-Alang-Gras im gleißenden Licht. Dahinter die wilde Wand des Waldes. Vögel schreien. Für einen Moment versinkt sie darin, und die Zeit bleibt stehen. Das Gras und der Himmel. Jetzt. Sie denkt nichts, sie hört nichts, sie betet auch nicht. Dann hört sie die Jungen rufen, die gerade die Kühe zum Melken heimtreiben, und alles ist wieder so wirklich wie je: Das Gerede der Mädchen hinten im Garten. Erichs Gelächter, Hanneles begeistertes Kreischen. Ihr ist, als wäre sie gerade von sonst wo hergeweht worden. Auf dem Pfad, der am Haus vorbeiführt, nähern sich ein paar Gestalten. Um diese Zeit gehen gewöhnlich keine Leute mehr aus dem Dorf zu ihren Feldern, wahrscheinlich sind es Leute, die einen Kranken bringen.

Es sind drei. Drei Männer, die sie nicht kennt, und sie sind nicht aus Genyem oder den nahen Dörfern. Einer von ihnen trägt ziemlich viel Schmuck, ein anderer nur wenig, der dritte gar keinen, außer einem Oberarmreif. Keiner scheint krank zu sein. Sie ruft Barnabas, das tut sie immer, wenn Fremde kommen.

Die Männer bleiben auf dem Vorplatz stehen. Der mit dem Schmuck sagt etwas, es ist keine Nimboran-Sprache, es klingt eher nach dem, was sie am Sentani-See in der Gegend von Lehdemanns Plantage sprechen.

Wir wollen den Tuan Pandita, sagt der mit dem wenigen Schmuck in holprigem Malaiisch.

Der Tuan ist auf seinem Pferd weggeritten, antwortet Barnabas. Aber der Guru ist da. Und die Nonja ist auch da.

Dann wollen wir die Nonja.

Der Mann zeigt auf etwas, das der Geschmückte in der Hand hält, etwas Weißes.

Wir wollen ihr das geben.

Barnabas greift danach, aber der Geschmückte zieht es zurück.

Das ist nur für Weiße.

Nette geht die Verandatreppe ein Stück hinunter und streckt die Hand aus. Der Mann reicht ihr ein zerknittertes Stück Papier. Sie wendet es hin und her, ein kariertes Blatt, anscheinend aus einem Schulheft gerissen. Die Schrift ist verschmiert, aber sie kann Rechenaufgaben darauf erkennen. Auf der Rückseite sind mit blassen Farben irgendwelche Zeichen gekrakelt, die für sie keinen Sinn ergeben.

Was ist das?

Das ist ein Brief für euch Weiße.

Sie hält sich den schmierigen Papierfetzen übertrieben deutlich vor die Augen.

Das kann ich nicht lesen, sagt sie, wer hat euch das gegeben?

Das ist ein Brief vom Teufel.

Sie mustern Nette aufmerksam, als wollten sie ihre Reaktion prüfen.

Und was steht da drin?, fragt sie.

Das wissen wir nicht, wir können eure Zeichen nicht lesen.

Nette hält das Blatt hoch und deutet auf das Gekrakel: *Omong kosong*, sagt sie entschieden. Das bedeutet so viel wie: Unsinn. Ein sehr nützlicher Ausdruck, sie hat ihn schon oft gebrauchen können.

Der Geschmückte sagt etwas.

Der Tuan soll lesen, übersetzt der Mann mit dem wenigen Schmuck. Wir gehen jetzt zurück.

Wo kommt ihr her?

Ajapo.

Also doch, von unten, vom See. Die Männer drehen sich um und gehen weg, sie scheinen irgendwie erleichtert. Nette schaut ihnen nach, sie reden und gestikulieren. Den Zettel benutzt sie zum Anzünden des Küchenherds.

In der Nacht schläft sie unruhig. Sie wacht immer wieder auf und denkt an den seltsamen Brief, vielleicht hatte er doch eine Bedeutung? Vielleicht hätte sie ihn aufheben und Johann zeigen sollen. Aber jetzt ist er Asche. Und Johann hat genug um die Ohren, er braucht nicht noch mehr von dem ganzen *omong kosong*.

Die Zeichen darauf. Waren es Zeichen? Sie schaut genau hin, und langsam werden sie klarer. Sie nehmen Gestalt an und verlieren sie wieder. Sie dreht das Papier hin und her, und es bewegt sich zwischen ihren Fingern. Es flattert, es wird zu einem papiernen Vogel. Es wird größer und schlägt mit seinen Flügeln, die aussehen wie ein aufgeschlagenes Buch. Es beginnt zu sprechen, immer lauter spricht es und immer dieselben Worte, sie versteht sie aber nicht. Sie sieht das Moskitonetz über sich. Sie muss geträumt haben. Aber die Stimme ist noch da. Mehrere Stimmen. Sie sind ganz nah, unter dem

Haus. Männerstimmen. Sie murmeln, manchmal spricht einer etwas lauter, dann wird es wieder leiser.

Was machen die da unten? Tagsüber setzen sich manchmal Leute unter das Haus in den Schatten und kauen Betel. Aber mitten in der Nacht? Die Heiden fürchten die Nacht. Soll sie die Jungen rufen? Ob das die Männer sind, die den Zettel gebracht haben? Sie erinnert sich daran, wie sie einmal in Genyem einen Zauberer hat murmeln hören, der bei einem Kranken saß. Ist es das, was sie da tun? Zaubern?

Sie will die schlafenden Zwillinge nicht wecken, aber sie kann die Männer da unten nicht einfach gewähren lassen, sie kann ja nicht schlafen bei diesem Gerede. Sie tastet nach dem Schuh neben ihrem Bett und klopft damit auf den Boden. Geht heim, sagt sie laut auf Malaiisch. Geht heim, oder …

Unten ist es plötzlich still geworden.

… oder meine Jungen kommen und jagen euch fort.

Sie lauscht – Stille. Papua können sich sehr leise bewegen, wahrscheinlich sind sie gegangen. Sie steht nun selbst leise auf und geht ins kleine Zimmer hinüber, wo Johanna in ihrem Bettchen liegt. Die Kleine schläft fest, und Nora liegt davor auf einer Matte und schläft auch. Von draußen ist nichts zu hören als die nächtlichen Vogelstimmen aus dem Wald. Hat sie sich das Ganze nur eingebildet?

Am nächsten Tag ist alles wie immer, aber in der Nacht wacht sie wieder auf. Stimmen, wie zuvor.

Geht heim, ruft sie nach unten. Und kommt nicht wieder.

In der folgenden Nacht muss Barnabas auf der Veranda Wache halten. Es geschieht nichts.

Am Tag darauf ist es heiß und trocken, wie an jedem Tag in den letzten Wochen. Die Jungen ziehen mit den Kühen los, hier ums Haus gibt es kein Futter mehr, sogar der Bach ist fast ausgetrocknet. Nette sucht unter dem Haus nach Spuren der nächtlichen Besucher und findet tatsächlich frische Flecke von rotem Betelsaft. Sie waren da. Sie hat es sich nicht eingebildet. Was mögen sie gewollt haben? Ob es die Männer aus Ajapo waren? Sie geht hinauf auf ihre Kommandobrücke. Den Kopf voller Gedanken schaut sie auf die Ebene. Und sieht den Rauch. Die Jungen haben wohl ein Feuer gemacht, es muss außer Kontrolle geraten sein. Der Wind treibt den Rauch auf das Haus zu. Dann sieht sie auch das Feuer. Der Wind bläst um diese Jahreszeit stetig aus derselben Richtung, die Flammen kommen näher. Und das Haus ist aus Holz, gedeckt mit Sagolaub. Es wird restlos verbrennen, und zwar sehr schnell. Der Brunnen hat nur wenig Wasser, aber sie lässt die Jungen wenigstens Säcke nass machen und holt die Kinder aus dem Haus. Danach den kleinen Koffer mit wichtigen Papieren, das Geld, die Bibel. Inzwischen ist das Feuer zur Wand geworden, und sie schickt die Jungen mit den nassen Säcken aufs Dach, um die fliegenden Funken auszuschlagen. Sie denkt das Wort Strohfeuer. Strohfeuer und Stoßgebet. Sie betet *Herr, hilf*. Sie sieht, wie die Leute aus dem Dorf gerannt kommen. Und sich auf dem Hügel am Wald niederlassen. Sie wollen sich das Schauspiel nicht entgehen lassen, wie das Haus des Tuan Pandita brennt. Viele sind noch Heiden, was werden sie denken, wenn alles in Flammen aufgeht. Das kannst du nicht wollen, Herr im Himmel. Wir sind im Vertrauen auf dich hierhergekommen. Sie steht im Hof, jenseits des Bachs, Nora trägt Erich, sie selbst hat Friedrich auf der Hüfte und Hannele an der Hand, die Feuerhitze ist fast nicht auszuhalten. Und dann dreht auf einmal der Wind. Sie spürt den Luftzug. Es wird kühler. Und das Feuer bleibt stehen. ES BLEIBT STEHEN. Weicht zurück übers verbrannte Grasland, weg vom Haus, und erlischt.

Es war ein Wunder, sagte meine Großmutter. Ein richtiges Wunder. Der Wind ist um diese Jahreszeit sonst immer aus derselben Richtung gekommen. Sie sah mich an, ihre Enkelin mit den bunt gefärbten Haaren, und fügte mit Nachdruck hinzu: Auch heute noch gebietet der Herr dem Wind.

Es war nicht das erste Mal, dass sie diese Geschichte erzählte. Aber der letzte Satz, der war neu. Sie zielte damit auf die herablassende Skepsis einer zweiundzwanzigjährigen Existenzialistin, die mit ihrem Motorrad, ihren Gesängen und ihren roten Genossen kettenrauchend und vegetarisch die Ordnung der Welt herausforderte. Nette fragte nie, was genau ich so machte, und erfuhr auch nie, wie weit meine anarchistischen Neigungen gingen. Sie sagte nur, dass es hässlich sei, wenn Frauen rauchen, und dass Fleisch das kostbarste Lebensmittel auf Erden sei. Ich wusste, dass sie für mich, das irrende Schaf, betete. Ich wusste, dass sie mich liebte und niemals zurückweisen würde, egal was ich tat. So wie ich sie nicht zurückwies, trotz allem, für das sie stand.

Ich fragte auch nicht weiter, wenn sie von göttlichen Wundern zugunsten der Weißen sprach und von *unseren Papua*, um die sie sich ständig Sorgen machte. Ich dachte, sie lebt in einer alten, falschen Welt. Ich fand ihren Glauben überflüssig und ihren Kummer unnötig: Es waren nicht IHRE Papua. Für mich waren Missionare, die den Ureinwohnern den religiösen Überbau für Unterwerfung und Ausbeutung überstülpten, nicht viel besser als Faschisten und andere politische Verbrecher. Ich hätte meiner Großmutter erklären können, dass die Verbreitung ihres Gottes für die, die sie *ihre Papua* nannte, koloniale Unterdrückung bedeutete. Sie hatte dabei geholfen, den Neuguineern den Schmerz der Unterlegenheit zuzufügen, ihnen ihre Würde zu nehmen und ihr Land und ihre Kultur. Das war Beihilfe zu einem weitreichenden Verbrechen, das nur zu verdammen war, und ich verdammte es, aus vollem Herzen.

Ich hätte es ihr sagen können, aber sie hätte nicht verstanden, was falsch daran war, den Heiden die Erlösung, den Frieden und die Heilung von vielen Krankheiten zu bringen. Und ich wusste auch, dass sie ihrerseits die Roten verdammte, die für sie Feinde Gottes waren und die Ordnung der Welt umstürzen wollten, die alle ins Gefängnis steckten oder töteten, die anderer Meinung waren. Wir saßen nebeneinander auf der Gartenbank, meine Großmutter und ich, und verdammten einander nicht. Sie hatte keine Ahnung von der idealen Welt des Anarchismus, und ich konnte mir nichts Langweiligeres vorstellen als das Himmelreich.

Ihre Geschichte von den Männern mit dem Teufelsbrief und unter dem Haus verschwand nie ganz aus meinem Gedächtnis. Ich dachte mir alle möglichen Zusammenhänge aus, aber sie blieb so unerklärlich wie das Feuerwunder, bis ich in den Aufzeichnungen Johann Hensolts auf den Namen Pamai stieß.

18

Pamai

Das Erste, was auf der Fotografie auffällt, sind die angst-
geweiteten Augen. Ein Mann starrt entsetzt auf etwas, das
sich rechts vor ihm befindet – vermutlich auf einen Weißen, der mit Blitzlicht fotografiert. Der erschrockene Mann
trägt einen Bart und einen Kopfputz aus einem mit kleinen
Muscheln besetzten Reif, an dem feine Federn oder Gräser
befestigt sind. Es sieht aus wie eine Perücke. Auf seiner
Brust liegt eine lange Kette aus Kaurimuscheln und eine
weitere aus winzigen Seeschnecken, um seinen Hals hängen geschnitzte Gegenstände an einem Band, die nicht zu
identifizieren sind. In seiner Nase stecken ein Eberzahn
und ein knöchernes Stäbchen. Um seine Stirn liegt ein
schmaler Reif und um seinen Arm ein breites geflochtenes
Band. Der Mann hockt auf den Fersen, seine Hände mit
langen schlanken Fingern sind zwischen den Knien ineinander verschränkt. Hinter seiner rechten Schulter sieht
man ein weiteres Gesicht mit angstvoll aufgerissenen
Augen. Es gehört zu einer deutlich jüngeren Person, die
den gleichen Kopfputz, aber sonst keinen Schmuck trägt.

Es ist das Bild Nummer 23 aus der Missionsserie. Auf
der Rückseite heißt es: Ob sie Angst haben, dass durch das
Fotografieren ihre Seele gestohlen wird? Die armen Menschen haben ja noch nicht das Evangelium gehört, darum
die Angst.

Das Gerücht ist schneller als die Nachricht von Nette. Im
Inseldorf Asee hört Johann, dass es in Genyem ein Feuer ge-

329

geben hat. Es sei kein normales Feuer gewesen, es sei ganz plötzlich bei den Häusern der Weißen aufgesprungen, kein Mensch habe es angezündet. Alles habe gebrannt. Im Haus des Tuan Pandita habe der Zauberkasten gesungen, und da habe sich das Feuer davongemacht. Die Schule und das andere Tuan-Pandita-Haus stünden auch noch, aber das Haus des Tuan Bestuur sei abgebrannt.

Andere erzählen Johann, sein Haus habe zwar gebrannt, aber keinen Schaden genommen.

Dein Haus steht noch, Tuan, das ist wie in der Geschichte, die du erzählt hast.

Welche Geschichte?

Wie Allah ein Feuer im Dornengebüsch anzündet und sich darin versteckt, damit Moses ihn nicht sieht. Es brennt und brennt, und Allah verwandelt den Stab von Moses in eine Schlange. Das Gebüsch verbrennt aber nicht.

Johann wundert sich wieder einmal, was die Leute aus seinen biblischen Erzählungen machen. Diese Version der Geschichte vom brennenden Dornbusch beruhigt ihn jedenfalls ganz und gar nicht. Es muss ein riesiges Feuer gewesen sein, wenn das Verwaltungshaus und die Station betroffen sind, sie liegen fast einen Kilometer auseinander. Er ist voller Sorge, andererseits ist ihm der papuanische Hang zu Übertreibungen und zu Wunschdenken wohlbekannt. Es gibt wahrscheinlich niemanden in der ganzen Gegend, der sich nicht gewaltig über ein zerstörtes Haus der *bestuur* freuen würde. Er macht sich sofort auf den Heimweg. In der Nähe von Kota Raja kommt ihm einer von Lehdemanns Jungen entgegen und übergibt ihm eine Nachricht von Nette. Sie schreibt, dass es ein Steppenfeuer war, auf der Ebene vor dem Haus, das aber erloschen sei.

Der Wind hat plötzlich gedreht. Es war ein Wunder. Mach Dir nun also keine Sorgen um uns, was Du auch hörst, die Kinder und ich sind in Gottes sicherer Hut. Das hat Er uns wieder bewiesen. Deine Dich liebende Nette.

Sein Herz explodiert in Dankbarkeit. Er kann gar nicht anders, als seinen Dank an Gott, den Retter und Bewahrer, laut herauszurufen, zum Erstaunen seines Gehilfen Moseh und der beiden Träger. Den Rest des Weges nach Kota Raja legen sie singend zurück. Bei ihrer Ankunft finden sie Lehdemann vor, der gleich mit den Tatsachen aufwartet: Ein großes Feuer war das nicht, mein Junge, aber gefährlich nahe ans Haus gekommen ist es, die dämlichen Kuhjungen haben sich ein Feuerchen gemacht, das ist dann außer Kontrolle geraten. Was viel schlimmer ist: Es gibt jetzt Gerede von niedergebrannten *bestuur*-Häusern, und das klingt verdammt, entschuldige den Ausdruck, Herr Missionar, nach Rebellion. Hoffen wir, dass da nicht noch mehr außer Kontrolle gerät. Dann sind nämlich wir Pflanzer als Nächste dran.

Er übertreibt natürlich, aber es stimmt, Lehdemann hat seit einer Weile Ärger mit seinen Jungen, die mehr Lohn haben und weniger arbeiten wollen. Die Leute sind überall aufmüpfig.

Wenn du ihnen mal die Leviten liest, kommen sie schon zur Vernunft, meint Lehdemann. Man kennt das doch aus Neupommern, sind sie erst mal richtige Christenmenschen, lernen sie schnell gehorchen.

Einem Lehdemann kann man die Idee vom papuanischen Gottesvolk nicht nahebringen, Johann hat es versucht, aber dergleichen übersteigt den materialistischen Horizont des alten Pflanzers. Ein guter Christ ist er auch nicht, er lebt mit seiner ambonesischen Frau in wilder Ehe, aber Johann will darüber nicht richten. Lehdemann ist ein guter und treuer Freund, auch das ist ein Verdienst, der vor Gott zählt.

Am Morgen schickt Johann Moseh mit einem Brief an Nette nach Hause. Er hätte ihr am liebsten geschrieben, dass sein Leben zu Ende wäre, wenn ihr und den Kindern etwas geschähe, dass sie der Anker seines Lebens ist, dass er verloren wäre ohne sie, dass er sie liebt und immer lieben wird.

Stattdessen schreibt er, dass er unendlich dankbar ist für ihre Rettung und sich darauf freut, sie und die Kinder bald in seine Arme schließen zu dürfen. Denn natürlich komme ich bald zurück zu Euch, ich muss Euch doch sehen, nach allem, was geschehen ist. Nur eine Aufgabe habe ich zuvor noch zu erledigen, lang werde ich nicht brauchen, drei, vier Tage höchstens.

Aber sein Besuch in Ifaar, dem großen Siedlungsgebiet am Nordufer, dauert dann doch länger, als er glaubte: Dort leben ungefähr zweitausend Menschen, in der weiteren Umgebung vielleicht noch einmal doppelt so viele, so genau weiß das keiner. In den Langhäusern im Wasser, die dicht an dicht gebaut sind, wohnen oft an die dreißig Menschen zusammen, es können auch einmal hundert sein, eine ganze Sippe. Die *bestuur* lässt die Bevölkerung natürlich zählen, damit ihr kein arbeitsfähiger Mann und keine Kopfsteuer entgeht, aber die Zahlen stimmen nie: Nie sind alle da, es wird eher geschätzt als gezählt, und dann kommen Epidemien über die Dörfer wie die Masern im letzten Jahr, und halbe Familien sterben weg. Der Steuereintreiber kommt trotzdem. Auch das sorgt für Ärger. Johann betritt mitunter Häuser, in denen zur Begrüßung erst einmal geweint wird.

In einem dieser Häuser, umgeben vom beizenden Qualm der Feuerstelle, erzählt man ihm eine Geschichte von der Erschaffung der Welt, die er zuvor noch nicht gehört hat.

Am Anfang gab es nur das Meer, sonst nichts. Ein Krebs und sein Sohn verwandelten sich aber in Menschenwesen und brachten den Meeresboden an die Oberfläche. Der Vater, Tefafu, pisste auf das Land, da wuchs eine Pflanze, das war der Tabak, und dann wuchsen noch mehr Pflanzen. Er schaute sich um auf der Erde und fand einen wunderschönen Platz gen Sonnenaufgang. Sein Sohn blieb, wo er war, und starb. Tefafu fand zwei Kinder, die in einem Echsenei lagen und weinten, Efama und Adama, und er zog sie auf, und sie bekamen viele Kinder und wurden die Eltern aller Menschen. Aber die Menschen gefielen Tefafu nicht sehr, sie waren hässlich, mit großen Ohren und Schuppen und bleicher Haut, weil sie aus einem Echsenei stammten, außerdem gehorchten sie ihm nicht. Da nahm Tefafu die besten seiner Menschen, einen Mann und eine Frau, und steckte sie in ein Bambusrohr, den Rest ließ er in einer großen Überschwemmung untergehen. Die Menschen aus dem Bambusrohr vermehrten sich wieder, und Tefafu suchte die zwei Besten von ihnen aus und ließ die Übrigen untergehen. Das wiederholte er so oft, bis seine Menschen so schön und tugendhaft waren, wie er sie haben wollte. Aber inzwischen war ein anderer Tefafu aus der Erde gestiegen, der nicht so mächtig war und nichts erschaffen konnte. Der Erd-Tefafu ging weg nach Sonnenuntergang und lebte dort mit Menschen, die noch nicht so gut waren wie die Menschen des Meer-Tefafu. Die Erd-Menschen haben auch eine andere Haut und glatte Haare. In der heutigen Zeit sind sie mächtiger geworden als die Meer-Menschen, und sie kommen von Sonnenuntergang her, um diese zu unterdrücken und zu beherrschen.

Der Meer-Tefafu aber schläft, und wenn er sich im Schlaf umdreht, bebt die Erde. Eines Tages wird er aufwachen und sich regen, und dann wird die ganze Welt zerstört werden.

Johann lässt sich diese Geschichte mehrmals erzählen und schreibt sie Wort für Wort auf, bevor es in seinem *pasanggrahan* dunkel wird. Wie viel davon mag wohl aus den biblischen Geschichten stammen, die er selbst erzählt hat? Und woher kommt die Behauptung, Menschen aus dem Westen unterdrückten die im Osten? Sind damit die Malaien gemeint? Oder die Weißen? Oder ist die Geschichte noch viel, viel älter?

Er wird sie jedenfalls benutzen und den Leuten erklären, dass Gott überall ist, im Meer, auf der Erde und im Himmel, und dass es nur einen Schöpfer gibt, der alle Menschen gemacht hat.

In der Nacht träumt er wieder von Wasser.

Er geht am Ufer des Meeres entlang, und das Wasser steigt und steigt, er schwimmt, und die Erde verschwindet, er schwimmt hoch über den Bergen, und in der Ferne treibt eine bewohnte Insel, unerreichbar weit weg.

Am zweiten Tag in Ifaar kommt ein Mann zu Johann ins *pasanggrahan*. Johann wollte sich ein bisschen ausruhen, Notizen machen, seine Gedanken sammeln, sich mit seinem Gott beraten. Aber der Mann steht plötzlich als dunkle Silhouette in der Tür und grüßt schroff. Fordernd, nicht höflich. Johann winkt ihn herein und wartet, bis der Mann sich niederlässt, aber das tut er nicht, er bleibt stehen. Eine weitere Unhöflichkeit.

Was willst du?

Johann erhebt sich von seinem Hocker. Der Mann ist ebenso groß wie er und kommt ihm sehr nah. Er scheint die ganze Hütte zu füllen. Seine Augen sind überwach, wie bei der Jagd, wenn man die Beute in der Nähe weiß, aber noch nicht sieht. Oder den Feind. Hat er Angst? Das lässt sich nicht sagen. Diese Augen hat Johann schon einmal gesehen, aber er erinnert sich nicht, wo.

Du kennst mich. Ich war bei dir in Genyem. Das war vor langer Zeit. Du hast gesagt, der Tuan Allah wird uns seine Kraft und seinen Zauber geben.

Die Abordnung vom Sentani-See. Das ist jetzt bald ein Jahr her. Der Verrückte. Pamai. Pamai aus Ormu.

Du bist Pamai, sagt Johann. Du bist nicht zur Allah-Versammlung gekommen.

Pamai überhört das.

Ich bin gewandert, durch viele Dörfer. Und dann bin ich krank gewesen, sagt er.

Johann will nach seiner Gesundheit fragen, aber Pamai wischt die Frage weg.

Ich bin auch gestorben. Da ist Yesus zu mir gekommen und

hat gesagt: Du darfst nicht sterben, Pamai. Du darfst erst in meinen Himmel, wenn du sehr viele Leute mitbringst. Das musst du tun.

Johann kann nicht glauben, was er da hört.

Ich gehe jetzt in die Dörfer wie du, fährt Pamai fort. Ich rede von Yesus, der stärker ist als der Tod. Kristus Yesus Raja, der Mächtigste von allen Kriegern.

Er lächelt und zeigt seine betelroten Zähne. Aber die Augen sind immer noch auf der Jagd.

Das ist recht, dass du das verstanden hast.

Johann wählt seine Worte sehr sorgfältig. Der Mann kommt ihm völlig überspannt vor.

Dann musst du jetzt in die Schule gehen und alles über Yesus und den Tuan Allah lernen.

Ich brauche die Schule nicht. Ich habe Yesus getroffen, antwortet Pamai. Ich bin selbst ein Guru. Das sage ich dir jetzt. Ich tue, was Yesus mir gesagt hat.

Du solltest zurück in dein Dorf gehen, beharrt Johann. Geh nach Ormu.

Ich gehe nicht nach Ormu. Ich muss die Leute hier zu Yesus bringen.

Pamai beugt sich vor und schiebt sein Gesicht ganz nahe an Johanns.

Ich weiß, dass du deine Gulden und deine Tiere und deine Kraft nicht vom Teufel hast. Meine Männer haben das herausgefunden. Der Tuan Allah macht dir viele Geschenke.

Ja, Er hat mir viel geschenkt, sagt Johann, aber in die aufsteigende Dankbarkeit schleicht sich Angst. Ist dieser Pamai eine Bedrohung? Oder ein kindlicher Narr? Oder beides?

Siehst du, fährt Pamai fort. Und wir, wir wollen jetzt auch nichts mehr mit dem Teufel und unseren alten Geistern zu tun haben. Sie sind schlecht. Wir wollen jetzt die Kräfte und die Gulden vom Tuan Allah, die sind besser und viel stärker. Yesus hat gesagt, wir sollen zu seinem Clan gehören, und er wird uns alles geben, und wir werden so stark sein wie die Weißen.

Aber dafür müsst ihr zuallererst lernen, was Yesus gesagt hat, versucht Johann es noch einmal. Das steht alles in dem Großen Buch.

Pamai wendet sich zum Gehen.

Ich tue, was Yesus will. Er will, dass wir stark sind und siegen.

Und damit verschwindet er. Am nächsten Tag reist Johann weiter, zurück nach Hause. Pamais Gerede lässt ihn nicht los, es klingt gefährlich nach Rebellion. Im Boot dreht er sich noch einmal um. Auf dem Steg steht Pamai und schaut ihm nach. Johann spürt seinen Blick noch im Rücken, als er längst außer Sichtweite ist.

Ein paar Wochen später hören sie vom Dorfweg her einen bekannten Gesang, der nur angestimmt wird, wenn ein Schwein als Geschenk in ein anderes Dorf gebracht wird. Eine richtige Prozession ist es, die da herankommt, mindestens fünfzig Leute, und sie haben zwei große Schweine dabei. Es sind Sentanier, keine Nimboraner, und bei ihnen ist, unverkennbar, Pamai.

Ein Mann mit einem ansehnlichen Kopfputz, vermutlich eine Dorfgröße, zeigt auf Pamai. Der da hat die Schweine gekauft. Sie sind ein Geschenk für dich. Wir wollen, dass du uns einen Guru nach Ajapo schickst.

Wir wollen auch einen Guru, sagt ein anderer.

Wir auch.

Johann bietet den Sprechern der Prozession das übliche Tabakgeschenk an, aber sie wollen keinen Tabak. Er versteht: Das ist ein viel zu kleines Gegengeschenk für die Schweine. Sie wollen Gurus, und zwar gleich und für jedes Dorf einen, aber dann nehmen sie den Tabak doch.

Wir haben alle die alten, schlechten Zauberdinge weggetan, Pamai hat es uns befohlen, und jetzt brauchen wir die

Worte des Tuan Allah, sonst kommen die Geister zurück. Schick uns einen Guru.

Wir lernen schon den Zauberspruch Vater oben im Himmel …

Die Leute reden auf ihn ein, und Pamai steht daneben und sagt nichts. Seine Augen aber sind wach wie immer.

Johann erklärt ihnen, dass er jetzt keine Gurus für sie hat, aber er verspricht, selber zu kommen und ihnen bald jemanden zu schicken. Pamai hält sich auffallend zurück, spricht nicht einmal mit Johann. Sollte dieser merkwürdige, undurchsichtige Mann doch ein Werkzeug Gottes sein?

Die Schweine werden unten im Dorf Genyem gegessen, es ist das übliche große Schmausen, aber getanzt wird nicht, und die ganze Nacht ist keine Trommel zu hören.

Es vergeht mehr Zeit als geplant, bis Johann mit Moseh und Willem, dem Guru von Genyem, ins Dorf Ajapo kommt. Die Ankunft gestaltet sich deutlich anders als früher. Frauen und Kinder laufen nicht weg, sondern stehen am Strand und rufen wie auf Kommando einstimmig *Tabeh Tuan, Tuan.*

Aber bei aller Herzlichkeit: Es regnet. Johann hat es eilig, ins trockene *pasanggrahan* zu kommen und die nassen Sachen loszuwerden, aber das halbe Dorf drängt herein, und alle wollen ihm klarmachen, dass sie nun andere Menschen sind. Und dass sie jetzt sofort christliche Lehren hören wollen.

Wir sind doch morgen noch da, sagt Johann. Kommt morgen früh hierher zur Versammlung. Als sich immer noch keiner rührt, hebt er die Arme und spricht einen Segen, was alle angemessen beeindruckt. Langsam leert sich das Haus.

Im Einschlafen hört Johann die gewohnten Geräusche aus dem Wald, aber da ist noch etwas anderes: Über das Wasser, von den Pfahlbauten her, klingen Stimmen, die im Rhythmus gemeinsam etwas aufsagen, wie in einer Schule. Er versteht die Worte nicht. Was hat das zu bedeuten? Er richtet sich auf und ist plötzlich hellwach. Schnelle Schritte nähern sich vom Ufer her. Dann steht ein Mann in der Tür.

Stell dir vor, sie lernen das Vaterunser! Es ist Moseh, atemlos. Und das Glaubensbekenntnis! Pamai hat es ein paar jüngeren Leuten beigebracht, und jetzt sagen sie es alle auf. Es ist nicht genau das Vaterunser, und das Glaubensbekenntnis ist sehr wirr.

Johann wundert sich ganz und gar nicht darüber.

Im Auf und Ab der Stimmen gleitet er in den Schlaf und erinnert sich daran, wie es früher war, wenn er nach Ajapo kam: Es wurde nächtelang getrommelt und gesungen, wie in jener ersten Nacht auf Malawaia. Damals ist diese Musik in ihn eingedrungen wie ein Gift oder wie ein Verlangen nach Gift.

Es ist ja schön, wie sie singen, hat Nette einmal gesagt, aber das Getrommel! Es macht einen ganz verrückt.

Schon im Morgengrauen warten die Leute auf dem Platz vor dem Haus. Ihre Aufregung macht Johann misstrauisch, zumal er sicher ist, dass Pamai mit seinen unklaren und irgendwie aufrührerischen Ideen dahintersteckt. Johann predigt ihnen in klaren, einfachen Worten, er verkündet die Erlösung von allen Sünden durch Kristus Yesus und den Aufbruch aus der Finsternis zum wahren Leben. Frei werdet ihr sein von der Angst, frei vom Bösen, das euch nicht mehr beherrschen wird, und neue Menschen werdet ihr sein durch die Taufe …

Satz für Satz übersetzt Moseh ins Sentanische. Johann hat solche Predigten schon unendlich oft gehalten, aber diesmal spürt er auf Anhieb, dass sie bei den Versammelten auf fruchtbaren Boden fällt. Da ist eine Kraft am Werk, die alles verändern wird. Die Erweckung eines Volkes, denkt er, ist auch eine Art Revolution – nur nicht so eine, wie Pamai sie sich vermutlich vorstellt.

Noch am Vormittag reisen sie weiter nach Asee, und am

Abend sind sie in Ifaar. Hier haben sie sogar schon angefangen, ein Schulhaus zu bauen.

Pamai hat uns gesagt, was wir tun sollen.

Was habt ihr denn getan?

Wir haben uns versammelt, Pamai hat gesagt, wir müssen alles mitbringen, unsere Masken und Zauberfiguren und alle Sachen aus dem Männerhaus, die die Frauen und die Kinder niemals sehen dürfen. Dann hat er gesagt, wir müssen sie jetzt allen zeigen und auf einen großen Haufen werfen. Und die großen alten Männer haben nichts dagegen tun können, manche haben sogar mitgemacht. Und dann hat Pamai den Haufen angezündet, es war ein großes Feuer. Und er hat etwas gebetet. Und dann hat jeder einen Schluck heiliges Wasser trinken und das Gesicht darin baden müssen.

Woher hat Pamai das? Er hat das Richtige getan, auch wenn er völlig unwissend ist.

Ein älterer Mann, der einen ziemlich intelligenten Eindruck macht, schleppt ein geschlachtetes Schwein an. Er will keine Bezahlung, er will dafür Gottes Wort, sie sollen ihm nichts verschweigen. Johann zeigt ihm die große malaiische Bibel und weist auf Willem: Das ist euer neuer Guru, er wird euch das Heilige Buch erklären, darin steht das Wort von Tuan Allah geschrieben, und ihr werdet selbst lernen, es zu lesen. Der Mann schaut ihn voller Zweifel an.

Sicher hätte er lieber einen kräftigen Zauberspruch gehabt, der gegen alles Unglück hilft.

Willem bleibt in Ifaar, und Johann kehrt auf das Hochland zurück, schweren Herzens, denn jemand müsste diese neuen Christen unterrichten und führen. Aber sie haben keinen Missionar übrig, Bruder de Jong und er haben mehr als genug mit den Küstenschulen und ihren Dörfern auf dem Nimboran zu tun.

Die Bewegung verbreitet sich rasend schnell. So schnell, dass Johanns Überlegungen, eine Station am Sentani-See zu gründen, unsinnig erscheinen: Auch auf dem Nimboran, in Jakotim, in Kuimenao und in entfernteren Dörfern bis hin nach Geresi wollen sie plötzlich alle Christen werden. Johann kommt mit der Arbeit nicht mehr hinterher. Seit Willem in Ifaar ist, hält er selbst den Schulunterricht, manchmal vertritt ihn Moseh, aber der ist unverzichtbar beim Kontakt mit den Dörfern am See: Er kann die Sentani-Sprache. Moseh ist es auch, der die neuesten Nachrichten über Pamai bringt.

Er zieht von Dorf zu Dorf, sagt, die Leute dürfen niemandem gehorchen, der schlecht ist. Nur wer zu Yesus gehört, ist gut. Und die Weißen, die *herendienst* verlangen und ihre Arbeiter schlagen und den Leuten ihre Gulden wegnehmen, sind schlecht.

Hast du Pamai gesehen?

Nein. Er ist gerade wieder in Ormu, der Gezaghebber in Hollandia hat ihm verboten, nach Sentani zu gehen. Die Leute kommen zu ihm, und er hält Reden. Und er verkauft Heilwasser. Die Leute sagen, es nimmt Krankheiten und erweckt Tote.

Der Mann ist verrückt, sagt Nette, und geschäftstüchtig ist er auch.

Ohne ihn, wendet Johann ein, hätte es die große Erweckung nicht gegeben.

Wen Gott zu seinem Werkzeug erwählt, das ist Sein Geheimnis, meint Nette. Du weißt doch, dass die Papua auf die Verrückten hören und großen Respekt vor ihnen haben. Das weiß der Herr im Himmel auch. Und wie heißt es in der Geschichte von Josef und seinen Brüdern? Ihr gedachtet es böse zu machen, aber Gott hat es gut gemacht, um viel Volk zu erhalten …

Ganz so heißt es da aber nicht.

Aber so ist es gemeint.

Nette und ihr Gottvertrauen.

Johann hat aber das Gefühl, dass er eingreifen muss. Wenn

der Gezaghebber, der oberste Beamte des Distrikts Hollandia, sich mit einem einzelnen Eingeborenen befasst, kann Johann als Missionar nicht einfach zusehen. Pamai ist ein undurchsichtiger Bursche, und er hat, wie es scheint, seine eigenen Pläne, die mit dem Evangelium vielleicht doch nichts zu tun haben. Sein Verdacht bestätigt sich, als er ein paar Tage später im weit entfernten Geresi auf das Ergebnis von Pamais Wirken stößt. Ihm begegnet eine Gruppe Frauen, die auf dem Vorplatz des Männerhauses ein eigenartiges Schauspiel bieten – es ist kein Tanz, aber ein recht merkwürdiges rhythmisches Hin-und-her-Wiegen und Stampfen, die Frauen wirken völlig entrückt und wiederholen mit seligem Gesichtsausdruck andauernd kaum verständliche Bruchstücke aus christlichen Gebeten. Der Eindruck, den sie dabei machen, ist ihnen offensichtlich gleichgültig, dabei ist es ganz und gar nicht üblich, dass Frauen gemeinsame Rituale abhalten, dergleichen ist Männersache. Und dann tun sie es auch noch vor aller Augen.

Die Frauen haben Pamais Heilwasser getrunken und gebetet, erklärt man Johann, und jetzt sind sie so.

Das ist noch nicht alles: Der Dorfchef, der Johann in vollem Wichs entgegengekommen ist, erklärt, dass sie nun keinen *herendienst* mehr tun und der *bestuur* kein Geld mehr geben werden. Wenn die *polis* kommen, dann kämpfen wir.

Der Tuan Allah will, dass ihr Frieden haltet. Er will kein Blutvergießen.

Aber sein Sohn Yesus, der ein Mensch ist wie wir, der will nicht, dass wir den bösen Weißen gehorchen. Pamai sagt, wir sind freie Menschen. Er sagt, wenn wir zum Yesus-Clan gehören, sind wir stärker als die Bösen. Und wir werden bekommen, was die Weißen haben. Du musst uns einen Guru schicken, der soll uns das alles beibringen.

Johann versucht zu besänftigen, aber es gelingt ihm nicht. Da ist etwas in Gang gekommen, das über das Ziel hinausschießt. Die Stimmung in Geresi ist so unruhig wie am Sentani. Und Pamai läuft herum und gießt Öl ins Feuer. Wie schnell der Kerl die Leute auf seine Seite gebracht hat mit ein bisschen christlichem Halbwissen und dem Gespür eines Verrückten für Stimmungen. Das Ganze darf auf keinen Fall in einem Aufstand enden. Was soll er tun? Wenn die Holländer eingreifen, wird es ein Blutbad geben. Er lässt eine Versammlung einberufen. Zu Anfang gebietet er Stille, in bewährter Weise, und hält inne, bis die Stille sich mit Erwartung füllt. Dann erst hebt er die Arme zum Gebet und stößt seine Worte donnernd hervor. Jesus, unser Heiland, sei du bei uns. Bewahre uns vor dem falschen Propheten, der uns in die Irre führt. Denn er spricht nicht deine Worte. Bewahre uns, Amen.

Amen, Amen, tönt es aus der Menge.

Danach erst erklärt Johann, dass Pamai ein Unwissender ist, der selbst bei keinem Guru gelernt hat.

Er hat das Heilige Buch nicht gelesen, deshalb kann er nicht euer Führer sein. Das Wasser, das er verkauft, ist nicht von Allah, es soll nur Pamai selber reich machen. Aber ich werde euch Lehrer schicken, die euch den Weg zum Guten zeigen. Und heute sage ich euch: Yesus ist der Raja des Friedens. Er hat niemals Krieg geführt, auch nicht gegen seine Feinde.

Er redet weiter und hört sich selber zu und ist voller Zweifel. Jesus gehörte auch zu einem Volk unter fremder Herrschaft, und seine Anhänger glaubten, er würde sie davon befreien. Auch damals hat niemand verstanden, dass es nicht um das Römische, sondern um das Reich Gottes ging. Er betet stumm, dass seine Worte gehört und verstanden werden.

Am Abend kommen die Dorfältesten zu ihm ins Unterkunftshaus und fragen, was sie denn nun tun sollen. Sie seien jetzt freie Menschen. Sie wollen den Weißen nicht mehr dienen.

Wir sind so gut wie sie. Aber wir brauchen die Stärke des

Tuan Allah, wie die Weißen sie haben, dann kann uns niemand mehr zwingen.

Und Johann weiß nichts Besseres zu sagen als: Folgt uns. Uns, den Tuan Pandita, den Dienern Allahs. Ihr werdet erfahren, wie stark unser Gott ist. Und wenn Pamai wiederkommt, schickt ihn weg: Er macht eure Frauen verrückt und stiftet Unfrieden.

Aber die Polizeisoldaten sind schon unterwegs nach Geresi.

Dass es doch nicht zur offenen Auseinandersetzung kommt, ist der Besonnenheit des Gezaghebbers zu verdanken: Er droht mit schweren Strafen, aber er lässt seine Leute nicht zuschlagen. Es gibt hier und da eine kleine Rangelei, das schon, aber es gibt auch Verhandlungen zwischen den Beamten und den Dorfchefs, bei denen Pamai und die Missionare als Schuldige benannt werden. Es gibt Versprechungen seitens der *bestuur*: Schulen, Lehrer, weniger *herendienst*.

Langsam kehrt Ruhe ein. Zwei Wochen nach seinem Besuch in Geresi erfährt Johann, dass Pamai in Hollandia im Gefängnis sitzt. Dann wird de Jong nach Hollandia gerufen und beschuldigt, als Missionar gegen die Regierung zu arbeiten. Irgendwie hat die Verwaltung von der Idee der papuanischen Volkskirche erfahren, die sie als subversiv betrachtet. In Batavia ist man zudem äußerst verärgert, weil die Eingeborenen am Sentani-See sich geweigert haben, bei der Visite des Gouverneurs für ihn zu tanzen.

Johann und de Jong sind nun dauernd mit dicken Briefen beschäftigt, Anschuldigungen, Forderungen nach Erklärung, nach Loyalitätsbekundungen und mit Drohungen, Gelder zu kürzen. Sie schreiben lange Erklärungen an die Missionszentrale in Holland und Berichte für Batavia. Dabei gäbe es so viel anderes zu tun: Predigen, Lehren, Taufen. Eine Gruppe frisch ausgebildeter christlicher Gurus aus Ambon kommt an, Leute, die noch nie von Pamai gehört haben. Eigentlich wollte Johann nur noch mit einheimischen Lehrern arbeiten: Man kann keine papuanische Volkskirche mit lauter malaiischen Helfern aufbauen. Aber sie haben jetzt keine Wahl. Diese Erweckung hat sie unvorbereitet erwischt.

Zum Pfingstfest wird am Sentani-See ein großes Fest vorbereitet, zu dem auch der Gezaghebber eingeladen wird. Der sagt ab, wie nicht anders zu erwarten. In den Dörfern üben Flötenchöre die neuen Lieder ein, in den Schulen tun die Kinderchöre dasselbe. Gehilfen und Gurus bereiten Ansprachen zu bestimmten Themen vor, es ist ein Sekretär gewählt und das Programm schriftlich festgelegt worden. Ohne das geht es nie, wenn die von den Holländern ausgebildeten Gurus etwas organisieren. Als Festplatz haben sie einen großen trockenen, gut beschatteten Hain ausgewählt.

Und Barnabas lässt dir eine Kanzel bauen, kündigt Moseh an.

Barnabas, der ehemalige Hausjunge, ist inzwischen zum Gehilfen ausgebildet worden: Je mehr einheimische Evangelisten, desto besser.

Es werden viele, viele Menschen da sein, und alle wollen dich sehen, da kannst du nicht auf der Erde stehen.

Johann ist froh, einen Menschen mit praktischem Verstand an seiner Seite zu haben. Am Samstag vor dem Fest sieht er die Kanzel zum ersten Mal – und erschrickt. Eine Plattform ist in das Geäst eines Madaobaums hineingebaut, mindestens acht Meter hoch über dem Erdboden.

Alle werden dich hören.

Am Sonntag dauert allein der Aufstieg ein paar Minuten, und Johann muss gar nicht erst für Stille sorgen. Die Plattform schwankt im Wind. Wahrscheinlich denken sich alle ihren Teil über den ungeschickten Weißen, der mühsam und vorsichtig die zusammengebundene Leiter hinaufklettert. Sie selber wären in Sekunden da oben. Als er endlich auf seiner Kanzel steht, freut sich lautstark der ganze Festplatz. Jedenfalls sehen sie ihn. Und sie hören ihn auch. Es sind mehr als tausend. Die Alten, die skeptischen, sitzen am Rand: keine Christen, aber sie sind dabei.

Nach seiner Predigt, die Moseh ins Sentani übersetzt, hebt Johann die Hände zum Gebet. Und die Menge spricht das Vaterunser, singt es fast in ihrer weichen Sprache, es geht Johann durch und durch. Hier, genau hier, nimmt seine papuanische Kirche nun ihren Anfang. Ein Flötenchor marschiert auf und noch einer. Ansprachen. Kinderchöre. Ansprachen. Es ist Pfingsten 1930, und der Heilige Geist ist über den Sentani-See gekommen. Wie ein weißer Kakadu.

Später mischt er sich unter die Leute, geht vorbei an den langen Gerüsten, die die Leute von Ifaar aufgebaut haben: Dort hängen Päckchen mit Sago, mit Süßkartoffeln, Unmengen Trockenfisch und geräuchertem Schweinefleisch. Wer Hunger hat, kann essen. Die Frauen von Ifaar müssen mehrere Tage pausenlos gearbeitet haben. Besser könnte keine deutsche Großversammlung organisiert sein. Geschälte Kokosnüsse liegen in ganzen Haufen da, und an einem Stand hängen Hunderte von Betelnusstrauben samt Zubehör. Er sucht gerade das Grüppchen um den Tuan Bestuur und den Kommandeur der Polizeisoldaten, als ihm Moseh entgegenkommt, ein sehr verstörter Moseh.

Es ist etwas geschehen, Tuan.

Die Nonja? Die Kinder?

Sie haben ihn erschossen, sagt Moseh.

Wen erschossen?

Pamai. Er ist aus dem Gefängnis geflohen. Sie haben ihn in den Rücken geschossen.

ABSCHIEDE

19

Fahnen

Meine Großmutter Nette sagte manchmal ganz beiläufig Sätze wie: Von allen Rassen sind mir die Papua doch am liebsten.

Dass bei »allen Rassen« die unsere nicht eingeschlossen war, schien ihr wie mir selbstverständlich. Wir waren keine Rasse, sondern der Normalfall. Rassen, das waren die anderen. Meine Mutter hatte ihren eigenen Blick darauf: Sie hatte zehn Jahre in der Schule gelernt, dass sie der germanischen Herrenrasse angehörte, und erkannte noch fünfundzwanzig Jahre später auf Anhieb einen *ostischen* Einschlag. Der laute Aufschrei ihrer Kinder bei solchen Bemerkungen – *Rassismus! Nazikram!* – ärgerte sie.

Ich habe mit Papuakindern gespielt! Ich bin zusammen mit einem malaiischen und einem Papuababy getauft worden!

In allen Kirchen meiner Kindheit gab es einen Opferstock für die Mission: ein Kasten, obendrauf die Figur eines knienden schwarzen Mannes mit bittend oder betend zusammengelegten Händen. Wenn man eine Münze einwarf, zwang eine obszöne Mechanik die Figur, den Kopf in einer Geste der Dankbarkeit zu neigen. Dieser Apparatur verdankten meine Großeltern ihre Rente.

Im Kindergottesdienst übten wir jedes Jahr in der Adventszeit ein Krippenspiel ein. Meine Schwestern und ich hatten keine Chance auf die Rolle der Jungfrau Maria, denn die hatte, das war ehernes Gesetz, langes blondes Haar. Dafür ergatterten meine Brüder manchmal den beliebten Part des *Mohren aus dem Morgenland*, für den man keinen Text lernen musste und sich schwarz bemalen durfte. Grundsätzlich aber war biblisches Personal auf allen Bildern sehr weiß, und nur eine kleine Minderheit dunkelhaarig: Maria Magdalena, die Sünderin, und Judas Ischariot, der Verräter.

Als Kind verstand es sich für mich von selbst, dass wer weiß und evangelisch war, in den Himmel kam – sofern nicht irgendwelche schweren, unaussprechlichen Sünden im Spiel waren. Katholiken waren ein anderer Fall, ihre himmlischen Aussichten zweifelhaft. Heiden hingegen waren schwarz und verloren, sie lebten in Finsternis. Dank der Missionare gab es aber auch für sie Hoffnung.

Marie erzählte mir von einem Papuachristen, der einen lasterhaften Engländer mit den Worten zurechtwies: Du bist außen weiß, aber inwendig bist du schwarz. Ich bin außen schwarz, aber inwendig bin ich weiß.

Siehst du, sagte Marie, in ihrem schwarzen Kleid über mir aufragend, Gott achtet nicht auf Äußerlichkeiten. Er sieht den Menschen ins Herz.

Ich grübelte lange über die Moral der Pigmente.

Im Januar 1933, auf ihrer Reise nach Deutschland, kauften Heiner und Marie in Hongkong eine mit Schnitzereien verzierte Truhe, in der sie die Mitbringsel aus Neuguinea verstauten: bemalte Steckkämme, Schmuck aus Zähnen, Werkzeug aus Knochen, Ketten aus winzigen Schnecken und vielfarbige Tragenetze in verschiedenen Größen. Ich liebte es, in dieser Truhe zu wühlen, und es wäre noch viel faszinierender gewesen, hätte nicht die Herablassung, die in den Erzählungen über *unsere Papua* mitschwang, diese schönen Dinge

entwertet. Und hätte mir jemand genau erklärt, wer sie her-
gestellt hatte und wozu sie dienten.

Das Foto zeigt zwei Männer in langen schwarzen Unter-
hosen und Unterhemden und einem Stoffstreifen vom
Bauch bis zu den Knien. Ihre Gesichter sind geschwärzt.
Am Kinn haben sie einen aufgemalten weißen Fleck. Sie
halten ein hölzernes Gestell mit einem Plakat. Zu erkennen ist darauf nur der Titel *Die Papua*. Der Rest ist unle-
serlich, es scheint sich um einen Theaterzettel zu handeln.
Beide Männer halten in der freien Hand eine lange Stange,
vielleicht ist es auch ein Speer. Der Mann links im Bild
trägt eine weiße Muschelschale vor der Brust, ein größeres
Gebinde vor dem Bauch, eine Art Girlande um den linken
Oberarm und, senkrecht auf dem Kopf, einen Federbusch.
Der andere hat nur eine Muschelschale um den Hals hängen. Hinter den beiden blickt man auf eine verputzte
Hauswand mit bröckelnder Farbe und zwei Fenstern.
    Auf einem weiteren Foto sind zehn ähnlich ausstaf-
fierte Männer und ein Kind zu sehen. Bei manchen ist der
Hals unter dem schwarz gemalten Gesicht weiß geblieben.
Die Bildunterschrift besagt: Außenaufnahme während
einer Pause. Es handelt sich um die Aufführung eines
Theaterstücks in Neuendettelsau. Die Darsteller sind Mis-
sionsangehörige, ihre Namen sind nicht überliefert.

Vor der Missionsanstalt weht die rote Fahne mit dem schwarzen Hakenkreuz. Vor dem Rathaus auch, und auf dem Dorf-
platz vor der Kirche und vor dem Torhaus der Heil- und
Pflegeanstalt. Marie denkt erst, es wäre ein besonderer neuer
Feiertag, aber Gerhard Blech, der die Familie Mohr am Bahnhof abgeholt hat, erklärt, das sei jetzt immer so. Jeden Morgen
wird die Fahne feierlich gehisst. Ja, meine liebe Marie, es sind
andere Zeiten angebrochen.

Dass sich einiges geändert hat, hat sie schon auf der Reise von Neuguinea in die Heimat mitbekommen: Es ist ein gewaltiger Aufbruch. Sogar Heiner ist davon ergriffen worden.

Auf dem Schiff redete alle Welt – buchstäblich alle Welt, Engländer, Holländer, Franzosen, sogar die Chinesen – von dem neuen Wind, der in Deutschland weht. Die Nachricht, dass die Kommunisten aus Rache den deutschen Reichstag angezündet haben, hat eigentlich niemanden überrascht: Das Einzige, was die Bolschewiken können, ist zerstören. Darin stimmten alle auf dem Schiff überein, auch die Engländer.

Es war eine hoffnungsfrohe Reise. Nach all den Jahren jetzt, ausgerechnet jetzt, in die Heimat zurückzukommen! Was für eine Fügung! Die Kinder waren unterwegs natürlich sehr aufgeregt. Marie hat ihre ganze Strenge aufwenden müssen, um sie einigermaßen im Zaum zu halten. Martin hat mit allen Leuten gesprochen, ob es sich nun gehörte oder nicht, ist aber mit dem bisschen Englisch, das er kann, nicht weit gekommen. Da hat er es dann mit Pidgin und sogar mit Kâte versucht. Es war ihr so peinlich! Und Reinhard ist überall herumgeklettert, nicht gerade ungefährlich auf so einem Schiff, und er hat sich mit der Crew angefreundet und verkündet, dass er Seemann wird, wenn er groß ist, schon in Heldsbach wollte er ja immer Kapitän der *Bavaria* werden.

Einmal hat sie ihn nachts in seiner Koje beim Weinen ertappt. Er hat gesagt, dass er doch lieber wieder zurück nach Heldsbach will. Sie hat mit ihm geschimpft, weil er weinte wie ein Mädchen, und er hat sich sehr geschämt. Dann hat sie ihm erklärt, dass er jetzt ein Mann sein muss, wo er und seine Geschwister doch ohne die Eltern in Deutschland bleiben werden und dass er für die Kleineren verantwortlich ist.

Im Leben kann man sich nicht aussuchen, was einem gefällt. Da muss man tapfer sein.

Er hat sich dann auch zusammengenommen. Sophielein

hat als Einzige keine Schwierigkeiten gemacht, aber sie hat ihre Eltern keine Minute aus den Augen gelassen.

Heiner war keine Hilfe bei der Erziehung. Manchmal hätte es ein Machtwort von ihm gebraucht, aber nein, der Mann war die ganze Seereise über mit nichts anderem als seiner Kopra beschäftigt. Andauernd ist er mit mitreisenden Händlern und dem Kapitän zusammengesessen, um herauszufinden, wie man mit der Kopra doch noch Profit machen könnte, obwohl die Preise im Keller sind. Bei Sturm und halb seekrank hat er in der engen Kabine gehockt und einen langen Brief an den Missionsdirektor Feierlein geschrieben, dass man den Gewinn steigern könnte, wenn man die Kopra mit einem deutschen Schiff direkt transportieren und die Verträge mit den Australiern lösen würde – mit allen Einzelheiten und ausführlichen Berechnungen. Da hat er natürlich recht, schon aus patriotischen Gründen, dafür hätte er gar nicht so viel rechnen müssen. Den Antwortbrief von Feierlein bekam er bei der Ankunft in Genua. Sie hat ihn gelesen: Lieber Bruder Mohr, und so weiter ... die Wirtschaftskrise ist noch nicht ausgestanden ... Sie können sich kaum vorstellen, wie schlimm die Lage ist, auch auf dem Lande ... Ich brauche Ihnen nicht eigens zu sagen, wem wir die Zustände seit 1929 zu verdanken haben ... Auf keinen Fall wollen wir mit unseren Verträgen den Wallstreet-Juden auch noch in die Hände spielen ... Aber leider müssen wir unsere australischen Brüder in unseren Entscheidungen berücksichtigen ... Nach Ihrer Ankunft wird darüber noch zu reden sein.

Seither versorgt Marie ihren Mann mit Argumenten gegen die Australier. Es ist sehr bitter für ihn, für sie alle, dass die Heldsbacher Pflanzung kaum noch profitabel ist. Marie weiß ebenso gut wie der Herr Direktor, woran das liegt, sie liest regelmäßig den *Freimund* aus Neuendettelsau, der nicht nur über die Mission berichtet, sondern auch über die Weltpolitik. Die Folgen des Versailler Sklavenfriedens und die Machenschaften des Finanzjudentums sind darin sehr gut erklärt. Sie ist stolz darauf, dass auch ihr Vetter Gerhard für dieses mutige Blatt schreibt. Am liebsten würde sie es selber tun. Sie hat ja die Enteignung der Deutschen in Neuguinea miterlebt, hat diese tüchtigen Männer gekannt, die um die Frucht ihres Fleißes in der Kolonie gebracht wurden und jetzt bei den Holländern leben müssen. Wenn es in Holländisch-Neuguinea vorwärtsgeht, dann wegen der Deutschen, die dort wirken. Maries Freunde Siebenkorn und Lasinski schreiben nur Gutes von ihrem Fortkommen drüben.

Sie hat wieder und wieder versucht, ihrem Mann diese Zusammenhänge zu erklären: Wenn nicht bald Rettung naht, wird es ganz Deutschland ergehen wie dem armen Kaiser-Wilhelms-Land.

Aber er hat ihr, wie immer, wenn es um Politik geht, das Wort abgeschnitten. Was willst du dich da hineinmischen, mach deine Arbeit, das ist ehrenwert genug. Oder: Hast du nichts Besseres zu tun, als dich über die Juden aufzuregen? Siehst du hier irgendwo einen Juden?

Einmal hat Heiner den *Freimund* durchgeblättert und gesagt: Ach, der Bruder Blech tut da jetzt auch mit. Das passt ja so recht zu ihm.

Ja, Heiner war lange blind. Aber jetzt sieht er Neuendettelsau im Fahnenschmuck und ist beeindruckt, wie könnte es anders sein. Die Buben sind auch ganz begeistert.

Insgesamt ist der Empfang in Neuendettelsau erhebend.

Sie sehen uniformierte junge Männer in Reih und Glied zum Gottesdienst marschieren. Der Sohn von Muckenbachers ist dabei. Missionsdirektor Feierlein begrüßt die Familie Mohr höchstpersönlich in der Kirche. Er ist ein schmalschultriger, rundlicher Mann mit kahlem Schädel und aufgestülptem Mund, Marie muss gleich an einen Enterich denken. Ihr seid im Frühling des deutschen Volkes heimgekehrt. Möget ihr hier Kraft schöpfen.

Noch ein Frühling, denkt Marie.

Der Frühling, dessen Botin sie war, 1922 in Adelaide, hat viel Mühsal bedeutet, wie der Frühling von jeher eine Mühsal für das Landvolk ist. Das wird auch jetzt nicht anders sein. Der Führer, der neue Kanzler, wird es jedenfalls nicht leicht haben. Sie hat sein Buch gelesen, er hat sich so viel vorgenommen! Aber ist es nicht eine Auszeichnung, wenn Gott einem eine große Last aufbürdet?

Trotz der Aufbruchsstimmung überall fällt es ihnen schwer, sich einzugewöhnen. Die Kinder sind leider halbe Papua und kommen auf die seltsamsten Ideen. Reinhard ist sogar einmal weggelaufen, weil er gehört hat, dass ein junger Missionar nach Finschhafen abreisen würde. Da wollte er mit. Und Martin macht andauernd alle Leute nach und wundert sich lautstark, dass es in Deutschland weiße Dienstmädchen und weiße Kuhhirten gibt.

Du bist dumm, sagt Reinhard herablassend, hier sind doch alle weiß.

Warum?

Weil sie Deutsche sind.

Ja, schon. Aber die Arbeitsjungen auch?

Marie erklärt ihm, dass es hier keine Arbeitsjungen gibt, nur Knechte, und die sind eben weiß, wie alle hier. Einer deiner Onkel ist auch ein Knecht. Sie sagt dem Kleinen nicht, dass es sogar zwei Onkel waren, aber einer ist dann zum Arbeiten in die Fabrik gegangen und hält es mit den Roten von der Gewerkschaft. So etwas darf man Kindern nicht erzählen. Und wenn es sich in Neuendettelsau herumspräche, nicht auszudenken.

Martin ist auch ohne solche Einzelheiten verwirrt. Aber Onkel sind weiß, beharrt er, wie kann einer dann ein Arbeitsjunge sein?

Ein Knecht!, verbessert Reinhard.

Na und? Ist doch wurscht!

Wir sind hier nicht in Neuguinea!, sagt Reinhard streng wie sein Vater. Und du, benimm dich wie ein halbwegs zivilisierter Mitteleuropäer!

Er nimmt die Verantwortung als großer Bruder sehr ernst.

Aber Martin hat schon die nächste Frage: Warum haben hier alle Leute schwarze Sachen an?

Dabei zeigt er mit dem Finger auf eine Diakonisse, die im Ordenskleid und dunklen Umhang an ihnen vorüberwallt. Marie schlägt ihn rasch auf die Hand.

Man zeigt nicht mit dem Finger auf Menschen.

Auf Menschen nicht, sagt Reinhard, aber der Martin ist dumm, der hat gedacht, das ist eine Riesenfledermaus.

Martin lacht los. Marie muss sich selbst schnell das Lachen verkneifen und gibt Reinhard die fällige Ohrfeige ohne rechten Schwung.

Ihr ist es früher nie besonders aufgefallen, aber es stimmt natürlich: Es ist Sonntag, da tragen nicht nur Pfarrer und Lehrer dunkle Anzüge, sondern auch die Bauern. Die Kriegswitwen gehen sowieso in Schwarz und auch alle älteren Frauen, die Verwandte verloren haben – und wer hat das nicht. Dann noch die Diakonissen! Es scheint kaum eine andere Kleiderfarbe zu geben. Sie selbst trägt jetzt ihre dunklen Sachen von früher, die sie natürlich hat ändern müssen, man ist kein schlankes junges Mädchen mehr. Ihre hellen Neuguinea-Kleider wären hier zu dünn, und sie wären irgendwie ungehörig. Sie hat sich nie überlegt, warum. Kinder bringen einen schon auf seltsame Gedanken. Besonders Martin.

Sie wohnen zwei Wochen im Gästehaus der Mission. Heiner ist die ganze Zeit beschäftigt, bespricht Berichte, geht die Zahlen der letzten Jahre noch einmal durch, hält Vorträge vor den Missionsschülern, und dann ist eine Unterredung mit der Missionsleitung angesetzt. Heiner hat Vorschläge dafür ausgearbeitet: Wie man die Anbaufläche vergrößern könnte, um im Hochland Kaffee und Tabak anzupflanzen und Kapok an der Küste. Er hat mögliche Anbauflächen begutachtet und alles genau durchgerechnet, den Aufwand, den Bedarf an Arbeitskräften. Das Land wäre billig, die Australier müssten nur zustimmen. Marie hat ihn sehr bestärkt in seinen Plänen. Sie würden der Mission wirtschaftlich wieder auf die Beine helfen und ihm eine höhere Stellung verschaffen.

Aber Heiner kommt von der Besprechung zurück und kann seinen Ärger nur mühsam unterdrücken.

Weißt du, was der Missionsdirektor gesagt hat? Wir wären Missionare, keine Geschäftsleute. Tabak produzieren, oh nein! Das wäre der Reichsgottesarbeit unwürdig! Bruder Blech hat dabeigesessen, du kennst ihn ja. Der widerspricht seinem Direktor natürlich nicht. Wie ich den hohen Herren erklärt habe, dass die Kopra ja auch ein Geschäft ist, aber eben ein schlechtes zu diesen Zeiten, und die Mission muss schließlich von etwas leben, da hat er geschwiegen. Ich habe ihnen gesagt, dass die Katholiken westlich von Madang mit ihrem Tabak eine Menge Geld verdienen und dass dieser Tabak bei uns im Finschhafener Store die begehrteste Tauschware ist nach dem Salz. Da ist Feierlein sehr unfreundlich geworden, seit wann wir uns an den Katholiken ein Beispiel nähmen, ich sei doch Sachwalter der Mission und kein jüdischer Geschäftemacher.

Marie bleibt die Luft weg. Wenn sie fassungslos ist, geschieht ihr das immer wieder, ihr Hals zieht sich dann zu wie in einer eisernen Schlinge, ihr Kopf wird heiß, und es pocht in den Schläfen. Vergleicht der Missionsdirektor ihren Mann mit einem Juden! Was für eine Undankbarkeit! Heiner, der sich und seine Familie aufopfert zum Wohl der Mission!

Dich mit den Juden auf eine Stufe zu stellen, den Feinden Deutschlands! Wie kann er nur!

Was schreist du, Frau? Das hilft auch nicht.

Marie kann sich nicht beruhigen, ihr Zorn trägt sie fort.

Sie haben keinen Respekt vor dir. Weil du eben alles mit dir machen lässt!

Heiner schüttelt den Kopf. Der Mann ist Missionsdirektor, der versteht eben nichts von einer ordentlichen Wirtschaft.

Marie kommt langsam wieder zu Atem. Und Gerhard? Was hat mein Vetter dazu gesagt?

Nichts. Hinterher, ja, hinterher hat er zu mir gesagt, man muss das alles noch mal genau überlegen. Er hat uns am Sonntag zum Kaffee eingeladen.

Das, sagt Marie grimmig, ist immerhin etwas. Wir werden ja sehen.

Es regnet am Sonntag, ein sanfter deutscher Regen, ganz anders als die tropischen Sturzbäche, die sie gewohnt sind. Die Kinder laufen barfuß draußen in den Pfützen herum und tragen den Schmutz ins Haus, bis die Hausschwester sie erwischt und an den Ohren ins Zimmer der Eltern zerrt. Was für ein Geheul!

Aber am Nachmittag bei den Blechs benehmen sie sich. Marie hat ihnen eingeschärft, dass sie nicht mehr als ein Stück Kuchen nehmen dürfen. Wir wollen nicht gierig sein. Die Buben machen schön ihren Diener, Grüß Gott, Tante Blech, und Sophie knickst. Der Älteste der Blechs, Rudolf, schlägt die Hacken zusammen bei seinem Diener, er trägt eine Uniform mit einer Hakenkreuzbinde. Reinhard und Martin sind sehr beeindruckt.

Ja, sagt Vetter Gerhard zu ihnen, so seht ihr auch einmal aus, wenn ihr erst beim Jungvolk seid.

Wie kommt man zum Jungvolk?, fragt Reinhard.

Der Vater muss dich anmelden, antwortet Rudolf. Und mit einem Blick auf Reinhards dünne, hoch aufgeschossene Gestalt: Und du darfst nicht schwächlich sein.

Bin ich nicht.

Und ich auch nicht, sagt Martin.

Vetter Gerhard lacht. Ihr seid mir rechte Jungen. Nun wollen wir vergnügt schmausen, was die liebe Mutti für uns gebacken hat.

Marie fällt es schwer, Ernas Kuchen zu loben, sie tut es natürlich trotzdem. Es ist ein einfacher Marmorkuchen, der keinen Aufwand macht, aber die arme Erna hat ihn zu wenig gerührt, zu lange gebacken und an der Butter gespart. Eine ziemlich trockene Angelegenheit. Die Ermahnung, nur ein Stück zu nehmen, hätte sie sich sparen können. Die Buben sind auch viel zu aufgeregt, sie rennen Rudolf hinterher, kaum dass sie aufstehen dürfen. Sophie geht mit Luise, der Tochter, ins Kinderzimmer.

Jetzt kann Marie endlich das Thema ansprechen, das ihr auf den Nägeln brennt.

Der Herr Missionsdirektor will anscheinend nichts von Heiners Plänen hören. Dabei geht es der Mission materiell sehr schlecht.

Vetter Gerhard schüttelt den Kopf. Du verstehst davon nichts, liebe Marie. Siehst du, das Judentum hat unsere Wirtschaft ruiniert, aber unser Führer wird sie wieder aufbauen. Und wie die Mission da mittun kann, das wird sich bald finden.

Sie kann eine Menge tun, sagt Heiner. Was wir in Neuguinea alles anbauen könnten! Alles Waren, die das Deutsche Reich brauchen kann.

Aber ihr lebt auf australischem Gebiet. Noch. Ihr seid in der Hand unserer alten Feinde. Ein Faustpfand der Engländer. Vetter Gerhard lehnt sich zurück. Ich habe es doch erlebt auf meiner Inspektionsreise, wie sehr in unserem alten Kaiser-Wilhelms-Land der australisch-amerikanische Geist eingesickert ist. Jaja, ich weiß, wie sehr ihr euch alle danach sehnt, dass die Kolonie wieder unser wird. Die Papua wünschen ja auch die gute Zeit zurück, als sie noch nicht von der australischen Macht bedrückt waren. Er hebt das Kinn. Wir brauchen noch Kaffee, Erna.

Erna springt auf und geht mit der Kanne in die Küche. Marie weiß genau, dass sie jetzt ihre Hilfe anbieten, vom Tisch verschwinden und sich aus dem ernsthaften Männergespräch, das jetzt folgen wird, heraushalten soll. Sie denkt aber nicht daran.

Ich werde dir jetzt etwas sagen, das unter uns bleiben muss, wendet sich Gerhard an Heiner. Direktor Feierlein und der Schriftleiter des *Freimund* haben sich – noch inoffiziell! – in Nürnberg mit hochrangigen Mitgliedern der Nationalsozialistischen Partei getroffen. Ich hatte ebenfalls die Ehre, dabei zu sein. Leider war der Führer verhindert. Bedauerlich, aber uns wurde zugesagt, dass die Arbeit der deutschen Mission im Ausland wohlwollend gesehen wird. Der Führer wird bald Neuendettelsau besuchen, er weiß, dass er hier seit Jahren viele treue Anhänger hat. Wir stehen ja nicht erst seit Kurzem an seiner Seite – ich nehme an, ihr wisst, dass der Herr Direktor und Bruder Kuhnert schon Parteimitglieder sind? Ich werde es wohl demnächst auch sein.

Marie weiß nicht recht, was sie dazu sagen soll. Sagt man herzliche Glückwünsche in so einem Fall? Gottes Segen?

Aber Heiner kommt ihr zuvor: Sollten wir Christen uns nicht eher aus der Politik heraushalten? Seit wann gehören wir zu einer Partei? Ich möchte meinen, Gott und sein Werk stehen über solchen Dingen.

Das meinst du, weil du das von eurem Neuguinea-Winkel aus betrachtest! Ich kann dir sagen, der Führer ist noch kein Vierteljahr Reichskanzler – und du machst dir keine Vorstellung, was sich hier schon alles getan hat! Das ist *der* geschichtliche Augenblick, der *kairos* der göttlichen Gnade, in dem Volkstum und Volksmission zu einem großen Aufbruch verschmelzen. Das ist nicht mehr und nicht weniger als die Erweckung Deutschlands!

Heiner räuspert sich, aber bevor er etwas Unpassendes sagen kann, fragt Marie schnell: Was hat sich denn getan?

Das Volk, sagt Vetter Gerhard und hebt den Zeigefinger, hat wieder Mut gefasst. Es geht wieder an die Arbeit, denn unter dem Führer gibt es plötzlich wieder Arbeit. Und es setzt sich gegen seine Feinde zur Wehr.

Erna kommt mit dem Kaffee und gießt den Männern ein.

Ich nehme gern auch noch eine Tasse, sagt Marie.

Erna zögert einen Moment, dann gießt sie auch Marie ein – und sich selbst.

Vetter Gerhard verzieht ein wenig das Gesicht.

Das ist mir neu, dass sich unsere Frauen für Gespräche über Politik interessieren.

Mir ist das nicht neu, sagt Heiner. Aber was meinst du damit – es geht nun gegen unsere Feinde? Die Engländer?

Erst einmal geht es um den Feind im Innern. Die Sozialisten, diese Feinde der Ordnung, haben jetzt nichts mehr zu lachen. Und hier in Neuendettelsau beispielsweise, er nimmt betont langsam einen Schluck aus seiner Tasse, wird im Gemeinderat ernsthaft beraten, wie wir unseren zutiefst christlichen Ort judenfrei bekommen.

Gibt es hier überhaupt Juden?, fragt Marie erstaunt.

Nein, hier im Ort nicht, aber im Landkreis leider schon. Wir hoffen ja, dass sie bald ihre Sachen zusammenpacken und nach Amerika gehen, wo es noch mehr ihresgleichen gibt. Am Ortseingang und am Bahnhof sollen jedenfalls Schilder aufgestellt werden, dass der Zutritt für Juden hier verboten ist.

Wollen sie denn überhaupt nach Amerika?, fragt Heiner. Und wollen die Amerikaner sie dort haben?

Vielleicht gehen sie ja auch nach Australien, antwortet Vetter Gerhard mit einem Augenzwinkern.

Gott bewahre, sagt Marie.

Vetter Gerhard lacht herzlich.

Du siehst, sagt er dann, wieder Heiner zugewandt, wenn Deutschland aufersteht und Kaiser-Wilhelms-Land wieder unser ist, dann werden wir ganz andere Aufgaben haben, als mit Tabak zu handeln. Und du, lieber Bruder Mohr, wirst mehr zu tun bekommen, als dir lieb ist!

Es ist eine schöne Vorstellung: Heldsbach, Sattelberg, ja das ganze Hochland bis zum Hagenberg und die Küste von Angriffshafen bis zur Herkulesbucht – wieder in deutscher Hand. Und ihr Mann der oberste Landwirtschaftsleiter des Missionsgebiets. Die Mission würde aufblühen, das ewige Sparen hätte ein Ende. Ein großes Haus. Schwester Muckenbacher würde sich glücklich schätzen, von ihr eingeladen zu werden. Aber sie, Marie, würde nicht mehr in Heldsbach leben, sondern an einem gesünderen, an einem wichtigen Ort, vielleicht gar in Herbertshöhe, dort, wo Herr Siebenkorn damals dieses ganz besondere Gedicht vorgetragen hat.

Stellt euch vor, sagt sie, New Britain wäre wieder Neupommern.

Kaiser-Wilhelms-Land müsste dann aber in Adolf-Hitler-Land umbenannt werden, ruft Vetter Gerhard aufgekratzt.

Deutsch-Neuguinea würde reichen, brummt Heiner.

Ich habe noch einen selbst gemachten Eierlikör da, sagt Erna.

Erna hatte schon immer diese etwas leichtfertige Art.

Der Nachmittag wird dann noch recht gemütlich, sie unterhalten sich lebhaft, Erinnerungen werden wach an die früheren Zeiten in Michelreuth, Vetter Gerhard erzählt alte Familiengeschichten und Heiner von Heldsbach, als es noch deutsch war. Am Ende bittet Erna sie alle, doch zum Abendbrot zu bleiben.

Aber Marie und Heiner wissen, was sich gehört, und verabschieden sich unter Dankesworten. Es hat aufgehört zu regnen, die Luft draußen riecht frisch und nach Erde, so riecht nur die Heimat, denkt Marie. In der Abendsonne gehen sie langsam durch den Ort, machen sogar einen Umweg über den Wald hinterm Bahnhof. Die Buben laufen voraus, Sophie hängt an der Hand ihres Vaters.

Am Ende der Hauptstraße ist ein großer Schaukasten angebracht, den es früher nicht gab. Man sieht schon von fern, was in weißen Lettern auf dem schwarzen Rahmen steht: NSDAP Ortsgr. Neuendettelsau. In der Mitte ein geschnitzter Reichsadler, Hakenkreuze auf beiden Seiten.

Sie treten näher, hinter Glas hängen die Druckseiten einer Zeitung mit vielen Zeichnungen. Guckt mal, ein Papua!, ruft Reinhard und zeigt auf ein Blatt. Darauf ist eine weinende blonde Frau mit entblößter Brust zu sehen, zwischen einem riesenhaften Schwarzen mit Stahlhelm und bösem Gesichtsausdruck und einem Weißen mit Hakennase und dicken Lippen. Marie schlägt Reinhard automatisch auf die Finger und legt ihm dann die Hände vor die Augen. Schau nicht hin. Das ist nichts für Kinder.

Sie spürt Heiners Blick, ein Blick, der plötzlich alles wieder hervorholt: die Hand an ihrem Bein, Zumajang. Ihr Herz steht still für eine Sekunde. Heiner schlägt zu. Er schlägt Reinhard ins Gesicht.

Beschmutz deine Augen nicht mit diesem Dreck, sagt er kalt und heftig, ohne laut zu werden. Martin starrt die Eltern mit aufgerissenen Augen an, wie damals im Heldsbacher Schlafzimmer. Sophie heult los. Heiner packt Reinhard am Arm und zieht ihn mit sich, weg von seiner Mutter. Was für ein Schmutz, was für Schund, stößt er hervor.

Marie nimmt die beiden Kleinen an den Händen und läuft hinterher.

Es hätte so ein schöner Sonntag sein können.

Zu Ostern sind sie endlich in Schlettenheim auf dem Hof. Marie lernt die Familie Mohr erst jetzt richtig kennen. Aber der bäuerliche Alltag ist ihr fremd geworden. Hier nimmt niemand Befehle entgegen, wie sie es von Heldsbach gewohnt ist, alle gehören ja zur Familie. Das Sagen hat natürlich der Bauer, Heiners ältester Bruder Fritz, dessen Sohn und die

Töchter sind anstellig und fleißig, die Kleinere ein bisschen verwöhnt, wie es scheint. Aber es ist doch etwas anderes, wenn man seine Hausjungen und -mädchen hat. Heiner arbeitet auf dem Feld mit, Marie im Haus, auch die Kinder helfen. Sie feiern Ostern zusammen, eine große Familie, die Kinder fühlen sich wohl. Hier ist alles noch wie früher, eine Welt, die Marie, wie sie bald merkt, hinter sich gelassen hat. Keiner hier interessiert sich für die neue Regierung. Ja, man will, dass alles besser wird, den Bauern geht es schlecht, viele haben in die Fabrik gehen müssen, um die Familie durchzubringen. Aber dann haben viele Fabriken zugesperrt, sagt Fritz und zieht mit einer hilflosen Geste die Schultern hoch. Ich hab meine Kinder nicht in die Fabrik geschickt, die sollen lieber was Gescheites lernen.

Und in der Fabrik, da haben die Roten sich breitgemacht, sagt seine Frau kopfschüttelnd.

Damit ist ja jetzt Schluss, sagt Marie. Unser Führer …

Dieser Reichskanzler da aus Österreich und seine Raufbolde, fällt ihr Fritz ins Wort, die sind auch zu nichts gut. Wir Bauern haben schon immer selber schauen müssen, wie wir durchkommen. Jetzt halten sich viele hier an die Braunen, die werden schon sehen, wo das hinführt.

Ja, das wird man dann sehen, sagt Heiner und wirft Marie einen scharfen Blick zu. Sie weiß: Sie soll wieder einmal den Mund halten.

Am Ostermontag fahren sie mit der ganzen Familie zweispännig im Marktwagen nach Michelreuth. Der Reinhardt-Hof ist nicht mehr das stolze Anwesen von früher. Marie kommt das Haus seltsam verwaschen vor, der Putz blättert, und das Obstspalier, mit dem sie sich einmal so viel Mühe gegeben hat, ist völlig verkommen. Ihr großer Bruder ist leider kein guter Wirtschafter, und er ist ein Kauz geworden, herrisch und bitter. Er hat ihr nie geschrieben, das hat nur seine Frau getan, und sie haben einander nichts zu sagen.

Die Mutter ist schwerhörig geworden und hat kaum noch Zähne.

Sie sitzen um den Tisch, es gibt Streuselkuchen, die Kinder rutschen hin und her, sie spüren die ungute Stimmung. Marie erinnert sich an Ostern vor genau zwanzig Jahren: Da hat sie ihren Mann hier, an diesem Tisch, zum ersten Mal gesehen. Nie hätte sie sich damals vorstellen können, einmal als Mutter seiner Kinder zu Besuch aus Neuguinea hier zu sitzen. Und nie hätte sie gedacht, dass ihr dieses Haus, ihr Elternhaus, einmal so armselig vorkommen würde. Wenn sie selbst den Hof übernommen hätte ... Gottes Wege sind unerforschlich. Sie hat Ihm gehorcht, und nun wird alles zum Guten hinausgehen, die Aussichten sind so gut wie noch nie, für sie selbst, die Familie und für Deutschland.

Die Osterferien verbringt die Familie in Schlettenheim, aber danach müssen Reinhard und Martin in die Stadt, in die Schule. Die Kinder würden viel lieber auf dem Mohr-Hof leben.

Bleiben wir hier, wenn ihr wieder nach Heldsbach zurückfahrt?, hat Reinhard gefragt. Und Martin hat gleich Jaa! gerufen.

Fritz Mohr wären die Kinder schon recht, und das Kostgeld käme ihm gelegen in diesen schwierigen Zeiten. Aber in Schlettenheim gibt es, wie in Michelreuth, nur eine Dorfschule mit zwei Klassen. Was nicht viel besser ist als die Schule auf dem Sattelberg, wo Reinhard und Martin bis zur Abreise wochentags im Internat waren. Das war so eine rechte Neuguinea-Schule, mit dem Ernst des Lebens war es da nicht weit her. Und in den hiesigen Dorfschulen und auf den Bauernhöfen kommt immer zuerst die Arbeit in der Landwirtschaft und dann das Lernen, Marie weiß zur Genüge, wie es da zugeht. Heiner weiß das genauso gut. Trotzdem hat er lange darauf bestanden, dass die Kinder bei seiner Familie bleiben.

Wir gehören nach Schlettenheim. Ich bin ein Mohr, und die Kinder sind auch Mohren!

Der Witz stammt von Johann Hensolt, von wem sonst, der sich in seinen seltenen Briefen immer ausführlich nach *Euren kleinen Mohren* erkundigt. Er und seine Familie kommen nächstes Jahr auch auf Heimaturlaub, man wird sich endlich, nach bald zehn Jahren, wiedersehen, so Gott will. Man sollte nicht glauben, wie sehr zwei benachbarte Kolonien voneinander getrennt sind.

Sie fahren für einen Tag nach Neuendettelsau, weil dort ein Theaterstück aufgeführt wird. Auf dem Zettel steht: Die Aufführung dieses Stückes zeigt Ausschnitte aus dem Leben der Menschenfresszer von Neuguinea. Es zeigt braune Gestalten mit echtem papuanischen Schmuck … Menschen, die seit Urvätertagen in der Steinzeit lebten … Der das Stück geschrieben hat, lebte zwanzig Jahre unter ihnen … Eine derartige Aufführung ist noch niemals zu sehen gewesen … Dauer der Aufführung: über zwei Stunden.

Heiner wollte sich den Unsinn nicht anschauen: Zeitverschwendung. Aber für die Kinder ist es das erste Theaterstück ihres Lebens, und sie sollen die deutsche Kultur kennenlernen, von der sie wenig wissen.

Heiner hat nachgegeben, weil zuvor in Neuendettelsau eine Feierlichkeit geplant ist: Eine Hitler-Eiche soll gepflanzt werden, und sie als Missionsangehörige sind eingeladen. Es ist eine Einladung, die man nicht ablehnen kann, und was Marie betrifft, würde sie das auch gar nicht wollen. Bei Heiner ist sie sich da nicht so sicher.

Nun sitzen sie auf der Bank in der Aula und sehen dem jungen Missionsschüler zu, der den Zauberer Nuba spielt. Er ist dauernd damit beschäftigt, sein schwarzes Trägerhemd über der weißen Haut unter dem geschwärzten Hals zurechtzuziehen. Er sieht aus, als hätte er sich als Zebra verkleidet.

Und seine Zaubersprüche mit schwäbischem Einschlag klingen richtig lustig.

Bist du vom Geist der Dummheit besessen?, sagt einer der geschwärzten Schauspieler gerade zu einem anderen und muss sich dabei ein Grinsen verkneifen.

Was sind das für welche, fragt Martin leise.

Die tun so, als wären sie welche aus Neuguinea, du Dummer, sagt Reinhard.

Weiß ich doch, sagt Martin. Aber das stimmt doch alles gar nicht.

Da hat er recht. Deswegen ist es auch so komisch. Bist du vom Geist der Dummheit besessen?, flüstert Marie Martin ins Ohr, und der fängt an zu kichern.

Sophielein sitzt auf dem Schoß ihres Vaters und zappelt vor Langeweile. Eine Diakonisse mit hoher weißer Haube sitzt vor ihr und versperrt ihr die Sicht. Heiner verzieht keine Miene und hält seine Tochter eisern fest.

Auf der Bühne kommt langsam Schwung in die Sache: Die Papua führen Krieg gegeneinander, was im Finschhafener Gebiet seit fünfundzwanzig Jahren nicht mehr passiert ist. Ein Schwarzbemalter mit zerrupften Taubenfedern am Hals ruft: Ich stach ihn zum zweiten Mal in die Rippen, *qulundung!* Da sank er zusammen.

Kein Kai, der auf sich hält, würde je mit so unordentlichem Schmuck herumlaufen.

Ein anderer, der wider alle papuanische Sitte ständig einen Diener vor seinem Chef macht, sagt mit grässlichem Bühnenlachen: *Jai!* Akona tobte wie ein Eber im Netz. Da kam ich von hinten und zog ihm die Keule über den Schädel, *kpung!* und schon lag er am Boden.

Martin lacht hell auf.

Marie sieht ihn von der Seite an und stellt sich das Leben in Neuguinea ohne ihn vor, ohne die Kinder, Heiner und sie allein dort. Das bedeutet weniger Arbeit, sicher, aber bei dem

Gedanken wird ihr leer und schwer zumute. Sie werden wieder zu zweit sein wie in den ersten schwierigen Monaten ihrer Ehe. Sie freut sich wahrhaftig nicht darauf.

Jetzt betritt die Hauptfigur des Stücks die Bühne: der Missionar. Die Papuadarsteller kriechen auf dem Boden herum, und man hört sie nur undeutlich, aber der Missionar steht über ihnen und hat eine richtige Predigerstimme. O ihr Heuchler, donnert er, ihr sollt euch so sehen, wie ihr wirklich seid!

Wie sind wir denn?, fragt der schwäbische Nuba mit Fistelstimme.

Schlecht!, donnert der Missionar weiter. Ihr lügt und stehlt und hurt und tötet.

Gleich verhaut er sie alle, flüstert Reinhard.

Sophie hat aufgehört zu zappeln.

Marie hat eigentlich ein bisschen mehr Kultur erwartet, etwas wie Schiller oder Shakespeare.

Oh! Oh! Oh!, rufen die falschen Papua in ihren schwarzen Unterkleidern durcheinander. Und der Nuba, das schwäbische Zebra, quäkt ganz kläglich: Siehst du jetzt, dass wir Anutu folgen wollen?

Er sagt *siehsch*.

Heiner löst sich aus seiner Starre, wirft Marie einen Blick zu, der nichts als Widerwillen verrät. Die Buben verlieren das Interesse, als es keine Schlägerei auf der Bühne gibt. Ihnen fehlt es wirklich an Bildung, und das hier ist wahrhaftig nicht das Richtige. Sie sollen in eine gute Schule gehen und später studieren, deshalb will Marie unbedingt, dass sie in der Stadt leben, bei ihrem Bruder Otto. Der kann das Kostgeld genauso gut brauchen wie der Fritz, wo er doch selber sieben Kinder hat. Als Lehrer verdient man nicht üppig. Heiner hat schließlich zugestimmt. Reinhard ist recht gescheit und wird es bestimmt einmal weit bringen, wenn er ordentlich lernt, und Martin auch mit seinen vielen Einfällen und seinem fixen

Kopf, aber es wird Zeit, dass die beiden an die Kandare genommen werden, sie sind zu verspielt für ihr Alter. Und ein bisschen unzivilisiert sind sie noch dazu. Sie haben zu viel Zeit mit den Kai verbracht. Fürs Bäumeklettern und Baumrattenschießen bezahlt einen später keiner. Otto wird dafür sorgen, dass aus den beiden ordentliche Jungen werden, da hat Marie keinen Zweifel.

Marie und Heiner Mohr blieben ein knappes Jahr in Deutschland, ihre Kinder blieben für immer. Das Einzige, was ich je über dieses Jahr erfuhr, erzählte mir mein Vater. Er war zehn, als die Eltern abreisten. Otto Reinhardt, bei dem er aufwuchs, war Mitglied der NSDAP und litt unter einer Verwundung aus dem Ersten Weltkrieg. Was genau mit ihm nicht stimmte, wurde nie gesagt. Seine Zeugungsfähigkeit betraf es jedenfalls nicht, seine geduldige Frau Betti gebar acht Kinder, von denen nur eines an der Diphtherie starb. Otto war Lehrer, 1933 wurde er zum Rektor befördert, später zum Schulrat. Mein Vater erwähnte es einmal nebenbei, er sprach so gut wie nie über seine Pflegeeltern.

Von ihm erfuhr ich auch, dass die Familien Hensolt und Mohr sich an einem Sonntag im Frühjahr 1934 trafen. Die Hensolts waren frisch aus Holländisch-Neuguinea eingetroffen, die Eltern Mohr standen kurz vor ihrer Rückreise. Reinhard und Martin lebten bereits seit einem Dreivierteljahr bei Onkel Otto und Tante Betti, Sophie war gerade erst dort abgegeben worden. Man sagte ihr, dass sie sich jetzt auf die Schule freuen sollte, und sie glaubte es.

Martin und er, erzählte mein Vater, ärgerten sich, weil sie wegen des Besuchs bei den Hensolts nicht am Ausflug der Hitlerjugend teilnehmen konnten. Immerhin durften sie ihre Uniformen tragen, aber das machte es fast noch schlimmer, weil sie mit den Eltern und der kleinen Schwester am Treffpunkt der Kameraden beim Altstadttor vorbeikamen.

Ich kannte meinen Patenonkel Johann ja gar nicht, aber meine Eltern schätzten ihn sehr, sie haben immer gut von ihm gesprochen. Und er war wirklich witzig, ich mochte ihn auch. Mit Johanna, fügte er lachend hinzu, habe ich damals nichts anfangen können. So ein dünnes kleines Mädchen mit Zöpfen. Und gesagt hat sie auch nichts.

Ich hab ja kein Deutsch gekonnt, sagte meine Mutter.

Mein Vater war ein guter Geschichtenerzähler. Und er war ein Grübler. Zu seinen Gewohnheiten gehörte es, nachts, wenn alles schlief, im Wohnzimmer Radio zu hören. Wenn ich es schaffte, wach zu bleiben, teilte er seine Grübeleien mit mir. Einmal, kurz vor Weihnachten, ich war gerade vierzehn geworden, erzählte er mir von einer Weihnachtsnacht im Krieg. Das U-Boot, mit dem er eigentlich als Unteroffizier zur See hätte ausfahren sollen, war torpediert worden, die ganze Besatzung ertrunken. Er war durch die Unteroffiziersprüfung gefallen und deshalb nicht an Bord.

In dem Jahr, sagte er, habe ich mir an Weihnachten allein eine Kerze angezündet und die Bibel aufgeschlagen, zum ersten Mal seit vielen Jahren. Ich wollte wissen, warum Gott mich am Leben gelassen hat.

Ich fand später heraus, dass von den U-Boot-Besatzungen im Zweiten Weltkrieg statistisch nur jeder Fünfte überlebte. Mein Vater war einer davon. Es wirkte aber nicht so, als ob ihn das wirklich freute.

Er zündete sich eine Zigarette an und sagte: Ich beuge mich nie über die Geländer von hohen Brücken und schaue nicht von Leuchttürmen hinunter. Das Wasser zieht mich an.

Da begriff ich plötzlich, dass mein Vater in Wahrheit anders war, als ich immer geglaubt hatte, mein Vater, der Prediger der Wahrheit und des sozialen Gewissens, mein Vater, der wüten und trösten konnte wie niemand sonst. Er war dem Meer und dem Tod nie entkommen. Er war ein toter Matrose.

Er war ein gut aussehender und geistreicher Mann, alle, die ihn nicht näher kannten, fanden ihn charmant. Aber er saß tagelang in seinem Arbeitszimmer, eingehüllt in Rauch und Gedanken. Er starb früh, noch bevor ich erwachsen wurde. Marie überlebte ihn.

Er hinterließ ein kleines Wachstuchheft, es war der erste Teil eines Tagebuchs, das Heiner und Marie auf der Rückreise nach Neuguinea für ihre Kinder geführt hatten. Zum größten Teil ist es mit Maries schwungvoller Schrift geschrieben: Da geht es um Fliegende Fische, Essen am Kapitänstisch, Begegnungen – solche Dinge. Erst auf den letzten sieben Blättern kommt Heiner zu Wort, in deutlicherer, kleinerer Schrift. Er beschreibt das Schiff, die Motorleistung, die Ausstattung der Kabine. Von ihm erfährt man, dass sie die Bilder der Kinder an die Wand über dem Klapptisch in der Kabine gepinnt haben.

So sehe ich euch vor mir, während ich dies schreibe.

Ansonsten: Temperaturen und Windstärken. Und dann, als das Schiff die Insel Kreta passiert und Europa hinter sich gelassen hat, steht, allein auf einem Blatt, in dem sonst eng beschriebenen Heft:

Ich bin durch die Welt gegangen, und die Welt ist schön und groß.

20

Abschied

Die Familie Hensolt brach ein Jahr nach den Mohrs in den Heimaturlaub auf. Sie zog mit einer Karawane von Trägern durch die Alang-Alang-Hügel und den Dschungel zum Meer hinunter: Die Eltern und die vier Kinder, dazu die Träger, das Pferd und das Maultier mit all dem Gepäck. Sie hatten auch ein Gestell mit einem Rotangstuhl dabei, das vier Männer auf den Schultern trugen. Darin saß meistens Nette, sie hatte kurz zuvor eine Fehlgeburt gehabt. Nach drei Tagesreisen erreichten sie auf einer Höhe den Rand des Urwalds. Johanna, meine Mutter, war sechs Jahre alt. Sie sah unter sich die Wellblechdächer von Hollandia und rief hingerissen: Oh, was für eine große Stadt!

So erzählte sie es. Hollandia hatte damals nicht mehr als fünfzig Gebäude, wenn überhaupt, die Schuppen mitgezählt, und nur eines davon war aus Stein. Johanna sah, wie mir erst später klar wurde, da auch zum ersten Mal das Meer. Zum ersten Mal in ihrem Leben war die Welt nicht mehr von Urwald begrenzt. Vor ihr lag die weite, blau leuchtende Südsee, öffneten sich Himmel und Horizont. Aber daran erinnerte sie sich nicht.

Ihre Eltern hatten erzählt, dass es in Deutschland, in der Heimat, rotbackige Äpfel gab, schwarzes Brot und einen blendend weißen, kühlen Staub namens Schnee, der vom Himmel fiel und dann in Haufen auf Bäumen und Dächern und der Erde lag und auf dem man dahinglitt wie in einem Kanu auf dem See. Rehe und Rosen gab es in dieser Heimat, Osterhasen und große Städte mit hohen Türmen und Läden, in denen man alles kaufen konnte, und Automobile und Eisenbahnen, die von einem Ort zum anderen fuhren. Johanna und ihre Geschwister hatten noch nie etwas fahren sehen, nichts außer der Schubkarre des Gartenjungen. Auf dem Nimboran gab es keine Wagen, es gab keine Straßen. Die Papua hatten es nie für nötig gehalten, das Rad zu erfinden. In der Heimat existierten all diese Dinge. Dort wartete die Großmutter auf sie. Großväter gab es keine. Deutschland war Mutterland. Dort war es schön, Johanna wusste es aus den Liedern, *Hejooo, hejoo, der Vogelbeerbaum, schön wie ein Traum* und *Kein schöner Land zu dieser Zeit.*

Sie freute sich darauf. Sie fürchtete sich davor.

Sie sah also Hollandia, die Stadt, und in Hollandia ihren ersten Laden und in dem Laden ihren ersten Chinesen. Ihre Mutter kaufte Zimt. Nimm deinen Daumen von der Waage, sagte die Mutter zu ihm. Alter Betrüger, sagte der Vater und lachte.

Johanna stieg in ein Boot, das größer als eine *prauw* war, und von da in ein Dampfschiff. Es hieß *van Imhoff,* und sie glaubte erst, das sei das Wort für große Schiffe: *van Imhoff.* Alles war groß und fremd und wurde immer noch größer und fremder, die Städte und die Schiffe, die ganze Welt. Sie sah ihr erstes Fahrrad auf Ternate und bestieg dort ihre erste Rikscha, auf Ambon fuhr sie zum ersten Mal Auto und auf Java Eisenbahn. Der Kapitän des deutschen Lloyd-Dampfers, auf dem die Familie die Etappe von Makassar nach Batavia zurücklegte, ließ den Kindern an Bord einen ganz besonderen Nachtisch servieren: Eis.

Das hat so gebrannt im Mund! Wir haben es gleich ausgespuckt. Heiß, heiß!, haben wir geschrien. Wir kannten keine Kälte.

Nette erzählte, Johanna habe in jedem Hafen unbedingt Auto fahren wollen.

Meine Mutter hingegen sagte, ihre erste Autofahrt sei einfach fürchterlich gewesen, viel zu schnell, viel zu laut, der blanke Schrecken. Sie habe danach nie wieder in ein Auto steigen wollen.

Die Reise dauerte viele Wochen. Die Familie sprach untereinander immer noch Malaiisch. Johanna verstand nur wenig Deutsch und sprach es nie, sie konnte es nur singen. Schuhe hatte sie vor ihrer Reise nie getragen, nur manchmal Sandalen zum Fotografieren, denn niemand sollte denken, sie sei ein, wie Nette sagte, armes verwildertes Kind. Johanna wollte kein verwildertes Kind sein. Sie liebte schöne Kleider und Haarschleifen. Mal wollte sie aussehen wie eine Malaiin mit einem langen Kleid, mal wie die Prinzessin aus dem deutschen Märchenbuch.

Kurz vor der Abreise aus Genyem hatte sie entdeckt, dass ihre Mutter eine Frau war. Sie hatte mit ihr im Garten gearbeitet, und ihnen war sehr heiß. Die Mutter ging zurück ins Haus, Johanna wartete, folgte ihr schließlich, betrat das Schlafzimmer und sah, wie ihre Mutter die verschwitzten Kleider auszog.

Da habe ich gesehen, dass sie Brüste hatte, wie die schwarzen Frauen, bloß weiß. Sie hat geschimpft und mich rausgeschickt. Aber ich war so froh, dass sie eine richtige Frau war. Bis dahin habe ich gedacht, meine Mutter und Tante de Jong wären etwas anderes.

Vor der Abreise hatte sich noch eine weitere, nicht weniger bedeutungsvolle Szene ereignet: Die kleine Johanna sah eine Schlange auf dem Hof liegen, direkt vor dem Haus. Es war eine große, träge Schlange, und um sie aufzuwecken, schlug sie mit einem Stöckchen nach ihr. Die Schlange richtete sich in einer langsamen, eleganten Bewegung auf. Johanna war beseligt von dem Gefühl, dass sie ihr gehorchte. Sie schlug noch einmal zu, die Schlange sollte noch höher steigen. Plötzlich wurde sie von einem Arm umfasst, hochgerissen und auf der Veranda abgesetzt.

Bevor ich habe denken können, hat es geknallt, und mein Vater stand da mit dem Gewehr, und die Schlange war tot. Nette erzählte die Geschichte anders. Es seien die Hausjungen gewesen, die die Schlange töteten, Johann sei gar nicht da gewesen. Für meine Mutter aber war ihr Vater der Retter und Schlangentöter, egal ob er da war oder nicht. Er war ein übermenschliches Wesen, darauf beharrte sie: Ich dachte immer, mein Vater spricht mit den Augen.

Mein Onkel Erich und meine Tante Christine stimmten in diese sich wortgleich wiederholenden Liturgien ein, wenn das Geisterschiff mit dem toten Johann an Bord im Wohnzimmer aufkreuzte, aber Erich erzählte noch lieber seine eigenen Abenteuergeschichten aus Südamerika, wo er riesige Schmetterlinge sammelte.

Onkel Friedrich sagte wie immer: nichts. Er summte, wenn die Rede auf die große Reise von 1934 kam, auf das Eis, das so unerträglich heiß war, und auf die erste Autofahrt und all das. Ich wusste nie, ob er die alten Erzählungen mit seinem Summen untermalte oder übertönte.

Für alle vier war Neuguinea kein geografischer Ort, sondern eine glückliche Familie in glücklichen Tropen. Und mit der Reise in die Heimat war es damit vorbei, spätestens als es, wie Nette schrieb, von der Wärme des mittelländischen Meeres mit dem Zug hinauf in die schneebedeckten Berge ging. Die Kinder froren. Johann bestand darauf, dass sie alle zusammen bei der Fahrt durch den Gotthardtunnel in den Speisewagen gingen, obwohl es teuer und keine Essenszeit war. Esst schön, sagte er den Kindern. Dann könnt ihr zu Hause der Großmutter erzählen, dass ihr euch durch den ganzen Berg gegessen habt.

Als der Tunnel im Tageslicht endete, lag vor Johanna ein Land, dessen Sprache sie nicht verstand. Ein Land mit unvorstellbarer Kälte und Marschkolonnen, in denen es kein einziges schwarzes Gesicht gab. Dafür kratzige Wolle, Uniformen, Fahnen und das Wort *parieren*. Sie erzählte davon nur in Andeutungen. Ihr abwesender Blick. Ihre unablässige Suche im Nebel.

Das Bild zeigt die Missionsanstalt schräg von der Seite, dasselbe Haus, vor dem meine Großväter 1913 posierten. Das Gebüsch ist kahl, es liegt dünner Schnee. Die sechzehn jungen Männer auf dem Bild tragen nur Hemden, alle die gleichen. Es ist eine Uniform, auf dem Foto sieht sie hellgrau aus. Diagonal über der Brust liegt ein Lederriemen, der am Gürtel befestigt ist. Am Oberarm, an der Stelle, wo Neuguineer ihre Reife tragen, sitzt eine Binde mit dem Hakenkreuz. Die Männer gehen im Block, jeweils drei in fünf Reihen. Neben der ersten Reihe geht noch ein vierter Mann. An ihren Beinen kann man erkennen, dass sie sich im Gleichschritt vorwärtsbewegen. Rechts am Bildrand sieht man die Umrisse von zwei Mädchen mit dünnen Beinen in weiten Mänteln, schwarz vor dem Schnee.

Neben dem Bild steht: Der Missionstrupp der SA.

Es ist sind die Missionsschüler des Jahrgangs 1934.

Johann hat unbedingt gewollt, dass Nette mitkommt nach Neuendettelsau, wenigstens für eine Woche. Er hätte auch die Kinder mitgenommen und den sichtbaren Segen seiner Ehe überall vorgezeigt, aber das hat sie nicht gewollt. Bloß nicht zu viel auf einmal, die Kinder sind so schon durcheinander genug. Sie haben ja bisher kaum Zeit gehabt, sich an das neue Zuhause zu gewöhnen, das ganz andere Leben hier, an Tante Babette, die nicht so recht weiß, wie man mit Kindern umgeht, und an die Großmutter, vor der sie sich fürchten. Stumm und schwarz bis auf Haar und Gesicht sitzt die Witwe Marchand in ihrem Lehnstuhl, umsorgt von Babette. Der Umzug in das von Nettes Dollars gebaute Haus in Hohburg hat ihr nicht geholfen. Nichts an ihr erinnert mehr an die Frau, die vor langer Zeit im Zollhaus im Gebirge den Schmugglerinnen riesige Taschen unter die Röcke genäht hat.

Johanna hat der Großmutter gleich erzählt, dass sie sich auf dem Weg nach Deutschland durch den Berg gegessen haben, und sie dann auffordernd angeschaut, Johanna will auf alles eine Antwort.

Aber die Großmutter hat nur gesagt: Ja, Kind, das ist so ein Märchen.

Johanna hat fragend den Kopf zu ihrem Vater gehoben, und der hat gelacht. Aber wir sind trotzdem satt geworden, stimmt's, Hannele?

Johanna hat genickt, und die Witwe Marchand hat gesagt: Das ist recht.

Und ist gleich wieder in ihre innere Welt versunken. Die Atmosphäre im Haus ist auch sonst ein wenig angespannt. Babette tritt auf, als gehörte ihr das Haus ganz allein, klagt, dass ihr die Miete für den oberen Stock entgeht, weil die Hensolts nun dort wohnen. Ihre Arbeit bei der Stadtverwaltung sei anstrengend, und als alleinstehende Frau habe sie es schwer.

Nette und Johann tun so, als verstünden sie die versteckte Anklage nicht.

Und nun muss Johann nach Neuendettelsau, das hat die Missionsleitung angeordnet, er soll Rechenschaft ablegen und am Seminar unterrichten. Er freut sich natürlich darauf, die gute alte Anstalt und seine Freunde wiederzusehen, aber sie wissen, dass es in Neuendettelsau nicht leicht für ihn sein wird.

Nette erinnert sich sehr gut daran, wie feindselig sich viele Missionsleute sieben Jahre zuvor gegenüber Johann verhalten haben, manche Frauen geradezu garstig. Seither ist ihr dieser Ort verleidet, mögen die da auch alle noch so fromm tun. Mit Unbehagen sitzt sie nun neben Johann in dem langsamen Bähnchen. Es ist kalt. Am Fenster zieht der dunkle Rauch der

Lokomotive vorbei, die Felder sind gefleckt mit Schneeresten und Pfützen, die Bäume schwarz und blattlos. Es gibt keine Farben.

Sie hat mit solcher Sehnsucht an die Heimat gedacht, aber kaum ist sie hier, kommt ihr alles gar nicht freundlich vor: Die Leute wirken so heruntergekommen und armselig, die Straßen grau, trotz der vielen neuen Fahnen überall. Es sind auch keine schönen Fahnen. In der Kirche sind alle so still, gehustet wird leise, niemand spricht, und wenn gesungen wird, dann schallt es nicht durch den ganzen Raum, es ist nur ein lustloses Geleier. Johann und sie fallen mit ihrem lauten Gesang richtig auf. Die könnten auch einmal eine Erweckung vertragen, sagt Johann.

Und dann gibt es den anderen Gesang, den auf der Straße, und der ist gar nicht leise. An ihrem dritten Tag in Hohburg, als sie den Kindern die Altstadt und den Hofgarten zeigen wollten, war die Promenade abgesperrt. Von fern hat man lautes Trommeln gehört, fast wie in Neuguinea, nur war es ein ganz simpler Rhythmus. Es sind marschierende Männer gewesen, ihre Stiefel sind zusammen mit den Trommelschlägen aufs Pflaster geknallt, und sie haben gesungen, wie es in der Kirche hier keiner tut. Uniformen und Fahnen haben sie getragen. Nette hatte gehofft, dass sie so etwas nie wieder würde sehen müssen. Wie zwanzig Jahre zuvor. *Die Wacht am Rhein.* Im Gleichschritt zum Bahnhof, ihre Brüder und der *Offissier.* Nur dass sie jetzt andere Lieder singen.

Die Kinder staunten, Erich hat begeistert mitgeklatscht, und nach einer Weile hat Frieder es auch getan. Hannele hat sich an sie gedrängt.

Was machen die?

Sie marschieren.

Was ist das?

So geht es die ganze Zeit mit den Kindern, vor allem Hannele fragt und fragt hundertmal am Tag: Was ist das? Inzwischen geht es Nette auf die Nerven. Was ist das, ein Nuss-knacker. Was ist das, eine Türschelle, was ist das, Handschuhe, was ist das, Kohlen, was ist das, ein Kaktus, endlos.

Marschieren, Hannele, das ist, wenn sie im Gleichschritt gehen.

Und wer sind die?

Nette hat die richtige Antwort nicht gewusst.

Frag den Bapa.

Johann hat sich umgedreht und gesagt: Sie sind so etwas Ähnliches wie Soldaten.

Und warum machen die Soldaten Musik?, hat Erich gefragt.

Sie wollen, dass alle sie hören.

Am Bahnhof von Neuendettelsau fällt Nette als Erstes ein Schild ins Auge: Juden haben in dieser Ortschaft keinen Zutritt. Der Gemeinderat.

Schau mal, Johann.

Johann sagt nichts.

Sie gehen zu Bruder Kuhnerts Haus, das mit der kleinen Holzveranda und den Schnitzereien ein bisschen an Neuguinea-Häuser erinnert. Kuhnert ist ein seltsamer Mensch, er war Nette schon bei ihrer ersten Begegnung unheimlich, er hatte eine heftige Art und war sehr launisch. Wie sich herausstellt, hat sich das nicht geändert. Er begrüßt sie lautstark, klopft ihnen beiden auf die Schulter, als wäre Nette ein Mann. Diese große Freude, du wieder bei uns, Johann, und die liebe Frau, und dann stellt er gleich an der Tür Fragen über Fragen, nach Genyem und den Holländern und der Erweckung. Dazu setzt er ein strenges Gesicht auf, wie ein Lehrer bei der Prüfung. Endlich kommt seine Frau, die in den sieben Jahren sehr dick geworden ist, und führt sie an den gedeckten Kaffeetisch. Kuhnert setzt sich und wickelt seine Füße dabei um die Stuhlbeine.

Ach, wie ich euch beneide. Immer noch im Feld! Wie lange

ich bedauert habe, dass ich mein Werk in Neuguinea nicht habe fortführen können! Und alles wegen dieser Geschichte mit diesem Aufschneider von einem Offizier.

Er wendet sich Nette zu: Ich habe getan, was mein Gewissen als Deutscher mir gebot, Schwester Hensolt, obwohl wir unter Besatzung gelebt haben. Und im Nachhinein hat sich herausgestellt, dass der große Dschungelkämpfer, den ich geschützt habe, ein Schwindler war. Aber: Gott lenkt!

Er senkt den Blick auf die Biskuitrolle auf seinem Teller und sticht seine Kuchengabel mitten hinein.

Nun darf ich hier die zukünftigen Missionare lehren.

Er lässt die Gabel stecken und hebt den Kopf mit einem Ruck. Und die gehen nun hinaus in alle Welt mit meinem Wissen, das ich in zwanzig Jahren bei den Kai gesammelt habe. Mit meinen Ideen.

Die Gabel verliert den Halt in dem weichen Biskuit und fällt klirrend auf den Tisch. Kuhnert packt sie und schiebt sich damit ein paar Bissen nacheinander in den Mund. Seine Gesten und seine starke Nase erinnern Nette an jemanden, aber ihr fällt nicht ein, an wen.

Mittlerweile hast du ja einige Leute dafür gewonnen, sagt Johann. Die Volkskirche hat eine Menge neuer Fürsprecher, scheint es. Mir schreiben jedenfalls viele Brüder in diesem Sinne.

Viele? Ha! Kuhnert beugt sich vor. Alle sind jetzt dafür, na ja, fast alle! Sogar die Regierung denkt wie ich. Völkisch.

Auch hier in Neuendettelsau, wirft seine Frau ein, hat sich der völkische Gedanke ganz und gar durchgesetzt.

Ja, man sieht es gleich am Bahnhof, sagt Nette.

Ja, was ist denn das für eine Tafel da am Bahnsteig?, fragt Johann.

Der Gemeinderat hat halt beschlossen, sagt Schwester Kuhnert, dass das da stehen soll. Wir haben so ein Schild auch an den Straßen von Windsbach und von Wicklesgreuth.

Sie wirft ihrem Mann einen Blick zu.

Aber warum?, fragt Johann. Das ist nicht sehr gastfreundlich. Wir Christen sollten doch allen Menschen gastfrei begegnen, auch den Juden.

Kuhnert lässt seine Kuchengabel noch einmal auf den Teller fallen, dass es klirrt.

Vorsicht, mein Freund! Vorsicht! Wir müssen unsere Feinde erkennen. Und die Juden sind unsere Feinde seit fast zweitausend Jahren, Feinde der Christenheit von jeher. Nicht wahr?

Er lehnt sich zurück und streckt gleichzeitig den Hals vor, und in diesem Moment weiß Nette, woran er sie erinnert: an den Dorfältesten von Genyem, vor dem sie Johann immer gewarnt hat, weil er so unberechenbar ist. Johann ist oft allzu leichtgläubig mit Menschen.

Es geht dabei nicht um den Einzelnen, sagt Kuhnert, nicht um den Viehhändler aus Windsbach, der im Gemeinderat so unbeliebt ist.

Er lacht kurz durch die Nase, schüttelt den Kopf und nimmt die Gabel wieder auf.

Nein! Der Einzelne ist nichts! Der einzelne Mensch ist eine Zelle im Volkskörper, das ist ein Naturgesetz. Für die Kai ist das selbstverständlich, bei allen Stämmen Neuguineas ist das selbstverständlich.

Er zermalmt sprechend einen großen Bissen.

Aber wir! Wir Deutsche haben das Gefühl für die Volksgemeinschaft verloren! Und zwar deshalb, er sticht mit der Gabel in die Luft, als säße dort der Feind, weil unser Denken unter dem Einfluss der Juden und der Gottesleugner entartet ist, erfüllt vom Gift des Individualismus. Individualismus sprengt jeden Zusammenhalt. Gemeinschaft aber verleiht Stärke. Für die Volksgemeinschaft sterben bereitwillig die jungen Soldaten, bekommen die Frauen Kinder, wohl wissend, dass sie dabei sterben können. Das Volk steht über allem.

Nette schaut zu Johann, der es nicht bemerkt. Frau Kuhnert schneidet gleichmütig vier neue Stücke von der Biskuitrolle. Sie ist eine sparsame Hausfrau: Wenn man nicht alles aufschneidet, kann man den Rest besser aufheben. Kuhnert kommt langsam wieder zu Atem und spießt mit Nachdruck den Rest seines Kuchens auf.

Gott schütze uns vor zusammengewürfelten Menschenhaufen wie den Amerikanern oder Australiern, die nicht aus einem gemeinsamen Stamm gewachsen sind, Bastarde, die keine Volksgemeinschaft kennen.

Er erhebt die Gabel zu einer unterstreichenden Geste des Verrührens, und der weiche Biskuit fällt mit einem leisen Platschen auf den Tisch. Gleichgültig schaut er ihm hinterher.

Unsere Abhängigkeit von solchen Völkern höhlt die Mission aus. Du siehst ja, wohin das führt: kein Schneid, kein Geld, kein Mut, nur Kopfhängen und Seufzen und immer verhandeln, verhandeln, verhandeln. Und am Ende nachgeben, weil die Bastarde das Geld verteilen.

Er untermalt seine Worte mit Gabelstichen in die Luft, es ist unglaublich, wie sehr er dem Dorfältesten ähnelt.

Hätte Gott gewollt, dass wir alle gleich sind, hätte er alle Völker gleich geschaffen, mit gleicher Hautfarbe und gleichem Verstand, aber nein, er hat verschiedene Rassen und Völker geschaffen, hohe und niedrige, und – jäh lässt er die Gabel aus großer Höhe fallen, sodass die Reste auf dem Teller nach allen Seiten spritzen – für jedes Volk hat er einen Weg auf Erden und ins Himmelreich bestimmt. Unsere Aufgabe ist es, unser Volk rein zu halten, damit wir unserem göttlichen Auftrag überhaupt folgen können. Du fragst mich, was unser göttlicher Auftrag ist?

Niemand fragt, aber Kuhnert schiebt seinen Teller mit Schwung in die Tischmitte, dass das Tischtuch Wellen schlägt, und ruft laut: Es ist unser Auftrag als Herrenrasse, die niederen Rassen zu heben und vor Schaden zu bewahren!

Nette kommt der Mann verrückt vor. Sein Benehmen ist nicht normal, aber das ist es nicht allein. Was er redet, klingt logisch und dabei vollkommen abwegig, wie das bei Irren eben so ist.

Am Abend, bei Johanns Vortrag im Betsaal der Missionsanstalt, stellt Nette fest, dass der Missionsdirektor, ein Herr Feierlein, am Jackenaufschlag ein Hakenkreuz trägt. Gerhard Blech, den Johann für seinen Freund hält, ebenfalls. Nette hört Johann reden, in seiner heiteren, unterhaltsamen Art, wie er damals in Reucha geredet hat. Er passt nicht hierher. Die Leute hier sprechen anders.

Sie zieht sich gleich nach dem Vortrag in das schmucklose Zimmer des Gästehauses zurück, das nach sauren Putzmitteln riecht. Im Einschlafen erinnert sie sich an die riesigen schwebenden Fächer aus buntem Stoff im Hotel von Batavia, der den Geruch von Gewürzen und süßlicher Fäulnis durch die Räume trieb.

Am nächsten Morgen – Johann schläft noch, sie hat ihn in der Nacht nicht kommen hören – sieht sie ein buntes Heftchen mit der Abbildung einer Papuamaske auf seinem Nachttisch liegen. Sie blättert es auf, es ist ein Theaterstück. Der Verfasser ist ein Missionar Keysser. Hineingefaltet in das Büchlein ist ein getippter Liedertext, mit der Überschrift: Unserem Führer zum Geburtstag, 20. April 1933. Darüber ist von Hand gekritzelt: Für Johann Hensolt, den Bruder im Geiste.

Sie setzt sich aufs Bett und liest: *Ein Ruf erscholl, als wir in Not und Sorgen / Am Boden lagen, dröhnend durch die Nacht: / Du deutsches Volk, erwache endlich, es wird Morgen; / Der Tag bricht an, der Freiheit und der Macht.*

So etwas Ähnliches haben auch die Marschierer mit ihren Trommeln gesungen, vor ein paar Tagen in Hohburg.

Es ist ein Führer uns von Gott gegeben / Er stürmt voran, wir folgen treu gesinnt / Es geht durch Nacht und Tod hindurch zu Licht und Leben / Es wird nicht Ruhe, bis wir Sieger sind.

Nach dem Sieg gehen wir nach Amerika, hat ihr Bruder Christoph gesagt und ist marschiert, die Kolonne zum Bahnhof, *fest steht die Wacht, die Wacht am Rhein*. Er ist davongefahren, und sie war stolz. Sie hat der Rauchwolke nachgesehen. *Bis wir Sieger sind.*

Sie rüttelt Johann wach. Hast du das gelesen?

Er ist völlig schlaftrunken. Was denn? Was ist denn?

Dieses Hitler-Lied. Die wollen Krieg.

Geh zu, Nette! Du siehst schon wieder ein böses Tier, wo nur ein Schuh ist. Lass mich noch schlafen.

In den folgenden Tagen sieht sie ihn überall, den gottgegebenen Führer, es scheint ganz normal zu sein. Im Gästehaus hängt er am Empfang, im Missionshaus gleich neben dem Porträt des Missionsgründers, in der Bäckerei unter dem Fliegenfänger und in der Metzgerei neben den Würsten. Es muss ja etwas dran sein, wenn alle so begeistert von ihm sind, auch die aufrechten Christen. Vielleicht macht sie sich unnötig Gedanken. Sie gewöhnt sich an, bei allen Leuten aufs Revers zu schauen, ob da ein Hakenkreuz steckt. Es gibt die Abzeichen in Knopfform, die sind selten, und in Form einer Fahne, die kommen oft vor, vor allem bei den Diakonissen. Sie gewöhnt sich daran. Sie hört irgendwann auch nicht mehr zu bei dem Gerede vom Volk und den Juden. Sie geht darüber hinweg, wie es ihr der Pfarrer in Hohburg rät, der Johann und sie getraut hat und zu dem sie jetzt immer in die Bibelstunde geht.

Ihre Schwester Babette findet, dass es nicht so verkehrt sein kann mit dem Hitler, weil: Uns geht es jetzt besser. Babette erklärt ihr, dass den Knopf nur Parteimitglieder tragen dürfen.

Die Fahnen sind für einfache Anhänger, die Partei nimmt nämlich jetzt keinen mehr auf.

Warum denn?

Es sind schon zu viele.

In den wenigen Erzählungen Nettes und meiner Mutter über dieses Jahr 1934 kamen keine Nazis vor. Was meine Mutter betraf, war das vielleicht kein Wunder, sie und ihre kleinen Geschwister kannten Deutschland nicht anders, die Heimat war eben das Land der Äpfel und des Gleichschritts, der Lebkuchen und ausgestreckten Arme. Schnee und Hysterie. Sie hatten es hinzunehmen, was blieb ihnen übrig. Aber Nette. Nette sah und hörte, was vor sich ging, sie hatte auch eine Haltung dazu. Doch über die Jahre 1934 und 1935 erzählte sie mir nie etwas, und Tante Babette schon gar nicht, die lächelte zimperlich und lieb und sagte, dass das alles schon recht schwer war, damals. Aber wir haben's überstanden, Gott sei Dank!

Klar schien immerhin, dass unsere Familie nie in irgendwelche Naziangelegenheiten verwickelt gewesen war. Die Großeltern waren alle aufrechte Christen, und solche wurden von den Nazis verfolgt, wie es hieß, da hätten die Mohrs und die Hensolts in ihrem Neuguinea Glück gehabt, dass sie außer Reichweite waren. Das glaubte ich so lange, bis meine Mutter eher nebenbei erwähnte, dass ihr Vater die Nazis einmal gut gefunden habe. Nur kurz. Nicht ernsthaft. Und schuld war Gerhard Blech. Gerhard Blech, der Springteufel.

Der habe Johann zu einer Hitler-Rede mitgenommen.

Und nach einer ihrer typischen Pausen fügte sie hinzu: In Neuguinea haben die nicht mitbekommen, was in Deutschland wirklich los war.

Mehr wurde darüber nicht gesprochen. In unserer Familie wurde Vergangenheitsbewältigung vor allem in allgemeiner Form betrieben, indem mein Vater sich mit alten Nazis anlegte und uns mit Argumenten gegen rechte Ideologien impfte. Aber seine Eltern erwähnte er in diesem Zusammenhang nie.

Familien stecken immer unter einer Decke, wenn sie es nicht tun, sind sie keine Familie mehr. Das galt auch für uns, die nächste Generation. Die Decke wog schwer, aber sie war warm und barg uns. Wir stellten Fragen, das ja, aber wir erwarteten keine überraschenden Antworten und gaben uns mit dem zufrieden, was man uns erzählte. Meine ältere Schwester Marianne wusste mehr als wir anderen und wollte nicht noch mehr wissen. Mein älterer Bruder Johannes, mein Verbündeter gegen die Zumutungen unseres Familienlebens, hatte genug damit zu tun, die Last seines Vornamens gering zu halten. Zur Enttäuschung unserer Eltern war er kein musikalisches und kein Sprachgenie, nicht einmal Pfarrer wollte er werden, stattdessen wurde er erst Landwirt wie sein Großvater, dann Soldat wie sein Vater (zu dieser Zeit war ich in der Übergangsphase vom Hippie zum Punk und schrieb ihm enttäuschte, wütende Briefe) und schließlich Arzt und Helfer verwirrter Seelen. Unsere jüngeren Geschwister Martin und Christine versuchten, von der Vergangenheit möglichst wenig mitzubekommen. Was ihnen mit der Hilfe von uns Älteren auch gelang.

Aber es gab Ereignisse, die nirgendwo aufgezeichnet waren, vielleicht nicht einmal im Gedächtnis, nicht verlässlich jedenfalls und niemals deutlich genug, um irgendetwas zu verstehen. Wenn alle so fest und standhaft in ihrem Glauben ruhten, weshalb war unsere Familie dann so heillos? Süchtig, unberechenbar und immer irgendwie auf der Flucht? Woher kam das?

Bei einem meiner mit der Zeit selten gewordenen Besuche, Nette war schon weit über achtzig, sagte sie unvermittelt, dass sie gern bald sterben würde. Wir saßen im dämmrigen Garten, es war sommerlich und friedlich, das Licht lungerte noch im Grau. Ich dachte, dass sie das sagte, weil sie im Sonnenuntergang an das Jenseits dachte. Und ich dachte, dass es sehr, sehr dunkel würde, wenn sie nicht mehr da wäre.

Gott lässt mich noch hier auf der Erde, damit ich meine Schuld wiedergutmachen kann.

Sie hatte Tränen in der Stimme, ich kannte das. Ich wollte

nicht wissen, was für eine Schuld das war. Ich wollte sie nur trösten und wusste, dass es unmöglich war. Ich, mit meinen bunten Haaren und meinem roten Motorrad, die mit Urwaldnebeln, Krieg und den Schwierigkeiten meiner Geschwister nichts mehr zu hatte. Und am allerwenigsten zu tun hatte mit einer Schuld, die viel älter war als ich und die meiner Großmutter·das Leben zumutete, das sie nicht mehr wollte. Wir gingen ins Haus zurück. Nette sagte, dass sie, solange sie lebe, immer für mich beten werde. Da verstand ich: Ihre Fürsorge für mich war Teil ihrer Buße.

Das Bild zeigt Johann Hensolt und vier Kinder unter kahlen Bäumen. Im Hintergrund sieht man ein schmalbrüstiges Haus mit spitzem Dach und dunklen Fensterläden. Johann trägt einen dunklen Wintermantel und einen breitkrempigen Hut. Sein schwarzer Bart ist am Kinn zu einer Spitze gestutzt. Sein Blick ist ernst. Seine rechte Hand liegt auf der Schulter eines Mädchens mit langen dünnen Beinen. Es ist Johanna, sie trägt einen zu großen Wollmantel mit einem breiten Stoffgürtel unter der Brust. Ihre langen Zöpfe quellen unter einer Strickmütze hervor, sie schaut aus großen Augen mit dunklen Ringen in die Kamera. Erich, ein stämmiger Junge in einer dicken Jacke, halblangen Hosen und dicken Wollstrümpfen lächelt breit und hält ihre rechte Hand. Friedrich, genauso dünn wie Johanna und genauso gekleidet wie sein Bruder, hält die linke Hand seines Vaters. Sein Gesicht ist zu ihm hinaufgewandt, man sieht nur das weiche Profil. Zwischen beiden Jungen steht breitbeinig die kleine Christine mit kurzen Zöpfen und dem Gesicht eines Barockengelchens. Ihre weiße Mütze ist unter dem Kinn zugebunden, was ihr Gesicht noch runder wirken lässt. Ihre rechte Hand hält die linke der großen Schwester.

Nette und Johann stehen am See. An ihrem alten See, der jetzt zugefroren ist. Bald wird Johann in den Zug steigen, sein Schiff geht am 2. April 1935. Sie werden sich lange nicht sehen. Nette wird noch ein paar Monate bei den Kindern bleiben, bis sie sich in der Schule und im Heim eingewöhnt haben.

Es ist schon März, aber das Ufergras ist noch immer im Eis eingeschlossen wie unter Glas, die Bäume spiegeln sich in der ebenen Fläche ohne Farbe und ohne Eitelkeit. Nicht wie Nettes Kunden früher, mit Stecknadeln an Hüften, Schultern und Brust vor dem großen Standspiegel. Männer bewegen vor dem Spiegel immer die Schultern, Frauen drehen sich hin und her.

Sie will nicht an den Abschied denken. Die Kinder werden ihren Vater furchtbar vermissen, und bald werden sie auch ihre Mutter vermissen. Es ist gegen die Natur, dass Eltern ihre Kinder verlassen, aber Johann sagt, das hat nichts mit der Natur zu tun. Wir sind schließlich keine Affen. In England werden die Kinder immer im Internat erzogen, das ist dort völlig normal.

Aber bei uns nicht, sagt Nette, und in Amerika auch nicht.

Sie sind oft hier gewesen, an diesem See, es ist ihr gemeinsamer Platz. Hier hat er ihr von Neuguinea erzählt, Berge und Sagopalmen in die Luft gezeichnet, ein Hausdach, einen papuanischen Kopfputz, aber nur mit der einen Hand. Mit der andern hat er ihre kalte Hand in der Manteltasche gewärmt. Hier hat sie feierlich Ja gesagt, nachdem sie beide längst wussten, dass es nichts anderes als ein Ja gab.

Dort, wo wir hingehen, wirst du keine kalten Hände mehr haben.

Sie hat gelacht. Das ist jetzt acht Jahre her. Acht Jahre, in denen sie tatsächlich keine kalten Hände gehabt hat. Es hat keine Bäume ohne Blätter gegeben und keinen Schnee. In der Hitze von Genyem haben sie von deutschen Wintern geträumt und ihren Kindern davon erzählt.

Jetzt haben die Kinder ihn erlebt, den Winter, den ersten von vielen Wintern, die noch vor ihnen liegen. Das Schlittenfahren haben sie geliebt. Sie mochten die Lebkuchen und die vielen Kerzen und den Posaunenchor an Weihnachten. Das alles gibt es in Neuguinea nicht. Es wird ihnen gut gehen, hier. Ja, es wird ihnen gut gehen. Den Kindern wird es BESTIMMT gut gehen.

Warum soll es ihnen nicht gut gehen, sagt Johann. Hat sie laut gedacht?

Sie gehen weiter, den Pfad am See entlang, er voraus. Sein Mantel hat wattierte Schultern und lässt ihn breit aussehen. Mach dir keinen Kummer, sagt er über die dicke Schulter hinweg. Unsere drei sind gut aufgehoben im Heim. Sie sind Kinder der Mission, und die wird gut für sie sorgen. Gerhard hat mir sein Wort gegeben, dass er sich um sie kümmern wird und Erna auch. Schau, sie gehen jetzt in eine richtige Schule und lernen Deutsch, sie lernen alles, was sie fürs Leben brauchen.

Und diese furchtbaren Lieder, sagt Nette.

Was meinst du? Als hätte er nicht verstanden.

Du hast doch gehört, was sie gestern wieder gesungen haben, wie sie durch die Stadt marschiert sind: *Wenn das Judenblut vom Messer spritzt*.

Er lacht. Dieses Lachen, mit dem er über so vieles hinweggeht, mit dem die Schwere immer verschwindet: Geh zu, das wird schon. Kommt, wir essen uns durch den Berg.

Du darfst das nicht so ernst nehmen, Nette, das ist halt ein Kampflied. Die Juden haben zu viel Einfluss hier, und das kann man nicht weiter hinnehmen. Aber deswegen wird sie keiner gleich ermorden. Die Hauptsache ist doch: Unser armes Deutschland kann wieder den Kopf heben. Und wir bekommen unser Neuguinea zurück.

So redet er, seit er andauernd mit dem fürchterlichen Kuhnert und mit Gerhard Blech zusammensteckt. Die lassen nichts auf ihren Führer kommen. Und Johann hat jetzt auch angefangen: Deutschland wird alles wiedergewinnen, was es verloren hat, seine Stärke, seinen Stolz, seine Kolonien. Deutschland erwacht.

Ihr gefällt dieses Erwachen nicht besonders, es ist zu laut, es stinkt nach Krieg. Und es ist heidnisch. Aber Johann war bei diesem Hitler in einer Versammlung, zusammen mit Gerhard Blech, hat ihn reden hören und war danach voller Begeisterung. So wie er oft bei seinen Reisen in unerforschte Gebiete begeistert ist: Sein Gesicht leuchtet dann, und er muss immer wieder hin, so war es mit dem Nimboran und mit dem Sentani und am Ende mit Geresi. Sie hat versucht, ihn ein bisschen zurückzuhalten, es kam ihr manchmal leichtsinnig vor, es war gefährlich, aber das ist ihr nie gelungen. Und es gelingt ihr auch jetzt nicht, mit dem Tausendjährigen Reich, als wäre das ewige Reich, das Jesus den Seinen versprochen hat, nicht genug.

Und das Wort Volk kann sie schon gar nicht mehr hören. In Amerika leben Leute von überallher, sie haben ihre Familie und ihren Glauben. Und wenn sie den falschen Glauben haben, katholisch oder jüdisch oder noch schlimmer, wird Gott Erbarmen mit ihnen haben und sie erwecken. Wozu also braucht der Mensch ein Volk? Nettes Vater stammte von protestantischen Franzosen ab, ihre Mutter von protestantischen Österreichern, die nach Deutschland geflohen waren. Mein Reich ist nicht von dieser Welt, spricht Jesus, womit doch alles gesagt ist.

Johann bleibt stehen. Fast wäre sie auf seinen Rücken geprallt, so sehr war sie in Gedanken versunken. Eine Eiszunge, Überbleibsel der Überschwemmung vom letzten Herbst, versperrt den Weg.

Was meinst du, gehen wir da hinüber?

Lieber außen herum, sagt Nette. Vielleicht trägt das Eis nicht.

Vielleicht nicht, sagt Johann, vielleicht doch.

Er tritt mit dem Fuß auf die glatte Fläche. Es knirscht.

Nette stößt einen warnenden Ton aus.

Johann zieht den Fuß zurück und wendet sich ihr zu.

Du musst keine Angst haben. Ich tue nichts Leichtsinniges.

Sie könnte jetzt antworten, dass er zum Leichtsinn neigt, dass er schon einmal etwas sehr Leichtsinniges getan hat, schlimmer als leichtsinnig, und dass die Folge davon in der Welt ist, für immer. Ein Mädchen, das jetzt schon fast erwachsen ist und seinen Vater nicht kennt.

Ich weiß nicht, sagt sie und versucht ein Lachen.

Er tritt ganz nahe zu ihr und nimmt ihre Hand in dem gestrickten Handschuh. Sie spürt seine Finger kaum.

Glaub mir, ich tue, was für uns alle das Beste ist.

Was meinst du damit?

Er holt mit der freien Hand etwas aus der Tasche und hält es ihr hin. Ein Knopf. Ein Knopf mit einem Hakenkreuz.

Sie hat es befürchtet, die ganze Zeit hat sie es befürchtet.

Der Knopf liegt auf seiner ausgestreckten Handfläche. Diese vertraute Hand. Wir bekommen unser Neuguinea zurück, sagt er, und den Glauben an Deutschland.

Sie würde am liebsten schreien, aber sie fängt ihre Stimme gerade noch ein. Was für ein Glaube? Wir glauben an Gott, dafür brauchen wir keinen Hitler.

Wenn sich alle um den Führer scharen, werden Gottesglaube und Volksgemeinschaft eins. Der Führer ist der Apostel Paulus unsrer Zeit. Uns steht etwas Großes bevor!

Du redest wie der Kuhnert.

Weil er recht hat. Du wirst eines Tages sehen, wie recht er hat, er und all die anderen. Und ich.

Er legt den Arm um sie, den Arm mit der Hand, die den Knopf hält. Etwas Großes, sagt er, und seine Augen leuchten, sie leuchten in ihre hinein, aber sie will das nicht.

Der Hitler und diese Leute, sagt sie, wie sie ihm schon so oft gesagt hat, auf denen liegt Gottes Segen nicht.

Wie kannst du so was sagen!

Er tritt einen Schritt zurück, aber er lässt sie nicht los.

Das sind Heiden, schlimmer als die Nimboraner. Der Führer ist ihr Götze. Allein schon dieses Heil Hitler, statt Grüß Gott. Du bist ein Diener Gottes, Johann, du kannst dich nicht mit denen gemeinmachen.

Es fällt ihr schwer, so mit ihm zu sprechen, aber sie kann nicht anders. Sie vertraut ihm, sie liebt ihn, ja, aber er ist leichtgläubig, und seine neue Begeisterung gilt einem falschen Messias. Sie schweigen beide, Johann lässt die Arme sinken, er bemüht sich um Geduld mit ihr, man sieht es.

Der Hitler, macht Nette weiter, obwohl es ihr furchtbar schwerfällt, Johanns Zuversicht zu zerstören, hoffentlich zu zerstören. Der ist bestimmt kein Gesandter Gottes. Vielleicht hat er mit seiner Politik irgendwie recht, aber mir ist er unheimlich, allein wie er über die Juden redet im Radio.

Gott wählt sich manchmal Menschen zu Seinen Werkzeugen aus, die wir geringschätzen. Denk an Pamai! Und wer könnte Deutschland besser führen als Adolf Hitler? Ein Pfarrer der Evangelischen Kirche vielleicht, die ja selber schon so heruntergekommen ist? Wir brauchen einen starken Mann in unserem Land, und der Führer hat es schon sehr vorangebracht. Wer sind wir, an Gottes Entscheidungen zu zweifeln?

In seinen Augen liegt die Erwartung, dass sie versteht und ihm zustimmt.

Gott liebt die Menschen, sagt Nette schließlich. Hitler nicht. Wer kein Deutscher ist, der ist für den gar kein Mensch.

Meine Güte, Nette! Es geht doch gerade um uns, die Deutschen. Wir sind ein verratenes Volk. Ich glaube, du verstehst das nicht. Du wärst ja fast Amerikanerin geworden.

Und mit einem Lachen, seinem schönen leichten Lachen, sagt er: Stell dir vor, wenn ich dich nicht rechtzeitig gerettet hätte, dann wärst du gar keine Deutsche mehr!

Sie weiß, dass das nur ein halber Scherz ist und schweigt, was soll sie schon sagen. Stumm stehen sie einander gegenüber unter den nackten schwarzen Bäumen. Er ist ihr so fremd in seiner Verblendung. Der Knopf in seiner Hand. Den er ansieht und mit gerunzelter Stirn wieder in die Manteltasche steckt. Die Stille zwischen ihnen ist wie dicker Stoff.

Wir müssen Vertrauen haben, sagt Johann.

Er dreht sich um und macht einen Schritt auf das Eis. Und noch einen. Es knirscht nicht. Es trägt, sagt er mit der weichen Stimme, die er mit Kranken und Kindern hat. Komm. Er streckt die Hand aus. Du musst dich nicht fürchten.

Und wenn wir einbrechen?

Sie denkt an die Kinder.

Es ist sicher, sagt er. Wir haben wochenlang Frost gehabt, das Eis ist stark. Wir gehen nur über diese Zunge, sei kein solcher Angsthase.

Er ist übermütig, denkt sie, er ist leichtsinnig. Aber es stimmt, es friert schon lange.

Sie nimmt seine Hand und tritt aufs Eis.

Sie schaut nach vorn, zur anderen Seite der Bucht.

Sie bewegen sich schlurfend vorwärts.

Du bist beunruhigt, weil du die Kinder hierlassen musst, und da ist dir alles unheimlich, was sich hier tut. Aber wenn du mir schon nicht glaubst: Vertrau auf unsern Gott. Er hat uns nach Neuguinea geführt und unsere Arbeit gesegnet. Unsere Kinder sind in sicherer Obhut, in ihrem Vaterland, auf das sie stolz sein können.

Und ohne Vater und Mutter, denkt sie und sagt es nicht.

Er antwortet auf ihren Gedanken, als hätte sie ihn ausgesprochen.

Meinst du, mir fällt das nicht schwer? Aber du weißt, dass es das Beste ist, gerade für die Kinder. Und Er, der uns berufen hat, wird unseren Kindern Vater und Mutter sein.

Wie oft hat sie das gehört – von ihm, von allen. Sie hat es

ja auch selber gesagt – bis es so weit war. Bis sie gesehen hat, wie fremd für die Kinder alles hier ist, bis sie angefangen haben zu fragen: Wann fahren wir wieder heim?

Ihr seid groß, ihr geht bald in die Schule, und in Genyem gibt es keine Schule, hat sie gesagt.

Ich will nicht in die Schule, hat Hannele geantwortet. Hannele mit ihrem blassen Gesicht, die leider keine roten Wangen und runden Beine bekommen hat, wie Nette gehofft hatte, das Mädchen ist immer noch dünn wie ein Papuakind. Abends singt sie ihrer *adinda*, ihrer kleinen Schwester, das alte Mondlied vor: *Bulan terang, bulan terang dengan gelap*. Aber ihr alter Übermut ist verschwunden. Erich wenigstens freut sich auf die Schule, er liebt das deutsche Essen, ganz besonders die Würste, und bringt oft alle zum Lachen, aber auch er wird manchmal plötzlich still, als hätte ihn der Schlag getroffen. Und Friedrich wird seinen Husten nicht los.

Für Christine haben sie niemanden gefunden, der sie aufnehmen kann. Sie ist gerade vier geworden, zu klein fürs Heim. Babette ist nicht verheiratet und geht arbeiten, sie kann kein Kind versorgen. So bleibt ihr, Nette, noch ein Kind, wenigstens eins.

Johann sieht sie von der Seite an, sie spürt seinen Blick auf ihrem Gesicht, er weiß bestimmt wieder, woran sie denkt. Sie schlurfen weiter über das Eis, man darf die Füße nicht heben, man muss gehen, als wäre man uralt. Er fängt an zu singen: *Befiehl du deine Wege und was dein Herze kränkt, der allertreusten Pflege ...*

Und sie fällt ein, fast automatisch: ... *des, der den Himmel lenkt.*

Sie holen gleichzeitig Luft und singen zusammen, wie sie es so oft getan haben, ihre Hand steckt jetzt in seiner Tasche.

... *der wird auch Wege finden, da dein Fuß gehen kann.*

Sie haben mitten im unwegsamsten Urwald gesungen, und sie hat gelacht, als ihr Haus von den Ameisen angefressen war.

Sie haben gesungen, als schreiende Männer mit Speeren vor dem Haus standen. Und alles ist gut geworden.

Johann singt laut über den See hinaus mit seinem üppigen Bariton, ihre eigene Stimme klingt ziemlich dünn und spitz vor Angst. Auf dem jenseitigen Ufer ist gewiss nur er zu hören. Aber Gott hört auch sie. *Hoff, o du arme Seele, hoff und sei unverzagt ...*

Sie spürt, wie sie ruhig wird, wie Gott sich in ihrem Herzen ausbreitet und die Angst versickert. Johanns Glaube ist ihr gemeinsamer Glaube. Der Vater im Himmel wird über ihre Kinder wachen. Es wird ihnen gut gehen. In diesem Augenblick glaubt sie es wirklich.

Die Kinder waren wahrscheinlich der Grund, warum ich das alles erforschte und aufschrieb. Ihre Verlassenheit war der dunkle Stern über uns allen. Meine Mutter mit ihrem Staunen am Hügel über Hollandia, ihrem Staunen, das zu einem Schrecken wurde: Befehle in einer fremden Sprache, Züchtigungen, Verlassenheit, Kälte. Meine Mutter, die immerzu fror, die unter Bergen von Decken und Kissen schlief, in einer künstlichen, feuchten Hitze, die für jeden anderen unerträglich gewesen wäre.

Die wahren Sünden meiner Großeltern waren gottgefälliger Art. Was sie taten, diente dem Herrn im Himmel, wie sie glaubten. Sie verließen ihre Kinder. Sie kehrten zurück in ein Land, das sie nie als ihre Heimat betrachteten, wo ihre Kinder nicht aufwachsen sollten und dessen Einwohner entweder Gegner oder Unterworfene waren. Söldner Gottes.

21

Schiffstag

Meine Mutter hat sämtliche Briefe aufbewahrt, die sie und ihre Brüder im Kinderheim bekamen. Friedrich blieb allerdings nicht lange dort: Er war den ganzen Winter krank. Auf Nettes Bitten hin brachten Babette Marchand und der Hohburger Pfarrer, dem sie vertraute, den Jungen bei dem Kirchenmusiker Hansmeyer und dessen verwitweter Schwester unter. Und dort blieb er. Briefe hat er keine aufbewahrt. In seinem Nachlass fanden wir außer ein paar Fotografien aus der Zeit nach dem Krieg nichts, was mit seiner Familie zusammenhing, aber es gab eine Menge Bilder und Briefe von seinem Pflegevater und dessen Schwester, die Friedrich ordentlich und jahrweise in Bündeln verwahrt hatte. Meine Mutter und die übrigen Geschwister hielten ihn für einen Kauz oder ein Genie. Er schrieb ihnen artige Geburtstags- und Weihnachtsgrüße und besuchte gelegentlich seine Mutter, wobei er meistens schweigsam am Tisch saß und ab und zu ein wenig summte oder pfiff.

Ich fing an, ihn zu mögen, als ich Musik studierte und er mir mit wenigen Worten Räume öffnete, die ich ohne ihn nie gefunden hätte. Wahrscheinlich hätte ich das Studium ohne ihn viel eher aufgegeben. Vielleicht war er kein Genie, aber er atmete und trank Musik, als wäre er ein körperloses Wesen. Über die Familie sprach ich mit ihm so gut wie nie, weil er ohnehin wenig redete und sich, wie er behauptete, an nichts aus der Zeit vor seinem Leben bei den Hansmeyers erinnerte.

Meine Mutter empfand seinen Rückzug und sein Schweigen als Strafe für ihr Versagen als große Schwester: Ich habe mich im Heim nicht richtig um ihn gekümmert.

Irgendwann nötigte sie mir Nettes und Johanns Briefe auf, die säuberlich abgetippt und vermutlich auch bearbeitet waren. Leider tat sie das zu jenem Zeitpunkt, als ich gerade Vegetarierin war und politisch dem Anarchismus zuneigte. Ich überflog sie nur zum Teil und stieß mich an jedem dritten Satz. Allein dass mein Großvater Johann mehrfach sein Gewehr und die Vorzüge von Nashornvogel- gegenüber Krontaubenbraten erwähnte und die Qualität von Krokodilfleisch pries, fand ich empörend. Noch schlimmer war, dass Nette darin gemeinsame Feiern mit den Hausjungen und -mädchen als sehr vergnügt schilderte, was ja nichts als kolonialistischer Schwindel sein konnte.

Es waren ganz andere Briefe, als ich sie mehr als zehn Jahre später, inzwischen selbst Mutter, wiederlas. Da waren Eltern, die versuchten, den Kontakt mit ihren Kindern über Briefe aufrechtzuerhalten, Briefe, die sechs Wochen unterwegs waren. Die eigene Sorge überspielten sie mit angestrengter Heiterkeit: Ihnen gehe es gut, nur dass eben der Schnee und die Äpfel und die Würste fehlten. Die Hausjungen und -mädchen fragten viel nach ihnen, und Christine langweilte sich ohne andere Kinder. Wie gut sie es dagegen hätten, deutsche Leckereien und viele Spielgefährten um sich zu haben. Als wäre die Trennung normal und das Leben in Neuendettelsau nur ein lustiger Ausflug mit ein bisschen Heimweh.

Sie würden sich ja bald wiedersehen, schrieb Nette, und Johann: Die Eltern würden ihre gescheiten Kinder, die in der Schule schön fleißig gewesen waren, dann voller Stolz in die Arme schließen. Sie schrieben nie, dass sie ihre Kinder vermissten. Nette sollte im Frühjahr 1940 mit Christine nach Deutschland kommen, ohne Johann, der erst 1941 wieder auf Heimaturlaub gehen durfte. In der Mission war dergleichen zwar nicht üblich, aber Nette kämpfte darum und setzte sich durch. Das war jedenfalls der Plan.

Alle drei Kinder wurden regelmäßig fotografiert, damit die Eltern wussten, wie sie aussahen. Johann wollte immer genau wissen, wie viel sie wogen und wie groß sie waren. Sie waren immer zu leicht, und er ermahnte sie, mehr zu essen. Weder er noch Nette wussten, was im sogenannten Neuguinea-Heim vor sich ging: die Schläge, die Härte, die emotionale Kälte. In den Briefen, die die Kinder unter Aufsicht schrieben, war alles gut.

Meine Mutter sprach erst nach Erichs Tod darüber. Am Anfang hätten sie freundliche, wenn auch strenge Hauseltern gehabt, aber dann kamen andere: sadistische Diakonissen, die die Kinder einsperrten, sie zwangen, Erbrochenes wieder zu essen und auf Steinen zu knien. Zu eurem Besten. Wer seine Kinder liebt, der züchtigt sie, steht in der Bibel. Einmal, erzählte meine Mutter, schrieb sie heimlich einen Brief voller Klagen an ihre Eltern und vertraute ihn Erna Blech an, der lieben Tante Erna. Der Brief erreichte die Eltern nie. Onkel Blech hat ihn unterschlagen, sagte meine Mutter, der doch versprochen hatte, sich um uns zu kümmern. Dann hat er diesen furchtbaren Tod gehabt.

Ihre Genugtuung jedes Mal, wenn sie davon sprach.

Gerhard Blech machte einmal ein Foto von ihr, es muss im Jahr 1938 gewesen sein, sie war zehn. Nun mach kein Gesicht wie drei Tage Regenwetter, sagte er, deine Eltern sollen sich doch freuen, wenn sie dich sehen.

Johanna dachte an die Regengüsse von Genyem, an das warme Prasseln und Rauschen, und brach in Tränen aus.

Das Bild zeigt ein schmalschultriges Mädchen mit dünnen Beinen. Es steht vor einem Eisentor neben einer Linde. Aus seinem streng gescheitelten Haar und den Zöpfen springen feine Löckchen. Das Kind lächelt mit geschlos-

senen Lippen, die Augen mit den dunklen Ringen schauen
an der Kamera vorbei. Es trägt kurze weiße Söckchen zur
BDM-Uniform mit dem dunklen Rock. Auf der Brusttasche der kurzärmeligen weißen Bluse ist das aufgenähte
Abzeichen einer Gruppenführerin zu sehen.

Der Hafen von Hollandia ist nicht tief genug für den Post-
dampfer, deshalb paddeln Scharen von *prauws* aufs Meer hinaus, sobald sich seine Rauchwolke am Horizont zeigt. Es ist
immer dasselbe, an jedem vierten Freitag, den Gott werden
lässt: das Gewimmel im sonst so schläfrigen Hollandia, die
Berge von Kisten und Säcken am Ufer, die voll beladenen
Boote, der Rudergesang und dann der Lärm der wenigen Mo-
torboote, der alles übertönt. In einem davon sitzt, wie immer
schwitzend, die holländische Kolonialverwaltung in Gestalt
von Mijnheer Rijkstra, dem derzeitigen Gezaghebber des Distrikts. Johann hat den Mann noch nie mit trockener Stirn gesehen. Die Chinesen an der Pier kommandieren schreiend die
Bootsjungen herum, und die malaiischen Polizeisoldaten tun
so, als beaufsichtigten sie das Ganze, aber in Wahrheit freuen
sie sich über die seltene Abwechslung und hoffen wie die übrigen auf Nachrichten von zu Hause.

Johann hofft diesmal vor allem auf die Chemikalien für die
Dunkelkammer, die homöopathischen Arzneien für Nettes
Patienten und die sieben Hühner einer besonders zähen, tro-
pentauglichen Rasse, die sie schon vor drei Monaten bestellt
haben. Man weiß nie, ob die *van Imhoff* bringen wird, worauf
man sich freut, es ist wie Weihnachten in der Kindheit, die
Erwartung groß, die Enttäuschung manchmal bitter. Für
Nette ist das Schlimmste, wenn keine Briefe von den Kindern
dabei sind. Es ist ja nicht so, dass sie nicht schreiben würden,
aber manchmal kommt kein Brief an, dann wieder gleich drei
auf einmal. Friedrich schreibt als Einziger regelmäßig an
jedem Monatsende einen Brief, der stets mit den Worten be-

ginnt: Liebe Mutter, lieber Vater, wie geht es Euch, mir geht es gut. Früher hat er immer Ibu und Bapa gesagt.

Nette und die kleine Christine sitzen mit Johann in Lehdemanns großer *prauw* mit Außenbordmotor, langsam tuckern sie über die Bucht. Lehdemann nimmt sie meist mit, seit sie ganz in seiner Nähe leben, auf der neuen Station in Yoka am Sentani-See. Der Kontakt ist enger geworden, obwohl Nette sich daran stört, dass Lehdemann seine ambonesische Frau Linda nicht heiratet – und dass er andauernd Sitzungen der Parteizelle in seinem Haus einberuft. Christine dagegen mag die Parteisitzungen: Wenn Johann sie mitnimmt, kann sie mit Lehdemanns Töchtern spielen. Außerdem liebt es die Siebenjährige, mit ihrem Vater auf der Veranda rund um das Haus zu marschieren und deutsche Lieder zu singen: *Die Fahne hoch!* Die ganze Station kann es schon, samt dem deutschen Text.

Christine spricht inzwischen ganz gut Deutsch – wenn auch ungern und ein wenig ungelenk. Sie lernt Lesen und Schreiben in ihrer Muttersprache, sie soll es in der Schule später nicht so schwer haben wir ihre älteren Geschwister. *Ada kapal!*, ruft sie jetzt, ganz stolz, dass sie als Erste die Rauchwolke der *van Imhoff* über der Kimm entdeckt hat. Der Bootsjunge macht den Motor aus, und sie hören wieder die Wellen und den vielstimmigen Rudergesang von allen Seiten.

Na, nu freuen wir uns mal auf ein paar alte Zeitungen, sagt Lehdemann aufgeräumt. Und auf ein schönes kaltes Bier, ergänzt Johann. Auf der *van Imhoff* gibt es tatsächlich eiskaltes Bier, Nette redet oft schon eine Woche vorher sehnsüchtig davon. Die Weißen – Passagiere auf der Durchreise und Hiesige – treffen sich immer in der Offiziersmesse, es ist ein richtiges kleines Fest, für ein paar Stunden wird das Schiff zum Postamt, zum Handelskontor, zur Bank – und auch ein bisschen zur Bar.

Jetzt ist wieder alles versammelt, tönt Lehdemann wie

jedes Mal, wenn sie an Bord gehen, Regierung, Marine und der Mann fürs Seelenheil! Er begrüßt den Gezaghebber und den Kapitän mit Handschlag und klopft Johann auf die Schulter. Die Macht und die Herrlichkeit und die Ewigkeit!

Sein Benehmen ist immer noch das eines Direktors der Neuguinea-Compagnie.

Amen!, ruft Lasinski, der die Messe betritt, gefolgt von Siebenkorn. Der Gezaghebber lächelt gequält. Jeder weiß, dass er Lasinski und Siebenkorn verabscheut. Er hasst seinen Posten hier sowieso, wie er Johann einmal anvertraut hat, er will so bald wie möglich weg aus diesem malariaverseuchten Drecknest voller Degenerierter, wo es außer der Kirche und der Kaserne keinen Hauch von Zivilisation gibt. Solche Kolonialbeamten hat Johann schon viele getroffen, schwitzende Holländer, angeödete Preußen und Briten in kurzen Hosen: Sie sitzen in den Kolonien herum und beklagen sich, dass es nicht wie zu Hause ist, anstatt etwas auf die Beine zu stellen. Der Gezaghebber ist im Übrigen kein dummer Mensch, findet Johann, er hat eine christliche Gesinnung und Sympathien für den Nationalsozialismus – auch wenn ihm die Idee der Volkskirche ganz und gar nicht einleuchtet. Von ihm erfährt Johann oft Neuigkeiten, die über Radio aus Batavia kommen. Er erzählt auch manchmal, was in den amtlichen Schreiben steht, die ihm an Bord der *van Imhoff* ausgehändigt wurden, meistens plaudert es aber der Kapitän aus, der längst weiß, war darin steht, weil es schon zigmal an Bord besprochen wurde. Bis das Schiff seine letzte Station am müden Rand der Kolonie ansteuert, ist jede Neuigkeit ein alter Hut.

Ihr hier am Ende der zivilisierten Welt, sagt der Kapitän.

Am Ende Niederländisch-Indiens, sagt Lehdemann, aber das ist, seit es keine deutsche Kolonie mehr gibt, wohl dasselbe.

Der Gezaghebber, der für jede Art von Ironie vollständig

unempfänglich ist, pflichtet bei, indem er schwitzend und sparsam nickt.

Lehdemann hebt sein Glas für einen der Trinksprüche, die er bei jeder Gelegenheit ausbringt.

Auf unser Bollwerk gegen die Wildnis und die Australier!

Alle heben ihr Glas, auch Nette, die, beschwingt von ihrem Bier, leise kichert.

Nur Siebenkorn trinkt nicht mit, er ist mit der Unmenge an Briefen beschäftigt, die er bekommen hat, von Anthropologen und Geologen oder auch Zoologen, es ist unglaublich, mit wem er sich alles schreibt, sogar mit dem Künstler Walter Spies auf dem heidnischen Bali, der ein sehr verkommener Mensch sein soll. Siebenkorn hat ihn dort sogar besucht. Dieser Siebenkorn. Vor vierundzwanzig Jahren ist er zusammen mit Johann auf der *Manila* hergekommen, als gelangweilter Erbe und Vergnügungsreisender, und ist immer noch getrieben von einer tropischen Abart der deutschen Wanderlust. Wie Johann selbst. Nur hat Siebenkorn sonst nichts zu tun, die ganze Arbeit auf der Plantage macht Lasinski. Sein neuester Plan ist es jetzt, an der Expedition des Amerikaners Archbold teilzunehmen, der das Hochgebirge Neuguineas erforscht. Archbolds Flugboot landet seit Wochen immer wieder in der Bucht von Hollandia und bricht von da zu Flügen in die Berge auf. Nichts täte Johann lieber, als da einmal mitzufliegen. Wäre er nicht Familienvater und Missionar, er würde alles stehen und liegen lassen und auf Forschungsreise gehen. Vielleicht hat ja Siebenkorn Glück und darf mit.

Inzwischen ist Lehdemann in seinem schlechten Holländisch ins Schwadronieren geraten.

Das ganze deutsche Eigentum haben sich die verfluchten Aussies unter den Nagel gerissen, da seid ihr Holländer mir doch wirklich lieber!

Er ist in seinem Fahrwasser. Zur Feier des Tages trägt er sein Parteiabzeichen am Hemd, was Johann wie auch Lasinski und Siebenkorn, die beiden anderen Mitglieder der NSDAP-Zelle von Holländisch-Neuguinea, Bezirk Hollandia, lieber sein lassen. Bei ihnen weht nur die Hakenkreuzfahne neben der holländischen vor dem Haus, das würde jeder Deutsche so machen. Nicht alle müssen wissen, dass sie Parteimitglieder sind.

Aber Lehdemann ist das egal. Gelbe Augäpfel hat er bekommen, er sieht mittlerweile deutlich älter aus, als er ist, er hat es vermutlich an der Leber, wie so viele in den Kolonien. Das verdammte Chinin, sagt Lehdemann immer. Der Alkohol, vermutet Johann.

Die papuanischen und ambonesischen Arbeiter poltern auf dem Deck herum, verladen Kisten, Säcke und Pakete, während die Weißen in der Offiziersmesse trinken und Geld zählen, Listen abhaken, Ladepapiere unterschreiben.

Kaum ist die Ladung für Hollandia auf den Lastbooten verstaut, löst sich die Runde in der Messe auf. Die Briefe in die Heimat, die Briefe an die Kinder, an Babette, Gerhard und Kuhnert und Nettes amerikanische Freundinnen sind längst in den königlich niederländischen Postsäcken begraben. Wie viele Nachrichten und Wünsche in so einem Postsack stecken, sagt Nette. An Deck hocken ein paar lebende Vögel in ihren Käfigen, die Federn leuchten vor dem blauen Wasser. Irgendwo im Laderaum müssen auch die präparierten Bälge toter Paradiesvögel versteckt sein, von den Chinesen und vielleicht auch von Lehdemann selbst als irgendetwas anderes deklariert.

Johann steigt mit Frau und Kind wieder zu Lehdemann ins Boot, natürlich erst, nachdem der Gezaghebber die *van Imhoff* verlassen hat. Das Protokoll wird eingehalten, so betrunken man auch sein mag. Zum Glück überlässt Lehdemann das Steuer seinem Bootsjungen. Sie haben viel Gepäck diesmal, aber Nette will ihre neuen Hühner nicht den Jungen auf den Lastbooten anvertrauen.

Doch, Herr Lehdemann, die müssen mit; nicht, dass ihnen was passiert. Nette ist eisern, wenn sie sich um etwas kümmert, Mensch oder Tier, da hat Lehdemann keine Chance. Der gibt sich immer Mühe, Nette zu Gefallen zu sein, aber sie gewährt ihm nicht mehr als freundliche Herablassung, sein grober Charme ist an sie verschwendet. Nun hocken die armen Viecher mit offenem Schnabel hinten im Boot, ihr Käfig rutscht mit den Wellen hin und her, vielleicht sind sie seekrank, sie machen kein Geräusch, und das kommt bei Hühnern eigentlich nie vor.

Am Lagerschuppen werden die Kisten ausgeladen, alles ist da: Schulbücher, Chemikalien und Medikamente neben Kleiderstoffen, Sämereien, Munition, Nähnadeln, Sägeblättern, Nägeln, Salz, Säcken mit Reis und Mehl und Konservendosen. Am Morgen werden die Jungen diese höchst willkommenen Lasten auf die Station und zu den Schulen in Ifaar und Asee schaffen.

Im *pasanggrahan* der Mission sitzen sie noch eine Weile mit Lehdemann, Siebenkorn und Lasinski zusammen und lassen sich von dem Chinesen Aing Bu Hu, der in seinem *togo* auch kocht, ein warmes Essen bringen. Chinesisches Essen schmeckt seltsam, aber es ist eine erfreuliche Abwechslung von dem ewigen *nasi goreng*, dem gebratenen Reis, den sie sonst unterwegs immer essen.

Das Gespräch dreht sich um die Unruhen auf den westlichen Inseln und die Maßnahmen der Holländer. Nicht, dass wir hier Zustände kriegen wie in Britisch-Indien, seufzt Lasinski. Der Kapitän hat erzählt, dass demnächst ein kleines Kriegsschiff in Hollandia stationiert werden soll.

Die haben Angst vor einem Aufstand, vermutet Johann. Aber Lehdemann, der langsam nüchtern wird, widerspricht: Das ist vorbei, die Aufrührer sitzen doch alle in den Lagern. Es sind die Japaner, vor denen sie Angst haben. Die machen sich ganz schön breit in der Gegend.

Wenn nur kein Krieg kommt, wirft Nette ein. Davor hat sie Angst, und dieser Angst ist nicht beizukommen.

Da machen Sie sich mal keine Sorgen, kleine Frau, beruhigt Lehdemann, unser Führer will kein Blutbad, der will ein friedliches, großes Deutschland. Wir haben das Rheinland zurückgeholt, wir sind mit Österreich wieder vereint …

Aber wollen die andern das auch?, fragt Siebenkorn. Ein großes, friedliches Deutschland? Nach dem verlorenen Krieg? Man wird es uns nicht gönnen. Die Engländer …

Ach du, lacht Lasinski, du liest zu viel! Ist doch alles bestens!

Na, dann lasst uns mal für unser Deutschland singen, bevor es wieder in den holländischen Urwald geht, Volksgenossen, ruft Lehdemann und steht auf. Johann, der in der Parteizelle für Musikalisches zuständig ist, tut es ihm nach, hebt die Hände mit ausgestreckten Zeigefingern und stimmt an. Die andern stehen jetzt auch, man kann dieses Lied ja nur im Stehen singen: *Deutschland, Deutschland, über a-ha-lles* …

Besonders inbrünstig singt Christine, es ist eins ihrer Lieblingslieder.

Danach brechen die Pflanzer auf, sie wollen zurück sein, bevor es dunkel wird. Johann und Nette schauen ihnen nach, wie sie zur Bucht hinuntergehen, Lehdemann breitbeinig und mit rudernden Armen, Lasinski mit seinem Sportlerschritt, die Hand auf Siebenkorns Schulter.

Herr Lehdemann wird wirklich alt. Wenn er so weitermacht, trifft ihn bald der Schlag, sagt Nette.

Hoffentlich nicht so bald, antwortet Johann.

Nette wechselt ins Deutsche: Und was wird dann aus seiner Linda und den Kindern? Sie stehen dann vor dem Nichts.

Ach, Nette, was du dir immer Sorgen machst! Geh zu, er wird schon vorgesorgt haben.

Frag ihn das mal, bitte, ja? Frag ihn. Sag ihm, er soll an seine Familie denken.

Johann hört den Vorwurf genau, der zwischen ihren Worten versteckt ist. Wenn Christine jetzt nicht dabei wäre, würde sie ihm wieder sagen, dass er seine Reisen nicht so sehr ausdehnen soll. Er weiß, dass sie an ihre eigenen Kinder denkt, immerzu, und vielleicht auch, insgeheim, an das andere, sein Kind, dort auf der Insel, das schon groß ist und wahrscheinlich selber Kinder hat, denen man den weißen Großvater nicht mehr ansieht. Wenn es noch lebt. Nette hat es nie wieder erwähnt, seit er ihr davon erzählt hat. Aber sie betet immer noch extra für die Menschen auf Malawaia. Er ist ihr dankbar dafür.

Er hält ihr den Arm hin, seiner Frau, und sie hakt sich ein mit feierlichem Spott, mit einer damenhaft zeremoniellen Geste wie eine Großstädterin, eine aus New York. Christine nimmt seine andere Hand, und sie gehen die sandige Gasse hinauf zum Schulhaus.

Die Silhouette der *van Imhoff* ist nur noch ganz fern in der Bai zu sehen. Das Wasserflugzeug schaukelt im leichten Seegang. Vor Aing Bus Laden hocken Leute herum und kauen Betel, sie werden da noch bis tief in die Nacht sitzen.

Von solchen Dingen handelten Nettes und Johanns Briefe an ihre Kinder. Nette schrieb von den Hühnern, die ziemlich wild waren und ihre Eier überallhin legten, nur nicht in die vorgesehenen Nester im Hühnerstall, und irgendwann mit einer Schar Küken aus ihrem Urwaldversteck kamen. Sie erzählte, wie eines Nachts eine Schlange im Stall wütete. Johann erschoss sie, und die Jungen fanden vierzehn halb verdaute Hühner in ihrem Bauch. Ferdinand, der Handwerker, nagelte die Schlangenhaut an einen Baum, und danach tauchten überall ums Haus herum winzige geschnitzte Holzschlangen auf. Johann schimpfte lauthals über diesen Rückfall in Aberglauben, aber die Jungen erklärten achselzuckend, sie hätten nur Christine, der *adinda*, eine Freude machen wollen.

Nette erzählte mir diese Geschichte, mehrmals sogar, und sagte trocken, wie es ihre Art war: Christine hat ja auch ihre Freude daran gehabt.

Hast du denn deine Kinder nicht vermisst?, fragte ich sie einmal.

Sie sah mich an mit ihren grau gewordenen Augen und gleich wieder weg.

Ich habe gedacht, sie seien gut versorgt. Es ging nicht anders. Das Klima war ja auch so ungesund, wir waren alle viel krank.

Ich wusste damals noch nicht, dass meine Mutter in diesen Jahren im Kinderheim ein Tagebuch geführt hatte. Ich fand es unter den Briefen in ihrem Schrank, es war an ihre Mutter gerichtet, jeder Eintrag glühend vor Traurigkeit und Sehnsucht. Ich konnte nachlesen, wie aus dem wilden, lebhaften Kind ein Missionsprodukt wurde. Als die Heimeltern mit ihr fertig waren, war sie ein beherrschtes junges Mädchen mit hochgeschlossenen Blusen, niedergeschlagenen Augen und einem schweren Dutt im Nacken. Sie konnte in Neuendettelsau entweder Krankenschwester oder Kindergärtnerin werden. Sie entschied sich für die Kinder.

Sie entschied sich auch später für Kinder, sie bekam immer noch eins und noch eins, auch als sie langsam in ihren Nebeln und ihrem unwirklichen Kummer verschwand und alle Ärzte ihr davon abrieten. Ich hatte den Verdacht, dass sie hoffte, eines Tages wäre das richtige Kind dabei, eines, das so war wie sie selbst, bevor sie von ihren Eltern verlassen wurde. Erst als wir aus dem Dorf in die Stadt zogen, hörte sie auf damit.

Anfangs sah es aus, als wäre die Flucht endlich gelungen, Neuendettelsau, das Heim, die Mission weit genug weg. Die helle, nüchterne Neubauwohnung, in der wir von da an lebten, war so sozialdemokratisch und geheimnislos, wie Architektur nur sein kann. Aber es dauerte nur ein paar Monate, dann war wieder alles von Vergangenheit durchtränkt. Die

bunten geometrischen Blümchen auf den Küchenfliesen ver-
blassten. Der Nebel breitete sich aus. Meine Mutter geisterte
auf ihrer endlosen Suche nach der Heimat darin herum und
fand sie nicht. Sie machte unser Zuhause zu einer Art Not-
unterkunft, in der man es auszuhalten hatte, bis das richtige
Haus da war, ein großes, warmes, sicheres Haus für uns alle
und für immer, mit einem Harmonium und Bambuswän-
den.

Zu meinem achten Geburtstag bekam ich von meiner Pa-
tentante, die auch ein Heimkind der Neuendettelsauer Horde
war, eine Kamera geschenkt. Es war eine Idiotenkamera, In-
stamatic, für Farbfilm, eine geeignete Waffe gegen die
schwarz-weiße Familienüberlieferung. Man konnte darauf
nichts einstellen außer sonnig oder wolkig. Ich nahm immer
Sonne, aus Prinzip. Das Ergebnis waren Bildquadrate mit
Menschen in absonderlichen Farben. Nach Jahren verfärbten
sie sich und wurden orange.

Eine hagere Frau mit eingesunkenen Augen unter einem
dunklen Lockenturm: meine Mutter. Sie trägt ein langes
quietschrosa Dirndlkleid, einen Arm hat sie auf den hölzernen Fernsehkasten gelegt. Sie lächelt, wie sie schon auf
ihren Neuendettelsauer Bildern gelächelt hat, nur mit dem
Mund. Sie steht steif da wie eine Trachtenpuppe in einem
bayrischen Gewand, die man vor einem passenden Hintergrund aufgestellt hat. Es ist unser Wohnzimmer mit den
hellen Eichenmöbeln, grünen Vorhängen und einem Blu-
mentopf mit Christusdorn. Von der geschnitzten Truhe
aus Hongkong sieht man die dunkle Kante rechts unten
im Bild. Was man nicht sehen kann, sind die Nebel und
der Schatten Johann Hensolts.

Der unbekümmerte Lärm, den die amerikanische Expedition
mit ihrem Wasserflugzeug und ihren Motorbooten in der

Humboldtbai veranstaltet, wirkt belebend auf Johann. Wenn er an der Küste zu tun hat, sucht er die Nähe der Amerikaner, raucht ihre wunderbaren Zigaretten und erfährt eine Menge über das hiesige Hochgebirge, über Funkwellen und die Vor- und Nachteile verschiedener Generatoren. Die amerikanische Welt ist voller Wunder.

Siehst du, sagt Nette. Wenn wir hier weggehen, fahren wir nach New York und besuchen meine Freundinnen. Und meinen Onkel. Die Kinder nehmen wir mit.

Einmal Amerika sehen, das wäre herrlich. Aber noch hat er hier seine Aufgabe zu erfüllen, das ist seine Berufung, und er wird ihr folgen, solange es möglich ist. Auch wenn ihm so öde Tätigkeiten auferlegt werden wie zum hundertsten Mal die Schule von Hollandia zu inspizieren und einen Bericht darüber zu schreiben.

Der Gezaghebber steht auf seiner Veranda, als Johann die Gasse entlangkommt. Er stützt sich mit den Armen auf das Geländer und beobachtet angewidert das Gewimmel um das Flugzeug.

Diese Unruhe!, seufzt er. Was die an Treibstoff verschwenden!

Johann schaut zu ihm auf. Den Tropenhut behält er unhöflicherweise auf dem Kopf, die Sonne sticht.

Fortschritt ist ja nun wirklich nötig hier, schimpft der Gezaghebber weiter, aber dass ausgerechnet Amerika ihn bringen soll, das gefällt mir gar nicht. Und dass unsere eigenen Soldaten in das Flugzeug eines amerikanischen Millionärs steigen, um unsere Kolonie zu erforschen!

Die Amerikaner sind nun einmal am besten ausgerüstet, sagt Johann.

Stört Sie das denn nicht? Mit ihrer Überlegenheit haben die Amerikaner euch Deutschen in Samoa viel Ärger gemacht, nicht? Und glauben Sie mir, die wollen noch mehr. Irgendwann werden die mit den Japanern Krieg führen.

Aber Mr Archbold ist doch nur Naturforscher, wendet Johann ein und verkneift sich die Bemerkung, dass die Holländer ihr Territorium längst auf eigene Faust hätten erkunden können. Er selbst hat eine größere Expedition ins Waris-Gebirge im Grenzland vorgeschlagen. Aber man war nicht interessiert. Die Holländer wollen einfach nur, dass die Geschäfte laufen. Seit Johann das klar ist, hat er keine Reibereien mehr mit den Beamten der *bestuur* gehabt, und die Missionsarbeit geht ungestört voran.

Das Gespräch mit dem Gezaghebber, der sich ständig mit seinem schlaffen Schweißtuch über das Gesicht wischt, landet, wie gewöhnlich, schnell in einer Sackgasse. Der Mann langweilt ihn entschieden. Aber er verwaltet sein Gebiet gut, das muss man ihm lassen, seit der unseligen Angelegenheit mit Pamai aus Ormu gab es hier keine Konflikte mehr – nicht wie auf den Inseln im Westen.

Johann verabschiedet sich, indem er die Hand hebt, auf keinen Fall will er die schweißigen Finger des Gezaghebbers berühren. Er schlendert hinunter zur Hütte der Amerikaner, wo Russell hoffentlich schon aufgestanden ist. Er ist der Pilot des Wasserflugzeugs, mit dem Archbold seine Erkundungsflüge ins Inland macht, und hat Johann gestern erzählt, dass sie in einem fernen Gebirgstal dicht besiedeltes Gebiet gefunden haben.

Wir sind drübergeflogen und haben ganze Dörfer in den Wald rennen sehen, Männer, Weiber, Kinder, das glaubst du nicht, samt Schweinen. Russell hat schallend gelacht. Er ist vom Schlag des guten alten Mister Money vom Bismarckarchipel, auch so ein weißer Heide, obwohl er ein Kreuz um den Hals trägt, ein Mann mit Mut, ein moderner Held, der sein Leben für den Fortschritt riskiert.

Abenteurer, sagt Nette, als er ihr davon erzählt. Die helfen den Papua mit ihrem Flugzeug nicht weiter, die machen ihnen nur Angst.

Vielleicht ist es eine heilsame Angst, meint Johann, sie sehen ein Flugzeug am Himmel und verstehen: Da ist eine größere Macht, eine stärkere Kraft …

Johann, Gott ist kein Flugzeug. Und du bist kein Pilot, du bist ein Missionar, vergiss das nicht.

Er sagt nichts mehr und geht mit Christine zum Steg hinunter. Es gibt Dinge, über die er mit Nette zurzeit nicht sprechen kann. Über Flugzeuge zum Beispiel, die sie für ein überflüssiges Spielzeug hält, und über den Führer.

Deine Nazi, sagt sie dann. Vor Kurzem hat sie noch dabei gelacht, jetzt nicht mehr. Sie vermeiden bestimmte Themen. Wenn er ihr an den Sonntagabenden vorliest, ihr gemeinsames Ritual, das sie immer noch pflegen, lässt er den *Freimund* inzwischen lieber beiseite. Das letzte Mal, als er ihr einen von Kuhnerts Artikeln daraus vorgelesen hat, hat sie gesagt: Es herrscht kein guter Geist in Neuendettelsau. Wir hätten die Kinder nicht dort lassen dürfen.

In irgendeinem ihrer vielen Briefe aus Amerika stand, dass den Juden in Deutschland angeblich unangenehme Dinge passieren. Und wenn nun Kuhnert etwas über die Gefahr für das deutsche Christentum durch die jüdische Verderbnis schreibt, nimmt sie das als Beweis.

Die Nazi verfolgen die Juden. Gott wird sie dafür strafen.

Aus Holland hört man tatsächlich, dass viele Juden aus Deutschland dorthin umgezogen sind, nicht nur Juden, auch Sozialisten und andere ähnlich unerfreuliche Leute. Aber, das versucht Johann Nette immer wieder zu erklären: Wenn Volk und Kirche sich zu einer großen Gemeinschaft vereinen, wie es in Deutschland jetzt geschieht, dann haben Artfremde und Feinde des Volkes sich herauszuhalten. Und wenn ihnen das nicht passt, dann sollen sie eben gehen. Er will sich nicht mit ihr streiten, er hat Nettes Urteil immer vertraut, und sie sind sich doch im gemeinsamen Glauben einig. Irgendwann lachen sie zusammen und singen, und es ist gut. Aber Nette ist in letzter Zeit oft ungerecht und ängstlich, vielleicht hängt das auch mit der rätselhaften Krankheit ihrer Augen zusammen: Sie kann kein helles Licht mehr ertragen und braucht draußen immer eine sehr dunkle Brille. Die Amerikaner haben ihr eine geschenkt.

Jedenfalls: Johann will keinen Streit, und er möchte auch nicht, dass sie sich in ihre Schwarzmalerei hineinsteigert. Die Trennung von den Kindern macht ihr Sorgen, und er muss sie ständig deswegen beruhigen.

Was wird aus ihnen, wenn wieder ein Krieg kommt?

Geh zu, sagt er dann, keiner will einen Krieg!

Ihre Sorgen sind so unnötig. Den Kindern geht es gut, sie sind gesund, auch Friedrich, sie lernen, sie sind bestens versorgt. Von Gerhard Blech hört man nur Gutes über sie. Erich ist ein bisschen ungebärdig – ganz der Vater, schreibt Gerhard, aber wir haben ihn im Griff.

Johann vermisst seine Kinder ja auch, ihre Stimmen, ihre Spiele und den Frieden ihres Schlafs. Immerhin ist Christine bei ihm, sie lehnt sich jetzt an ihn, erstaunt über sein Schweigen. Er lässt sich auf dem Steg nieder und nimmt sie auf den Schoß. Sie schauen über das vom abendlichen Wind geriffelte Wasser. Die Asee-Leute kommen gerade in ihren *prauws* von den Feldern zurück, der Rudergesang ist deutlich zu hören, die Musik des Sees, die er so liebt. Er singt stumm mit, sein ganzer Körper kennt diese Melodien von den endlosen Stunden, die er hier gereist ist. In einem der Boote hält eine Frau ein großes Palmblatt in die Luft und lässt sich vom Wind übers Wasser treiben. Jemand auf einem Boot winkt, Christine und er winken zurück.

Noch nie war seine Welt so voller Zuversicht wie in diesem Augenblick. Die Arbeit gedeiht, rund um den See blühen seine Gemeinden. Es liegt Segen auf seinem Werk. Und es geht überall wieder aufwärts, in Deutschland vor allem, die schlimmen Krisenzeiten sind vorbei. Warum Nette sich nur solche Sorgen macht. Niemand wäre so verrückt, jetzt einen Krieg anzufangen.

Ja, alle Zeichen stehen auf Gedeihen. Und all diese wunderbaren Erfindungen! Wie hat er damals auf Ruk vergebens um ein Motorboot gebettelt, und heute kann sich bald jeder einen Außenbordmotor kaufen. In Deutschland haben viele sogar schon einen eigenen Radioempfänger. Und er selbst hat den großen, sehnlichen Wunsch: Er möchte fliegen. Sein kleines Reich am Sentani-See von oben sehen! Am Himmel schweben wie ein Vogel.

Komm, wir singen, sagt er zu Christine und stimmt an: *Kommt ein Voogel gefloogen* …

Singend gehen sie zum Haus hinauf.

Nach dem Ende der Regenzeit wird sein Wunsch tatsächlich erfüllt. Am letzten Tag seiner Inspektionsreise an die Küste sitzt er mit Russell und dem Flugnavigator in Hollandia zusammen. Morgen geht's wieder los, sagt Russell. Wir fliegen Ausrüstung hinauf. Wenn du willst, fliegen wir dich nach Hause.

Da kann Johann nicht an sich halten. Er stößt einen Juchzer aus, er lacht, er schüttelt Russell die Hand, er bedankt sich gleich mehrmals. Sofort schickt er einen Jungen los, er soll der Nonja auf der Station Bescheid sagen, dass er morgen mit dem Flugzeug kommt. Er ist so voller Freude und Bangen, dass er, allein im *pasanggrahan* unter seinem Moskitonetz, lange nicht zur Ruhe kommt. Es ist fast wie damals in der Pension in Genua, bevor er zum ersten Mal ein richtiges Schiff bestieg.

Sie weisen ihm einen Platz unten im Flugzeug an, auf einem beweglichen Sitz, ganz vorn. Der Lärm der Motoren ist stark und beruhigend. Sie gleiten auf den Kufen hinaus auf die Bai, die blau und silbern daliegt und plötzlich tief unter ihm ist. Immer tiefer. Die Inseln wie Knöpfe. Sie fliegen in einer steilen Kurve wieder auf Hollandia zu, wäre sein Sitz nicht so beweglich, läge er jetzt in seinen Gurten auf der Seite. Er sieht das Wasser auf sich zukommen, und einen Augenblick, einen kurzen ewigen Augenblick ist es wie in seinen Träumen: All das Wasser und die ferne Insel, jemand erwartet ihn, und er schwimmt und schwimmt in den Wellen, den immer größer werdenden Wellen. Aber da sind die Motoren, die Propeller, und die Wellen werden klein unter ihm. Das Flugzeug steigt auf. Unter ihnen der Hügelkamm, der Wald, der Sentani-See, in dem sich der Himmel und das Cyclopgebirge spiegeln, und mittendrin Asee, winzig die Hütten. Und schon sinken sie wieder, sein Magen hebt sich unangenehm, und es ist vorbei, sie fliegen niedrig über dem Wasser auf das Ufer zu. Da ist Yoka, die Station, er sieht die geflickte Stelle im Dach, den Hühnerstall, sieht Nette mit Christine auf den Steg hinauslaufen, dann rennen sie zurück ins Haus, und während er über ihnen eine Schleife zieht, kommen sie zurück, und ein paar Jungen machen am Steg die *prauw* los.

Das Flugzeug sinkt sanft und klatscht dann mit einem heftigen Stoß auf das Wasser.

Als er hinausklettert, rudern ihm die Jungen schon mit großem Geschrei entgegen. Sie lassen es sich nicht verbieten, auf die Kufen zu steigen, aber ins Flugzeug werden sie natürlich nicht hineingelassen. Johann lässt sich zur Station hinüberrudern, er ist noch fast taub, er hört die Jungen nicht singen. Still und mit unendlich scheinender Langsamkeit nach dem schnellen Flug nähern sie sich dem Steg, wo Nette wartet, Nette mit ihrer dunklen Brille und einem großen glücklichen Lächeln. Sie streckt ihm die Arme entgegen.

Eine Woche später hat Johann Geburtstag. Er wird siebenundvierzig Jahre alt. Er liebt Geburtstage, die ganze Station feiert bei solchen Gelegenheiten, auch die Geburtstage der fernen Kinder werden begangen, mit besonderem Essen und Kuchen und Liedern. Aber in diesem Jahr wird Johann eine besondere Überraschung zuteil. Christine zieht ihn an der

Hand hinaus auf die Veranda, und da stehen auf dem Vorplatz, in Reih und Glied, die Schüler der Gehilfenschule.

Sie alle haben sich Johanns Stammeszeichen auf den linken
Oberarm gemalt: einen roten Streifen mit einem weißen
Kreis, darin ein schwarzes Zeichen mit einem Haken an
jedem Ende. Und sie singen ihm das Lied, das zu diesem Zeichen gehört: *Die Fahne hoch!* Johann erkennt die Melodie, den
Text nicht so richtig. Er ist so gerührt, dass er nichts zu sagen
weiß. Er singt einfach mit, und seine Frau und seine Tochter
auch.

Christine war damals acht Jahre alt und vergaß diese Szene
nie. Sie erzählte mir davon aber erst, nachdem ich herausgefunden hatte, dass Johann Hensolt Mitglied in der NSDAP
gewesen war. Sie war das letzte Hensolt-Kind in Neuguinea,
und sie erlebte die Jahre des Triumphs und des Segens, als ihr
Vater der uneingeschränkte Herr von Yoka war. Von allen
geliebt, glaubte Christine.

Sie verteidigte die Arbeit ihres Vaters und der Mission voller Überzeugung. Was wäre denn aus den Papua geworden
ohne uns? Die Siedler und Händler hätten sie übervorteilt, sie
hätten sich nicht wehren können. Und ohne das Christentum
hätte es weiter Blutrache gegeben, niemals Frieden.

Im Jahr nach Johanns Flug über den Sentani-See begann
der nächste große Krieg.

22

Pflicht

Nach und nach wurden die vorhandenen Einzelteile der familiären Überlieferung bei mir angeschwemmt. Das letzte Stück war ein selbst gebasteltes Fotoalbum im Querformat, mit Stoff bezogen, die Seiten aus gelochtem schwarzen Karton, alles mit einer Kordel zusammengebunden. Einige Bilder fehlten, manche lagen lose zwischen zwei Bogen, wie das aus dem Jahr 1938 von Heiner und Marie. Es war überbelichtet und zeigte die beiden in grellweißen Kleidern inmitten einer grauen Tropenvegetation. Sie sitzt auf einem nicht sichtbaren Hocker, er steht hinter ihr. Auf ihrer Schulter liegt seine verlegene Hand, als hätte er sie dort vergessen. Sie machten jedes Jahr ein Bild und schickten es den Kindern.

Ich hätte sonst nicht mehr gewusst, wie die Eltern aussehen, sagte mein Vater.

Auf der letzten Seite des Albums wiesen vier leere Fotoecken auf die Abwesenheit eines Bildes hin, das fast die ganze Seite eingenommen haben musste. Meine Nichte hat es herausgenommen. Es war ein Hitler-Bild, sagte sie. Sie hat es verbrannt. In all den Jahren, während mein Vater uns das Tagebuch der Anne Frank nahebrachte, mit uns das KZ von Dachau besichtigte und gegen den Militarismus wetterte, hatte ein Porträt des Gröfaz (wie mein Vater ihn nannte) in unserem Schrank gelegen.

Das Album hatte meiner Großmutter Marie gehört.

Ich war vielleicht zehn Jahre alt, als mein Großvater Heiner eine grundsätzliche Ansprache hielt. Wir waren bei den

Großeltern zu Besuch, mein Vater, mein kleiner Bruder Martin und ich. Wir saßen am gedeckten Tisch, die Wanduhr tickte laut, und mein Vater sagte zu Marie, in welchem Zusammenhang weiß ich nicht mehr, die alte Vorstellung vom Teufel und von der Hölle sei ja nun wirklich überholt.

Ihr unterschätzt alle das Böse, sagte plötzlich Heiner. Er sagte es in demselben Ton, in dem er über das mangelhafte Wachstum der Kohlköpfe in jenem Jahr gesprochen hätte. Aber weil er so selten sprach, schreckten wir alle auf.

Das Böse ist da, wie Unkraut, immer und überall. Man muss es rechtzeitig erkennen und bekämpfen, bevor es überhandnimmt.

Er griff nach seinem Messer, dem scharfen Messer, das er immer benutzte und über Jahrzehnte hauchdünn geschliffen hatte, und schnitt ein Brötchen in feine Scheiben. Dabei sprach er nicht, weil er nie mehr als eine Sache auf einmal tat. Die Scheiben kamen wie üblich in seine blaue Schale. Wir alle schauten ihm wortlos zu. Er nahm ein wenig Salz zwischen Daumen und Zeigefinger und streute es darüber. Marie schob ihm wortlos den Topf mit der warmen Milch hin. Er goss die Milch in einer langsamen Kreisbewegung über das Brot. Wie oft ich das schon gesehen hatte.

Wir wussten, was als Nächstes kam: Er würde sich die Serviettenecke in den Kragen stecken, und wir würden die Hände falten. So war es immer. Mein Großvater dirigierte uns mit seinen Gesten, wir kannten sie auswendig. Er neigte den Kopf zum Tischgebet.

Vater segne diese Speise, uns zur Kraft und dir zum Preise, Amen.

Man sah dabei die kahle Stelle auf seinem Kopf mit dem struppigen Haarkranz drum herum.

Der Teufel, sagte er, als er mit dem Tischgebet fertig war, und blickte streng seinen Sohn an. Natürlich gibt es ihn. Wenn du daran zweifelst, wenn du an der Macht des Bösen zweifelst, dann bist du ihm ausgeliefert. Dann kannst du in dieser Welt nicht bestehen.

Mein Vater widersprach nicht, so bereitwillig er sonst allen widersprach. Bei seinen Eltern tat er es nie. Er schritt nicht einmal ein, wenn Marie ihre gnadenlose Herrschaft über uns ausübte. Er hielt sich für liberal und wäre gern ein freier Geist gewesen, großzügig und weitherzig, er gab sich wirklich Mühe damit, aber es gelang ihm nur stundenweise. Er schwieg also. Mich überkam plötzlich eine fürchterliche Angst vor dem Teufel. Was, wenn mein Vater sich irrte und es gab ihn wirklich? Was, wenn mein Vater das Böse nicht erkannte und uns nicht beschützte? Die Wanduhr tickte, und dann schlug sie. Dem Schlag ging ein rasselndes Geräusch der Feder voraus, das ähnlich klang wie Maries feuchter Husten. Krrrrrchrrr. Bong.

Marie sagte zu Martin: Hör sofort auf zu schmatzen. Und zu Heiner: Du bist mir ein Theologe! Und zu meinem Vater: Reinhard, deine Tasse.

Mein Vater hielt ihr die leere Tasse hin. Heiners Worte hingen in der Luft wie ein Fluch. Mein Bruder wagte nicht weiterzuessen.

Ich fragte meinen Vater auf der Heimfahrt, was der Großvater gemeint hatte.

Er denkt, er hat eine Erklärung, sagte mein Vater. Für all das. Aber es gibt keine.

Das *Neuendettelsauer Missionsblatt* hat im Jahr 1938 eine geänderte Titelgrafik. Anstelle der tropisch-malerischen Papuahütten von früher ist nun ein sportlich ausstaffierter weißer Mann zu sehen. Er sitzt und hat ein übergroßes Buch auf dem Schoß. Vor ihm auf dem Boden kauern zwei dunkel schraffierte Männergestalten mit krausen Haaren. Hinter ihnen ist Urwaldvegetation angedeutet. Der weiße Mann ist augenscheinlich gerade in einer Rede begriffen, die linke Hand reckt er mit spitzem Zeigefinger zum Himmel. Einer der Männer zu seinen Füßen hält Pfeil und Bogen in der Hand. Sein Gesichtsausdruck signalisiert gespanntes Lauschen.

Der Flugplatz, den Heiner vor drei Jahren hat anlegen lassen, macht viel zusätzliche Arbeit. Jetzt regnet es wieder seit Wochen, und alles versinkt im Schlamm. Angeblich sind die Junkers die besten Flugzeuge für die Tropen, aber ihre F33, die hier in Heldsbach feierlich geweiht und auf den Namen *Papua* getauft wurde, versank anfangs andauernd im weichen Untergrund. Sie mussten für teures Geld breite Ballonreifen aus Australien beschaffen – und dann stellte sich heraus, dass der Motor für die Höhen, mit denen sie es hier zu tun haben, nicht ausreicht. Man kann die *Papua* nicht voll beladen.

Der Name passt, hat Marie gesagt. Ein faules Flugzeug, so was kann es nur hier geben.

Diesen dummen Scherz bringt sie jetzt bei jeder Gelegenheit an, obwohl er ihr sagt, sie soll nicht über Dinge reden, von denen sie nichts versteht. Und Flugzeuge gehören ganz bestimmt dazu.

Jedenfalls muss wegen des schwachen Motors öfter geflogen werden, und der Treibstoff ist teuer. Heiner muss die Fracht zwischenlagern und einen Treibstoffvorrat halten. Aber von welchem Geld? Der Kopra-Preis hat zwischendurch zwar angezogen, ist dann aber wieder gefallen.

Er sitzt im Anbau der Werkstatt, für den Marie die Bezeichnung *office* eingeführt hat, und brütet über den Büchern. Nebenan hört er Baluna, der das Arbeitsgerät überprüft. Da ist einiges zu reparieren. Bei dem schweren Regen derzeit kann man draußen nur die unumgänglichen Arbeiten erledigen, und Baluna ist seit seinem Unfall auch nicht mehr so kräftig. Er hat ein Auge verloren, und seine Schulter ist schief, der linke Arm ein wenig steif. Es ist passiert, als sie Korallenbruch für den Flugplatz geholt haben. Heiner war nicht dabei, aber trotzdem: Er ist verantwortlich für seine Leute, besonders für Baluna, dem er von Anfang an alles beigebracht hat und der so ein tüchtiger Mann geworden ist. Ein guter Christ ist er außerdem, das hat er bei der Sache mit seinem Neffen Zumajang bewiesen. Der alte Wangerl selbst hat ihm damals klargemacht, dass das Gebot Gottes über allem steht, und Baluna hat es eingesehen. Heiner sieht wieder Zumajang vor sich, auf dem schlammigen Vorplatz, Zumajangs saubere Hände, den Beweis seiner Schuld, und Balunas ungläubiges Gesicht.

Nach dem Unfall hat Heiner jedenfalls alles darangesetzt, dass Baluna gut versorgt wurde. In der Eingeborenenklinik in Finschhafen haben sie sein zerstörtes Auge entfernt, und Heiner hat darauf bestanden, dass die Augenhöhle nicht einfach zugenäht wurde, sondern Baluna ein Glasauge bekam. Es war schwierig, das durchzusetzen, für einen Arbeitsjungen sind solche Ausgaben nicht vorgesehen. Aber über Bruder Hilpert hat Heiner dann ein englisches Glasauge besorgt, es ist blau und sieht seltsam an Baluna aus, aber der ist sehr zufrieden damit. Jetzt habe ich ein weißes Auge, hat er zu Heiner gesagt.

Kurze Zeit später hat er Heiner einen vollständig rund geschliffenen gelblichen Stein gegeben, der mit länglichen Verzierungen und einem braunen Kreis bemalt war.

Was ist das?, hat Heiner gefragt.

Das ist ein schwarzes Auge.

Was soll ich damit?

Es ist ein Geschenk. Du hast mir ein weißes Auge gegeben, ich gebe dir ein schwarzes.

Heiner hat erst lachen müssen. Er hat es nicht haben wollen, wer weiß, was für ein Aberglauben oder gar Zauberkram damit verbunden war. Und wozu braucht er ein schwarzes Auge?

Die Papua machen ja oft Dinge der Weißen nach, ohne zu verstehen, worum es geht. Sie glauben immer noch, die Dinge funktionieren nur, weil übernatürliche Kräfte am Werk sind. Sie denken, wenn die Ahnen oder eben Anutu ihnen wohlgesinnt sind, dann bekommen sie *gudpela sindaun*, ein schönes Leben ohne viel Arbeit. Eine Geisteshaltung, die nicht auszurotten ist. Neulich ist eine komische Geschichte herausgekommen: Ein paar ehemalige Vertragsarbeiter haben eine Bank gegründet. Sie haben Geld eingesammelt und dann mit allerlei heidnischem Hokuspokus versucht, das Geld zu vermehren, das sie in eine verzierte Kiste gesteckt hatten. Die Kiste haben sie Bank genannt. Und überhaupt: Geschäfte! Die Kai kommen von sich aus überhaupt nicht auf die Idee, dass man dabei Gewinn machen muss: Wenn sie kaufen und verkaufen, tauschen sie Sachen und treffen andere Leute, der Rest interessiert sie nicht besonders. Mit dem Ergebnis, dass Chinesen und gewissenlose Weiße sie andauernd betrügen. Und wenn sie etwas haben wollen, das sie nicht eintauschen können, dann sparen sie nicht etwa darauf, oh nein, sie jammern, dass sie es nicht haben. Die Schlechten stehlen es. Aber auch schlechte Papua stehlen dann nicht einfach alles, was wertvoll ist, wie ein vernünftiger weißer Dieb es tun würde. Sie nehmen, was sie eben gerade haben wollen: eine Axt, ein Stück Fleisch, ein paar Shilling, ein Kleid. Sie denken nicht an die Zukunft.

Manchmal kommen Forscher hier vorbei, die ihnen, den Missionaren, erklären wollen, dass es den Papua in ihrem heidnischen Leben, ohne die Missionare, besser ginge. Diese Schlaumeier hätten sehen sollen, was es früher für Krankheiten und Grausamkeiten gegeben hat, wie die Papua sich gegenseitig umgebracht haben, bloß weil die einen zu der einen Familie gehörten und die andern zu der anderen. Dabei kann man doch nicht einfach zuschauen, bei diesem sinnlosen Töten, da sind sich alle zivilisierten Völker einig.

Nein, es ist ein Irrtum, als Weißer die christliche Zivilisation gering zu schätzen, wie es diese angeblichen Forscher tun. Wer sich mit dem Heidentum gemeinmacht, verliert jeden Maßstab, man hat das erlebt. Gerade jetzt wieder: Der Bruder Hugl hat seine Frau und seine Kinder verlassen und lebt in einem Dorf im Markham-Gebiet mit einer Eingeborenen in Unzucht. Alle Versuche, ihn zur Buße und Rückkehr zu bewegen, sind gescheitert. Hugl hat sogar einen Brief geschrieben, seine Ehe sei ohne Liebe und ohne Glauben, seine Frau und er würden nicht einmal mehr zusammen Andacht halten.

Schwester Hugl, die betrogene Frau, ist eine Freundin von Marie, die beiden sind damals als Bräute hier angekommen.

Wie kann ein weißer Mann sich so vergessen? Bei den Papua wundert es einen nicht, da passieren immer wieder schwere Fälle von Zuchtlosigkeit, aber ein Missionar, der plötzlich in ein Papuadorf geht und nicht mehr zurückwill! Was für Mächte sind da am Werk?

Er beugt sich wieder über seine Bücher. Um die Verfehlungen der Brüder hat er sich nicht zu kümmern. Er muss dafür sorgen, dass Geld hereinkommt. An Werkzeug wäre einiges nötig, aber: zu wenig Devisen. Immer zu wenig. Es sind die Herren in Berlin, die bestimmen, wie viele Devisen den Missionen im Ausland gewährt werden. Und wenn einer dieser Herren findet, dass sie hier der ausländischen Gräuelpropaganda nicht energisch genug entgegentreten oder nicht national genug gesinnt oder zu australienfreundlich sind, dann fällt die Devisenzuteilung für die Neuendettelsauer Mission geringer aus – oder ganz weg. Er hat mitbekommen, dass die leitenden Missionare durch das Außenministerium überprüft wurden. Die deutsche Reichsregierung bespitzelt die Diener Gottes!

Marie hält das für normal: Deutschland sei nun einmal von Feinden umgeben, da dürfe das Geld nicht in die falschen

Hände geraten. Wenn sie uns überprüfen, werden sie nur Gutes finden. Wir stehen in Treue fest zu unserem Führer, das ist doch keine Frage.

Sie spricht manchmal wie ein Soldat, als wäre sie ein Mann, es ist ein bisschen lächerlich. Sie ist eine Hausfrau, und zwar eine gute, warum will sie immer noch mehr sein! Wie bei der Sache mit der Partei.

Voriges Jahr ist sie mit Bruder Domsack und seiner Frau nach Rabaul gefahren. Heiner hat es ihr erlaubt, warum auch nicht, sie hat Besorgungen machen müssen, er hat nicht weiter gefragt, sie ist die Herrin im Haus, sie weiß, was gebraucht wird. Erst hinterher hat sie es ihm gesagt: dass sie dort einen Antrag auf die Mitgliedschaft in der NSDAP gestellt hat.

Er hat sich gewundert, dass Frauen Parteimitglieder werden können.

Mein Antrag wird nach München geschickt, es wird dauern, aber es steht dem ja nichts entgegen. Wir Reinhardts sind Arier seit 1678.

Das hat ihr Ältester herausgefunden, er hat in Deutschland Forschungen für seinen Ariernachweis betrieben. Ganz stolz hat er es in einem Brief an die Mutter mitgeteilt: Die Reinhardts stehen seit 1678 in den Kirchenbüchern der Michelreuther Gegend. Die Mohrs sind erst später nach Bayern gekommen, geflohen aus dem katholischen Österreich. Was ist da nun ehrenwerter, hat Heiner zurückgeschrieben.

Von dem Besuch in Rabaul hat Marie ihm ein Geschenk mitgebracht, sie war so guter Dinge wie schon lange nicht mehr.

Ein Rasierspiegel für dich. Schau, man kann ihn von zwei Seiten aufhängen.

Die Kehrseite des Spiegels besteht aus einem kolorierten Hitler-Bild. Die Augen darauf sind ungewöhnlich blau, korallenblau, so ähnlich wie Balunas Glasauge. Marie dreht den Spiegel immer herum, wenn Heiner mit dem Rasieren fertig ist. Obwohl sie noch nicht in die Partei aufgenommen worden ist, trifft sie sich mit Führeranhängern im Finschhafen-Gebiet, es sind inzwischen ziemlich viele, es gibt sogar Australier, die da mitmachen. Ihm kommt es närrisch vor.

Der Regen prallt wieder auf das Dach, als fiele er nicht in Tropfen, sondern in einem einzigen Guss vom Himmel.

Hinter der dünnen Schuppenwand redet Baluna auf seine Jungen ein und schimpft über irgendetwas. *Lumbawor*, ruft er plötzlich ärgerlich. Ein Gegenstand landet mit lautem Klirren auf dem Boden. Baluna ist wirklich ein ausgezeichneter Vorarbeiter, er sieht, was gut und was schlecht ist, und wenn er mit den Jungen *kokonas* pflanzt, stehen die Bäume in Reih und Glied. Darauf kann man sich verlassen.

Heiner versucht sich wieder in die Abrechnungen zu vertiefen. Er spart, wo er kann. Mag sein, dass es der deutschen Wirtschaft immer besser geht, aber hier haben sie wenig davon, sie müssen alles in Australischen Pfund bezahlen. Er muss einen Bettelbrief nach Sydney schreiben, wie damals, als sie die Landegebühr für die *Papua* nicht bezahlen konnten und dann die Ballonreifen und dann den Impfstoff. Und dann dies und dann jenes.

Wieder schimpft Baluna hinter der Wand. Auf einmal kracht die Tür, und Baluna steht vor seinem Schreibtisch.

Die Bügelsägen! *Lumbawor*! Die kannst du nicht mehr reparieren, Moa. Es ist so viel kaputt. So kann man nicht arbeiten.

Heiner steht auf und spürt, wie so oft in letzter Zeit, ein schmerzhaftes Stechen im unteren Rücken.

Man kann alles reparieren. Wir müssen es. Es ist jetzt kein Geld da für neue Sachen.

Wir haben alle Bäume richtig gepflanzt. Wir haben so viele Nüsse geerntet wie noch nie. Und trotzdem haben wir kein Geld.

Die Regierung, sagt Heiner.

Früher, unterbricht ihn Baluna und starrt ihn mit seinem blauen Auge an, früher mit den Deutschen war alles besser.

Er, Heiner, kann Baluna unmöglich erklären, dass ausgerechnet die deutsche Wirtschaftspolitik die Devisenausfuhr begrenzt und dass das alles mit der Weltwirtschaft zusammenhängt. Mit den Finanzjuden, wie Bruder Blech behauptet. Aber nicht einmal Marie glaubt das. Für sie sind die Engländer schuld. Heiner ist es gleichgültig, wer schuld ist: Teuerungen hat es immer gegeben, das steht schon in der Bibel, und da steht auch, dass man klug sein und Vorräte anlegen soll. Darum muss man sich kümmern. Er kann Baluna nicht beibringen, was Börsenspekulation und Devisengesetze und Inflation sind, das würde ihn nur verwirren.

Kaisawillim, das war ein guter Herr, fährt Baluna unerbittlich fort. Er kommt bald wieder. Und dann sind wir hier alle Deutsche.

Nein, der Kaiser kommt wohl nicht zurück. In Deutschland gibt es jetzt einen anderen Herrn, den Führer.

Du wirst sehen, sagt Baluna. Er kommt zurück. Alle sagen das.

Es interessiert Baluna nicht, ob der deutsche *bikpela* jetzt Kaisawillim oder Fura genannt wird. Für ihn hat sich nur der Bart geändert. Der frühere Bart sei besser gewesen, hat er einmal bemerkt, aber die Augen seien immer noch so blau.

Heiner hat allerdings gehört, dass die Herren in Berlin gar keine Südseekolonie mehr haben wollen, weil die Japaner sich hier in der Gegend breitmachen. Jedenfalls waren das die Gerüchte, die Loose, der Missionspilot, weitererzählt hat. Und der erfährt eine Menge, er kommt ja überall herum und hat einen guten Draht zu höchsten Kreisen im Reich. Mit ihm und überhaupt dem Flugbetrieb verbreiten sich Gerüchte sehr schnell, australische und deutsche Gerüchte, vom Süden hierher und weiter nach Madang, von den Goldfeldern in den

Bergen hinunter an die Küste und wieder zurück. Loose hört die Leute reden und macht sich seinen Reim darauf.

Marie ist begeistert, dass sie den Flugplatz vor der Tür hat. Besucher aus Lae oder anderen weit entfernten Orten kommen jetzt immer zuerst in Heldsbach an und werden kürzer oder länger von ihr beherbergt. Es ist viel Betrieb im Haus und um die Pflanzung herum, zu viel für Heiners Geschmack, noch dazu ist Marie häufig krank. Manchmal macht er sich Sorgen deswegen. Aber sie ist tapfer, und wenn sie nicht aufstehen kann, kommandiert sie die Jungen und Mädchen vom Liegestuhl aus. Sie empfängt Loose zum Kaffee und hat den australischen Landvermesser, der seit einer Woche bei ihnen wohnt, bereits im Schach geschlagen. Seltsamerweise versteht sie sich prächtig mit den Australiern, sie lernt Englisch mit wahrer Begeisterung, trotz ihrer Überzeugung, dass es bald wieder ein Deutsch-Neuguinea geben wird. Aber so ist eben Marie – so unruhig, voller Launen, anfällig für Krankheiten und Ideen.

Baluna steht immer noch vor ihm mit den Überresten von zwei Sägen in den Händen.

Aber wir kennen Gottes Pläne nicht, Baluna.

Nein, Moa, sagt Baluna. Er legt das kaputte Werkzeug auf Heiners Schreibtisch und sagt im Hinausgehen: Wir werden sehen.

Es ist einer von Heiners eigenen Sätzen, die sich plötzlich gegen ihn zu wenden scheinen, als wäre er, nicht Baluna, der Unwissende.

Gegen Ende der Regenzeit kommt ein Junge aus Finschhafen herüber mit der Niederschrift eines Funkspruchs aus Lae: Ein australischer Warrant Officer in Begleitung von zwei Polizisten werde am 11. in Finschhafen eintreffen, Heldsbach solle ihn in Empfang nehmen und möglichst direkt zum Flugplatz bringen lassen. Die *Papua* wird voraussichtlich am selben Tag landen, auftanken, die Polizei an Bord nehmen und gleich wieder starten.

So Gott will, setzt Heiner in Gedanken hinzu. Bei dem Flugzeug weiß man nie. Bisher gab es noch keine Bruchlandung, was, laut Marie, daran liegt, dass Herr Loose ein genialer Pilot ist. Dabei ist sie noch nie geflogen und legt auch überhaupt keinen Wert darauf.

Auf den Funkspruch kann Heiner sich keinen Reim machen. Seit wann stellt die Mission ihr Flugzeug der Polizeitruppe zur Verfügung? Und wo wollen sie hinfliegen? Heiner schickt den Jungen mit einer kurzen Bestätigung zurück. Es steht ihm nicht zu, Fragen zu stellen.

Am Abend, nach dem Essen, erzählt er Marie davon.

Ach, sagt sie, dann tun sie es also doch!

Weißt du etwas darüber?

Hast du nichts davon gehört? Die schlimme Sache mit dem Hugl?

Doch, ja, Bruder Hugl, der seine Familie im Stich gelassen hat …

Du sprichst von diesem verworfenen Menschen als einem Bruder?!

Wie sonst? Was er auch getan hat, er ist unser Bruder im Herrn.

Er hat sich gegen alles gewendet, sagt Marie empört, gegen seine Frau, gegen seine Kinder, gegen die Gebote Gottes und gegen die Obrigkeit. Er hat sogar der Zivilisation den Rücken gekehrt!

Du hast dich auch von mir und von Gottes Gebot abgewendet, damals, als du in Tübingen warst.

Das war etwas ganz anderes, antwortet Marie zornig, wir waren nicht einmal verheiratet. Und seit vielen Jahren getrennt. Du warst es, der in der Wildnis gelebt hat, nicht ich.

Wir waren verlobt. Vor Gott.

Ja, das hast du mir oft genug vorgehalten.

Sie wird laut.

Es gibt immer eine Möglichkeit zur Umkehr. Auch bei dir hat es eine gegeben. Du bist die Letzte, die da zu urteilen hat, Frau!

Er sieht das Unwetter in ihr aufziehen und setzt versöhnlich hinzu: Auch unser Freund Johann ist gefallen und hat den Weg zurückgefunden. Warum nicht auch Bruder Hugl.

Weil Hugl sich auf die Seite der Papua geschlagen hat! Er hat alles verraten, alles aufgegeben, er ist nicht besser als die Azera-Leute, und du weißt, was für Wilde das sind.

Sie haben einen schlechten Ruf, die Azera, sie haben den Missionaren sehr lange widerstanden, und nun haben sie das Pech, in der Nähe der Goldfelder am Markham-Fluss zu leben. Eine ganze Generation Männer ist durch die Goldsucher verdorben worden, und die Frauen, die allein in den Dörfern zurückgeblieben sind, mit ihnen. Diese Goldsucherei ist des Teufels, sie bringt im Mann das Schlimmste zum Vorschein, Habgier und Haltlosigkeit. Bruder Hugl ist wohl ganz und gar haltlos geworden.

Die Brüder in Lae müssen der Sache ein Ende machen und ihn energisch zur Buße drängen.

Marie schüttelt den Kopf.

Was meinst du, warum sie die Polizei angefordert haben? Damit sie ihn wegbringt von seiner Dirne in dem Azera-Dorf! Er will da nämlich nicht weg, er behauptet, sie sei jetzt seine Frau, er hat sie – in der Kirche, stell dir vor! – geheiratet vor einem schwarzen Gehilfen aus Malahang. Er will jetzt für immer mit ihr da leben. Du kannst dir ausmalen, was das für seine Frau heißt. Die arme Hilde! Hugl will auf keinen Fall zu ihr zurück, obwohl sie ihm ihre Vergebung angeboten hat. Das hat sie mir schon vor zwei Wochen geschrieben.

Aber er kann doch nicht … Er ist ein Weißer. Und ein eingesegneter Missionar!

Er ist nicht normal, behauptet Marie. Er soll schon in Neuendettelsau komisch gewesen sein. Das Fräulein Doktor sagt auch: ein psychopathologischer Fall. Die Brüder im Markham-Distrikt überlegen schon länger, ihn in eine Irrenanstalt zu bringen, er ist ja nicht mehr Herr seiner Sinne. Er bildet sich sogar ein, er sei immer noch Missionar, und predigt weiter und tauft bis heute Leute in diesem Dorf. Das hat mir Schwester Muckenbacher erzählt. Stell dir vor! Man kann ihm nur Einhalt gebieten, wenn man die Staatsgewalt zu Hilfe holt, aber das haben sie bisher, sagt jedenfalls Schwester Muckenbacher, nicht gewollt.

Heiner ist völlig klar, dass man in so einem Fall nicht einfach eine Gruppe Jungen zusammentrommeln und den Mann zum nächsten Hafen bringen kann. Was für ein Aufsehen das erregen würde, ein weißer Verrückter, noch dazu ein Missionar, der sich vielleicht sogar wehrt. Deshalb also hat man die australische Polizei gerufen. Vor den Polizeiuniformen und den Gewehren haben die Azera Respekt, da gibt es keinen Aufruhr. Und mit dem Flugzeug geht es schnell. Aber leider werden sie dann hier in Heldsbach das Problem haben.

Das wird mir die Leute wirr machen, und dann wird wieder tagelang nicht gearbeitet.

Du wirst schon damit fertig, sagt Marie.

Sie stellt das Geschirr aufeinander und ruft nach dem Mädchen.

Vielleicht müssen wir Bruder Hugl vorübergehend hier einsperren, überlegt Heiner.

Dafür, meint Marie entschieden, ist der australische Offizier zuständig.

Aber stell dir das einmal vor, Frau, ein Missionar, der vor den Augen der Jungen von der Polizei eingesperrt wird!

Ja, da hast du deinen Bruder! Ein Deutscher, der von schwarzen Polizisten unter dem Kommando eines Australiers unschädlich gemacht wird. Es ist eine Schande. Dass er Hilde und uns allen so etwas antut!

Das Mädchen kommt herein, sie ist neu und noch ein Kind, Heiner kann sich an ihren Namen nicht erinnern. Es werden immer mehr Mädchen hier im Haus.

Da werde ich den Leuten einiges erklären müssen, sagt Marie, als die Kleine mit dem schmutzigen Geschirr wieder draußen ist. Die versteht zwar kein Deutsch, aber man weiß nicht, was sie schon aufgeschnappt hat. Und du solltest den Pflanzungsjungen auch etwas dazu sagen, sonst gibt es wieder dieses papuanische Geschwätz, das aus einer Mücke einen Elefanten macht.

Wir müssen ihnen klarmachen, sagt Heiner langsam, dass Gottes Gerechtigkeit auch vor den Weißen nicht haltmacht. Das sechste Gebot gilt für alle.

Das würden sie bestimmt falsch verstehen. Sie würden denken, dass es keinen Unterschied gibt zwischen uns und ihnen.

Sie unterbricht sich, als das Mädchen zurückkommt und den Rest der Mahlzeit wegräumt. Dann setzt sie an, um noch etwas hinzuzufügen, klappt den Mund aber wieder zu und folgt der Kleinen ohne ein weiteres Wort nach draußen.

Ob sie gerade an die Sache mit Zumajang gedacht hat? Sie hat Launen, was geht es ihn an. Aber ihr Weinen damals beschäftigt ihn immer noch, nie mehr hat sie so geweint. So – haltlos. Nicht einmal, als sie die Kinder am Bahnhof von Hohburg zurückgelassen haben.

Wenn er verreist, befiehlt er Ajia jedes Mal, auf der Veranda vor der Tür zu schlafen. Hinterher erfährt er dann meistens, dass Marie den alten Jungen wieder weggeschickt hat. Heiner hat nie etwas dazu gesagt, Marie auch nicht. Er fragt sich – wie oft schon? –, ob sie ihm wirklich alles erzählt hat. Sie hat Zumajang die Heilsalbe geschickt und gesagt, sie will nie wieder etwas von der Angelegenheit hören.

Im Küchenhaus geht ein Donnerwetter von Marie auf das Mädchen nieder. Jetzt versteht er ihren Namen, sie heißt Kuzi.

Am 11. morgens schickt Heiner einen Jungen mit einem Pferd und zwei Maultieren nach Finschhafen, es wird ja wohl keiner erwarten, dass er selbst kommt. Der australische Bruder, der den Hafen und den Store unter sich hat, ist schließlich auch noch da. Heiner will mit der ganzen Angelegenheit so wenig wie möglich zu tun haben. Als er nach dem Frühstück auf die Veranda tritt, eilt ihm Baluna mit einem strahlenden und einem blauen Auge entgegen.

Er ist da, ruft er. Er ist wieder da.

Wer?, fragt Heiner.

Bangge!, sagt Baluna auf Kâte. Sein Neffe.

Baluna hat viele Neffen, aber der einzige, den Heiner kennt, ist Zumajang. War Zumajang. Und der würde niemals hierher zurückkehren.

Man pikanini bilong smolpapa bilong mi, wiederholt Baluna auf Pidgin, als würde Heiner das Kâte-Wort für einen Schwestersohn nicht kennen. Er hat es viel öfter gehört, als ihm lieb ist. Jetzt schüttelt er gereizt den Kopf. Die tief sitzende Gewohnheit der Kai, keine Namen auszusprechen, hat ihn schon oft Zeit und Nerven gekostet.

Zumajang?, fragt er deshalb knapp.

Ja, Moa, er ist wieder da, sagt Baluna glücklich. Beim Blick in Heiners Gesicht verschwindet sein Strahlen. Er ist jetzt ein guter Mann, ein sehr guter Mann!, setzt er lauter hinzu.

Wo ist er?

Ich bring dich zu ihm, Moa.

Anscheinend plant Baluna eine feierliche Aussöhnung nach Kai-Art, aber das ist das Letzte, was Heiner will. Die Abmachung damals war, dass sie den Behörden nichts sagen und Zumajang sich nie mehr hier blicken lässt. Wenn die Polizei heute vor Ort ist, kann sie gleich dafür sorgen, dass er umgehend wieder verschwindet.

Marie steht plötzlich in der Tür, sie muss Baluna gehört haben.

Er sagt irgendwas, so etwas wie »Kümmere dich nicht darum« oder »Ich kümmere mich darum« oder »Mach dir keine Gedanken«, er hat es in dem Moment vergessen, als er es ausgesprochen hat, er will nur, dass sie zurück ins Haus geht und nichts ihren Frieden stört. Mit dem es ohnehin nicht weit her ist. Er folgt Baluna hinüber zur neuen Straße zwischen Finschhafen und dem Flugplatz, die am Rand der Pflanzung entlangführt. Nach ein paar Schritten stürzt ein jäher Regenguss auf sie nieder, sie sind sofort völlig durchnässt, aber das ist man so oft, vom Schweiß oder vom Regen, er beachtet es nicht. An der Straße stehen vier Männer mit Mauleseln und Pferden: Ngimo, der Junge, den er losgeschickt hat, ein sehr dicker Officer und zwei schwarze Polizisten in erstaunlich vollständiger Uniform. Einer von ihnen hält einen Schirm über den Weißen. Höflich geht Heiner auf den Dicken zu und heißt ihn willkommen.

Warrant Officer Burnslow, zu Ihren Diensten. Wie geht es Ihnen?

Es klingt so, als würde er sich über Heiner lustig machen.

Heiner Mohr. Das Wetter in Lae ist gut, antwortet Heiner ohne weitere Höflichkeiten, *your plane is due around noon*. Ihm bleibt nichts anderes übrig, als den Officer in sein Haus einzuladen, und er tut es, froh, die leidige Angelegenheit mit dem Auftauchen Zumajangs verschieben zu können. Baluna steht immer noch erwartungsvoll herum.

Geh an die Arbeit, Baluna. Du weißt, was zu tun ist. Und, Ngimo, versorg die Pferde und sag Bruder Hilpert Bescheid, dass Officer Burnslow jetzt da ist.

Baluna starrt ihn fassungslos an, als hätte Heiner etwas ganz und gar Unverständliches gesagt.

Worauf wartest du? Geh schon, das andere erledigen wir später.

Damit dreht er sich um und geht mit dem Officer zu seinem Haus, die Polizisten mit dem Schirm hinterdrein. Marie steht in der Tür und sieht ihnen entgegen. In ihrem Gesicht malt sich Erstaunen, dann steigt Röte darin auf. Er folgt ihrem Blick, dreht sich um und bemerkt ihn in diesem Moment: Zumajang. Der Polizist – der, der nicht den Schirm hält. Er ist es.

Er hat ihn vorhin nicht erkannt, wer schaut schon einem schwarzen Polizeisoldaten ins Gesicht? Heiner behält die Fassung, mit Mühe, aber es gelingt ihm. Zumajang schaut zurück, unverfroren, herausfordernd. Heiner spürt seinen alten Zorn, den Impuls zuzuschlagen. Er wendet sich ab.

Come in, Mr Burnslow, sagt er. Der Officer hat sich schon sichtlich über die seltsame Pause im Ablauf gewundert, während der Regen auf seinen Schirm und auf Heiner herunterprasselte. Maries Gesicht ist so rot wie immer, wenn sie zornig ist. Seltsamerweise ist es Zumajang, der die Situation rettet: Wir gehen zum Haus meines Onkels, sagt er auf Kâte, ohne irgendwelche Befehle abzuwarten. Und zu seinem Vorgesetzten auf Pidgin: Wir sind wieder an der Straße, wenn das Flugzeug kommt.

You bet, antwortet der.

Kaum betreten sie das Haus, hört der Regen schlagartig auf.

Marie schickt ein Mädchen Tee kochen. Marie läuft im Zimmer hin und her. Marie deckt selbst den Tisch. Marie sagt einem anderen Mädchen, sie soll Käse holen. Marie fragt den Officer nach seinen Wünschen. Marie ist sehr beschäftigt. Heiner entschuldigt sich, er muss sich umziehen. Im Schlafzimmer schält er sich aus seinen nassen Sachen. Was für eine furchtbare Situation. Soll er dem Officer die Geschichte erzählen? Soll er tun, als wäre nichts? Soll er zu Balunas Haus gehen? Was kann er tun? Was ist seine Pflicht als Ehemann, als Repräsentant der Mission? Als er sich die Hosenträger überstreift, weiß er es immer noch nicht. Unerträglich ist, dass dieser Eingeborene, der eine so schwere Schuld auf sich geladen hat, nun hier in Heldsbach bei Baluna sitzt und gemütlich isst und dann als Polizist einen Missionar festnehmen wird. Das ist wider alle Ordnung.

Aber er, Heiner, hat nun einmal den Auftrag, die Polizisten zum Flugzeug zu begleiten. Der ganze Ablauf ist von den leitenden Brüdern geplant, mit der Polizei besprochen und auch mit Loose … Alle haben ihre Befehle. Er kann das nicht durcheinanderbringen, wegen … Welchen Grund sollte er auch anführen? Der alte Wangerl ist nicht mehr da, was hätte der jetzt getan? Nichts. Und hat Zumajang nicht seine Strafe bekommen? Aber diese Unverschämtheit, einfach hier aufzutauchen … dieser herausfordernde Blick. Und er kann nichts tun.

Er wird nichts tun.

Im Wohnzimmer macht Marie Konversation mit dem Australier. Sie hat sich wieder in der Gewalt. Der dicke Mann isst gierig.

Ihre Wurst ist ausgezeichnet, Madam! Schade, dass ich keine Gelegenheit mehr haben werde, sie ein weiteres Mal zu genießen. Leider kommen wir ja nicht wieder hierher zurück.

Oh, das tun Sie nicht?, sagt Marie. Die Erleichterung sieht man ihr deutlich an.

Wir bringen Ihren geisteskranken Kollegen direkt nach Rabaul, ganz wie es Ihre Chefs wünschen. Und dann aufs nächste Schiff nach Deutschland, da kann er keinen Schaden mehr anrichten. Nicht bei allem, was man so aus Deutschland hört.

Er lacht, während Marie sich mit sichtlicher Anstrengung eine Antwort verkneift.

Nachdem er das letzte Stück Wurstbrot verschlungen hat, beugt er sich vor, als verriete er ein Geheimnis: So etwas passiert öfter, als man denkt. *Going native, I mean*. Manche Weiße verlieren ihren Kopf hier draußen.

Nicht bei uns, sagt Heiner.

Na, dann ist Ihr Mr Hoogle eben der Erste. Aber gleich richtig, was? Mit allem Drum und Dran.

Von fern nähert sich ein Geräusch, Donner oder Motor, es ist nicht zu unterscheiden, dann wird es leiser. Sie schweigen alle drei, lauschen. Das Geräusch kehrt wieder.

Es ist das Flugzeug, sagt Marie. Der Pilot ist eine Schleife geflogen.

Der Officer erhebt sich.

Das wird jetzt keine leichte Sache, sagt er.

Marie wünscht ihm höflich alles Gute.

Ich danke Ihnen, Madam. Wenigstens habe ich meine zwei smartesten Boys mitgenommen. Wenn sie nicht schwarz wären, könnten sie's zu Offizieren bringen.

Wieder entsteht eine Pause, über die der Australier sich wahrscheinlich wundert. Niemand sagt mehr etwas, bis Heiner und er die Straße erreichen. Die Polizeijungen und Baluna kommen ihnen schon entgegen. Heiner müsste den Officer jetzt höflicherweise zum Flughafen begleiten, aber er bringt es nicht über sich.

Ich habe leider zu tun, sagt er zu Mr Burnslow. Mein Vorarbeiter wird Ihnen den Weg zeigen. Er gibt Baluna ein Zeichen und schüttelt dem Australier zum Abschied die Hand. Ich bin sicher, Sie tun Ihr Bestes. Gott steh Ihnen bei.

Dann dreht er sich um und geht hinüber zu seinem Office. Auf dem Tisch liegt ein Bündel Briefe, die muss Ngimo aus Finschhafen mitgebracht haben. Warum ist Marie vorhin so rot geworden? War es wirklich Zorn? War es Scham? Er schiebt den Gedanken beiseite.

Ein dicker Brief von den Kindern, Martin schickt seine Zeichnungen mit, und Reinhard schreibt auf Englisch, um es zu üben. Heiners Unzufriedenheit mit sich selbst schwindet ein wenig. Es ist gut, dass wenigstens die Kinder das Versagen ihres Vaters nicht erleben müssen. Drei Briefe und zwei Zeitungen aus Neuendettelsau, ein Brief aus Schlettenheim, dünn, einer von Maries Schwester, dicker, und noch einer für Marie, der amtlich aussieht. Absender ist die NSDAP-Geschäftsstelle München.

Marie Mohr, geborene Reinhardt, wurde 1938 Mitglied der NSDAP. Wenige Monate später verlor ihr Sohn Reinhard, der begeisterte Hitlerjunge, seinen Glauben an den Nationalsozialismus. Er sah, wie SA-Männer einen jungen Mann auf der Straße zusammentraten. Er fand es feige, sie waren zu fünft. Er sah eine Frau vor einem Haus mit eingeschlagenen Scheiben weinen, die Frau sah seiner Mutter ähnlich. Die Synagoge brannte, wurde aber gelöscht. Man hätte sie runterbrennen lassen sollen, sagte Onkel Otto. Aber die Nachbarhäuser, wandte Tante Betti ein.

Von da an, sagte mein Vater, sei ihm das Ganze nicht mehr geheuer gewesen. Genaueres sagte er nicht. Er erwähnte auch nie, dass seine Mutter in der Partei war, aber vermutlich hat er es nie erfahren. Nach dem Krieg und allem, was geschehen war, hatte Marie allen Grund, den Mund zu halten. Ich erfuhr es über eine Anfrage beim Bundesarchiv. Meine Mutter sagte: Das wundert mich nicht.

Meine Schwester Marianne, Vertraute Maries und Erbin ihrer geheimen Kochrezepte, konnte es erst nicht glauben. In dem Neuendettelsau, das wir kennengelernt hatten, hatte es nie Nazis gegeben, auch keine Zwangsarbeiter in der Munitionsfabrik, keine Schilder einer judenreinen Gemeinde, keine Hitlerbesuche. Nichts. Nur standhafte Christen, die die schwere Zeit im Vertrauen auf Gott den Herrn durchgestanden hatten.

Kurz nach seinem Umzug ins Altersheim wurde mein Großvater Heiner krank. Krebs, flüsterten die Eltern, so, dass wir es hören konnten.

Eine Operation wurde nötig, für die kein Geld da war. Wegen Heiners striktem Gottvertrauen existierte ja keine

Krankenversicherung. Mein Vater schrieb heimlich einen Bettelbrief an die Mission, und die bezahlte tatsächlich die Behandlung. Heiner erfuhr nie von diesem Brief, er dankte Gott allein.

Gesund wurde er nicht wieder. Und meine Familie fing an, sich aufzulösen.

Mein Vater war der Erste. Er radikalisierte sich, trat der Gewerkschaft bei und ließ die Haare über den Hemdkragen wachsen. Bald trug er nicht einmal mehr Hemden, sondern rote Rollkragenpullover und las Bücher über Buddhismus und freie Liebe. Meine Mutter gab ihre Bemühungen um den Anschein von Normalität nach und nach auf und blieb meistens da, wo sie sich am wohlsten fühlte: im Nebel ihrer neuguineanischen Wälder, aus denen sie ab und an mit einer Krankentrage abtransportiert werden musste. Ich weiß bis heute nicht, was meine Mutter in diesen Zuständen sah und hörte und was oder wen mein Vater in seinen Wutausbrüchen anbrüllte. Ein U-Boot? Gott? Den Teufel, an den er nicht glaubte?

Wir Kinder verlotterten ungestört, was zum Glück nicht weiter auffiel, denn Verlottern war zu dieser Zeit fast normal: unfrisierte Haare, zu kurze Röcke, kaputte Hosen mit Borten und Blümchen, Kettchen aus Muscheln, Armreife aus Gabeln. In der Schule hieß es, wir liefen herum wie die Hottentotten. Und die fürchterliche Musik, die wir hörten! Heidenlärm, sagte meine Mutter. Mit der Musik der *Stones* rückten die zu vielen Kuchen und die zu vielen Toten endlich in weite Ferne. *Satisfaction*.

Mit unseren Schulnoten ging es bergab. Wir verloren den Halt.

Mein Großvater wurde unterdessen immer schwächer. Man sah es ihm an, er sprach nicht darüber. Er nahm regelmäßig seine Medikamente und ging zum Arzt, bis er nicht mehr gehen und nicht mehr schlucken konnte. Er erfüllte alle seine Pflichten, so lange und so gut er konnte, wie er es sein Leben lang gehalten hatte.

Dann lag er im Sarg wie eine Puppe in Originalverpackung und hatte nichts, aber auch gar nichts mehr von einem Baum. Jemand hatte seine großen Werkzeughände zusammengelegt, wie er selbst es nie getan hätte, es sah falsch aus. Sein Anzug war ihm zu groß. Ich fragte mich, ob sie ihm seine Hosenträger angezogen hatten. Er schien alles in Ordnung zu finden. *Ich bin durch die Welt gegangen, und die Welt war schön und groß.*

Wir sprachen nie über seinen Tod, sagten nie, wie sehr wir ihn vermissten, und vielleicht bemerkten wir es gar nicht. Nur hörten wir von da an endgültig auf, unsere Existenz zu reparieren, zu kleben, zu ordnen. Wir befolgten die Regeln nicht mehr, nach denen er gelebt hatte. Womöglich war es eine zufällige Gleichzeitigkeit, aber das glaube ich heute nicht mehr. Heiner Mohr, der Patriarch, hatte die Welt verlassen, und prompt kamen die Ameisen in die Hütte.

Die Jacke ist aus beigefarbener Seide, ohne Futter. Sie ist handgenäht, mit drei Taschen und drei Knöpfen, ein wenig verschlissen, aber noch tragbar. Im Kragen ist ein weißer Baumwollstreifen eingenäht mit rot eingestickten chinesischen Zeichen und dem Wort Hongkong in lateinischen Buchstaben. Auf der Rückseite der Brusttasche steht auf einem weiteren Baumwollstreifen der Name des Besitzers: Heiner Mohr. Er hat die Jacke bei seiner Rückreise aus Deutschland im Sommer 1933 machen lassen. Ich habe sie manchmal noch getragen, eine modische Extravaganz mit Bedeutung.

23

Krieg

Yoka, 1939

Nette steht am Seeufer vor dem Haus und hält Ausschau nach Christine, die mit ihrer kleinen *prauw* unterwegs ist. Es ist ein grauer, heißer Tag, es sieht nach Gewitter aus, das Kind soll jetzt nicht mehr auf dem Wasser sein. Im Haus hat Johann sein Radiogerät angeschaltet, kostbarer Generatorstrom für die Fanfaren aus Deutschland. Die Uhr im Wohnzimmer ist um achteinhalb Stunden zurückgestellt, auf deutsche Zeit, damit er keine der Sendungen aus Deutschland verpasst. Nette ist es nur recht: Sie weiß jetzt immer, was die Kinder gerade tun, ob sie in der Schule sind, ob sie essen, ob sie schlafen. Johann hört Radio mit Begeisterung, am Anfang war auch sie ganz angetan davon, aber inzwischen gefällt ihr weniger, was da kommt. Jedenfalls wird Deutschland immer größer. Die Zollstation ihrer Kindheit in den Bergen ist überflüssig geworden.

Du wirst sehen, bald haben wir unser Danzig wieder, sagt Johann. Und dann kriegen wir auch unsere Kolonie zurück.

Es ist nicht *ihr* Danzig. Sie war nie dort. Ihre Kinder, an die denkt sie, wenn sie die Stimmen im Radio hört, die Lieder, gesungen von einem HJ-Chor, einem Knabenchor. Friedrich hat eine so schöne Stimme.

Sie ruft über den See nach Christine. Stimmen tragen weit über das Wasser. In einem Jahr wird sie in Deutschland sein, sie wird all ihre Kinder rufen können, und sie werden kommen.

Aus dem Radio tönt lautes Geschrei vieler Menschen, sie kann es bis zum Ufer hören, Jubelgeschrei, es ist immer Jubelgeschrei. Seit damals, als die Brüder zum Bahnhof gingen, gab es nicht mehr so viel Jubel in Deutschland. Sie ruft noch einmal nach Christine, vielleicht hört das Kind sie nicht, bei dem Lärm aus dem Apparat. Sie lauscht und späht auf den See hinaus, und dann wird es plötzlich still, als hätte sie den Befehl dazu gegeben. Sie hört Paddelschläge vom Wasser her, gleichzeitig Schritte hinter ihr, Johanns Schritte, unverkennbar.

Die Christine, sagt sie, sie ist noch mit dem Boot unterwegs. Sie spürt Johanns Hände auf ihren Schultern. Er dreht sie zu sich um, hält sie fest und sagt sehr langsam: Nette, es hat einen Überfall auf Deutschland gegeben. Der Führer hat gesagt, es wird zurückgeschossen. In Polen wird jetzt gekämpft.

Sie sagt: Nein.

Sie meint: Ja. Sie meint: Ich habe es gewusst. Das Schlimmste geschieht. Eine Wolke senkt sich auf sie nieder, hüllt sie ein und erstickt sie, bis sie anfängt zu schreien. Meine Kinder, meine Kinder! Es ist Krieg! Lieber Gott, meine Kinder!

Sie weiß später nicht mehr, wie sie ins Haus gekommen sind. Wer hat das Essen gemacht? Schläft Christine schon? Haben sie etwas gegessen? Sie hat geweint, das weiß sie noch. Trotz aller Gebete.

Es wird bald vorbei sein, sagt Johann.

Aber es ist nicht bald vorbei.

Frankreich erklärt den Krieg, England erklärt den Krieg, das Radio schreit es empört heraus. Aber es geschieht: nichts. Sie sitzen vor dem Radio, sie ist jetzt immer dabei, pünktlich, achteinhalb Stunden zu früh, achteinhalb Stunden zu weit weg.

Vielleicht wird alles nicht so schlimm?

Das ist jetzt nicht 1914, sagt Johann. Die Geschichte wiederholt sich nicht, du wirst sehen.

Johann schreibt an Gerhard und Erna Blech: Leider will Holland immer noch nicht recht an Deutschlands Zusicherung glauben, seine Neutralität zu respektieren. Als würde die Wehrmacht grundlos ein Land überrennen! Die Propaganda Englands sorgt hier manchmal für einigen Ärger, das könnt Ihr mir glauben.

Der Gezaghebber lädt ihn nicht mehr in sein Haus ein, sie sprechen nur noch zwischen Straße und Veranda miteinander. Das Misstrauen gegenüber den Deutschen spürt er sogar bei Missionsbrüdern. Und Lehdemann mit seinem Parteiabzeichen und seiner großmäuligen Art macht die Sache nicht besser. Dabei betrachten die Holländer eigentlich eher die Briten als unliebsame Konkurrenz, jedenfalls hier, in den Kolonien.

Er und Nette stellen sich immerzu dieselbe Frage: Können wir nach Hause fahren, nächstes Jahr, übernächstes Jahr? Sie schicken ihre Briefe an die Kinder über die Adresse der Mission in Holland, sicher ist sicher. Es stehen unterhaltsame, heitere Dinge darin, kein Wort über den Krieg, und Ermahnungen, dem lieben Gott zu vertrauen.

Wir sind alle in Seiner Hand.

Das ist jetzt die Überschrift jedes einzelnen Tages.

Nette erzählt Johann, was sie geträumt hat: Ihre Mutter steht als Statue auf einem Sockel und stürzt plötzlich herunter. Sie ist in tausend Stücke zerbrochen, da lagen nur noch Scherben.

Sechs Wochen später kommt aus Deutschland die Nachricht von ihrem Tod.

Da kann ich nur hoffen, dass du nicht von mir träumst, sagt Johann.

Aber ich träume von dir. Ich träume, dass du keine Ohren hast, sondern Muscheln. Ich rede mit dir, und sie klappen zu. Ich rede, aber du hörst mich nicht.

Sie lacht. Er weiß nicht, ob sie das ernst gemeint hat.

Die Nachrichten werden von Tag zu Tag schlimmer. Die Engländer versuchen Deutschland auszuhungern, sagt das Radio in einem deutlich rheinischen Tonfall. Sieg im Seekrieg, sagt es, gegen die feindliche Übermacht, ein Sieg nach dem andern. Unsere U-Boote. Bald sind keine englischen Schiffe mehr übrig. Der Krieg findet nur auf dem Meer statt.

Vielleicht kannst du nächstes Jahr nach Hause, sagt Johann.

Aber dann ist der Krieg auch in Norwegen und in Dänemark.

Und ein paar Wochen später verkündet das Radio: Der heute beginnende Kampf entscheidet das Schicksal der deutschen Nation für die nächsten tausend Jahre. Die Wehrmacht ist in Holland einmarschiert.

Sie schlafen in dieser Nacht nicht. Noch vor dem Morgengrauen sind die Soldaten der Niederländischen Kolonialarmee da.

Johann Hensolt, Sie müssen mitkommen. Packen Sie alles Nötige ein, Sie sind ab sofort als feindlicher Ausländer interniert. Im ersten Licht gehen sie hinunter nach Hollandia, sie gehen die ganze Strecke zu Fuß. Sie bringen ihn zum *pasanggrahan* der Mission und postieren zwei Soldaten vor dem Eingang. Am Nachmittag kommt Barnabas, er streitet sich mit den Wachposten herum, aber sie lassen ihn nicht herein. Tags darauf ist Moseh da, sie sprechen durchs Fenster, Moseh ist wütend, am Ende beten sie gemeinsam. Der Gezaghebber lässt sich nicht blicken, aber er schickt eine Nachricht: Johanns Familie darf sich am nächsten Morgen von ihm verabschieden. Dann sollen er und die anderen Internierten auf der *van Imhoff* weggebracht werden. Ein Stellvertreter für Johann sei bereits von Manokwari hierher unterwegs.

Es klingt wie die Vorbereitung zu einer ganz normalen, gut organisierten Reise. Das hat etwas Beruhigendes. Johann macht eine Liste von Dingen, die er braucht, Nette soll ihm noch den kleinen Koffer packen. Aber draußen ist es nicht ruhig. Er hört die Wachsoldaten brüllen, dass die Leute auseinandergehen sollen, Johann ruft Moseh durchs Fenster zu, er solle die Leute beschwichtigen. Auch in der Nacht wird es nicht still, er schläft kaum. Nette und Christine kommen am Morgen, sie sind bei Sonnenaufgang aufgebrochen. Er ermahnt Christine, fleißig zu lernen, damit sie bei seiner Rückkehr ganz viel weiß. Nette weint nicht.

Es ist zu spät zum Weinen, sagt sie. Und: Ich habe es kommen sehen.

Nicht verzagen, meine liebe, liebe Nette. Er nimmt sie in die Arme, er hält sie. Bald haben wir uns wieder und lachen darüber. An Christine gewandt fügt er hinzu: Dann wirst du zu mir sagen, weißt du noch, Bapa, wie du im *pasanggrahan* eingesperrt warst?

Ja, und dann lachen wir, sagt Christine.

Irgendwann öffnen die Soldaten die Tür, und sie gehen gemeinsam zum Hafen hinunter, begleitet von einem ganzen Zug, Gemeindemitglieder und Gurus, wie bei einem Tauffest. Es werden immer mehr. Lehdemann, Siebenkorn und Lasinski werden aus dem Polizeigefängnis eskortiert, demselben, aus dem Pamai damals geflohen ist. Als die vier weißen Männer unter vorgehaltenen Gewehren ins Beiboot steigen, erhebt sich lautes Gemurmel in der Menge. Der Gezaghebber steht in einiger Entfernung, schwitzend, stumm, umringt von seinen malaiischen Soldaten. Er schaut aufs Meer hinaus, als gäbe es dort irgendetwas zu sehen.

Auf der *van Imhoff* bleiben die Soldaten bei ihnen. Lehdemann ist kleinlaut, zum ersten Mal, seit Johann ihn kennt. Der Kapitän lässt sich nicht blicken. Sie werden in Kabinen eingeschlossen, Lehdemann und er in eine, Lasinski und Siebenkorn in eine andere.

Das alles war vorbereitet, sagt Lehdemann, sie haben unsere Namen und alles andere schon lange auf ihren Listen gehabt. Sonst hätten sie nicht so schnell handeln können.

Da brauchte es keine Listen, es haben doch alle gewusst, in Hollandia und der ganzen Provinz, dass wir in der Partei sind. Wir haben es nicht geheim gehalten.

Es ist nicht wegen der Partei, es ist, weil wir Deutsche sind. Sie haben gesagt, es gab den Befehl, alle Deutschen und Deutschblütigen zu internieren, sobald der Krieg beginnt. Nur hat uns keiner Bescheid gesagt.

Was hätte das schon genützt? Johann beginnt automatisch mit dem Auspacken, wie immer auf seinen Reisen mit der *van Imhoff*. Interniert. Aber es ist immer noch dasselbe Schiff, derselbe Rucksack, derselbe Koffer. Lange wird es nicht dauern, sagt er. Das Durcheinander ist bald vorbei, du wirst sehen. Holländer und Deutsche haben sich im letzten Krieg gut vertragen, und das werden sie auch diesmal tun.

Johann, lieber Junge, du bist blind. Wir sind in ihr Land einmarschiert, und das werden sie uns nie verzeihen.

Geh zu, irgendwann, bald, ist wieder Friede. Und dann lassen sie uns frei. Vielleicht schicken sie uns auch gleich nach Hause.

Um Himmels willen, sagt Lehdemann, da will ich nun wirklich nicht hin.

Und er lacht, sein altes, lautes Lachen. Er holt seinen Flachmann aus der Brusttasche. Der gute Käpt'n wird uns diesmal wohl nichts zu trinken anbieten.

Tatura, 1941

Heiner sitzt an seinem Tisch in der Baracke und hat das Briefpapier vor sich liegen. Es ist tatsächlich sein Tisch, er selbst hat ihn gebaut. Etwas muss man ja tun. Er ist jetzt seit einem Jahr, drei Monaten und siebzehn Tagen hier. Vor seiner Baracke erstreckt sich staubiger Boden bis zum Stacheldrahtzaun und noch mehr staubiger Boden bis zum nächsten Zaun. Die Untätigkeit ist das Quälendste, schlimmer als der Stacheldraht und die Wachposten, der Staub, die südaustralische Sommerhitze, die Fliegen. Erst hat Heiner Möbel geschreinert, inzwischen repariert er Schuhe. Er fabriziert auch Teller und Küchengeräte aus den großen Weißblechdosen der Lagerküche, er hilft beim Gemüseanbau, ein schwieriges Unternehmen, der Boden ist nicht gut. Das alles sind Tätigkeiten, aber es ist keine Aufgabe. Er vermisst seine Plantage. Er vermisst auch seine Frau.

Marie hat er zuletzt am Kai von Finschhafen gesehen. Kurz zuvor waren sie noch zusammen auf dem Sattelberg gewesen, fast alle Missionare aus dem Kâte-Gebiet hatten sich dort versammelt und um Frieden gebetet. Wir sind Brüder und Schwestern im Herrn, haben sie einander versichert, wir sind alle Lutheraner. Und sie haben Luthers Friedenschoral gesungen. *Verleih uns Frieden gnädiglich.*

Marie hat später der australischen Lehrerin versichert, dass sie ihr den neuerlichen Verrat Englands nicht persönlich ankreide.

War es nicht eher ein Verrat Deutschlands?, hat die geantwortet.

An wem, an den Polen?, hat Marie gefragt und gelacht, wie sie so lacht, wenn sie sich ärgert. Die haben doch uns überfallen!

Ab November wurden dann die deutschen Männer abgeholt. Nicht alle auf einmal, aber Heiner war schon bei der ersten Fuhre dabei, australische Soldaten geleiteten ihn über die Hafenanlage, an der er mitgebaut hatte. Wie oft hatte er die einheimischen Arbeiter unter der Aufsicht bewaffneter Anwerber auf die Schiffe gehen sehen, und nun ging er selber, mit seinem Gepäck und Essen für mehrere Tage. Die Frauen und Kinder wurden von den Soldaten weggescheucht. Heiner hatte nur das Nötigste eingepackt, Kleidung, Handwerkszeug, Bibel, Fotos seiner Frau und seiner Kinder. In der Hosentasche steckte, wie immer seit seiner Konfirmation, das Taschenmesser. Er hat es noch, sie haben es bei den Kontrollen nicht gefunden.

Als das Schiff ablegte, standen die Frauen und Kinder an der Landungsbrücke, und er war so froh, seine eigenen Kinder in Deutschland in Sicherheit zu wissen. Er hat gesehen, wie Marie zwischen den anderen ihren rechten Arm hob, und dachte erst, sie winkt ihm, aber nein, sie hat den Arm hochgereckt, und alle anderen haben es ihr nachgetan, selbst die Kleinen. Und sie haben in den Radau der Schiffsmaschine hinein etwas gerufen, er hat die offenen Münder gesehen und so etwas wie ein dünnes *Heil!* gehört, der Lärm hat es übertönt. Aber die Männer haben geantwortet, und bei ihnen ist es unüberhörbar gewesen. *Sieg Heil!* Dreimal. Es war ein stolzer Augenblick – und ein Versprechen.

Sie haben alle noch lange vom Schiff aus zurückgeschaut, auf die hellen Frauen, das Hafenbecken, das Dach des Store-Gebäudes, das im Grün der Bäume zu sehen war, bis das Schiff um die Landzunge bog. Sie haben gestanden und gestarrt, als hätten sie es nicht schon hundertmal gesehen. An Weihnachten, hat Bruder Muckenbacher gerufen, ist Friede. Und wir werden ihn hier feiern.

Amen, hat ein anderer gesagt.

Jetzt sind schon zwei Weihnachten vergangen. Hoffentlich verkommt die Pflanzung nicht völlig. Marie schreibt, dass es nicht zum Besten steht, aber es könnte schlimmer sein. Hilpert ist ein guter Mann, und Baluna kennt sich aus, aber Heiner wird viel zu tun haben, wenn er wiederkommt.

Vor ihm auf dem Tisch steht die Fotografie von Sophie, in dem Rahmen, den er aus gehämmertem Dosenblech gemacht hat. Es glänzt wie poliertes Silber. Das Bild ist vor dem Krieg aufgenommen, da war sie noch ein Kind. Was er nun schreiben wird, soll kein Brief wie alle anderen werden, die er geschrieben hat, um den Kontakt nach Hause zu halten, Marie hat in Heldsbach ja keine Postverbindung mehr mit Deutschland. Auch hier ist die Post unsicher, man weiß nie, was durchgeht, es ist wie im letzten Krieg. Aber dieser Brief muss unbedingt ankommen, er ist zu Sophies Konfirmation.

Ihr fehlt jetzt der Halt des Vaters. Sie ist in guter Obhut bei der Familie Reinhardt, und ihre Brüder passen auf sie auf, aber es gibt auch die Arbeitseinsätze der Jungmädel, von denen sie geschrieben hat, und die Ferien auf dem Hof in Schlettenheim. Dort, wo eine Vierzehnjährige ihm vor einer Ewigkeit Spottverse hinterherrief, ein Mädchen mit langem schmalen Rücken, das ihm nachschaute und Essen aufs Feld brachte und ihn im Schuppen in Versuchung führte.

Er schreibt an Sophie, dass er mit seinen Gedanken bei ihr ist, vor allem jetzt, da sie den wichtigen Schritt ins Erwachsenenleben tun wird. Er schreibt, dass Versuchungen an sie herantreten werden, die sie bisher nicht kannte. Sie soll nicht auf Freundinnen oder gar »Freunde« hören (er setzt das Wort in Anführungszeichen und hofft, dass sie versteht), sondern allezeit so leben, als sähen Eltern und Pflegeeltern ihr zu bei allem, was sie tut.

Er schaut die Fotografie an, als könnte Sophie dort, im winterlichen Bayern, seinen Blick spüren. Ihr rundes Kindergesicht, die Zöpfe. Er kann sie sich einfach nicht als Frau vorstellen. Er schreibt weiter: Wie auch Gott der Herr selbst Dich immer sieht, bei allem, was du tust.

Er braucht lange für diesen Brief, immer wieder wird er von den Kameraden gestört, vor allem von Muckenbachers unverwechselbarem Organ. Bruder Muckenbacher ist im Lager zum Dichter geworden und schreibt trotzige Lieder, die die Moral hochhalten sollen. Heiner singt sie mit, aber er ist sich nicht sicher, ob dieser Krieg wirklich so unvermeidbar, so aufgezwungen war, wie diese Lieder behaupten. Und er fragt sich insgeheim, ob er so lange dauern wird, dass auch seine Söhne werden kämpfen müssen. Aber das ist doch sehr unwahrscheinlich.

Heldsbach, 1941

Maries altes Leiden ist zurückgekehrt: der Schwindel, die dauernde Müdigkeit, die Enge im Hals, sodass ihr manchmal die Luft wegbleibt. Sie schläft nicht, und die Hitze ist quälender denn je. Es ist leer um sie herum. Die Hilperts haben längst andere Aufgaben, oben auf der Station ist nur noch der junge Gorm als Lehrer, es gibt Tage, da sieht sie kaum einmal ein weißes Gesicht. Im Krankenhaus von Finschhafen sind jetzt nur noch Australier, da ist sie nicht mehr gern gesehen. Man hat ihr angeboten, zu Schwester Muckenbacher ins Haus zu ziehen, aber so weit kommt es noch: dass sie in einem fremden Haus lebt und das ihre verlottern lässt. Und dann auch noch bei der Muckenbacherin, die sie wie eine Dienstmagd behandeln würde. Sicher, man rückt jetzt näher zusammen, aber sie, Marie, ist für die anderen immer noch die Missionarsfrau zweiter Klasse, die Bäuerin, da macht sie sich nichts vor, das hat sich nicht geändert, seit die Männer fort sind.

Anfangs hat sie als Parteigenossin etwas mehr zu sagen gehabt, die anderen haben auf sie gehört, aber die Begeisterung für den Krieg hat nach zwei Jahren doch nachgelassen, und jetzt, da fast alle Männer nach und nach weggebracht wurden, wird es immer schwieriger hier. Es wird langsam Zeit, dass Deutschland seine Feinde niederringt und ein ehrenhafter Friede gemacht wird.

Anfangs war es nicht schlecht, hier selbst zu wirtschaften. Warum auch sollte eine Frau nicht eine Plantage leiten? Wenn sie die richtigen Leute dafür hat? Baluna ist ein guter Arbeiter, er ist in manchem ein Abbild Heiners, er spricht sogar wie er, und er weiß sich Respekt zu verschaffen. Aber mit Maries Krankheit ist alles so mühsam geworden. In der Einsamkeit, ohne Mann und Kinder, und im Krieg, da hat man es nicht leicht.

Sie wird gleich hinunter zum Office gehen und nach dem Rechten sehen, sich um die Weihnachtszuteilungen kümmern und die Rechnungen prüfen. Sie hat schon eine Menge einsparen können. Wenn das Gehen nur nicht so anstrengend wäre! Aber wenn sie liegt, geht es ihr auch nicht besser. Sie nimmt den chinesischen Sonnenschirm, der schon ein paar Löcher hat, und gibt Kuzi Anweisungen für das Mittagessen.

Als die Soldaten kamen und die Männer holten, sind die Mädchen und Jungen erst erschrocken herumgeschlichen, aber manche, nicht wenige, sind auch gleich frech geworden, das hat sie natürlich nicht durchgehen lassen. Die Art der Weißen, einen Krieg zu führen, scheint die Leute irgendwie zu befremden.

Wann denn der Fura endlich käme, fragt manchmal einer.

Bald, sagt Marie dann.

Sie weiß so wenig. In Finschhafen gibt es Radio, was sie da hört, sind Wehrmachtsberichte und ermutigende Reden. Die wichtigen Nachrichten über die Familie kommen über Heiner, der wenigstens Kriegsgefangenenpost erhalten und verschicken darf. Es sind jetzt zwei Jahre, dass er fort ist, die dritte Weihnacht ohne ihn steht vor der Tür. Und sie muss zum zweiten Mal in ihrem Leben ertragen, was England ihrem Vaterland antut. Aber diesmal wird der Kampf nicht mit einer Niederlage enden. Diesmal nicht. Jeder muss nur tapfer auf seinem Platz kämpfen, auch sie. Sie lebt in einer großen Zeit. Wenn die Krankheit nicht wäre. Sie bewegt sich langsam wie eine alte Frau. Und verachtet sich dafür.

Die Straße zum Flugplatz ist voller Löcher und zum Teil überwachsen, der Viehbestand schwindet. Es ist ein Jammer. Sie muss sich beeilen, sie will alles erledigt haben, bevor die Hitze unerträglich wird.

Das Office liegt zum Glück im Schatten der Bäume, und im Innern herrscht Dämmerlicht. Es ist hier ein klein wenig kühler als oben im Haus, durch die Holzgitter streicht ein schwacher Luftzug. Über dem Schreibtisch hängt das Führerbild, das sie Heiner geschenkt hat, das mit dem Spiegel auf der Rückseite.

Ein Brief aus Australien ist gekommen, Ngimo hat ihn zusammen mit den Rechnungen auf den Schreibtisch gelegt. Wie oft muss sie ihm noch sagen, dass er private Briefe ins Haus bringen soll.

Heiner schreibt, dass im Lager weiterhin Zuversicht herrscht und dass die Australier beeindruckt sind, was die internierten Deutschen alles auf die Beine stellen an Kultur, Gartenbau und Handwerk. Ein jeder tut, was er kann. Auch ihre Söhne stehen ihren Mann, Reinhard hat sich zur Marine gemeldet, und Martin geht nach dem Abitur wohl zum Heer.

Der junge Gorm meint, hier wird es auch bald Kämpfe geben, die Japaner würden kommen, sie wären schon auf den Philippinen. Sie sind Verbündete, aber man kann ja den Asiaten nicht trauen. Und Japaner sind nicht einmal Christen. Im Dämmerlicht schaut Hitler von der Wand herab auf Maries Weihnachtsgaben für die Plantagenjungen. Sie muss die Namensliste noch durchgehen, damit keiner leer ausgeht. Was für Weihnachten!, denkt sie noch, als sie draußen das Pferdegetrappel hört.

Jemand da?, ruft eine unbekannte Stimme auf Englisch.

Es sind australische Soldaten. Sie steigen nicht vom Pferd, sie halten ein amtliches Schreiben hoch und sprechen mit ihr im Telegrammstil, ohne sie anzusehen. Morgen am Hafen. Mit Gepäck. Evakuierung aller weißen Frauen und Kinder. Noch bevor das Jahr zu Ende geht, werden alle weißen Zivilisten nach Australien ausgeflogen. *The Japs are coming.*

Die Japaner waren grausam, sagte meine Großmutter Nette in der Abenddämmerung, sie haben die Leute verhungern lassen. Man denkt immer, das ist ganz leise, wenn Menschen verhungern. Aber das stimmt nicht: Sie schreien.

In der langen Zeit zwischen dem Aufbinden ihrer Schürze und dem Zuknöpfen des Schlafanzugs erzählte sie von den Nächten, in denen Scharen von Flüchtlingen in die Stadt kamen und um Hilfe schrien. Von den Toten, die morgens am Straßenrand lagen. Danach sagte sie mir, ich solle dankbar sein für das gute Leben, das ich hätte, und sprach ein Nachtgebet mit mir.

Sie nannte keine Namen, keine Daten und keine Orte, wenn sie sich erinnerte, oder ich habe sie vergessen. Später suchte ich sie mir aus dem in den Schachteln meiner Mutter angehäuften Strandgut und den Gesprächen mit Christine zusammen. Die Toten auf der Straße, das war in Shanghai.

Und die Muskatnüsse, die sie früher beim Wollewickeln erwähnt hatte, wuchsen auf Java. *Die Offiziere im Lager waren ganz scharf auf Muskatnüsse, die konnten nicht genug davon kriegen. Wir haben ihnen immer welche gesammelt.*

Nette und Christine wurden von Hafen zu Hafen gebracht, mal steckte man sie ins Polizeigefängnis, mal in einen mehr oder weniger großzügigen Arrest. Dann landeten sie im Lager Banyu-Biru, wo sie Tag und Nacht eingesperrt waren und Wärterinnen und Soldaten jede Bewegung streng überwachten. Nach ein paar Monaten wurde Banyu-Biru aufgelöst. Sie kamen nach Salatiga.

Nette erzählte, dass sie dort in einer verlassenen Villa untergebracht waren. Filla, sagte sie. Die war zuvor der Sommersitz eines chinesischen Zuckerbarons gewesen. Wir hatten zusammen sogar ein mit einem Vorhang abgeteiltes halbes Zimmer, die Christine und ich. Und es war nicht so heiß dort.

Und dann haben uns die Japaner abgeholt.

Später fand ich heraus, dass das im Frühjahr 1941 gewesen war.

Nette gab mir nur einzelne Mosaiksteine, verschiedenfarbige Fragmente ohne Zusammenhang, mit Blitzlicht herausgeschnitten aus einem Haufen Schutt. Christine erinnerte sich an die Lantanen, die in der Umgebung der Lager wuchsen und ihren bitteren Duft verströmten, wenn man darauf trat.

Offiziellen Berichten zufolge wurden in den Lagern Banyu-Biru und Salatiga holländische Nazianhängerinnen und deutsche Spioninnen festgehalten. Vielleicht haben Nette und Christine für Johanns Hingabe an den Führer bezahlt. Vielleicht war es einfach nur bürokratische Willkür.

Es gibt keine Fotos aus dieser Zeit.

Nette wartet jeden Tag auf Post. Das ist das Einzige, was zählt: Nachrichten, Lebenszeichen. Babette und die Kinder schreiben ihr über die Adresse von Onkel Theo in Amerika, die Hansmeyers benutzen die Adresse einer Freundin in der Schweiz. Allen geht es gut. Alle sind gesund. Und es gibt eine Möglichkeit heimzukommen, zu den Kindern. Nette hat sich auf eine Liste für deutsche Zivilinternierte setzen lassen, die gegen holländische Gefangene ausgetauscht und an die Japaner übergeben werden können. Von Japan aus sollen sie dann über China und Russland nach Hause reisen. Sie sieht schon die Kinder am Bahnhof stehen, am Hohburger Bahnhof unter dem schmiedeeisernen Dach, wo sie sie zuletzt gesehen hat, winkend und ohne Tränen.

Johann schreibt aus dem Internierungslager auf Sumatra, dass er einverstanden ist: Fahrt ihr nur heim, dann bin auch ich ruhiger. Es geht mir gut. In seinen Briefen sind manche Stellen geschwärzt: die über seine Predigten. Sie kann sich vorstellen, was da steht. Etwas mit Kampfesmut und Sieg und Gott auf unserer Seite. Oh, Johann!

Er hat vor Weihnachten geschrieben, dass sie alles, was sie in Yoka besitzen, verkaufen soll: das Radio, das Harmonium, die Möbel. Und hast Du meine Bücher eingepackt? Er hat lange geglaubt, sie sei immer noch dort, monatelang hat er nicht gewusst, dass sie und das Kind gleich nach ihm, am nächsten Schifftag, haben mitkommen müssen.

Johann! Seine Bücher. Es ist Krieg in Europa, und er denkt an seine Bücher. Der Krieg wird bald auch hierherkommen, nach Sumatra, er ist ja schon fast da. Die Holländer sind nervös. Und sie hassen *alle* Deutschen für das, was sie ihrem Land angetan haben, sie machen keine Unterschiede mehr. Am Tag als sie und Christine in Hollandia zur *van Imhoff* gebracht wurden, hat ein holländischer Pater, für den sie immer ein Zicklein zum Essen geschlachtet hatte, vor ihr ausgespuckt. Vor ihr, die keinem Holländer je etwas getan hat.

Ihr habt uns hintergangen, hat eine Frau auf der Straße geschrien, als sie vorbeigeführt wurden, das war später, in Makassar. Zur Hölle mit euch! Alle sind jetzt voller Hass, und auch in ihr selbst ist der Hass gekeimt, als man ihr im Gefängnis kein Chinin geben wollte, sie wäre fast an einem Malariaanfall gestorben. Sollen sie doch alle verrecken, hat der Gefängnisarzt gesagt. Und dann, in den feuchten Mauern von Banyu-Biru, hat Christine sich die Tuberkulose geholt. Liebet eure Feinde, sagt Jesus. Tut wohl denen, die euch hassen. Sie hat bisher nicht gewusst, wie schwer das ist.

Sie haben auf dem Sumatra-Dampfer bei den Eingeborenen und den Tieren auf dem Achterdeck hocken müssen, bewacht von Soldaten. Die Mitreisenden waren fassungslos, eine weiße Frau und ein weißes Kind unter ihnen, das gab es sonst nie, sie waren mitleidig und freundlich, gaben ihnen von ihren Fruchten und ihrem Essen ab. Dabei waren sie nicht einmal Christen.

Wenn die Malaien sehen, wie die Weißen aufeinander losgehen, wird sie nichts mehr aufhalten, hat Johann einmal gesagt. Dann kämpfen sie so lange, bis sie ihr *Indonesia* kriegen.

Kämpfe, überall. Und sie sitzt hier in Salatiga mit ihrer
Angst und der Hoffnung, dass bald alles vorbei sein wird. Sie
ist müde. Sie sammelt Muskatnüsse auf. Der Wachoffizier bezahlt zehn Cent für eine Schürze voll. Sie versucht, Milch zu
bekommen, für Christine. Manchmal gelingt es ihr.

Die Hoffnung ist, dass am Ende der langen Reise über
Japan, durch Sibirien, durch das kommunistische Russland,
vor dem sie sich mehr fürchtet als vor jedem anderen Land,
die Kinder auf sie warten. Man muss auf Gott vertrauen.

Sie schickt eine Nachricht über das Rote Kreuz an Babette:
Sind gesund. Kinder sollen in Mittelschule bleiben. Anfrage
Staat für Kostgeld. Ich Frühjahr heimkomme mit Kind.

Fünfundzwanzig Wörter sind erlaubt, keine Ortsnamen,
keine Reiserouten.

Christinchen, wir fahren heim nach Deutschland.

Ich will nicht. Ich will hierbleiben, bis wir nach Yoka zurückgehen.

Nette sagt nichts. Sie wartet. Auf Post, auf ein japanisches
Schiff, auf die Freiheit. Sie sammelt weiter Muskatnüsse. Sie
schreibt Briefe an ihre Kinder an die Adressen in New York,
in der Schweiz, sie schreibt mit aller Hoffnung, die sie aufbringen kann: Möge Gott uns alle bewahren. Irgendwann
bleiben die Karten von Johann mit den schwarzen Stellen aus.
Und dann eine Nachricht, die eine fremde Hand geschrieben
hat: Ich habe etwas an der Lunge, nichts Schlimmes, wie es
scheint, aber ich muss liegen und kann nicht schreiben. Vielleicht werde ich jetzt auch ausgetauscht. Vielleicht sehen wir
uns auf dem Transport wieder.

Gottvertrauen. Sie lacht inzwischen hin und wieder. Zehn
Cent für Muskatnüsse. Ein Brief. Christine geht es besser. In
den Briefen ihrer Geschwister steht immer: Küsse für unsere

kleine *adinda*. Johann schreibt wieder selbst: Mir geht es gut. Ich habe keine Tuberkulose, nur eine Verletzung. Wir sind in Gottes Hand.

Und dann kommt der Tag, an dem Nettes ganze mühsam aufrechterhaltene Hoffnung zersplittert wie die Statue ihrer Mutter: Die Wehrmacht ist in der Sowjetunion einmarschiert. Es wird keine Heimreise durch Sibirien geben.

Das Schiff aus Japan kommt nur wenige Tage später.

Es heißt *Asama Maru* und ist ganz und gar unglaublich. Mit weißem Leinen bezogene Betten. Stoffservietten, Silberbesteck, Mahlzeiten mit mehreren Gängen, Bedienung. Es bringt sie nicht nach Japan, sondern nach Shanghai. Shanghai ist gut, das ist viel näher an Hohburg als Yokohama. Und wenn Deutschland die russischen Kommunisten besiegt hat, fahren sie heim. Warten. Wir sind alle in Gottes Hand.

Shanghai ist eine riesige Stadt und voller Deutscher und anderer Emigranten. Nette bekommt Geld von der deutschen Vertretung, damit sie nach fast einem Jahr Gefangenschaft zum Arzt gehen und einkaufen kann: Kleider und Schuhe, Schulhefte, solche Dinge. Wie lange hat sie keinen Arzt mehr gesehen! Einmal kam einer bei ihnen vorbei, aus Manokwari, das war 1936, als das mit ihren Augen anfing.

Sie kauft herrliche Stoffe in jüdischen Geschäften und lässt bei jüdischen Schneidern Mäntel und Kleider nähen. Sie sucht sich einen jüdischen Zahnarzt. Sie hört von ihnen allen dasselbe: dass die Juden in Deutschland in großer Gefahr sind. Das Volk Gottes.

Bei der Abrechnung im Büro der deutschen Vertretung wird sie abgekanzelt: Das bezahlen wir nicht. Deutsche kaufen nicht bei Juden. Und die Zahnarztrechnung! Wie sie erlauben könne, dass ein Jude ihr, einer deutschen Frau, im Mund herumfingert.

Ich komme aus Neuguinea, sagt Nette. Da gibt es nur Papua, Holländer und ein paar Chinesen.

Das nächste Mal, Frau Hensolt, sagt der Mann in Uniform, mache ich keine Ausnahme mehr.

Christine geht in die Deutsche Kaiser-Wilhelm-Schule. Sie warten. Es wird Winter.

Alas Vallei, 1941

Johann weiß nicht genau, wo sie sind. Aceh, Nordsumatra, aber wo genau? Das trockene Flusstal heißt Alas, mehr sagt man ihnen nicht. Sie sind zwei Tage auf einem mit Stacheldraht umwickelten Lastwagen unterwegs gewesen, dessen Heckklappe zugenagelt war, man hat nichts sehen können. Die Hitze ist mörderisch, Tag für Tag, und lässt niemals nach, Yoka war kühl dagegen. Es ist unwahrscheinlich, dass er bald dorthin zurückkann.

Hier gibt es keinen Baum, alle sind sie gefällt worden, wegen des Schussfelds. Kein Schatten. Die Holländer haben eine rasende Angst vor den gefangenen Deutschen – als würden diese Kaufleute, Pflanzer und Beamten plötzlich mit ihren Taschenmessern auf die Kolonialarmee losgehen! Jedenfalls hat man ihnen alles abgenommen, was eine Klinge hat. Irgendwann haben sie sich Rasiermesser aus Bettfedern gebastelt.

Es gibt allerdings einige Männer, die davon träumen, sich mit den Einheimischen gegen die Holländer zu verbünden. Sie haben das einmal bei einer Parteiversammlung ernsthaft vorgeschlagen. Ein Ängstlicher hat daraufhin der Lagerleitung gesteckt, dass es in Block A Parteiversammlungen gibt, und ist prompt so verprügelt worden, dass er in die Krankenbaracke verlegt werden musste – und von da gleich in den Block E zu den Juden und den – wie die Parteigenossen sie nennen – Verrätern. Siebenkorn, ausgerechnet, hatte anfangs noch alles darangesetzt, um in Block E zu kommen, weil der Künstler Walter Spies, sein bewunderter Brieffreund, dort sitzt. Aber daraus ist nichts geworden, Siebenkorn ist ja Parteigenosse.

Sie sind alle im Block A, Johann, Siebenkorn, Lasinski und Lehdemann.

Johann hält meistens den Sonntagsgottesdienst. Er ist ein beliebter Prediger, auch die Seeleute kommen gern zu ihm. Du machst mir Hoffnung, Kamerad, hat ein Matrose zu ihm gesagt. Johann hat über das 5. Kapitel aus dem 1. Johannesbrief gepredigt: Unser Glaube ist der Sieg, der die Welt überwunden hat.

Er ist sich nicht sicher, ob sie ihn richtig verstanden haben, es geht ihm nicht um den Sieg der Waffen: Der Glaube ist es, der sie hier aufrecht hält. Der Führer ist gewiss ein Gesandter Gottes, aber erretten an Leib und Seele kann nur Gott selbst. Mit den Kameraden ist es nicht viel anders als mit den Papua: Man weiß nie, was sie aus seiner Predigt machen. Für die strammen Parteimänner ist er einer der ihren, sie verstehen, was sie verstehen wollen. Ein paar von ihnen sind recht unangenehme Leute, die man nicht zum Feind haben möchte. Und sie haben das Sagen im Lager. Er hört sie reden und denkt an Nette: *deine Nazi*. Ihre Einwände gegen den Führer. Ihre Angst vor dem Krieg. Es ist alles so gekommen, wie sie befürchtet hat.

Und sie weiß nicht einmal alles, sie weiß nicht, wie knapp er mit dem Leben davongekommen ist, als er den stocktauben alten Eidermann, der den Anruf der Wache nicht mitgekriegt hat, vom Zaun wegziehen wollte. Die Wache hat gleich geschossen, und Eidermann war tot, Johann selber hatte einen glatten Lungendurchschuss. Dem verdankt er immerhin einen Ausflug in die Stadt, für eine Röntgenaufnahme. Es war herrlich, wieder in die Weite der Landschaft und auf das Meer zu schauen, nach so langer Zeit in einem Tal hinter Stacheldraht.

Inzwischen ist die Wunde einigermaßen verheilt, aber

beim Singen und beim Predigen merkt er, dass seine Stimme nicht mehr die alte Kraft hat. Vielleicht kommt sie wieder. Nur die Zuversicht nicht verlieren. Gott hat ihn am Leben erhalten, und das wird einen Grund haben. Er wird noch gebraucht, seine Kinder, seine Frau warten auf ihn. Und seine Papua. Deutschland wird siegen, und Friede wird herrschen, und er wird Nette und die Kinder wiedersehen. Die Nachrichten von der Front könnten nicht besser sein.

Sie haben ein Kurzwellenradio in Block A, versteckt in einem Schiffsmodell, und er, als vertrauenswürdiger Parteigenosse, darf mithören. Am zweiten Adventssonntag erfahren sie, dass die Japaner in Malaya gelandet sind und einen amerikanischen Marinehafen in Hawaii bombardiert haben. Das wird unser Weihnachtsgeschenk, sagt Lehdemann.

Eine Woche darauf sind die Japaner schon auf Borneo. Die holländischen Wachmannschaften werden strenger.

An Heiligabend predigt Johann zu Lukas 1, Vers 10: Ich verkündige euch eine große Freude, die allem Volke widerfahren wird.

Kurz danach wird der erste Transport zusammengestellt, Lehdemann, Siebenkorn und Lasinski sind dabei. Die Gerüchte besagen, dass es hinüber nach Britisch-Indien geht, weg von den Japanern. Im Block A haben sie sich schon genüsslich die Befreiung und die Rache an den Bewachern ausgemalt. Fast alle im Block werden abtransportiert, nur nicht Johann, er wird immer noch als Kranker geführt, er gilt wohl als ungefährlich.

Er ist auch beim nächsten Transport nicht dabei, das Lager ist fast leer, bis auf den Verräterblock und ein paar Versprengte, es geht nach Alphabet oder Gefährlichkeit oder beidem, keiner versteht es. Johanns Zuversicht wächst. So hat der Schuss doch sein Gutes gehabt. Er darf bleiben, er wird befreit. Er ist *in Gottes Hand*.

Am Neujahrsmorgen ergeht der Befehl, das Lager zu räumen. Er muss sein Gepäck abgeben, es heißt, dass es auf einen Frachter geschafft wird. Johann behält seinen Rucksack. Er klettert auf die Ladefläche des mit Stacheldraht umwickelten Lastwagens, sie sind viele, hocken aneinandergepresst, Körper an Körper. Er erkennt den Matrosen, dem seine Predigten gefallen, Wachowiak, so heißt er. Sie fahren nach Sibolga, wo man seine Lungen untersucht hat. Und dann sitzen sie dort in einer früheren Missionsschule fest. Es ist kaum kühler als im Alas-Tal, obwohl sie an der Küste sind.

Beim Appell wird durchgezählt: vierhundertachtundsiebzig. Es gibt kein Schiff für den Transport. Johanns Zuversicht wächst wieder. Japanische Flugzeuge bombardieren schon den Hafen, der Seeweg wird bald abgeschnitten sein. Es vergehen zwei Wochen. Und dann werden sie doch noch zum Hafen geführt.

Johann erkennt das Schiff auf den ersten Blick: Es ist die *van Imhoff*.

Das alte, vertraute Postschiff, sein Schiff, auf dem er so viele Jahre Passagier und Gast war, von Hollandia nach Demta, nach Manokwari und zurück. Das hat etwas zu bedeuten. *In Gottes Hand.*

Er ist unter den Letzten, die verladen werden, er hat es nicht eilig. Irgendwann ist der Frachtraum voll, das war ja klar, so viele Menschen passen da nicht hinein, sie sind sicher furchtbar eng zusammengepfercht da unten. Vielleicht kommt er nicht mehr mit. Vielleicht bleibt er übrig, er und die anderen, es mögen ungefähr fünfzig sein, die da in der brütenden Hitze noch am Kai stehen.

Sie werden auf dem Achterdeck untergebracht, in einem mit Stacheldraht abgetrennten Käfig. Ein Sonnensegel ist darübergespannt. Gut, er wird reisen wie die Papua.

Sie laufen bei Dunkelheit aus, unbeleuchtet. Dann bleibt das Schiff stehen. Am Morgen sind sie wieder im Hafen. Er sieht den Kapitän auf der Brücke, Johann winkt, aber es kommt keine Reaktion. Am dritten Tag laufen sie wieder aus, mit der sinkenden Sonne nach Westen. Britisch-Indien, also doch. Du, Herr, bist meine Zuversicht.

Sie alle sind durstig, verschwitzt, erschöpft. Sie stinken. Die Männer im Frachtraum tun Johann unendlich leid: Die Hitze muss mörderisch sein. Vor den Ladeluken stehen breitbeinig zwei bewaffnete Seesoldaten. Alle an Bord sind nervös, es herrscht eine Anspannung, wie Johann sie bisher noch nicht erlebt hat. Angst, bewaffnete, hilflose Angst. Aber die Nacht ist ruhig, er schläft sogar, obwohl einer seiner Mitgefangenen den Mund nicht halten kann und dauernd von den Vorteilen samoanischer Frauen schwadroniert.

Am Morgen kehrt die Hitze zurück, es weht kaum Wind. Sie haben noch mehr Durst, die Wasserzuteilung ist spärlich. Ein Flugzeug fliegt über sie hinweg. Ach, guck mal, das ist das letzte der unsern, witzelt einer der Bewacher. Es ist aber ein japanisches. Und es wirft eine Bombe. Die Soldaten schießen wie wild mit ihren Gewehren in die Luft. Johann und die anderen hocken ungeschützt unter dem gefährlichen Himmel.

Legt euch hin! Hinlegen! Hinlegen!

Johann kann nichts sehen, aber er hört, wie das Flugzeug zurückkommt. Die Einschläge im Wasser. Die Detonationen. Und er spürt den Ruck, der durch das Schiff geht. Es springt hoch wie ein Spielzeug, es zittert, etwas kracht. Wasser schwappt über das Deck.

Dann wird es still. In der Stille hört man Schreie aus dem Frachtraum. Der Kapitän selbst steigt hinunter, und es wird wieder ruhig.

Der Mann aus Samoa fragt: Warum wissen die verdammten Japsen nicht, dass wir Deutsche sind?

Der Erste Offizier stellt sich vor ihren Käfig und sagt mit ruhiger Stimme, es gebe keinen Grund zur Beunruhigung. Es sei kein großer Schaden. Man habe Hilfe angefordert.

Das Schiff liegt still, es schaukelt auf den schwachen Wellen. Sie fahren nicht nach Britisch-Indien. Ein Flugboot, ein holländisches, kreist über ihnen und dreht wieder ab. Hilfe ist unterwegs, heißt es abermals. Ruhe bewahren. Die Mannschaften machen eine Motorbarkasse und die Rettungsboote klar, die Flöße werden über Bord geworfen. Die Gefangenen bekommen Rettungsgürtel: für alle Fälle.

Und dann sind sie plötzlich alle weg, der Kapitän, der Erste Offizier, die ganze Mannschaft, Johann sieht leere Rettungsflöße davonschwimmen und die halb vollen Boote, in einem davon den Kapitän, der ihn nicht erkannt hat oder nicht hat erkennen wollen. Ein paar Bewacher sind noch da, sie schießen planlos in die Luft. Zwei Boote kommen zurück.

Die hauen ab, sagt eine Stimme hinter Johann, die hauen alle ab. Es ist der Matrose Wachowiak. Als die Soldaten über die Bordwand klettern, stürzt Wachowiak nach vorn, über Johann hinweg, ans Gitter und beginnt es aufzubiegen, es dauert nicht lange. Johann kriecht durch die Lücke ins Freie, da schwingt sich Wachowiak schon über Bord. Er hört den Schuss, hört den Matrosen schreien und sieht noch, wie sie den Verletzten ins Rettungsboot ziehen, seine Hand ist voller Blut.

Und dann sind sie allein. Vierhundertsiebenundsiebzig Gefangene sind jetzt allein an Bord. Hilfe ist unterwegs. Wo sie wohl ihre Vorräte haben, fragt der Mann aus Samoa. Johann weiß es. Sie finden Limonadenfläschchen. Sie finden Genever, Rum, sogar Bier. Schokolade. Käse. Es ist wie im Schlaraffenland.

Bald sind einige Männer betrunken. Seeleute haben ein kleines Beiboot entdeckt und lassen es zu Wasser. Die Schiffspumpen sind kaputt geschlagen, sagt einer, Scheißholländer, ich mach mich davon. Ein paar andere versuchen, ein festgerostetes Rettungsboot freizubekommen, ein Boot für zweiundvierzig Mann. Johann sieht Männer im Wasser schwimmen, mit Rettungsgürteln, auf Tischplatten, herausgerissenen Planken.

Er hat keine Angst. Herr, du bist meine Zuversicht. Die Schatten werden sichtbar, es ist schon Nachmittag. Hilfe wird kommen. Und bald wird er frei sein. Er geht hinunter in die verwüstete Offiziersmesse, der Boden neigt sich schon zum Bug hin. Wie sehr Nette immer das gekühlte Bier genossen hat.

Zuversicht.

Tatura, 1944

Es ist besser, seit sie zusammen sind. Marie ist auf eigenen Wunsch hierhergekommen, nachdem sie lange als geduldeter Gast bei deutschen Familien in Towoomba von Haus zu Haus gereicht wurde. Sie hat es einfach nicht mehr ausgehalten, nirgendwo hinzugehören, nichts Eigenes zu haben, nicht einmal ihren Mann, und das alles weit weg von der Heimat. Towoomba ist nicht Deutschland. Die aufrechten Deutschen dort wurden interniert, und die anderen haben ihre Farmen, heiraten Engländer oder sonst wen und lassen den Krieg an sich vorbeiziehen. Nein, das ist nichts für sie. Als sich die Gelegenheit ergeben hat, zu Heiner ins Lager zu gehen, hat sie sich sofort dafür entschieden: Da gehört sie hin, an die Seite ihres Mannes und ihres Volkes.

Was für ein Wiedersehen das war. Nie hätte sie gedacht, dass sie einmal so froh sein würde, mit Heiner Mohr vereint zu sein. So hat auch das größte Leid sein Gutes. Nun haben sie ihren eigenen kleinen Haushalt im Familienlager, und um sie herum gibt es Kinder, das ist tröstlich. Nur, dass die Zeit furchtbar langsam vergeht, wenn man nicht frei ist.

Natürlich, sie schreibt Briefe, sie bekommt Briefe, erkennt die Schrift, das ist dann fast wie ein vertrautes Gesicht. Und man weiß das Nötige. Ihr Ältester ist jetzt auf einem U-Boot. Ist er also doch Seemann geworden, wie er als Kind immer gewollt hat. Möge Gott ihn segnen und bewahren. Martin ist bei der Infanterie, vermutlich in Italien, wie Sophie verschlüsselt mitgeteilt hat, man darf das ja nicht so direkt schreiben. Der Abschied von den Brüdern war mir schwer, schreibt sie, Martin hatte zu Weihnachten, vor seiner Abreise an die Front, noch einmal Ausgang.

Jetzt steht Martin im Feld, Otto hat seinen letzten Brief von dort weitergeleitet: Ich kann es kaum erwarten, bald geht es in den Kampf.

Das war im April, kurz nach seinem neunzehnten Geburtstag.

Tapfer und froh, so kennt sie ihren Martin. Ihren Sonnenschein.

Heiner hat ihr Schachfiguren geschnitzt, sie spielt jetzt wieder viel, die Konzentration dabei verscheucht die trüben Gedanken und die Sorgen um die Kinder. Es gibt auch andere Ablenkung, im Lager soll ein Theaterstück aufgeführt werden: *Der Kaufmann von Venedig*. Lange ist gerätselt worden, wer wohl den Shylock spielen würde. Zuerst wollte es keiner machen, dann hat sich Bruder Domsack bereit erklärt. Bruder Muckenbacher, der Spielleiter, hat das vorgeschlagen, angeblich, weil Domsack so eine lange Nase hat. Aber es ist wohl eher, weil Domsack manchmal schlecht über den Führer spricht, Gerda leidet sehr darunter. Die Portia wird von dem jüngeren der Gorm-Brüder gespielt. Der ältere, der Lehrer von Heldsbach, hat sich nicht internieren lassen und ist in Neuguinea untergetaucht. Sie beten alle glühend für ihn, er ist der letzte Missionar in den verlassenen Gemeinden unter der japanischen Besatzung. Wenn er noch lebt. Hier wäre er in Sicherheit gewesen, er ist ein Held. Und der Bruder dieses tapferen Mannes spielt nun im Theaterstück eines Engländers ein Mädchen. Was soll man dazu sagen? Gut immerhin, dass sich keine Frau für das Bühnenspektakel hergibt.

Marie hat den Bruder Muckenbacher gefragt, warum er

denn ausgerechnet Shakespeare spielen lässt und dann noch mit einer derart unerfreulichen Hauptfigur wie diesem Shylock. Weil es ein sehr lehrreiches Stück sei, hat Muckenbacher erklärt: Shylock *handelt*, wie er muss. Er steht *für* das Judentum schlecht*hin*. Und er wird am Ende ge*tauft*.

Das ist dann wenigstens ein guter Ausgang. Am liebsten hätte der Bruder Muckenbacher selbst ein Stück geschrieben, er hält sich inzwischen für einen Künstler, aber die anderen wollten lieber einen echten Klassiker. Muckenbacher dichtet auch Lieder, eins davon, das *Finschhafnerlied* ist gar nicht so schlecht.

Trotz aller Zeitungsschmierer / Schikanen, Lug und Spott: / Wir halten treu zum Führer / und fest an unserm Gott.

Der Gegner kann sich biegen / und drehen, wie er mag, / wir werden ihn besiegen, / bald kommt der große Tag.

Das spiegelt doch ziemlich genau wider, was sie alle bewegt. Sogar die internierten Templerfamilien aus Palästina singen es gern. Man sollte nicht glauben, wo überall auf der Welt deutsche Gemeinschaften leben.

Freilich sind hier im Lager auch Internierte aus England und Singapur, deutsche Emigranten und zum größten Teil Juden, die mögen solche Lieder natürlich nicht. Man pflegt eigentlich keinen Umgang mit ihnen, aber Heiner repariert ihre Schuhe und unterstützt sie beim Gemüseanbau. Und Bruder Domsack gibt ihren Kindern sogar Musikunterricht.

Als die Nachricht eintrifft, ist Marie nicht da. Heiner hat mit dem Lesen erst auf sie warten wollen, die Briefe von Otto sind immer ein großes Ereignis. Aber sie hat sich die Proben zum Theaterstück ansehen wollen. Wenn es etwas Wichtiges ist, hat er gedacht, kann ich es ihr sagen, wenn sie zurückkommt.

Jetzt hält er den Brief auf dem Schoß und sieht die Fotografien im Regal verschwimmen. Die drei Kinder nebeneinander. Das Abschiedsfoto aus Deutschland mit der ganzen Familie. Reinhard in Matrosenuniform. Und Martin als Soldat. Er schaut sehr ernst, was er auf keinem Bild sonst getan hat. Heiner steht auf und nimmt die Fotografie aus dem Rahmen, hält sie in der Hand, hält sie ganz nah vor sein Gesicht. Und wieder weg. Martin, sein Sohn. Er sucht Martins Lachen, sein lautes, freches Lachen auf dem Bild und findet es nicht. Soldat. Kleiner Martin. Er war acht Jahre alt beim Abschied, und Heiner wird ihn nie älter sehen.

Er legt die Fotografie zurück und kämpft mit dem Wunsch, sie zu zerreißen. Er hat einen Zorn in sich, der ihm die Tränen in die Augen treibt. Das hätte nicht sein dürfen. Marie wird das nicht verkraften. Ihr Liebling.

Er muss hinübergehen und es ihr sagen. Wie kann er es sagen?

Er war voller Kampfesmut, schreibt Otto. Er ist bei der ersten Angriffswelle gefallen. Es ist wohl sehr schnell gegangen, schrieb uns sein Kamerad, er war gleich tot.

Was sie alle schreiben. Unsinn schreiben sie. Kampfesmut. Kleiner Martin.

Martin, sagt er zu dem Foto.

Er hält es noch in der Hand, als er Marie findet, und merkt es nicht einmal.

Wir müssen es aus Gottes Hand nehmen, sagt er. Martin ist gefallen.

Marie schüttelt den Kopf. Sie schweigt, den ganzen Tag schweigt sie, sie macht das Abendessen ohne ein Wort. Nachts wacht er aus seinem halben Schlaf auf, und sie steht im Nachthemd am Fenster. Wenigstens ist sein Tod nicht sinnlos, sagt sie. Er hat sich für seinen Führer und sein Volk geopfert.

Heiner ist froh, dass sein Rasierspiegel, dieses verfluchte Ding, in Heldsbach zurückgeblieben ist. Sonst hätte er ihn zerschlagen.

In der Nacht schlägt Nette das Herz bis in die Ohren, so laut, dass sie nicht schlafen kann. Sie hört die Türen klappen in den Nebenzimmern, es ist lärmig hier, seit der chinesische Koch die Pension übernommen hat, all die Seeleute und ihre Huren, das Haus ist zur Absteige verkommen, kein Ort für eine alleinstehende weiße Frau und noch weniger für ein junges Mädchen. Sie werden bald umziehen, in ein Sommerhäuschen am Deutschen Strand, das wird recht kalt sein, wenn es Winter wird, aber vielleicht sind sie dann schon fort, daheim, bei den Kindern.

Christine atmet gleichmäßig und ruhig, ihren Lungen geht es gut hier, das Klima in Tsingtau ist besser als in Shanghai. Shanghai, diese Hölle von einer Stadt, die vielen Soldaten, die Flüchtlinge, hungernde Chinesen, die um Essen bettelten, schrien in der Nacht. Wenn Christine am Morgen mit dem Bus zur Deutschen Schule fuhr, eskortiert von japanischen Soldaten, sah sie die Toten am Straßenrand. Unterdessen fielen Bomben auf Deutschland, alle Welt redete darüber, und Nette träumt seither davon: dass Schnee auf Häuser und Gärten fällt, Schnee wie unzählige kleine Bomben auf Reucha, Hohburg, Neuendettelsau. Auf die Kinder, Babette, die Freunde. Aber das ist jetzt vorbei, der Große Verführer ist tot, in Deutschland haben sie schon kapituliert. Die Kinder hungern bestimmt, wie denn nicht. Wie hat sie selbst im letzten Krieg gehungert und gefroren. Wenigstens ist jetzt Sommer. Und lang kann es auch hier nicht mehr gehen, selbst wenn sie im Deutschen Eck immer noch ihre Lieder singen und die Hakenkreuzfahne vor der Schule aufziehen lassen und ihrer Christine erzählen, dass es keine edleren Menschen auf der Welt gibt als die Deutschen.

Aber was nun auf sie zukommt, ist genauso zum Fürchten, die Russen, die Kommunisten, eine Woge der Gottlosigkeit.

Sie betet jeden Abend mit Christine, dass Gott sie heimholen möge, bevor das Schlimmste geschieht.

Tagsüber hält sie die Zuversicht hoch und hält daran fest: Sie wird ihre Kinder wiedersehen. Aber wenn sie, wie jetzt, auf den Schlaf wartet, fürchtet sie die Träume. Schnee. Sie stellt sich die Gesichter der Kinder vor, Hannele mit ihren Schleifen, Erich mit seinen runden Backen und Friedrich mit seinen Augen, die mehr sehen als andere Augen.

Aber dann setzen sich andere an ihr Bett, nicht ihre Kinder, es sind ihre Papua, die wiegen sie sanft. Und Nette heißt sie willkommen, seid ihr auch da, seid ihr mit uns hergekommen, wie habt ihr das nur geschafft, sie freut sich so sehr und fragt, sind wir nun endlich zu Hause? Und sie nicken und wiegen sie immer mehr, und sie will rufen, nicht so hoch, nicht, aber sie wiegen ihr Boot, sodass die Wellen immer höher schlagen, und das Wasser fließt in ihren geöffneten Mund, und Johann ist da, seine Augen schwarz vor Angst, und das Wasser ist hoch über ihnen, und Pamai sagt: Ihr müsst untergehen, das Reich Gottes kommt zu uns. Und sie weiß, dass es ein Traum ist, Pamai ist tot, sie will aufwachen, auf ihrem Bett in Yoka, aber da beugt sich Barnabas über sie, Nonja, die Kinder sind fort, du musst den Tuan holen, und Johann liegt nicht neben ihr, sie sucht ihn, und im Hafen schreit ein Schiff, ein Schiff schreit seinen Namen, und es fährt mit ihm fort, und ihr Herz springt aus ihrem Körper und will nicht zurück.

Aber da ist Christine, sie schläft drüben im Bett, und die anderen schlafen auch, nein, sie sind auf der anderen Seite der Welt, da ist man jetzt wach. Und Nettes Herz kehrt zurück, hinkend, taumelnd in seinem Rippenkäfig, und hält sich an den Stäben fest, um nicht zu fallen. Ein Schiff tutet. Sie richtet sich auf. Es ist früher Morgen.

Sie hört das Meer. Der Wind kommt aus Südosten, da hört man immer das Meer, das Meer, in dem Johann ruht. Alle Meere sind eins. Johann singt darin, denn so stellt sie es sich vor: dass er gesungen hat, ganz zuletzt. Sie haben ihr gesagt, dass es fast sechs Stunden gedauert hat, bis die *van Imhoff* unterging, der Bericht eines Überlebenden ist bis hierher gelangt, sechs Stunden, bis die *van Imhoff* bei Sonnenuntergang senkrecht ins Meer getaucht ist. Und Johann, sie glaubt nicht, dass er am Schluss noch diese schrecklichen Lieder gesungen hat, er hat sich seinem Gott zugewandt, ganz und gar, er hat sich darauf vorbereiten können, dass er ihm bald gegenüberstehen würde. Und das ist ein Trost, ein Trost sollte es sein. Dafür, dass er nicht mehr durch die Tür kommt und Schmutz hereinträgt und den Kindern etwas erzählt und sie zum Lachen bringt. Er hat sie zum Lachen bringen können wie niemand sonst.

In dem Telegramm vom 6. März 1942 hieß es: *Vermisst.* Ein Schiffsunglück vor Sumatra. *Ihr Ehemann Johann Hensolt war nicht unter den Überlebenden.*

Die Frauen in Shanghai haben ihr gesagt, sie soll etwas essen. Und sich hinlegen. Und für ihre Tochter da sein. Sie hat gehorcht, aber es hat nichts geholfen. Sie hat so getan, als ginge ihr Leben weiter, und es ging weiter, denn diesmal gibt es keinen Aufbruch irgendwohin, kein neues, anderes Leben mehr, kein Amerika. Sie ist alt. Es bleibt nichts, als weiterzuleben und weiterzubeten, obwohl der Himmel nicht antwortet. Es genügt, wenn sie Johann, ihren Mann, ihren Toten, ihre Liebe im Meer singen hört.

Sie darf das Christine nicht sagen, sonst denkt ihre Tochter noch, sie sei verrückt. Aber Nette ist nicht verrückt, sie ist herzkrank, ganz offiziell, sie hat ein Attest, deshalb musste sie auch nicht zur NS-Frauenschaft. Herzkrank, das genügt. Mehr muss keiner wissen.

Manchmal denkt sie, sie hätte damals in Amerika bleiben sollen, bei den Freundinnen dort, bei Grace. Sie könnte jetzt Amerikanerin sein und dort leben und ihr Geschäft haben, fern vom Krieg. Sie hätte Johann nie gekannt, hätte keine

Tochter, um die sie Angst haben muss, wenn die Russen kommen, keine Kinder, die im Krieg ganz allein waren und vielleicht gar nicht mehr leben. Schnee. Es gibt keine Nachricht mehr von ihnen seit der Rotkreuz-Botschaft im letzten November.

Und sie ist in China. Nie hat sie je nach China gewollt. Sie ist mit Johann nach Neuguinea gegangen, weil er Johann war, voller Zuversicht, voller Pläne, und es war Gottes Wille, das Leben in der Wildnis, umgeben von Leuten, die sie brauchten, immerzu brauchten, sie musste für alles sorgen und Anweisungen geben und schreckliche Wunden heilen und trösten von früh bis spät, bis an den Rand ihrer Kraft, aber Johann war da, und Gott war mit ihnen, mitten in diesem endlosen Wald, in der großen und fremden Welt, zwischen den dunklen Gesichtern, den leuchtenden Blumen, schön und üppig und bedrohlich alles. *In der Welt habt ihr Angst, aber seid getrost, denn ich habe die Welt überwunden.*

Johann hat sie verlassen. Und Gott ist das alles gleichgültig, Gott ist stumm. Und war er es nicht immer schon.

Sie darf so nicht denken, das ist furchtbar und lästerlich, vielleicht hat sie Fieber, es ist fünf Uhr in der Frühe, und sie schläft nicht. Es ist das Fieber, es ist das Herz, in dieser chinesischen Absteige. Sie rutscht tiefer ins Bett unter das dünne Laken, und sie spürt, wie ihr Inneres sich auflöst, mit jedem Hammerschlag des Herzens dünner wird und schmilzt, zu Wasser wird, und im Wasser ruft sie Johann, aber er hört sie nicht und wundert sich, wo sie bleibt, wo ihr Platz doch an seiner Seite ist und ihr Herz sowieso nicht mehr richtig schlägt, warum nur ist sie nicht bei ihm. Die Sehnsucht ist ein Wasserfall, der Wasserfall bei Yoka, der alles wegschwemmt.

Christine bewegt sich in ihrem Bett. Nette hält die Augen geschlossen, sie sind nass, das Kind soll es nicht sehen.

Schläfst du noch? Mama? Schläfst du?

Nette hört die nackten Füße zur Tür tappen. Sie öffnet die

Augen. Es ist sechs Uhr. Morgen kommen vielleicht die Amerikaner oder die Chinesen oder die Russen. Jeder kann jederzeit ein Gewehr auf sie anlegen und abdrücken, Holländer, Japaner, Freund oder Feind. Es war eine japanische Bombe, die Johann getötet hat. Es waren die Holländer, die ihn haben ertrinken lassen. Es gibt kein Mittel gegen die Kriege, die Männer führen. *Die Sünden der Männer.* Das war in Neuguinea nicht anders. Aber Christine ist vierzehn Jahre alt und muss beschützt werden, sie hat keinen Vater mehr, aber eine Mutter, auch wenn die Angst über Nette zusammenschlägt wie Wasser, unbarmherziges salziges Wasser, Sog eines untergehenden Schiffes.

Sie richtet sich wieder auf, ihr Herz stolpernd und müde, aber sie steht auf. Lieber Herr Jesus, bei deiner Liebe zu allen Menschen: Lass mir die Kinder.

Christine kommt herein, frisch gewaschen im Morgenmantel, die kurzen Zöpfe glatt.

Kann ich heute wieder mit Barbara und den anderen zum Strand, Mama?

Sicher, Kind, wenn du die Schularbeiten fertig hast.

Nette öffnet ihren Bibelkalender und schlägt die Seite des Tages auf.

Und ob ich schon wanderte im finstern Tal, fürchte ich kein Unglück, denn du bist bei mir.

Es ist Dienstag, der 7. August 1945.

Einen Monat später stand plötzlich ein Soldat in Christines Klassenzimmer und erklärte den Kindern der edelsten Rasse der Welt: Wir haben euch befreit. Christine war sehr erstaunt. Wovon denn?

Die Amerikaner lernte sie erst schätzen, nachdem man sie gezwungen hatte, im Deutschen Eck Filme anzusehen, in denen tote Menschen in Gruben und hinter Stacheldraht gezeigt wurden. Haufen von Toten. Deutsche Verbrechen.

Da begann sie zu begreifen, dass es anders war, als sie bisher geglaubt hatte. Es war ja nicht das erste Mal in ihrem Leben, dass sich plötzlich die Welt drehte und sie sich auf der anderen Seite fand. Ihre Mutter hatte die Filme nicht gesehen, sie hatte ja ihr Attest: herzkrank. Christine erzählte ihr nicht, was sie gesehen hatte.

Ich habe es auch so gewusst, sagte Nette später zu mir.

Eines Tages wurde Christine von einem amerikanischen Captain nach Hause gefahren. Er hatte sie auf dem Schulweg aufgelesen und wollte nun Nette kennenlernen.

I have seen your house in Yoka. Zu Christine sagte er, ihre Puppe sei noch da gewesen, die mit den langen blonden Haaren.

Christine wollte es nicht wissen.

Der Captain hatte in Neuguinea gegen die Japaner gekämpft. Er mochte Nette, er stellte ihnen Lebensmittel vor die Tür.

Der Brief aus Deutschland kam kurz vor Weihnachten, er kam über das Rote Kreuz, Absender war Babette. Nette trug ihn zwei Tage mit sich herum, ehe sie es wagte, ihn zu öffnen. Sie sah die Unterschriften und weinte so sehr, dass sie den Rest nicht mehr lesen konnte. Die Kinder waren am Leben.

EPILOG

1948

Sie schaut hinaus auf den Garten, in dem fast kein Baum mehr übrig geblieben ist. In den Bombenkrater ist Erde gerutscht, man sieht ihn kaum noch. Das Haus hat einen Riss bei dem Einschlag bekommen. Aber es steht.

Sie schaut hinunter auf die Stadt, Häuser wie hohle Zähne, dazwischen der frühe Nebel. Es ist, als würde es nie wieder ganz hell. Als käme nie wieder ein Tag nach einer Nacht und nie wieder eine Nacht nach einem Tag.

Sie schaut hinunter auf die Stadt, in der sie nun bleiben wird, für immer. Die Überreste einer Stadt, die Gott gestraft hat durch fremde Waffen.

Die Sünden der Männer.

Gott hat ihre Kinder verschont, aber ihren Mann ins Meer geworfen, dass er ertrinken musste. Sechs Stunden hat es gedauert, bis das Schiff unterging. *Ich bin nicht der Prophet Jonas.* Niemand ist gekommen, um die Männer zu retten, ein Schiff war da, als sie schon im Wasser schwammen, und hat wieder abgedreht: Weil sie Deutsche waren. Wo war Johann da? Hat er noch gelebt? Er hat das Meer immer gefürchtet, trotz seiner vielen Reisen. Johann. *Wir sind alle in Gottes Hand.*

War er schuldig? Seine Augen, seine Hände, seine vielen Geschichten. Er hat dem Großen Verführer gehuldigt, ja, aber er hat sich nie an einem Menschen versündigt. Dieses Kind auf der Insel hat er verlassen müssen, weil Gott es so wollte. Wollte es Gott? Auch sie hat ihre Kinder verlassen, in diesem schrecklichen Nest zurückgelassen. War es wirklich Gott, der das wollte?

Sie hätte auf ihr Herz hören sollen, und ihr Herz hat gesagt, lass die Kinder nicht zurück. Ihr Herz hat auch gesagt, sei bei dem Mann, zu dem du gehörst. Und bei deinen Papua. Die Liebe ist ein scharfes Messer, das dir das Herz in zwei Hälften teilt.

Sie hat es hinter sich. Die Hitze, die jähe Dunkelheit der Tropen, die Stimmen aus dem Wald. Großer See und Stiller Ozean: Geschrei, Bomben, Schüsse, Befehle, Marschmusik an allen Ufern. Geschrei aus dem Radio, Geschrei der Hungernden in Shanghai. Geschrei von Ertrinkenden.

Die Stadt ist still an diesem frühen Herbstmorgen. Bald wird sie den Zug pfeifen hören. Das Meer ist so fern von hier.

Zweimal ist der Krieg über ihr Yoka hinweggegangen, aber die Kirche dort steht noch. Ferdinand. Willem. Nora. Barnabas. Moseh. Die Muscheln, die laut zuklappen, wenn ein Boot darübergleitet. Kinder, die lauschen. Ihre dünnen Stimmen, ihre dünnen Arme, ihre Knie. *Heile, heile Segen.*

Der Nebel wird dünner. Sie kann den Bahnhof erkennen, unten im Tal, aus dem geborstenen Dach steigt Qualm, gleich wird die Lokomotive zu sehen sein, es ist der Frühzug nach Osten. Wenn man in Wicklesgreuth umsteigt, kommt man nach Neuendettelsau.

Ein Kern von Müdigkeit liegt in ihr, ein Bleikern, der wie ein Senklot zieht, der will, dass sie hinuntertaucht, ohne Umstände, ohne noch länger zu warten, hinein in einen Ozean, der wirklich, wirklich still sein wird.

Aber sie hält sich wach. Sie taucht nicht unter. Sie bleibt bei den Kindern, jetzt, da es zu spät ist. Johanna, die vor ihrer Tür stand nach elf Jahren Trennung und Krieg, ihr kleines, wildes Hannele, eine Frau von achtzehn Jahren mit einem schweren Haarknoten im Nacken, die sie anstarrte. Und dann sagte: Grüß Gott, Mutter. In ihren Augen die stumme Frage: Bist du's wirklich? Und die Abwehr: Ich erkenne dich nicht wieder. Johanna, zahm und nachgiebig, dann plötzlich übermütig, ein Kind im Körper einer jungen Schönheit, aber ein fremdes Kind.

Und Erich, der beherrschte junge Mann, der über alle Fragen hinweggeht, ihr nicht sagen will, was er getan hat im letzten Aufgebot für den Führer, ein Soldat, für den sie keinen Trost hat, den sie nicht mehr in den Armen wiegen kann wie früher, wenn er Schrammen am Knie hatte, er war so tollkühn und tat sich dann weh. Und Friedrich, der im Haus fremder Menschen lebt, der ihr, seiner Mutter, beim ersten Wiedersehen die Hand geschüttelt hat. Wie ich mich freue, dich wiederzusehen. Er hat Tränen in den Augen gehabt, aber nichts mehr gesagt. Sie hat gedacht, das kommt noch, aber nichts kommt. Er besucht sie, schaut sie mit seinen immer noch großen Augen an – und sofort weg, wenn sie sich ihm zuwendet.

So sind sie jetzt: fremd, scheu, unbegreiflich. Man hat sie ihr verdorben.

Sie hat ihre Kinder nicht wiederbekommen. Aber sie leben.

Die Lokomotive verschwindet aus ihrem Blick, nur die Qualmspur hält sich noch in der Luft, vermischt sich mit dem Rest des Nebels und macht ihn schmutzig.

Sie wird Johanna ein schönes Kleid nähen, zu ihrer Verlobungsfeier, etwas Helles. Schöne Kleider hat sie immer geliebt, die Kleine, und trägt jetzt so dunkle, hässliche Sachen. Christine wird neidisch sein auf dieses Kleid. Christine, die so tapfer war, ist unglücklich mit ihren fremden Geschwistern in diesem wüsten Land. Sie kann es nicht fassen, dass die Weißen hier arm und ungebildet sind, dass sie selbst die Straßen kehren, Kohlen schaufeln, auf Knien Böden scheuern. Dass sie betteln und stehlen: Dinge, die in der Welt, die sie kannte, nur Papua und Chinesen zugetraut wurden. Die Deutschen sind edel, die Weißen geben Befehle, so hat sie es gelernt, und jetzt, hier, sind sie nichts, weniger als nichts. Erniedrigt, bestraft, ein Verlierervolk unter Besatzung.

Schwarze Männer in Uniform umarmen in Siegerpose weiße Mädchen. Christine mag diese Heimat nicht, das sagt sie immer wieder. Sie will nach Amerika. Oder zurück nach Neuguinea. *Was soll ich denn hier?* Sie ist aber das einzige Kind, das ihr geblieben ist.

Wenigstens Johanna würde sie zurückbekommen, hat sie gedacht, aber die will nun diesen Mann heiraten. Plötzlich ist er aufgetaucht, Johanns Patensohn, Sohn von Heiner und Marie Mohr, und hat seine liebe Tante Nette besuchen wollen. Sie hatte ihn zuvor nur ein einziges Mal gesehen, 1934, ein Kind in Uniform im Kreis seiner Familie: Reinhard Mohr, nun ihr künftiger Schwiegersohn.

Letztes Jahr ist er vom Fahrrad gestiegen, furchtbar dünn war er, obwohl er Verwandte auf einem Bauernhof hat und nicht von Marken leben muss. Sie hat echten Bohnenkaffee gemacht, aus dem Care-Paket von Grace. Seine Eltern waren noch im Lager in Australien, er hat ihr leidgetan. Und Johanna hat ihn über ihre Tasse hinweg angeschaut wie verzaubert. Er war charmant wie kein Zweiter, dazu die hohe Gestalt seines Vaters und die intelligenten Augen seiner Mutter, kein Wunder. Er hat erzählt, dass er drei Jahre auf dem U-Boot war. Drei Jahre im Seekrieg, und er hat überlebt! Jetzt will er Pfarrer werden.

Gott hat mich bewahrt.

Johann war nur drei Tage auf dem Postschiff.

Ich bin nicht so dafür gewesen, sagte Nette zu mir. Und deine Großmutter Mohr auch nicht, als sie zurückgekommen sind. Stell dir vor, der einzige Sohn, den sie noch hatten, und gleich verlobt. Sie war ja recht eingebildet, die Marie, meine Tochter war ihr nicht gut genug, wahrscheinlich wäre ihr keine gut genug gewesen. Johanna hätte besser einen starken Mann von außerhalb heiraten sollen. Aber es hat wieder dieses Neuendettelsau sein müssen.

Die Anzeige in der *Fränkischen Landeszeitung* erschien am 29. November, Reinhards Geburtstag:

Johanna Hensolt
Reinhard Mohr
Verlobte
Hohburg und Schlettenheim

Bei der Verlobungsfeier sagten die beiden, dass sie nach Neuguinea gehen würden, so bald wie möglich. Linette war entsetzt, Marie stolz, und Heiner sagte: Befiehl deine Wege dem Herrn.

Dann wurde mein künftiger Vater krank, Spätschäden der Malariaprophylaxe, sagten die Ärzte, ein Leberschaden, dazu die Unterernährung. Er wird niemals in den Tropen leben können.

Sie heirateten im Mai 1953, als Reinhard seine erste Stelle in einem Dorf unweit von Reucha angetreten hatte. Zur Hochzeit bekamen sie die geschnitzte Truhe mit den Stücken aus Kaiser-Wilhelms-Land und das Holz einer ganzen Eiche aus dem Schlettenheimer Wald.

Sophie blieb ihren Eltern zuliebe in Neuendettelsau, gelobte Anspruchslosigkeit, Ehelosigkeit und Verfügbarkeit und machte als Diakonisse Karriere.

Erich ging als Missionar nach Südamerika, wo er eine Brasilianerin heiratete. Ein paar Jahre später kehrte er nach Deutschland zurück, der Kinder wegen. Er war voller Fernweh. Wie die meisten Männer der Familie wurde er nicht alt.

Friedrich wurde Kirchenmusiker wie sein Pflegevater und lebte allein in dem mittelalterlichen Haus, das er von den Hansmeyers geerbt hatte. Es war voller tropischer Pflanzen und fast ohne Möbel. Er war manchmal lange weg, Abwesenheiten, über die er nicht sprach. Konzertreisen, sagte meine Mutter vage.

Christine, die eigentlich in Amerika hatte studieren wollen, lernte Krankenschwester und zog viele Jahre von einem Ort zum anderen. Sie war diejenige, die mir am meisten über die letzte Zeit der Hensolts in Neuguinea erzählte. Sechzig Jahre nach ihrer Deportation aus Neuguinea machte sie sich mit ihrem Mann auf die Reise in ihre Vergangenheit, kam aber nur bis Qingdao. Sie wusste, dass ihre Erinnerungen der heutigen Wirklichkeit nicht standhalten würden. Sie entschied sich für die Erinnerungen und brach die Reise ab.

Keines der Neuguinea-Kinder ist je wieder in Heldsbach oder Genyem gewesen.

Baluna wurde vermutlich bei einem Bombenangriff auf den Flugplatz von Heldsbach getötet.

Basanu floh mit ihrer Familie in die Berge. Ihre Enkeltochter wurde Lehrerin und kam 1962 zu Besuch nach Neuendettelsau.

Gondo heiratete einen Evangelisten aus Dobeo.

Zumajang kämpfte erst aufseiten der Australier gegen die Japaner und war später Aktivist für die Unabhängigkeit Papua-Neuguineas, die er noch erlebte.

Marthas wirklichen Namen kenne ich nicht.

Von ihrem hellhäutigen Kind gibt es keine Spur.

Danksagung

Es gibt viele Menschen, die bei der Entstehung dieses Buches auf verschiedene Weise mitgeholfen haben.

Meine Dankbarkeit gilt Gerlind Reinshagen, die mich Wesentliches über das Schreiben gelehrt und immer ermutigt hat. Leider kann sie nun das fertige Buch nicht mehr in Händen halten.

Ich danke Mathilde Schretzenmayr, dem jüngsten der Neuguineakinder, für ihr Familienarchiv und die Erinnerungen, die sie mit mir geteilt hat. Meinen Geschwistern Hanna und Paul für die Dokumente und Geschichten, die sie mir weitergegeben haben. Meiner Tochter Liliana für ihre sprachkritischen Anmerkungen.

Ruth Schneider und Max Schwicker für ihre Gastfreundschaft während meiner Recherchen. Cornelia Berends für ihre Unterstützung beim Durchqueren der Familiengeschichte. Sieglinde Geisel für ihre genaue Lektüre der ersten Kapitel. Hanneke van der Hoeven für ihre Hilfe beim Übersetzen aus dem Niederländischen. Charlotte Wiedemann für ihren journalistischen Blick. Robin Cackett für seine neuguineakundigen Hinweise. Hermann Mückler für seine ethnologische Expertise. Karin Graf für ihre Anregungen und ihren Einsatz. Claudia Marquardt für ihr Engagement, ihr geduldiges Lektorat und ihre Heiterkeit trotz aller Schwierigkeiten.

Inhaltsverzeichnis

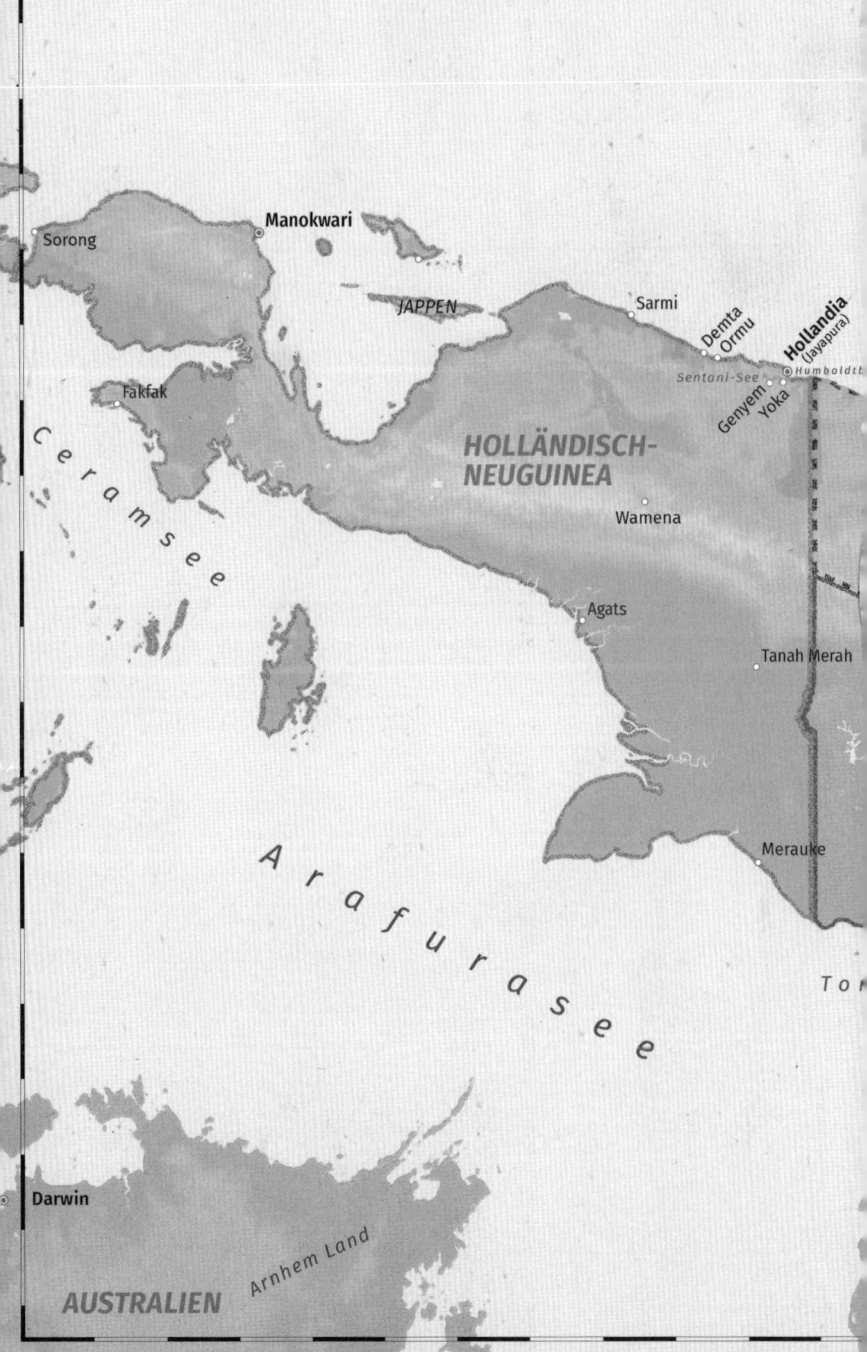

Sorong

Manokwari

JAPPEN

Sarmi

Demta
Ormu

Hollandia
(Jayapura)

Sentani-See

Humboldtt

Fakfak

Genyem
Yoka

C e r a m s e e

HOLLÄNDISCH-
NEUGUINEA

Wamena

Agats

Tanah Merah

A r a f u r a s e e

Merauke

To

Darwin

Arnhem Land

AUSTRALIEN